KB060400

관세를 알면 EU 시장이 보인다!
EU 관세법 알아보기

임현철

박영사

시작하며

　EU는 중국, 미국, 아세안과 더불어 한국의 중요한 무역 상대국이며, 앞으로도 EU의 중요성은 더욱더 커질 것이 분명하다. 하지만, 이렇게 중요한 지역임에도 불구하고, EU 진출의 첫 관문이라 할 수 있는 EU 관세법과 제도에 대한 전문가를 찾아보기란 쉽지 않은 게 현실이다. 물론, FTA 관련 서적에서 한−EU FTA를 다루긴 하지만, 이는 EU 관세제도의 작은 일부분에 불과하며, FTA 적용을 받고 EU로 수출되는 상품도 EU 역내시장에서 판매가 되려면 통관절차를 거쳐야 하기 때문에 EU 관세법에 대한 이해는 필수다. EU 관세법을 알아야 하는 이유는 또 있다. EU는 27개국으로 이루어진 관세동맹으로 EU 관세법은 전회원국을 구속하며, 따라서 회원국에서 이루어지는 통관절차는 EU 관세법에서 정한 기준과 절차에 따라 진행된다. 따라서, EU 관세법에 대한 기본적인 이해만 있다면, 어느 회원국에서 활동을 하든지, 관세문제에 대한 대응이 가능하다. 하지만, 현실은 EU 관세법에 대한 이해를 도와줄 길잡이도 찾기 어려운 실정이다. 본서는 이러한 현실을 고려하여 집필되었다. 브뤼셀에 근무하면서, 우리 기업들이 수출입업무에 어려움을 겪는 모습을 볼 때마다, 이들의 불편함을 해소하기 위해 간단한 해설서라도 만들어 보자는 생각으로 출발한 집필작업은 생각처럼 쉬운 일은 아니었다. EU 관세법과 관련 자료들이 모두 영어나 다른 유럽언어로 되어 있다 보니, 조항 하나하나를 일일이 번역해야 했고, 원문과 대조하여 오류가 없도록 검증과정을 거쳐야 했다. 해석이 애매한 부분은 EU 집행위원회 조세총국(EU TAXUD), 벨기에 세관, 현지 통관사등 관련 기관들의 도움을 받아 정확한 의미를 파악하고자 노력하였다. 특히 신경을 썼던 부분은 실용성이다. 장황한 이론만 전개하는 것이 아니라, 실무에서의 실제 적용사례를 함께 소개함으로써, 필요할 때 바로 도움을 받을 수 있는 매뉴얼과 같은 책을 만들어 보고자 했다. 딱딱한 전문서적 서술방식에서 벗어나 평이하고 이해하기 쉬운 문체를 사용하여 일반인들도 쉽게 접근할 수 있도록 하겠다는 생각도 집필과정에서 항상 간직했던 고민이었다. 1년여간의 집필

기간 동안 많은 어려움이 있었지만, 이 책이 우리 기업들에게 조금이나마 도움이 된다면, 그간의 모든 어려움을 상쇄시키고도 남을 커다란 보람이 될 것이라 확신하며 감히 세상에 이 책을 내놓기로 했다. 업무와 밤샘 집필작업으로 힘들었던 나에게 항상 격려와 응원으로 힘을 불어넣어 주었던 사랑하는 아내 박진선, 아들 딸 임찬휘, 임승연에게 진심으로 감사의 뜻을 전하고자 한다. 또한, 부족한 점이 많지만 항상 믿어주시고 EU 관세 전문가로서의 길을 갈 수 있도록 응원해 주시는 유정현 대사님과 동료들에게도 감사의 말씀을 드리고자 한다.

2024년 8월
임현철

　　지난해 수교 60주년을 맞은 유럽연합(EU)은 세계 최대 단일시장의 거대 경제 권으로, 우리나라의 중요한 무역파트너 중 하나입니다. 하지만, 다양한 형태의 관 세 및 비관세장벽으로 인해 접근하기 쉽지 않은 곳이기도 합니다. 따라서 이러한 무역장벽을 넘어 EU 시장에 진출하기 위해서는 EU 관세제도에 대한 이해가 필수 입니다. 특히, EU는 27개 회원국이 관세동맹을 맺고 있어, EU 관세제도를 숙지하 고 있다면 EU 회원국 어디서든 동일한 조건으로 기업활동을 할 수 있는 장점이 있습니다. 하지만 아쉽게도, 2016년 EU 관세법이 발효된 이후, 18년이 흐르는 동 안, EU 관세제도에 대한 구체적인 지침서가 없다는 것이 큰 아쉬움으로 지적되어 왔습니다. 때마침 우리 EU 대표부 임현철 관세관이 EU 관세법에 대한 책을 완성 했다는 소식을 듣고 기쁜 마음으로 추천사를 쓰기로 했습니다. 임현철 관세관은 대한민국 관세청 부이사관으로, 국제협력과장, 인도네시아 관세관, 김포공항세관 장 등 국제관세전문가로 활동해 왔으며, 현재는 EU 대표부에서 우리 기업과 재외 국민들을 위해 종횡무진 활약하고 있습니다. 이미 잘 알려져 있지만, EU는 연일 각종 새로운 통상 및 관세 이슈들을 만들어 내고 있어, 이에 신속히 대처하기 위 해서 전문성을 가진 관세관의 역할은 매우 중요합니다. 특히, EU 대표부가 있는 브뤼셀에는 세계관세기구(WCO)가 위치해 있어, 임현철 관세관은 WCO에서 개최 되는 각종회의에서 우리 국익을 대변하는 등, 대한민국 관세외교의 지평을 확대 하고 있는 역할도 수행하고 있습니다. 이렇게 업무로 바쁜 와중에도, 자신의 전문 성을 살려 우리 기업에게 필요한 EU 관세법 책을 저술한 임현철 관세관에게 고 마움과 격려의 말을 전합니다. 이 책을 통해 우리 기업과 국민들의 EU에 대한 이해가 더욱더 깊어지기를 기대하는 마음입니다.

주벨기에 유럽연합 대한민국 대사관 겸 주 북대서양조약기구 대한민국 대표부
대사 유정현

제5편 EU 관세영역으로의 물품 반입

제6편　특별절차

제1편
EU 관세법의 기본이론

I. 개요

II. EU 관세법의 일반원칙

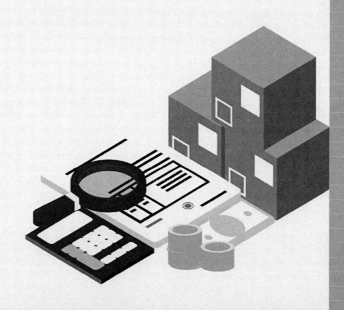

제1편 EU 관세법의 기본이론

I 개요

1. EU 관세법의 구조와 법적 근거

1) 구조

EU 관세법은 엄격히 말하면 하나의 법이 아닌, EU 관세법 본문과 EU 관세법 위임규칙[Commission Delegated Regulation (EU) 2015/2446], EU 관세법 이행규칙 [Commission Implementing Regulation (EU) 2015/2447], EU 관세법 경과조치에 관한 위임규칙 [Commission Delegated Regulation (EU) 2016/341],[1] EU 관세법에 규정된 전자시스템 개발 및 배포와 관련된 작업 프로그램을 수립하는 이행결정[Commission Implementing Decision (EU) 2023/2879],[2] EU 관세법에 규정된 정보교환 및 보관 목적의 전자시스템 구축과 유지, 개발을 위한 집행위원회 이행규칙[Commission Implementing Regulation(EU) 2021/414][3] 등 여러 관련 법령으로 이루어진 관련 법률의 집합체(legal package)라 할 수 있다.[4]

---

1 정식명칭은 Commission Delegated Regulation (EU) 2016/341 of 17 December 2015 supple-menting Regulation (EU) No 952/2013 of the European Parliament and of the Council as regards transitional rules for certain provisions of Union Customs Code where the relevant electronic systems are not yet operational and amending Delegated Regulation (EU) 2015/2446이다.

2 정식명칭은 Commission Implementing Decision (EU) 2023/2879 of 15 December 2023 es-tablishing the Work Programme relating to the development and deployment for the elec-tronic systems provided for in the Union Customs Code이다.

3 정식명칭은 Commission Implementing Regulation (EU) 2021/414 of 8 March 2021 on tech-nical arrangements for developing, maintaining and employing electronic systems for the exchange and storage of information under Regulation (EU) No 952/2013 of the European Parliament and of the Council이다.

4 taxation-customs.ec.europa.eu/customs-4/union-customs-code/ucc-legislation_en

2) 법적 근거

EU 관세법(Union Customs Code)은 EU 기능조약(TFEU) 제3조와 제33조에 법적 근거를 두고 있다. TFEU 제3조를 보면 관세동맹, 내부시장의 기능에 필요한 경쟁규칙의 확립, 유로화를 기본통화로 하는 회원국의 통화정책, 공동수산정책에 따른 해양생물자원의 보존에 대해서는 회원국이 아닌 EU가 배타적 권한을 행사한다고 규정함으로써, 관세행정에 대해서 EU가 배타적 권한을 가진다는 것을 명확히 하였다.[5] 이어, TFEU 제33조는 관세협력이라는 제목하에 TFEU 적용범위 안에서 유럽의회와 이사회는 일반 입법절차에 따라 회원국 간, 그리고 회원국과 집행위원회 간 관세협력을 강화하기 위한 조치를 취해야 한다고 규정함으로써, EU가 가진 배타적 권한에서 EU 관세법이 탄생되었다는 사실을 명확히 하고 있다.[6] 한편, EU 관세법의 하위법령이라 할 수 있는 EU 관세법 위임규칙은 TFEU 제290조에 근거하여 제정된다.[7] TFEU 제290조는 본법의 특정 비핵심 요소(Non-essential elements)를 보완하거나 개정하기 위해 위임규칙을 제정할 수 있는 권한을 집행위원회에 위임하도록 하고 있다. 그런데, EU 관세법이 27개 회원국에게 모두 적용되는 법이다 보니, 기본원칙이나 중요내용 중심으로 구성되어 있어, 위임입법으로 보충이 필요한 부분이 많아. 위임규칙 규정이 EU 관세법 본문보다 훨씬 많으며, 실제로도 EU 관세법을 이해하기 위해서는 위임규칙을 숙지하는 것이 필수적일 정도로 위임규칙의 역할이 매우 크다. 하지만, 위임의 범위가 확실하지 않을 경우, 이를 이용한 집행위원회의 권한 남용, 그리고 이러한 남용을 통한 EU 관세

---

5 EU기능조약 제3조, The Union shall have exclusive competence in the following areas: (a) customs union, (b) the establishing of the competition rules necessary for the functioning of the internal market, © monetary policy for the Member States whose currency is the euro, (d) the conservation of marine biological resources under the common fisheries policy, (e) common commercial policy.

6 EU기능조약 제33조, CUSTOMS COOPERATION: Within the scope of application of the Treaties, the European Parliament and the Council, acting in accordance with the ordinary legislative procedure, shall take measures in order to strengthen customs cooperation between Member States and between the latter and the Commission.

7 EU기능조약 제290조 제1항, A legislative act may delegate to the Commission the power to adopt non-legislative acts of general application to supplement or amend certain non-essential elements of the legislative act.

법의 형해화가 발생하지 않도록, 위임의 목적, 내용, 범위 및 기간을 EU 관세법에 명시하도록 하였으며, 더 나아가, 유럽의회 또는 이사회가 위임 권한을 취소할 수 있고, 위임규칙의 효력도 유럽의회와 이사회가 이의를 표시하지 않는 경우에만 발효될 수 있도록 하였다(제284조).[8] EU 관세법은 위임이 필요한 조항을 특별히 지정하고, 그 위임범위도 명확히 하여 38개 조항에 대한 위임규칙을 제정하도록 규정하고 있다. 위임규칙과 별도로 EU 관세법 집행을 위한 절차와 방식 통일을 위해, 집행위원회는 EU 관세법 이행규칙, EU 관세법 경과조치에 관한 위임규칙, EU 관세법에 규정된 전자시스템 개발 및 배포와 관련된 작업 프로그램을 수립하는 이행결정, EU 관세법에 규정된 정보교환 및 보관 목적의 전자시스템 구축과 유지, 개발을 위한 이행규칙을 제정하였다. 집행위원회의 이러한 이행규칙 제정의 근거는 TFEU 제291조이며,[9] 집행위원회의 이행권한 통제를 위한 규칙 [Regulation (EU) No 182/2011][10]에 의해 통제된다. 현재 EU 관세법은 47개 조항에서 이행규칙을 허용하고 있다. EU 관세법은 27개 회원국 모두에게 적용되는 법인 반면, 각 회원국은 오래전부터 각자 고유한 세관절차를 운용해 오고 있어, EU 관

---

8 EU기능조약 제290조 제2항: Legislative acts shall explicitly lay down the conditions to which the delegation is subject; these conditions may be as follows: (a) the European Parliament or the Council may decide to revoke the delegation; (b) the delegated act may enter into force only if no objection has been expressed by the European Parliament or the Council within a period set by the legislative act.

9 EU기능조약 제291조 제2항, Where uniform conditions for implementing legally binding Union acts are needed, those acts shall confer implementing powers on the Commission, or, in duly justified specific cases and in the cases provided for in Articles 24 and 26 of the Treaty on European Union, on the Council.

10 정식명칭은 Regulation (EU) No 182/2011 of the European Parliament and of the Council of 16 February 2011 laying down the rules and general principles concerning mechanisms for control by Member States of the Commission's exercise of implementing powers. 이처럼 이사회와 유럽의회가 제정한 법률에 대해 집행위원회가 이행법률을 제정할 수 있도록 허용하는 제도를 Comitology라고 한다. Comitology는 EU에 배타적 권한이 부여되어 있는 분야(관세, 공동 농업정책, 역내시장)에 대해 규정한 법령에만 허용되며, 그 외의 경우, 유럽기능조약(TFEU) 제291 조에 따라 각 회원국에 이행법령제정 권한이 부여되어 있다. 코미톨리지에 대한 법령은 Regulation (EU) No 182/2011 of the European Parliament and of the Council of 16 February 2011 laying down the rules and general principles concerning mechanisms for control by Member States of the Commission's exercise of implementing powers을 참고하기 바란다. commission.europa.eu/law/law－making－process/adopting－eu－law/implement－ing－and－delegated－acts_en

세법을 적용하는 데 있어, 회원국마다 자의적인 절차와 방식(제출 서류가 대표적이다)을 요구할 경우, EU 관세법의 원활한 이행이 불가능할 수밖에 없다. 이러한 이유로 EU 관세법은 회원국 모두에 통일적으로 적용되는 표준절차를 이행법령의 형태로 규정해놓은 것이다.

2. EU 관세법의 역사

1957년 3월 25일에 체결된 로마조약에 의해 유럽경제공동체(EEC) 6개국의 관세동맹이 본격화되면서, 유럽전체에 적용될 유럽 관세법 제정의 필요성이 대두되기 시작하였다. 오랜 검토를 거쳐 1980년대, 문서통합을 통한 관세법의 통일적 적용의 시대를 넘어, 드디어 1992년 당시 회원국 모두에게 적용되는 최초의 공동체관세법(Community Customs Code)이 탄생하였다. EU와 제3국 간의 상품무역거래에 있어 지켜야할 규칙과 절차를 규정한 이 공동체관세법은 1993년 제정된 공동체관세법 이행규칙인 CCIP[Customs Code's Implementing Provisions, Commission Regulation (EEC) No 2454/93]와 함께 서면방식의 관세규칙과 절차를 규정해놓았다. 이후, 국제무역환경의 변화, 특히, 무역에서 보안의 중요성이 강조되면서, 전자시스템을 기반으로 하는 새로운 관세행정기법이 등장하기에 이르게 되자, EU는 이에 발맞추어, 2008년 6월, 역사상 최초로 전자시스템 기반의 세관현대화법(MCC: Modernised Customs Code)을 제정하기에 이른다. 하지만, 아직은 낯선 대상이었던 전자시스템에 대한 각국의 외면 및 때마침 리스본 조약 체결 이후에 발생한 EU 내부의 변화에 따른 여러 혼란 속에서 세관현대화법은 그 적용이 연기되면서 발효되 되지 못한 채, 역사 속으로 사라지고 말았다. 하지만, 시대의 흐름에 따라, 전자시스템 기반의 관세행정이 대세를 이루게 되자, EU는 전자서류방식을 통한 EU 역내안전 및 신속한 세관절차를 보장한다는 목적하에, 공동체관세법을 대체하는 EU 관세법(UCC: Union Customs Code)이란 새로운 법을 관련 기관, 수출입 기업체 등과의 자문절차를 거쳐, 2013년 10월 10일 최종안을 확정하여 EU 관보에 공표했으며, 일부 규정을 제외하고 2016년 6월 1일부터 적용되기 시작하였다.[11]

---

11 정식명칭은 Regulation (EU) No 952/2013 of the European Parliament and of the Council of 9 October 2013 laying down the Union Customs Code이다.

3. EU 관세법의 특징

1) 전자시스템 기반의 관세행정 구축

EU 관세법의 가장 두드러진 특징은 전자시스템 기반의 관세행정을 구현하고 있다는 것이다. EU 관세법은 수출입의 모든 단계에서 이루어지는 수출입 관련 신청, 세관의 결정 및 각종 조치 등 모든 행위를 전자시스템(Electronic System)에 의해 처리하는 것을 기본원칙으로 하고 있다. EU 관세법 제6조에 보면 경제운영자의 각종 세관신고 및 신청 그리고 세관 결정, 또한 EU 관세법에 따라 요구되는 정보의 교환과 저장은 전자데이터 처리 기술을 사용하여 이루어져야 하며, 서면방식은 예외적인 경우에만 허용되도록 하고 있다. EU가 구축을 완료했거나 진행 중인 전자시스템은 그 종류가 매우 많다. 현재 운용 중인 시스템만 하더라도, 모든 인허가 신청과 그 신청에 대한 결정을 전자시스템에 의해 진행하는 세관결정시스템(CDS: Customs Decision System), 사전품목분류심사신청 및 이에 대한 최종정보를 제공해주는 유럽사전품목분류정보시스템(EBTI: European Binding Tariff Information), EU에서 사용되고 있는 인증수출자제도인 등록수출자시스템(REX: Registered Exporter System), AEO(Authorized Economic Operators) 시스템, EU에서 수출입활동을 하고자 하는 자에게 발급되는 경제사업자등록번호시스템(EORI 2: Economic Operators Registration and Identification Number 2), 물품감시시스템(Surveillance System), EU 물품관세지위증명 시스템(PoUS: Proof of Union Status), EU 통과운송 통제시스템인 NCTS(New Computerised Transit System), 자동수출시스템(AES: Automatic Export System), 중앙집중수입통관시스템(CCI: Centralised Clearance for Import), EU 보증관리시스템(GUM: Guarantee Management System), 위험물품의 수입을 통제하는 수입통제시스템(ICS 2: Import Control System 2) 등 매우 다양하다.[12] 이러한 시스템 중 세관결정시스템(CDS: Customs Decision System), 유럽사전품목분류정보시스템(EBTI: European Binding Tariff Information), 등록수출자시스템(REX: Registered Exporter System) AEO(Authorized Economic

---

12 Commission Implementing Regulation (EU) 2021/414 of 8 March 2021 on technical ar－rangements for developing, maintaining and employing electronic systems for the exchange and storage of information under Regulation (EU) No 952/2013 of the European Parliament and of the Council에 각종 시스템에 대한 자세한 설명이 나온다.

Operators) 시스템, 경제운영자등록번호시스템(EORI 2)은 EU Trader Portal이라고 불리는 관세포탈시스템에 탑재되어 있으며, 다른 시스템들은 EU Trader Portal과 별도로 운용되고 있다. 주목할 것은 EU는 다른 국가나 지역과는 달리 위에서 언급한 이러한 시스템을 EU 차원(중앙시스템)과 개별회원국 차원(국내시스템)으로 나누어 이중으로 개발하고 있다는 점이다. 이 두 시스템은 서로 연동되어 각자가 가지고 있는 모든 정보들을 교환할 수 있다. 위에서 언급한 시스템 중, 유럽사전품목분류정보시스템, AEO 시스템, 세관결정시스템, 보증관리시스템 등이 중앙시스템과 국내시스템이 동시에 개발 중인 대표적 예인데, 이 시스템들의 공통적인 특징은 신청인의 신청에 대한 세관의 결정이 필요한 분야들이다. 중앙시스템과 국내시스템 연동을 통해 각 회원국 세관은 신청을 접수한 후, 중앙시스템에 들어 있는 과거 사례 등 각종 정보를 참조하여 합리적인 결정이나 조치를 취할 수 있게 된다. 쉽게 말해 중앙시스템은 27개 회원국에서 이루어지는 세관의 모든 결정을 등록하고, 이를 데이터베이스화하여 모든 회원국 세관이 이를 참고할 수 있도록 함으로써, 보다 정확한 결정이 이루어지도록 돕는 역할을 한다. 뒤에서 자세히 설명하겠지만, 예를 들어 사전품목분류정보시스템(BTI)의 경우, 신청인은 자국의 국내 BTI시스템에 사전품목분류심사 신청을 전자적으로 하게 된다. 국내 BTI시스템은 이미 중앙시스템인 유럽품목분류정보시스템(EBTI)과 연동되어 있어 국내 BTI시스템에 신청이 접수되면, 신청서류 일체가 EBTI에 자동적으로 등록되게 된다. 회원국 세관은 사전품목분류결정을 내리기전, EBTI에 등록된 과거사례와 각종 결정들을 참조하여 사전품목분류를 결정하게 되며, 그 결정은 신청인에게 통보되는 동시에 EBTI시스템에도 등록되어 향후, 다른 회원국들이 참조할 수 있는 데이터베이스의 역할을 수행한다. 이 뿐 아니라, 국내시스템과 중앙시스템의 연동을 통해 각 회원국 세관은 서로간의 정보를 교환하고 구체적 사안에 대한 협의도 진행하는 등, EU 관세법의 통일적이고 조화로운 적용의 중요한 수단으로 활용되고 있다. 이러한 전자시스템 기반의 관세행정 구축은 27개 회원국으로 운영되고 있는 EU의 특성을 반영한 결과라고 할 수 있다. 관세는 그 어떤 분야보다도 역사가 오래되었고 당연한 결과로 각국의 고유한 절차와 기준이 존재하고 있어 이를 방치할 경우, 수출입 절차 및 통관에 있어 엄청난 혼란 및 부패문제가 야기될 수 있다. 따라서 모든 회원국이 통일된 절차와 규칙에 의해 움직이게 하기 위해서는 전자시스템을 통한 관리가 필수적이다. EU 집행위원회에서도 EU 관세법의 가장 큰 특징을 수출입기업에게 법적 확실성과 통일성을 제공해 주는 것이라고 설명하고 있다.[13] 전자시스템 기반의 관세절차는 통일성과 확실성만 보장해 주는 것이 아니다. 전자시스템 기술을 이용한 세관 절차에서의 신속한 정보제공, 검토, 그리고 결정은 기업들에게 보다 빠른 서비스를 제공할 수 있는 환경을 구축해 준다. EU 및 회원국의 재정적, 경제적 이익과 EU 시민의 안전 보장도 전자시스템 기반의 관세행정이 주는 장점 중 하나다. 27개 회원국이 존재하고 있는 EU의 특성상 화물에 대한 위험정보는 모든 회원국이 공유해야 한다. 예를 들어 프랑스에서 통관되고 있는 화물에 대한 위험관리 결과가 독일에 알려지지 않을 경우, 화주는 이 화물을 프랑스가 아닌 독일로 이동하여 통관시키려할 것이며, 이로 인해 EU 내부의 안전이 위협을 받을 수 있다. 만일 이러한 물품이 테러나 초국경범죄에 사용될 경우, 그 위험은 더욱 클 수밖에 없다. 또한 27개 회원국을 가지고 있는 EU의 지리적 특성상, 회원국의 국경을 넘나드는 통과운송[14]이 많을 수밖에 없고 이에 대한 관리와 통제도 사람의 손으로 해결될 수 있는 문제가 아니다. 만일 통과운송에 대한 감독과 통제가 제대로 이루어지지 않을 경우, EU 내부 안전은 물론, 세수확보에도 큰 문제가 생길 수 있다. EU 관세법도 이러한 전자시스템 구축의 중요성을 인식하여, 전자시스템 구축 완료시점을 시스템 개발 속도, 회원국의 예산이나 기술적인 상황을 고려, 각 시스템 종류별로 2020년 12월 31일에서 2025년 12월 31일까지로 상정하고(제278조), 2015년 12월, 위임규칙(EU) 2016/341을 제정하여, 아직 완벽한 전자시스템을 구축하지 못한 회원국들에게, 전자시스템 구축이 끝날 때까지 서면방식 또는 기존에 각 회원국들이 사용하고 있던 자신들만의 전자시스템을 통해 각종 세관업무를 수행할 수 있도록 허용하였다. 하지만, 이러한 허용을 빌미로 전자시스템 구축이 계속 지지부진해질 것을 우려한 집행위원회는, 먼저 2019년 12월 13일, 이행결정[Commission Implementing Decision (EU) 2019/2151]을 제정하여, EU 전역에서 사용되는 전자시스템 구축 및 배포일정

---

13 taxation – customs.ec.europa.eu/customs – 4/union – customs – code/ucc – work – programme_en

14 대한민국 관세법에서는 보세운송이란 표현을 사용하나, EU 관세법은 통과운송(Transit)이란 용어를 사용하고 있다. 통과운송에 대해서는 뒷부분에 자세히 다룰 것이다.

을 구체적으로 발표, 느슨해질 수 있는 전자시스템 구축사업에 긴장감을 불어넣는 한편, 더 나아가, 4년 뒤인, 2023년 12월에는 그간의 진행과정을 바탕으로, 두 번째 이행결정[Commission Implementing Decision (EU) 2023/2879]을 제정, 2025년 안에 모든 전자시스템 구축 일정을 마무리하겠다는 계획을 발표하고, 각 회원국들에게 전자시스템 구축완료를 독려하는 한편, 구축완료시점까지 사용될 수 있는 각종 경과조치를 확정하였다. EU 집행위원회에서는 두 번째 이행결정에 규정된 일정표에 따라 전자시스템 구축과 배포가 순조롭게 진행된다면, 2025년 하반기부터는 신청, 승인, 결정, 허가 등 관세행정과 관련된 모든 것들이 전자시스템으로 이루어지고, 각 회원국에서 보유하고 있는 모든 관세 관련 정보가 중앙시스템에 저장되어 27개 회원국 모두가 서로의 자료를 공유하는 시대를 맞이하게 될 것으로 내다보고 있다.

2) 지리적 적용지역의 예외 존재

EU 관세법은 EU 관세영역으로 반입되거나 반출되는 물품에 적용되는 법으로 EU 입법체계상 EU 관세법은 EU의 2차적 법원으로, 모든 EU 회원국을 직접 구속하는 규칙(Regulation) 형태로 제정되어, 회원국 국내법의 개입 없이 직접 전체 회원국을 구속한다. 하지만, 식민지를 비롯하여, 여러 해외영토를 운영해 왔던 유럽의 역사적 배경 및 오랜 전쟁으로 인한 국경선의 잦은 변경으로 인해 EU 관세법은 적용지역에 대해 상당한 예외규정을 두고 있다. EU 관세법은 EU 영토임에도 EU 관세법이 적용되지 않는 지역을 명시하고 있는데(제4조 제1항), 덴마크 영토이지만, 페로 제도(Faroe Islands)와 그린란드에는 EU 관세법이 적용되지 않는다. 독일도 헬골란트(Helgoland) 섬과 뷔징겐(Busingen) 지역은 역시 EU 관세법이 적용되지 않으며, 스페인도 자국 영토지만 아프리카 모로코에 인접한 세우타(Ceuta)와 멜리야(Meilla)에는 EU 관세법이 적용되지 않는다. 이탈리아 영토인 리비뇨(Livigno) 지역, 네덜란드 영토인 안틸리스(Antilles)도 EU 관세법이 적용되지 않는 대표적인 지역이다. 반대로, EU에서 멀리 떨어진 해외영토임에도 EU 관세법이 적용되는 지역이 있다. EU에서는 이를 최외곽 영토(OMR: Outermost Regions)이라고 부르는데, 과거 유럽의 식민지였던, 남아메리카, 카리브해 등에 위치하고 있다.[15] 프랑스가

---

15 Madeira(포르투칼), Azores(포르투칼), Mount Athos(그리스), Guadeloupe, French Guiana,

외교권을 대신 행사하는 모나코도 EU 관세법이 적용된다. 유의할 것은 해외국가 및 영토(OCT: Overseas Countries and Territories)다. 이들은 EU의 해외영토는 아니지만, 경제적, 정치적으로 EU에 종속되어 있는 지역으로 EU기능조약에 의거, EU는 이들 지역에 대해 특혜관세혜택을 비롯한, 다양한 관세상의 혜택을 부여하고 있다. 다만, EU 관세영역이 아니므로, EU 관세법이 직접 적용되지는 않는다.[16]

3) 회원국 간, 회원국과 EU 집행위원회의 협력

EU 관세법의 또 하나의 특징은 회원국 세관이 일정한 결정이나 조치를 취할 경우, 관련된 타 회원국 세관 또는 EU 집행위원회와 협력하도록 의무화하고 있다는 점이다. 이미 언급했으나, 관세분야는 각국의 고유한 절차와 기준이 있어 EU 관세법이 제대로 효력을 발휘하기 위해서는 이러한 각자의 절차와 기준을 하나의 통일된 형태로 바꿀 필요가 있다. 또한, EU의 안전을 위한 위험정보의 공유도 필요하다. 이를 위해 EU 관세법은 회원국 세관 간, 또는 집행위원회와 회원국 세관과의 협력을 강조하고 있다. 대표적으로 제47조는 세관 및 기타 관할 당국은 위험을 최소화하고 사기를 방지하기 위해 필요한 경우, 우편물 운송을 포함한 물품의 반출, 통과운송, 이동, 보관 및 최종사용에 대한 모든 데이터를 서로 교환할 수 있도록 권장하고 있으며 이러한 협력을 회원국 세관과 집행위원회사이에도 이루어질 수 있도록 규정하고 있다. 특히, 위험정보에 대해서는 신속한 대응을 위해 각종 전자시스템을 통한 회원국과 집행위원회간 정보교환을 의무화하였다(위임규칙 제36조). 이외에도 사전품목분류(BTI), 관세할당, 원산지정보 교환, 보증, 관세채무 환급과 면제, 역내가공, 역외가공 등 일부 중요한 분야에 대해서 해당 회원국의 세관은 집행위원회와 협력하여야 한다(제16조, 제34조).

4) 관세범 처벌 규정을 회원국 법령에 위임

EU 관세법은 EU 관세법 위반자에 대한 처벌 및 조치 규정을 각 회원국 관세

Martinique, Réunion, Mayotte, Saint-Martin, La Le'union(프랑스), Aland Islands(핀란드) 등이 있다.

16 EU 기능조약 부속서(Annex Ⅱ)에 OCT 지역이 나열되어 있다. 대표적으로 New Caledonia and Dependencies, French Polynesia, French Southern and Antarctic Territories, Wallis and Futuna Islands, Aruba, Bonaire, Curaçao, Saba, Sint Eustatius 등이 있다.

법에 위임하고 있다. 이러한 배경에는 EU의 구조적 특징이 자리잡고 있다. EU 관세법의 법적 근거에서 이미 살펴보았지만, 관세분야는 이미 EU의 전신이라 할 수 있는 EC가 존재하던 시대부터 공동체의 권한으로 확실히 자리매김을 한 바 있다. 따라서, 관세행정에 대해서는 각 회원국이 아닌 EU에 모든 권한이 집중되어 있고, 이를 근거로 EU 관세법이 탄생할 수 있었던 것이다. 하지만, 관세범에 대한 조사와 처벌은 아직 형사법의 영역으로, 형사법의 적용과 집행에 대해서는 EU가 아닌 개별 회원국에 권한이 부여되어 있어, 이러한 점을 고려하여 EU 관세법은 관세범 등에 대한 조사 및 기소를 포함하여, 형벌 및 과태료 부과 부분을 EU 관세법에 규정하지 않고 각 회원국 법령에 위임하였다. EU 관세법의 전신인 1992년 공동체관세법 역시 같은 이유로 관세범 처벌에 대해서 각 회원국에 그 권한을 위임한바 있다. 물론, EU는 리스본 조약 체결 이후, 2017년 유럽검찰청[17]을 설립하는 등, 형사법 분야에서도 EU의 권한을 강화하기 위하여 노력해 왔으나, 관할 대상 범죄가 10,000유로 이상의 EU 자금(Fund) 사기, 또는 10만 유로 이상의 부가가치세(VAT) 사기, 자금 세탁(Money Laundering), 부패범죄(Corruption)에 한정되어 있어, 일반 관세범에 대한 조사, 처벌, 과태료 부과 등은 여전히 회원국이 그 권한을 갖고 있다. EU 관세법은 이러한 EU의 상황을 고려, EU 관세법 위반자에 대한 처벌을 각 회원국에 위임하면서 다만, 각 회원국에서 정하고 있는 관세범 등에 대한 처벌은 그 처벌이 비례성, 효과성을 갖추어야 하며 또한 재범을 막을 수 있도록 해야 한다고 각 회원국에 지침을 내리고 있다(제42조 제1항). 하지만, 공동체관세법 시대부터 이미 각 회원국의 역사적 배경에 따라 각기 다른 처벌규정이 존재할 수 있는 만큼, 이로 인한 회원국 간 처벌의 불균형 등 많은 문제가 발생할 수 있다는 비판이 계속되어 왔다. 실례로 2023년 6월 EU 집행위원회가 발표한 각 회원국의 관세범등에 대한 처벌 동향 보고서[18]에 따르면, 각 회원국마다 처벌의 기준과 그 내용이 다른 경우가 상당수 발견되었다. 구체적으로 보면 14개 회

---

17 Council Regulation(EU) 2017/1939 of 12 October 2017 implementing enhanced cooperation on the establishment of the European Public Prosecutor's Office
18 Commission Staff Working Document : Country Sheets Accompanying the document Report form the Commission on the assessment of customs infringements and penalties in Member States Union Customs Code

원국(오스트리아, 그리스, 에스토니아, 핀란드, 독일, 아일랜드, 헝가리, 리투아니아, 라트비아, 네덜란드, 포르투갈, 슬로베니아, 스페인, 스웨덴)에서는 형사처벌과 행정벌을 모두 시행하고 있는 반면, 8개국(벨기에, 사이프러스, 프랑스, 룩셈부르크, 몰타, 폴란드, 이탈리아, 덴마크) 등은 형사처벌만 규정하고 있다. 한편, 체코와 크로아티아는 행정벌만을 규정하고 있다. 벌금의 액수도 스페인의 경우, 200유로에서 최대 600,000유로로까지 규정되어 있으나, 리투아니아는 벌금의 기준을 하루에 최대 50유로로 계산하도록 규정하고 있다. 징역형도 에스토니아는 최대 30일로 제한한 반면, 이탈리아는 최대 10년까지 징역형이 가능하다. 관세범 시효 역시 오스트리아 벨기에, 그리스, 핀란드, 프랑스, 크로아티아, 헝가리, 라트비아, 네덜란드, 폴란드, 슬로바키아는 최대 5년, 체코, 덴마크, 아일랜드, 이태리, 룩셈부르크 등은 최대 10년이며, 독일, 리투아니아, 스웨덴은 10년이 넘는다. 더 큰 문제는 EU 관세법은 승인이나 허가의 취소, 철회, 정지, 수정도 관세범처벌의 한 종류로 간주하기 때문에(제42조 제2항) 이에 대한 기준이 각국마다 명확지 않을 경우, 기업활동에 많은 혼란이 발생할 수 있다. 예를 들어 AEO 자격을 신청하려는 자는 일정한 조건을 증명해야 하는데 그중에 가장 중요한 것이 바로 관세법 및 각종 세금 관련 법령에 대한 심각한 침해가 없다는 사실이다(제39조). 그런데 회계검사원(European Court of Auditors)이 조사한 결과,[19] 일부 회원국에서는 심각한 침해에 대한 정의가 없는 경우도 있고(덴마크, 아일랜드), 어느 회원국은 심각한 침해의 기준을 액수로 정하는 데 그 액수가 상대적으로 매우 적게 책정되어 있는 등(불가리아), 각 회원국의 판단기준과 처벌 규정이 다른 것이 확인되었다. 이러한 문제점을 해결하기 위해 EU 집행위원회는 2013년 12월 13일, 관세법 침해(infringement)와 처벌(sanction)에 대한 통일 지침 마련을 위한 제안(Proposal for a Directive of the European parliament and of the Council on the Union Legal framework for customs infringements and sanctions)이 발표되었으나 아직 EU 관세법에 처벌에 관한 구체적 규정을 삽입하는 움직임은 보이지 않고 있다.[20]

---

19 Special Report by European Court of Auditors: Authorised Ecomomic Operators, Solid Customs Programme with untapped potential and uneven implementation. 2023
20 https://www.europarl.europa.eu/legislative−train/theme−deeper−and−fairer−internal− −market−with−a−strengthened−industrial−base−services−including−trans− port/file−union−legal−framework−for−customs−infringements−and−sanctions

4. EU 관세법의 제정 목적

EU 관세법 제정 목적은 크게 네 가지로 나누어진다(서문). 제일 먼저, 고전적인 목적으로 EU와 회원국의 재정적 이익을 보호하는 것이다. 이를 위해 EU 관세법은 EU 물품과 과세대상인 비EU 물품을 엄격히 구별하여 EU 및 각 회원국의 재정적 손실을 최소화하는데 많은 규정을 할애하고 있다. 둘째, 합법적인 사업 활동을 지원하는 동시에 불공정하고 불법적인 거래로부터 EU를 보호하는 것이다. 셋째, 위해 물품으로부터 EU와 EU 시민의 안전, 그리고 EU 환경을 보호하도록 하고 있다. EU 관세법은 시민의 안전을 위해 세관은 필요하다고 판단되는 모든 통제를 수행할 수 있도록 규정하고 있다. 세관통제는 물품 검사, 샘플 채취, 신고 또는 통지를 통해 제출된 정보의 정확성 확인, 문서의 존재 여부와 그 정확성 및 타당성 확인, 경제운영자 계정 및 기타 기록 조사, 운송수단 검사, 휴대품 및 수하물 검사등 다양하게 이루어지며, 특히 EU 관세법은 EU가 27개 회원국으로 이루어져 있는 특성을 감안, 각 회원국 세관간 위험정보 및 위험분석 결과 교환, 공통위험 기준 및 표준 마련, 통제 조치 구축 등, 협력체계를 구축하도록 명시하였다(제46조). 마지막으로, 세관통제와 합법적인 무역원활화(Facilitation of Legitimate Trade) 사이의 적절한 균형을 유지하는 것이다. 이를 위해 EU 관세법은 수출입물품에 대한 전자시스템 기반의 위험관리를 구축하여, 원활한 수출입활동에 방해를 주지 않으면서도 위험물품의 EU 반입을 차단하고자 노력하고 있다. 대표적으로 수입품에 대해서는 ICS 2(Import Control System 2)로 불리는 수입통제시스템을 구축, 수입물품에 대한 사전 위험관리를 수행하고 있으며, 수출품에 대해서는 자동수출시스템(AES: Automatic Export System)이란 전자시스템 기반의 사전위험관리를 통해, 무역원활화를 해치지 않으면서도 위험물품의 EU 역내반입과 역외반출을 효율적으로 차단하는 제도를 운용하고 있다.

1. 용어 정의

　EU 관세법은 제5조에서 EU 관세법에서 사용하는 용어를 정의해 놓았다. EU 관세법은 용어 정의는 그 범위가 넓고 종류도 다양하다. 심지어는 매우 기본적인 개념에 대해서도 설명을 해 주고 있는데, 이러한 배경에는 27개 회원국으로 이루어진 EU의 특수한 상황이 자리잡고 있다. 즉, 기본 용어에 있어서도 각 회원국의 실제 관례가 다를 수 있기 때문에 용어 사용의 혼란을 방지하고 통일적인 법집행을 위해 기본적인 내용에 대해서도 개념 정의를 시도한 것이다. 다만, EU 관세법에 규정된 용어 정의는 EU의 특성을 반영한 용어들이 있어 주의를 요한다. 먼저, EU 관세법은 대한민국 관세법과 달리 '세관장', '세관공무원'이라는 단어를 사용하지 않으며 '세관(Customs Authorities)'이라는 표현을 사용한다. 27개 회원국에 모두 적용되는 EU 관세법의 특성을 보여주는 표현이라 하겠다. 한편, EU 관세법은 신의성실, 세관공무원 재량의 한계 등, 관세법 적용의 기본원칙을 규정해 놓고 있지 않다. 이어서, EU 관세법은 제5조에서 27개 회원국 세관이 모두 따라야 하는 관세법령을 나열하고 있는데, 여기에는 ① EU 관세법, EU 관세법을 보충하는 위임규칙, 이행규칙, 그리고 ② 공동관세(Common Customs Tariff), 관세 목적에 사용되는 각종 법령 및 국제협정, ③ EU 싱글윈도우에 관한 유럽의회 및 이사회의 규칙 [(EU) 2022/2399(1)][21] 및 이를 보완하거나 시행하는 조항 등, 매우 다양한 법령들이 포함되어 있다[제5조 (2)]. 특히 공동관세는 EU 관세법이 나오기 이전부터 존재하던 것으로, EU의 시작이 관세동맹부터 출발했다는 사실을 보여주는 좋은 실례라 할 것이다. '세관통제'라는 용어도 생소한 용어다. EU 관세법에 따르면 '세관통제'란 물품의 반입, 반출, 통과, 이동, 보관 및 최종사용을 규율하는 관세법 및 기타 법률을 준수하고, 비EU 물품의 EU 관세영역에서의 이동과 보관, 그리고 최종사용될 비EU 물품을 규율하기 위해 세관이 수행하는 일정한 행위를 의미한다. 복잡

---

21 정식명칭은 Regulation (EU) 2022/2399 of the European Parliament and of the Council of 23 November 2022 establishing the European Union Single Window Environment for Customs and amending Regulation (EU) No 952/2013이다.

하게 설명해 놓았지만, 쉽게 말해 세관의 모든 조치(결정, 허가, 취소, 검사, 조사)를 통칭하는 것으로 이해하면 될 것이다. '경제운영자(Economic Operator)'라는 용어도 새로운 개념이다. EU 관세법에 따르면 '경제운영자'란 사업 과정에서 관세법이 적용되는 활동에 참여하는 자을 의미한다. 즉, 관세법의 적용대상 활동을 하는 법인과 자연인을 가리키는 개념이다. 동 개념은 특히 AEO에서 중요하게 다루어지는데, AEO부분에서 자세히 다루겠으나, EU 관세법은 AEO 자격 신청주체를 경제운영자로 규정하고 있다. EU 관세법은 '위험'(Risk)에 대한 일반적인 정의도 규정해 놓고 있다[제5조 (7)]. EU 관세법은 위험을 물품의 반출, 반입, 통과, 이동, 최종사용 및 비EU 물품의 EU 관세영역 보관과 관련하여, EU 또는 회원국 조치의 올바른 적용을 방해하거나, EU와 회원국의 재정적 이익을 손상시키는 행위, 또는 EU와 그 거주자의 안전 및 인간, 동물 또는 식물, 환경, 소비자에게 위협을 가하는 행위로 정의하고 있다.[22] '절차보유자(Holder of the Procedure)'라는 용어도 EU 관세법에서만 볼 수 있는 개념이다[제5조 (35)]. EU 관세법은 절차보유자를 '세관신고'를 한 자 또는 그 대리인, 또는 통관절차에 관한 권리와 의무가 이전된 자로 정의하고 있다. '세관신고'를 한 자란 수입신고, 수출신고 등 EU 관세법이 규정한 각종 신고를 이행하여야 하는 자를 말한다. 다음으로 통관절차에 관한 '권리와 의무가 이전된 자(the Person to whom the rights and obligations in respect of a customs procedure have been transferred)'[제5조 5) (b)]라 함은 각각의 통관절차에서 발생하는 권리와 의무가 이전된 자를 말한다. 예를 들어, 제127조와 이행규칙 제184조는 운송인이 세관에 수입물품에 대한 사전정보를 제출하게 되어 있는데, 일정한 조건하에 신고인 외에 다른 이해관계인에게도 관련 사전정보를 제출토록 의무를 부과하고 있다. 바로 사전정보제출 의무를 부담하는 이해관계인이 '권리와 의무가 이전된 자'의 대표적인 예다. 결국, 절차보유자라는 개념은 세관신고 이후 단계에

---

22 대한민국 관세법은 일반적 조항의 형태보다는 각각의 통관단계에서 발생할 수 있는 위험의 구체적 모습을 관련된 조항에서 규정하고 있다. 예를 들어 제140조 제7항은 사회안전 또는 국민보건 피해를 방지하기 어렵다고 인정되는 경우에는 하역을 제한하고 적절한 조치 또는 반송을 명할 수 있다고 규정하고 있으며, 제199조의2 제3항에 보면 세관장은 종합보세구역에 반입, 반출되는 물품으로 인해 국가안전, 공공질서, 국민보건 또는 환경보전 등에 지장이 초래하는 물품의 반입, 반출을 제한할 수 있도록 하고 있다. 표현의 방식은 다르지만, 위험에 대한 대한민국 관세법과 EU 관세법의 입장은 동일하다고 할 수 있다.

서 각종 의무를 이행하거나 권리를 행사할 수 있는, 즉 법적 책임을 지는 지위를 의미한다. 제15조는 이 점을 잘 설명해 주고 있다. 임시보관신고(Temporary Storage Declaration), 반입요약신고(Entry Summary Declaration), 반출요약신고(Exit Summary Declaration), 재수출신고(Re-export Declaration) 또는 재수출통지(Re-export Notification)를 신고하거나, 세관에 다른 결정이나 허가를 신청하는 자와 그 대리인은 신고나 신청 이후, 바로 절차보유자가 되며, 세관의 요청에 따라 지정된 기한 내에 모든 필수문서 및 정보를 적절한 형식으로 제공해야 한다. 정보제공 시, 제공된 정보의 정확성과 완전성에 대해서도 책임을 지게 된다. 뿐만 아니라 신고, 통지 또는 신청을 뒷받침하는 문서의 진위성, 정확성 및 유효성에 대해서도 책임을 져야 하며 해당 통관절차에 따라 문제의 물품을 관리하거나 승인된 작업을 수행하는 것과 관련된 모든 의무를 준수하여야 한다. 세관절차에 관한 권리와 의무가 이전된 절차보유자도 상기에 언급한 의무를 이행하여야 하고 이를 이행하지 않을 시, 처벌 등 법적 불이익을 받을 수 있다. 이러한 절차보유자의 개념은 신고, 신청뿐 아니라, 세관결정에 대한 이의신청을 포함하여 EU 관세법상 모든 행위에 적용된다. 마지막으로 EU 관세법이 대한민국 관세법과 다른 점을 찾아본다면, 대한민국 관세법에 없는 운송인에 대한 정의가 규정되어 있다는 점이다. 대한민국 관세법은 운송인에 대해 구체적인 개념정의를 두고 있지 않고 다만, 제2조에서 국제무역선, 국제무역기, 국내운항선, 국내운항기 등으로 표현하고 있다.[23] 여기서 가장 문제가 되는 것이 화물운송주선인으로 불리는 포워더다. 대한민국에서는 포워더를 운송인으로 볼 것인가에 대해 여러 논란이 있고, 이에 대한 다양한 학설과 판례가 존재하지만,[24] EU 관세법은 해상 또는 항공 운송의 경우 '운송인'이란 EU 관세영역으로 물품을 실제로 운송하기 위해 계약을 체결하고 선하증권 또는 항공운송장을 발행하는 자를 의미한다고 규정하여 실제 운송인 외에도 운송주선업자인 포워더도 운송인의 개념에 포함시키고 있다.

---

23 운송인에 대한 구체적 개념은 관세법이 아닌 상법 제125조에 나온다. '육상 또는 호천, 항만에서 물건 또는 여객의 운송을 영업으로 하는 자를 운송인이라 한다.'
24 데일리로그, 'Freight forwarder', 운송인인가 운송주선인인가, 정진영의 law & Trans, https://www.dailylog.co.kr/news/articleView.html?idxno=20348

2. 경제운영자

경제운영자가 EU 관세법 적용대상 활동을 하고자 하는 경우, 제일 먼저 해야 할 일은 설립지 관할 세관에 등록하고 세관으로부터 경제운영자등록번호(EORI: Economic Operator Registration and Identification)를 부여받는 일이다(제9조). 물론, EU 관세영역에 설립되어 있지 않아, 경제운영자등록번호가 없는 경제운영자도 수출입업무를 할 수 있으나, 각종 세관신고 제출, 운송인자격 취득, 세관창고 허가 등 모든 활동에서 경제운영자등록번호 제출이 필수이기 때문에 원활한 경제활동을 위해서는 경제운영자 등록이 요구된다. 경제운영자가 아닌 자는 EU 관세법의 대상이 되는 활동을 하지 않기 때문에 당연히 등록의 대상이 아니다. 하지만, 각 회원국의 법에 해당 규정이 있는 경우, 또는 경제운영자등록번호를 제공해야 하는 행위에 참여하는 경우(반입요약신고 제출, 통과운송허가 신청 등) 반드시 관할 세관에 등록해야 한다. 다만, 신고행위가 정기적이지 않고 부정기적으로 행해지고(Occasionally), 세관에서 이를 인정하는 경우(Justify) 등록을 하지 않아도 된다(위임규칙 제6조). 경제운영자등록번호(EORI: Economic Operator Registration and Identification)를 받기 위해서는 관할 세관에 경제운영자 이름, 주소, 주영업소 소재지, 부가가치세 확인번호(VAT Identification Numbers), 연락처, 기업활동 종류(업종), 기업설립일 등 각종 자료를 제출하여야 한다(위임규칙 부속서 12-01). 경제운영자등록번호는 경제운영자당 1개만 부여되며(이행규칙 제7조), 전체 회원국에서 유효하게 사용된다. EORI 등록도 전자시스템에 의해 운영되도록 EU 관세법에서 규정하고 있어서 EORI 등록번호를 받기 위해서는 위에서 이언급한 EU Trader Portal에 들어가 신청하면 된다. 하지만, 아직 전자시스템이 구축되지 않은 회원국의 경우, 서면에 의한 신청도 가능하다(이행규칙 제7조). 관할 세관은 경제운영자등록번호 보유자의 요청과 경제운영자등록번호 보유자가 EU 관세법 적용대상 활동을 중단했음을 인지한 경우, 경제운영자등록번호를 무효화하고, 이를 경제운영자등록번호 보유자에게 통보한다(위임규칙 제7조).

3. 개인정보보호

EU에서 가장 중요하게 생각하고 있는 것이 바로 개인정보보호다. EU의 개인정보보호는 EU 개인정보보호법(GDPR: General Data Protection Regulation)에 의해 규율되며, EU 관세법도 이점을 명확히 하고 있다. EU 개인정보보호법은 1995년 제정된 EU 데이터보호지침(Data Protection Directive)를 대체하여 2016년 4월 제정된 법으로 2018년 5월 25일부터 발효되었다. EU 개인정보보호법은 특수한 영역(테러, 초국경범죄, 국가안보 등)을 제외한 대부분의 영역에서 개인정보보호에 대해 다루고 있으며, 세관이 EU 관세법을 적용하면서 얻은 정보도 여기에 포함된다. 제12조는 세관이 업무 수행 과정에서 취득한 모든 정보에 대해 업무상 비밀유지의무를 부과하면서 그 구체적 내용에 대해서는 EU 개인정보보호법에 따라 적절한 수준의 데이터 보호를 보장해야 한다고 명시하고 있다. 하지만 위에서 언급한 바와 같이 테러나, 초국경범죄 등, EU 내부 안전을 위협하는 중대한 위험을 최소화하고 사기와 같은 불법적인 행위를 방지하기 위해 회원국 세관 및 관련 기관 간 정보를 공유하는 것과(제47조), 국제협정에 의해 협정체결 당사국과의 정보교환은 해당 법령과 국제협정(예 EU-USA PNR 협정, EU-CANADA PNR 협정)이 허락하는 범위 내에서 인정된다.

4. 대리인

EU 관세법은 대리인에 대해 자세히 규정하고 있다(제18조). EU 관세법에 따르면 누구든지 대리인을 지명할 수 있으며, 두 가지 방식으로 지명된다. 첫째는 직접대리(Direct Representative)로 대리인은 위임자의 이름으로, 위임자를 위해 법률행위를 한다. 둘째, 간접대리(Indirect Representative)로 대리인 자신의 이름으로 위임인을 위하여 법률행위를 한다. 직접대리이든 간접대리이든 대리의 효과가 모두 위임인에게 미치는 것은 같으나, 책임의 범위에 있어서는 직접대리는 행위에 대한 책임도 위임인이 모두 책임을 지고, 간접대리의 경우, 대리인도 일정한 책임을 지게 된다는 것이 다른점이다. 예를 들어 대리인이 수입신고를 잘못한 경우, 수입통관 보류, 과태료 부과 등 각종 책임도 위임인이 모두 져야 하지만, 간접대리의 경우, 대리인도 세관에 대해 일정 부분 책임을 지게 된다. 현재 EU에서 행해지는 세관업무에 대한 대리는 거의 직접대리로 위임인이 세관에 대해 모든 책임을 지는 구조다. 이런 이유로 대리인은 관할 세관에 자신이 위임자를 대신하여 법률행위를 하고 있음을 명시하는 한편, 직접대리인지 간접대리인지를 확실히 표시하여야 한다. 세관도 자신이 세관 대리인으로 활동하고 있다고 주장하는 자에게 위임자가 위임한 권한에 대한 증거를 제시하도록 요구할 수 있다. 만일 대리인 역할을 하고 있음을 명시하지 않거나 권한 없이 대리인 역할을 하고 있다고 진술하는 자는 자신의 이름으로 자신을 대신하여 행동하는 것으로 간주되어 모든 책임을 본인이 진다. 세관 대리인은 EU 관세영역에 등록해야 하며 자신이 등록한 회원국에서 대리인으로 활동할 수 있다. 다만, 제39조 (a)~(d)에 규정된 기준, 즉, ① 신청자의 경제 활동과 관련된 심각한 범죄 기록이 없는 것을 포함하여, 관세법 및 세금 관련 법령에 대한 심각한 침해 또는 반복적인 위반이 없으며, ② 적절한 세관 통제를 허용하는 상업기록 및 운송 기록 관리 시스템을 통해 기업 운영 및 물품 흐름에 대한 높은 수준의 통제를 입증하고, ③ 대리인의 업무 특성을 고려하여 자신의 약속을 이행할 수 있는 양호한 재정 상태를 가지고 있고, ④ 역량과 전문자격을 갖춘 대리인은 다른 회원국에서 대리인으로 활동할 수 있다(제18조 제3항).

5. 세관의 결정

EU 관세법에서 규정하고 있는 각종 절차를 진행하기 위해서는 신청인의 신청과 이에 대한 세관의 승인이나 허가가 필요한 경우가 상당히 많다.

> **✅ EU 관세법에서 규정하고 있는 세관 결정사항**
> * 과세가격간이신고(Simplication) 승인 제73조
> * 감면을 포함한 포괄보증 승인 제95조
> * 납부연기(Differed Payment) 승인 제110조 제110조
> * 임시보관(Temporary Storage) 승인 제148조
> * 간이신고(Simplified Declaration) 승인 제166조 제2항
> * 중앙집중신고(Centralized Clearance For Import) 승인 제179조
> * 자가기록신고(EIR: Entry Of Data In Declarant'S Records) 승인 제182조
> * 신고납부(Self Assessment) 승인 제185조
> * 임시수입(Temporary Admission) 허가 제211조 제1항 (a)
> * 최종사용(End Use) 허가 제211조 제1항 (a)
> * 임시수입(Temporary Adimission) 허가 제211조 제1항 (a)
> * 역외가공(Outward Processing) 허가 제211조 제1항 (a)
> * 역내가공(Inward Processing) 허가 제211조 제1항 (a)
> * 보세창고(Customs Warehousing) 허가 제211조 제1항 (b)
> * Tir 허가 제230조

- 특별봉인(Special Seals) 허가 제233조 제4항 (c)
- 수출자통과운송(Authorized Consignor Transit) 허가 제233조 제4항 (a)
- 통과운송축소 데이터(Transit Reduced Dataset Trd) 허가 제233조 제4항 (d)
- 수입자통과운송(Transit) 허가 제233조 제4항 (b)
- 전자운송서류(Electornic Transport Document) 승인 제233조 제4항 (e)
- 외부통과운송(External Transit) 허가 제234조
- 내부통과운송(Internal Transit) 허가 제233조 제4항
- 내부통과운송 특수한 씰 사용 허가(Special Seal On Internal Transit) 제233조 제4항 (c)
- 내부통과운송 간이신고 허가(Customs Declaration With Reduced Data Requirement) 제233조 제4항 (d)
- 내부통과운송 전자신고서류 사용 허가(Electronic Transport Document) 제233조 제4항 (e)

✅ 위임규칙

- 정기선박운송서비스(Regular Shipping Services) 승인 위임규칙 제120조
- 통과운송(Authorised Issuer) 허가 위임규칙 제128조
- 인증 바나나 무게측정기(Authorized Weigher Of Bananas) 승인 위임규칙 제115조

   EU 관세법은 이러한 허가나 승인이 필요한 사안의 경우, 관할 세관이 신청을 접수(Receive)한 이후, 일정 기간안에 승인이나 허가 결정을 내리도록 규정하고 있다. 세관은 신청서 접수일로부터 늦어도 30일 이내에 지체없이 해당 신청이 허가나 승인을 얻기 위한 조건을 제대로 충족하고 있는지 여부를 확인해야 한다. 신청인은 관할 세관이 제대로 된 결정을 내릴수 있도록 관할 세관이 요구하는 모든 정보를 제공해야 한다. 여기서 관할 세관이라 함은 신청인의 관세 목적을 위한 주요 계좌가 존재하거나 접근 가능한 장소(관세 또는 부가세 납부를 위한 은행계좌가 대표적), 또는 결정에 포함되는 활동의 일부가 수행되는 장소를 관할하는 세관이어야 한다. 집행위원회 가이드라인에 다르면 접근 가능한 장소란 물리적 접근뿐 아니라 전자적 접근(Electronic access)도 포함된다. 즉, 전자시스템에 의해 세관에 접속이 가능하다면 관할 세관이 될 수 있다.[25] 이러한 확인이 끝나고 나면, 관할 세관은 EU 관세법에서 달리 규정되지 않는 한, 신청서 접수일로부터 120일 이내에

---

25 Guarantees for potential or existing customs debts—Title Ⅲ UCC, Guidance for Member States and Trade, 24 May 2024, p. 26

신청자에게 그 결정을 통보해야 한다(제22조 제3항). 세관이 결정 기한을 준수할 수 없는 경우, 기한 만료전, 그 사실과 이유을 신청인에게 통지하고, 필요하다고 판단되는 추가기간을 명시해야 한다. 그 추가기간은 EU 관세법에서 달리 규정하지 않는 한, 30일을 초과할 수 없다(제22조 제4항). 만일, 신청인의 요청이 있을 경우, 120일이라는 결정기간을 연장할 수 있으나, 최대 150일을 초과하여서는 아니 된다. 결정서나 EU 관세법에 달리 규정된 경우를 제외하고, 세관의 결정은 신청인이 이를 수령하거나 수령한 것으로 간주되는 날로부터 효력을 발생하며, 취소나 무효가 되지 않는 이상, 기간의 제한을 받지 않고 계속 유효하다. 그리고 이러한 결정은 당사자에게 회복 불가능한 피해가 우려되어 바로 집행할 수 없는 타당한 이유가 있지 않은 한, 관할 세관의 결정은 해당 날짜부터 집행된다(제22조 제5항).

1) 결정에 대한 청문절차

청문절차란 행정기관이 국민의 일상생활과 직접 관련된 일정한 행위가 신청자에게 불리한 영향을 미칠수 있을 때 사전에 상대방 또는 이해관계인의 의견을 듣는 절차를 말한다. EU 관세법은 위에서 언급한 승인이나 허가가 신청인에게 불리한 영향을 미칠수 있을 경우, 청문절차가 가능하도록 규정해 놓았다.[26] 제22조 제7항은 신청자에게 불리한 영향을 미칠 수 있는 결정을 내리기 전에 관할 세관은 결정의 근거가 되는 근거를 신청자에게 명확히 전달해야 하며, 항소권을 보장하도록 하고, 신청자에게는 규정된 기간 내에 자신의 의견을 제시할 수 있도록 의무화하고 있다. 다만, ① 품목분류사전심사(BTI), 원산지사전심사(BOI), ② 관세할당량에 도달한 물품에 대한 관세할당 혜택 거부, ③ EU 시민의 안전, 인간, 동물 또는 식물의 건강, 환경에 위협이 되는 경우, ④ 사기 방지 목적으로 시작된 조사에 피해를 줄 수 있는 경우, ⑤ 위험관리의 목적으로 해당 물품의 선적을 금지하거나, ⑥ EORI 번호를 무효화하는 경우에는 비록 그 결정이 신청인에게 불리한 경우라 하더라도, 청문절차를 진행하지 않는다(제22조 제6항).

---

26 대한민국 관세법은 제328조에 청문절차에 대해 규정해 놓았는데, EU 관세법과 달리 청문절차의 대상을 제한적으로 나열해 놓았다는 점이다. 관세법, 정재완 72페이지 참조.

2) 결정의 취소, 수정, 철회, 정지

결정을 통보받은 자, 즉 절차보유자는 세관의 결정을 이행하여야 하며, 만일 결정을 이행하는 데 있어 결정의 지속이나 내용에 영향을 미칠 수 있는 모든 요인을 지체없이 세관에 통보해야 한다(제23조). 세관은 신청 결과를 통보받은 절차보유자가 결정에 따른 이행의무를 준수하고 있는지 모니터링을 해야 한다. 주의할 것은 모니터링의 대상이 이행준수 여부만이 아니라 이행을 위한 조건과 기준도 포함된다는 점이다. 즉, 기업의 입장에서 결정에 따르는 이행을 하기에 그 조건과 기준이 너무 까다로울 경우, 기업을 도와주는 것이 아니라 오히려 기업 활동에 제약을 가할 수 있기 때문에, 그 이행조건과 기준도 잘 살펴, 기업활동에 지장을 주지 않겠다는 의미로 볼 수 있다. EU 관세법에서 절차보유자가 설립된지 3년 미만인 경우, 세관은 결정이 내려진 후, 첫 1년 동안 절차 보유자의 이행의무 준수 여부뿐 아니라 이행의 조건과 기준도 면밀히 모니터링하도록 규정하고 있는 것도, 기업보호라는 맥락에서 이해할 수 있는 규정이다(제23조 제5항). 세관은 이러한 이행조건과 기준에 대한 모니터링을 통해 결정을 재평가(Recess)하여 그 결정이 EU 관세법의 목적과 취지에 부합하지 않을 경우, 언제든지 취소, 수정, 철회, 정지할 수 있다(제23조 제4항). 먼저 취소의 경우, 세관은 자신의 결정이 부정확하거나 불완전한 정보에 기반하였고, 신청인이 그 정보의 불완전함을 알았을 것이 합리적으로 인정되며, 정보가 정확하고 완전했다면 다른 결정이 내려졌을 것으로 인정되면 그 결정을 취소해야 한다. 달리 명시되지 않는 한, 취소는 결정이 발효된 날로 소급되어 효력을 발생한다(제27조). 한편, 세관이 일정한 결정을 하기 위한 조건 중 하나 이상이 충족되지 않았거나 더 이상 충족되지 않은 경우, 또는 절차 보유자의 신청에 따라, 결정이 수정되거나 철회될 수 있다(제28조). 기억할 것은 만일 세관결정의 효과를 받는 절차보유자가 여러명일 경우, 철회는 결정에 필요한 조건을 충족하지 않은 자에 대해서만 효력을 가진다(제28조 제3항). 수정과 철회는 취소와는 달리 소급효가 없다. 다만, 절차보유자의 정당한 이익을 위해 필요한 예외적인 경우, 세관은 철회 또는 수정의 발효일을 최대 1년까지 연장할 수 있으며 그 연장 날짜는 세관의 철회나 수정 결정에 표시되어야 한다(제28조 제4항). 주목할 것은 결정의 정지(Suspend) 제도다. 아직 결정의 취소, 수정, 철회를 결정하기에 필요한 모든 요소를 갖추지 못할 경우, 또는 절차보유자에게 이행에 필요한 기간을 줄 필요가 있을 때, 절차보유자가 도저히 그 결정의 이행을 할 수 없어 세관에 요청한 경우, 세관은 결정을 일시 정지(Suspend)할 수 있다. 정지결정이 내려지면 정지기간 동안 세관은 정지가 계속 필요한지 여부를 잘 판단하여, 결정을 유지할 것인지, 취소할 것인지 결정하여야 한다(위임규칙 제16조). 만일, 결정의 취소, 수정에 대한 근거가 없다고 판단되는 경우, 또는 절차보유자에게 이행에 필요한 기간을 충분히 주었다고 인정되는 경우, 정지는 철회되며 철회일부터 정지가 종료된다. 결정을 내린 관할 세관은 정지종료 결정을 통보해야 한다(위임규칙 제18조).

3) 결정의 효력

결정과 결정의 취소, 수정, 철회, 정지는 모두 절차보유자에게 통보되어야 한다. 결정의 효과가 하나 또는 여러 회원국에 제한되는 경우를 제외하고, 결정은 전체 EU 회원국에서 유효하다. 따라서 특정 회원국 세관의 결정을 타 회원국 세관도 인정하고 따라야 한다. 당사자가 요청하는 경우를 제외하고, 결정의 취소, 수정, 철회, 정지는 취소, 수정, 철회 또는 정지가 발효되는 시점에 이미 세관절차가 진행되었거나 진행중이거나 또는 임시보관중인 물품에 대해서는 효력을 미치지 않는다(제30조).

4) 결정에 대한 항소

신청에 대한 결정을 포함, 관세법 적용과 관련하여 세관이 내린 결정에 대해 신청자 및 절차 보유자는 항소를 할 권리를 갖는다(제43조, 제44조). 이러한 항소는 세관에 일정한 승인이나 허가를 요청하는 신청을 했으나 120일 안에 아무런 결정을 통보받지 못한 절차보유자에게도 인정된다. 대한민국 관세법에도 제118조부터 제132조까지 과세전적부심사, 행정심판, 행정소송 등 여러 구제절차를 자세히 소개하고 있는데, EU 관세법은 항소(Right of Apeal)라는 표현으로 통칭하고 그 규정 내용도 매우 간단하다. EU 관세법에 따르면 항소권, 즉, 모든 구제절차는 회원국의 세관 또는 사법기관에 제기하도록 되어 있는데, 각 회원국은 자체 행정심판제도라던지, 사법제도를 갖고 있어, 27개 회원국 모두에 적용되는 EU 관세법에서 이를 자세히 다룰 수 없는 한계가 있기 때문이다. 따라서 EU 관세법에서는 각 회원국이 지켜야 할 구제절차의 기본적인 내용을 규정하고 구체적인 개별사안에 대해서는 각 회원국 관세법이나 행정심판법, 또는 행정구제법등에 의해 처리하도록 하고 있다(제44조). 이러한 이유로 EU 관세법은 문제가 된 사안이 발생한 회원국에 항소를 제기토록 하고 있다. EU 관세법은 항소권을 두단계로 나누고 있다. 먼저, 일차적으로 관할 세관, 사법당국 또는 회원국이 해당 목적으로 지정한 기타 기관에 항소를 할 수 있도록 하고 있다. 물론 구체적인 절차는 회원국 법령에 따른다. 이후, 두 번째 단계로 회원국에서 시행 중인 규정에 따라 사법당국 또는 이에 상응하는 전문 기관이 될 수 있는 상위 독립 기관에 제출될 수 있다(제44조 제2항).

5) 항소의 효과

항소를 제출했다고 해서 항소 대상이 된 세관의 행위가 정지되지는 않는다. 다만, 세관의 행위나 결정이 관세법과 일치하지 않거나 당사자에게 회복 불가능한 피해가 우려된다고 믿을 만한 타당한 이유가 있는 경우, 세관은 그러한 결정의 이행을 전부 또는 부분적으로 정지해야 한다. 세관 결정이나 행위로 인해 관세를 납부해야 할 경우, 항소를 제기한 자는 세관에 보증을 제공하는 조건으로 정지를 요청할 수 있다(제45조).

6. 구속력 있는 정보

1) 개요

EU 관세법은 제33조에서 구속력있는 정보(Binding Information)라는 제목하에 품목분류사전심사제도(Binding Tariff Information), 원산지사전심사제도(Binding Origin Information)를 설명하고 있다. 품목분류사전심사제도란 물품을 수출입하기 전, 먼저 그 물품의 품목분류가 무엇인지를 세관으로부터 유권해석을 받는 제도다. 이런 유권해석을 통해 기업은 물품에 부여되는 품목과 이에 대해 부과되는 관세액에 대해 정확히 알게 되어 수출입 활동에 도움을 받게 된다. EU 품목분류사전심사제도는 BTI(Binding Tariff Information)라 부른다. 한편, 원산지사전심사제도란 원산지 결정기준에 대한 충족여부를 미리 세관으로부터 유권해석을 받는 제도로, EU에서는 이를 BOI (Binding Origin Information)라고 명명하고 있다.

2) 신청 절차

EU 관세법은 제6조에서 세관에 제출하는 신고, 신청 그리고 이에 대한 세관의 결정은 모두 전자데이터 처리 기술을 사용하여 이루어져야 한다고 규정하고 있다. BTI와 BOI도 제6조에 해당되는 신청과 이에 대한 결정이기 때문에 원칙적으로 전자시스템을 활용해야 하나, 현재 BOI는 아직 전자시스템을 구축하지 못해 서면으로 신청하도록 하고 있다(위임규칙 제19조).[27] 반면, BTI는 전자시스템이 구축되어 있어 그 시스템에 따른다. 즉, 신청인은 자국 BTI 시스템에 사전품목분류심사 신청을 전자적으로 하게 된다. 국내 BTI 시스템은 중앙시스템인 유럽품목분류정보시스템(EBTI)과 연동되어 있어 국내 BTI 시스템에 신청이 접수되면, 신청서류 일체가 EBTI에 자동적으로 등록되게 된다. 회원국 세관은 사전품목분류결정을 내리기 전, EBTI에 등록된 과거사례와 각종 결정들을 참조하여 사전품목분류를 결정하게 되며, 그 결정은 신청인에게 통보되는 동시에 EBTI에도 등록되어 향후, 다른 회원국들이 참조할 수 있는 데이터베이스 역할을 수행한다. EBTI는 EU Trader Portal이라는 EU가 운영하는 관세포탈시스템에 탑재되어 있다. 신청자는 BTI, BOI 신청 시 세관이 정확한 결정을 내릴 수 있도록 관련 자료를 제공해야 한다(위임규칙 제19조 제1항). BTI나 BOI 신청은 신청자 자신이 설립된 회원국의 세관에 신청하는 것이 원칙이나, 신청자가 자신이 설립한 회원국이 아닌 다른 회원국 세관에 신청서를 제출한 경우, 신청서를 접수한 타 회원국 관할 세관은 신청서 접수 후 7일 이내에 신청자가 소재한 회원국 세관에 통보하고, 자체적으로 결정절차를 진행할 수 있다. 만일 통지를 받은 세관 즉, 신청자가 원래 신청서를 제출해야 하는 세관은 신청 처리와 관련이 있다고 판단되는 정보를 보유하고 있는 경우, 해당 정보를 가능한 한 빨리, 적어도 신청일로부터 30일 이내에 신청서가 제출된 타 회원국 세관에 전달하여 결정에 오류가 발생하지 않도록 조치하여야 한다(이행규칙 제16조 제1항). 국내 BTI 시스템에 등록된 BTI 신청은 관할 세관

---

[27] EU 집행위원회의 설명에 따르면, 전자시스템(EDPT: Electronic Data Processing Techniques)이 구축되어 있는 경우, 전자시스템에 의해 BOI 신청과 결정통보가 이루어지며, 만일 이러한 시스템이 없을 경우, 서면에 의한다고 하고 있으나, 실제로 EU 회원국에서는 BOI 신청과 결정통보는 모두 서면으로 진행하고 있다. GUIDANCE ON BINDING ORIGIN INFORMATION, 1 Feb 2023, EU Commission, P.6

에서 신청의 적법성을 판단, 문제가 없을 경우, 신청일로부터 7일 이내에 EBTI에 등록되고 등록번호가 자동으로 할당된다. 이 등록번호를 이용해 신청자는 나중에 BTI 결정 내용을 확인할 수 있다. BTI 신청을 접수한 관할 세관은 우선 과거에 유사한 사례가 있었는지 확인하기 위해 EBTI를 참고한다. 물론, 세관이 BTI 결정을 위해 참고하는 것은 EBTI만이 아니다. EU는 품목분류의 중요성을 고려하여, BTI 결정에 참고할 만한 각종 전자시스템을 만들어 놓았다. 먼저 TARIC 시스템을 들 수 있다. TARIC 시스템은 각 품목분류별 관세조치, 할당관세, 수출, 수입 금지 여부, 반덤핑 관세, 상계 관세 대상 여부를 한눈에 확인할 수 있는 대한민국 수출입통관편람과 같다고 보면 된다. 또한, EU는 CLASS라는 데이터베이스를 구축해놓았는데, 이 CLASS 안에는 위에서 언급한 TARIC, EBTI가 모두 탑재되어 있어, 세관이 품목분류 결정 또는 BTI 결정 시 유용한 도구로 활용하고 있다. 세관은 BTI와 BOI 신청이 있을 경우, ① 이미 같은 사안에 대해 결정을 통보받았거나, ② 동일한 내용으로 두 곳 이상의 세관에 각각 BTI나 BOI를 신청한 경우, ③ BOI 결정의 경우, 다른 내용이라고는 신청인은 주장하나, 실제로는 동일한 제조공정 및 동등한 재료를 사용하여 동일한 조건에서 획득되어 다른 신청으로 볼 수 없는 경우, ④ 신청이 BTI 또는 BOI 결정의 원래의 목적 또는 세관절차 목적과 관련되지 않은 경우를 제외하고는(제33조 제1항), 그 신청을 접수하고 그 결정 결과를 세관 결정 통보기간(120일)에 맞추어 절차보유자에게 통보하여야 한다(제22조 제3항). 만일 120일 이내에 결정을 통보하지 못할 경우, 연장이 가능하며 그 연장기간은 BOI, BTI 결정의 경우에 한하여, 제22조 제3항에 규정된 30일을 초과할 수 있다(위임규칙 제20조). 만일 신청 접수후 90일 이내에 정확하고 통일적인 결정을 할 수 없다고 판단될 때에는 관할 세관은 EU 집행위원회에 동 사실을 통보하여야 한다(이행규칙 제23조 제1항). BOI에 대한 결정은 신청도 서면으로 제출하지만, 그 결정에 대해서도 서면으로 통지된다. BOI 결정 세관은 이행규칙 부속서 12-02에 규정된 서면 양식에 따라 결정을 신청자에게 통보한다(부록 1 [그림 1]).

3) 결정의 효력

BTI 또는 BOI 결정은 품목분류 또는 원산지 결정과 관련해서만 구속력을 가지며, 신청인이나 그 대리인이 결정 통지를 받거나 받은 것으로 간주되는 날짜부터 효력이 발생, 발효일로부터 3년 동안 유효하다(제33조 제3항). 결정을 통지받는 자는 BTI 결정의 경우, 신고된 물품이 모든 측면에서 결정에 설명된 물품과 일치한다는 것을 증명해야 하며, BOI 결정의 경우, 물품이 결정을 받기 위해 제출한 자료와 모든 측면에서 일치한다는 사실을 증명해야 한다(제33조 제4항). BTI 결정의 경우, 물품에 대한 새로운 품목분류 개정안이 채택되거나, EU 집행위원회에서 세번을 변경한 경우, 3년의 유효기간이 지나지 않았어도 효력이 중단된다. BOI 결정도 EU에 의해 새로운 규정이 채택되거나 협약이 체결되고 발효되었는데, 기존 BOI 결정이 동 규정이나 협약에 부합되지 않을 경우, 또는 세계무역기구(WTO)가 체결한 원산지 규정에 관한 협정이나 해당 협정의 해석을 위해 채택된 설명문 또는 원산지 의견이 EU 역내에 효력이 발생하여 기존 BOI 결정과 더 이상 양립할 수 없는 경우, BTI 결정과 마찬가지로 3년의 유효기간이 지나지 않았어도 그 효력이 중단된다. 다만, 이러한 중단은 소급효가 없다(제34조).

4) 결정의 취소, 철회

BTI나 BOI 결정 역시 다른 결정과 마찬가지로 신청자의 부정확하거나 불완전한 정보를 기반으로 이루어질 경우, 취소의 대상이 되며(제34조 제4항), BTI나 BOI 결정이 EU 관세법에 부합하지 않거나 결정을 내리기 위한 조건이 하나 이상 충족되지 않았거나 더 이상 충족되지 않은 경우에는 철회된다. 다만, BTI, BOI 결정은 신청자의 신청에 의해 철회되지 아니하며 수정되지도 않는다(제34조 제5항, 제6항). 이 점이 다른 일반적인 세관결정과 다른 점이다. 이외에도, BTI 결정은 유럽사법재판소의 판결에 의해, 또는 새로운 EU 집행위원회의 해석이나 의견으로 인해, 그 BTI 결정이 EU 통합명명법[(EEC) No 2658/87]에 양립하지 않을 경우, 취소된다. 한편, BOI 결정은 유럽사법재판소의 판결과 양립할 수 없는 경우, 취소된다(제34조 제7항, 제8항).

5) 철회 또는 효력이 중단된 BTI, BOI 사용

BTI 또는 BOI 결정이 취소, 철회, 또는 중단되더라도 취소, 철회, 중단된 BTI 또는 BOI 결정은 동 결정에 기반하여 동 결정이 취소, 철회되거나 효력이 정지되기 전 체결된 계약에 계속 사용될 수 있다. 다만, 수출할 물품에 대해서는 인정되지 않는다. 이를 위해 결정의 취소 또는 철회를 통보받은 자는 해당 결정이 효력을 취소하거나 철회된 날로부터 30일 이내에 계속적 사용기간 요청에 필요한 물품의 수량과 계속적 사용기간 동안 물품이 통관되는 회원국에 대한 정보를 포함한 신청서를 결정을 내린 관할 세관에 제출하여야 한다. 관할 세관은 계속적 사용에 대한 결정을 내리고 지체 없이, 늦어도 해당 결정을 내리는 데 필요한 모든 정보를 받은 날로부터 30일 이내에 결정을 통지받은 자에게 통지해야 한다. 계속 사용기간은 취소, 철회된 날로부터 6개월을 초과할 수 없으며 EU 집행위원회의 결정으로 계속적 사용을 배제하거나 더 짧은 기간을 계속적 사용의 기간으로 정할 수 있다. 다만, 통관 시 수출입증명서(위생검사증명서 등 각종 인허가 증명서)를 제출하는 품목의 경우, 수출입증명서의 유효기간으로 대체한다. 하지만 아무리 유효기간이 오래 남아 있다 하더라도 역시 6개월을 초과할 수 없다(제34조 제9항).

6) 집행위원회의 권한

BTI, BOI 결정에서 특이한 점은 다른 결정과 달리 집행위원회가 세관의 결정에 개입할 수 있다는 점이다(제34조 제10항). 집행위원회는 만일 ① 회원국의 세관이 정확하고 통일된 품목분류 또는 원산지 결정이 보장되지 않는 물품에 대해 BTI나 BOI 결정을 내리는 경우, ② 세관이 정확하고 통일된 BTI나 BOI 결정을 90일 이내에 해결하지 못해 이를 집행위원회에 통보한 경우, 결정행위를 중지하도록 요구할 수 있다. 결정 행위가 중지되면 집행위원회가 결정행위가 중단되었다는 것을 세관으로부터 통보받은 날로부터 120일까지 집행위원회와 회원국은 협의를 진행해야 한다. 결정행위가 중지되면, 신청자에게 결정을 통지하는 기간도 함께 연장된다. EU 관세법은 그 연장기간을 최대 10개월까지 보장하고 있으며, 예외적인 경우에는 5개월이 넘지 않는 범위에서 더 연장할 수 있도록 하여 최대 15개월의 연장기간을 부여하고 있다. 집행위원회는 회원국 세관의 정확하고 통일된 품목분류 또는 원산지 결정을 보장하기 위해 회원국이 이미 결정한 BTI 또는 BOI 결정을 철회하도록 요구할 수도 있다. 이외에도 집행위원회는 회원국 세관당국의 BTI 결정을 모니터링할 수 있다. 또한 BOI 결정 세관은 분기별로 BOI 결정의 관련 세부사항을 집행위원회에 통보해야 한다(위임규칙 제19조, 제23조). BTI와 BOI 결정은 EU 전 회원국에서 효력을 발휘하는 세관의 유권해석으로 한

번 결정이 나면 3년간 그 결정이 유효하기 때문에 EU에 경제적으로 미치는 영향력이 매우 크다. 특히, EU는 한국 일본 등 여러국가들과 FTA를 맺고 있을 뿐 아니라, 아프리카를 비롯한 상당수 개발도상국들에게 공산품 및 농수산물에 대해 일반특혜관세 혜택을 부여하고 있는데, 이러한 특혜관세혜택 대상 물품을 결정함에 있어 BTI나 BOI 결정이 큰 영향을 미치기 때문에 정확한 결정이 이루어지지 않을 경우, 특혜관세혜택부여 취지가 왜곡될 수 있고 적정한 관세액 계산에도 오류가 발생할 가능성이 크다. 27개 회원국을 거느리고 있으며 EU가 전 세계에서 차지하는 국제무역량의 크기를 감안할 때, 이러한 오류가 많이 발생하면, EU뿐 아니라 전세계 경제에 악영향을 미칠 수밖에 없다. 이러한 이유로 EU 관세법은 EU 집행위원회가 세관의 BTI, BOI 결정에 개입하여 일정한 권한을 행사할 수 있도록 한 것이다.

7) 다른 요소에 관해 구속력 있는 정보와 관련된 결정

세관당국은 신청이 있을 경우, 수출입 관세 또는 기타 조치의 기준이 되는 요소에 관해 구속력 있는 정보와 관련된 결정을 내려야 한다(제35조). EU 관세법 제2장은 원산지(특혜 원산지, 비특혜 원산지), 원산지 결정기준(Determination of origin of specific goods), 관세평가(Value of goods for customs purpose)로 구성되어 있는데, 현재, BOI 및 BTI 결정외에 관할 세관의 구속력있는 사전 유권해석은 없다. 이와 관련하여 EU 집행위원회에서는 2027년 12월 1일부터 관세평가에 대해서도 사전 관세평가심사(Binding Valuation Information)를 시행한다고 발표한바 있다.[28] 수입신고 시 정확한 관세액 계산 및 부과에 필요한 관세평가의 중요성은 모두 다 알고 있는 사실이지만, 실제로 정확한 관세평가가 쉽지 않고 또 회원국 세관별로 관세평가의 구체적 방식이 달라지기도 하여, 관세평가는 수입자와 세관간 분쟁의 주요 원인으로 손꼽혀 왔다. 계획대로 2027년 12월부터 관세평가에 대해서도 세관당국의 사전 유권심사가 이루어진다면 통관에 있어서 많은 변화가 일어날 것으로 보인다. BOI 및 BTI 결정은 3년간 전 EU에서 유효하다. 이는 BVI 결정도 마찬가지이기 때문에 특히, 대량의 물품을 반복 수입하는 경우, 수입 시마다 관세평가를

---

28 이미 법령 초안이 마련되어 2023년 1월에 회원국 검토를 위한 회람도 마쳤다.

반복하는 불편이 줄어들어 통관 단계에서 관세평가 관련 분쟁이 크게 줄어들 뿐 아니라 통관시간도 상당히 빨라져, 기업의 입장에서는 매우 큰 혜택으로 작용할 것으로 보인다.

7. AEO

EU AEO(Authorised economic operator) 제도는 2008년 EU 관세법의 전신인 공동체관세법(Community Customs Code)에 의해 최초로 도입되었다. EU 내부의 안전을 유지하면서 합법적인 거래를 촉진하기 위해 도입된 AEO 제도는 두 종류의 AEO 제도를 갖고 있는데, 첫째는 통관간소화 혜택을 받는 AEO(AEOC)와 둘째, 보안 및 안전에 있어 혜택을 부여받는 AEO(AEOS)로 구분된다. 2008년 AEO 도입 시 EU 역내에서 512개 업체가 AEO 자격을 받았으나, EU 집행위원회 통계에 따르면 2023년 기준 18,375개 업체가 AEO자격을 취득한 것으로 확인되었다.[29]

1) 개요

EU 관세영역에 설립되고 제39조에 규정된 기준을 충족하는 경제운영자는 AEO 자격을 신청할 수 있다. AEO 자격은 크게 두 가지로 나뉘는데, 첫째, AEOC 로 불리는 자격으로 통관 단계에서 특정한 간소화 혜택이 부여된다. 둘째, AEOS 로 불리는 자격으로 동 자격을 취득하면 통관 단계에서 부과된 각종 보안 및 안전 관련 편의를 제공받는다(제38조 제2항). 이 두 가지 종류의 AEO 자격은 동시에 취득할 수 있으며, 취득된 AEO 자격은 모든 EU 회원국에서 유효하다. 한편, EU 관세법은 EU와 AEO 상호인정협정(Mutual Recognition Agreement)을 맺은 국가 AEO 취득자에 대해서는 EU 관세법이 정하는 혜택을 누리게 하고 있다. AEO는 무역 원활화(Trade Facilitation) 협정에 근거한 제도로 이미 전 세계 70여 개 이상의 국가들이 AEO 제도를 운영하고 있고, EU의 원활한 무역활동을 증진시키기 위해 EU 관세법도 AEO 제도를 인정하고 있다. 현재 EU는 스위스(2009), 노르웨이(2009), 일본(2010), 중국(2014), 미국(2012), 영국(2021), 캐나다(2022), 안도라(2012), 몰도바

---

29 taxation – customs.ec.europa.eu/customs – 4/aeo – authorised – economic – operator/wh at – aeo_en

(2022) 등 9개 국가와 AEO-MRA 협정을 맺고 있다.[30]

2) 혜택

AEO는 통관 간소화 혜택을 받는 AEOC와 보안 및 안전에 있어 혜택을 받는 AEOS로 나누어지는데, 표로 설명하면 아래와 같다.[31]

	혜택	AEOC	AEOS
직접적 이익	세관 신고간소화, 중앙집중신고 - 포괄보증 감액, 자기기록신고, 신고납부(위임규칙 제151조)	○	
	세관 통제 - 통관단계에서 비 AEO 업체보다 낮은 수준의 실물검사 (위임규칙 제24조 제1항)	○ (법령준수 여부)	○ (보안 및 안전)
	세관 검사 사전통보 - 수입물품에 대한 검사 지정시 사전통보(위임규칙 제24조 제2항)	○	○
	세관 검사 시 우선 순위 배정 - 세관 검사시 일반 화물에 비해 선 순위로 검사진행(위임규칙 제24조 제4항))	○	○
	검사지역 신청 - 세관 지정 장소 이외 장소에서 검사 신청 가능(위임규칙 제24조 제2항)	○	○
간접적 이익	내부효용성 확장(efficiency with internal systems and processes) - AEO 신청을 계기로 기업 내부의 문제를 확인하고 이를 자체적으로 수정할 수 있는 기회 확보	○	○
	거래 상대방의 신뢰 확보(Credibiity) - AEO 취득을 통해 국제거래시 거래상대방의 신뢰 확보	○	○
	세관과 관계개선	○	○
	관련부처와의 관계 개선	○	○

---

30 Special Report by European Court of Auditors: Authorised Ecomomic Operators, Solid Customs Programme with untapped potential and uneven implementation. 2023
31 구체적인 내용은 EU 집행위원회 AEO 교육프로그램 사이트를 참고하기 바란다.
https://customs-taxation.learning.europa.eu/course/view.php?id=196&section=1

다만, 이러한 특혜는 특정한 위험의 수준이 증가하거나, EU 관세법 이외의 법에 규정된 검사에는 적용되지 않는다. 예컨대, 위생이나 보안관련 EU 법령에서 수출입물품에 대해 검사를 포함한 특정한 통제의무를 부과한 경우, 동 물품이 AEO 기업과 관련되어 있다 하더라도 EU 관세법상 AEO 혜택이 적용되지 않는다. 하지만, 타 법률에 의해 검사 대상으로 지정되었다 하더라도, AEO 기업의 수출입 물품에 대해서는 우선 검사 및 우선 처리가 보장된다(위임규칙 제24조 제5항).

3) 신청 요건

EU 관세영역에 설립된 경제운영자는 일정한 요건을 갖출 것을 조건으로 AEO 자격을 신청할 수 있다(제38조). EU 관세영역에 설립되었다는 의미는 자연인의 경우, EU 관세영역에 상거소(Habitual Residence)를 두고 있는 자이며, 법인이나 단체의 경우에는 EU 관세영역 내 등록사무소(Registered Office), 본부(Central Headquarters) 또는 고정사업장(PBE: Permanent Business Establishment)을 두고 있는 자를 의미한다[제5조 (31)]. 고정사업장 이란 기업 운영에 필요한 인적, 기술적 자원이 영구적으로 존재하고 EU 관세법이 적용되는 관세 관련 업무가 전부 또는 부분적으로 수행되는 고정된 사업 장소를 의미한다. 고정사업장(PBE)를 관할하는 곳에 AEO 신청을 하여 AEO 자격을 취득하면 다른 사업장 모두 AEO 혜택을 받을 수 있으며, 그 효력도 전 EU 회원국에서 유효하다. EU 관세법이 적용되는 관세 관련 업무에 종사하는 경제운영자는 그 종류가 매우 많으나, EU는 제조업자(Manufacturer), 수출자(Exporter), 수입자(Importer), 운송주선업자(Freight Forwarder), 보세창고업자(Warehouse Keeper), 기타 보관업자(Other Storage Facility Operator), 세관대리인이나 통관법인(Customs Agent/Representative), 운송인(Carrier), 공항만 조업사(Terminal Operator) 등이 AEO 자격을 신청을 할 수 있도록 허용하고 있다. 다만, EU 집행위원회는 이러한 9개 업종은 외에도 다른 업종의 AEO 신청을 배제하지는 않고 있다.[32] EU 관세법은 AEO 취득 조건을 명시하고 있는데(제39조), 그 조건

---

32 대한민국 관세법은 조금 더 구체적으로 규정하고 있는데, 관세법 제255조의 2에 AEO 신청 주체를 수출입물품의 제조, 운송, 보관 또는 통관 등 무역과 관련된 자로 나열하고 있다. 관세청에 따르면 수출업체, 수입업체, 관세사, 보세구역 운영인, 보세운송업자, 하역업자, 화물운송주선업자, 선박회사, 항공사 등 9개 업종에서 AEO를 신청할 수 있도록 하고 있다. AEO Guideline, EU Commission, 11 March 2016. p.18

은 AEO 전반에 대한 공통 조건과 AEOC와 AEOS에 각기 적용되는 별도 조건으로 나누어진다. 먼저 공통조건을 살펴보면, ① 기업 활동과 관련된 심각한 범죄 기록이 없는 것을 포함하여 관세법 및 과세 규칙에 대한 심각한 침해 또는 반복적인 위반이 없어야 하며, ② 기록관리 시스템을 통해 기업 운영 및 물품 흐름에 대한 높은 수준의 통제가 가능함을 입증해야 하고, ③ 양호한 재정 상태를 입증해야 한다. 이어 AEOC에 요구되는 별도 조건으로, ④ 세관절차에서 간소화 혜택을 받기 위해 AEOC 신청기업이 갖추어야하는 역량, 전문 자격이 필요하다. 뒤에서 자세히 설명하겠으나, 간소화된 수입신고 방식 중 하나인 자기기록신고(EIDR)는 AEOC 취득 기업에게만 인정되는 혜택인바, 자기기록신고로 수입신고를 대신하기 위해서는 세관과 연결된 시스템에 자신의 기록을 입력하고 이를 세관에서 그대로 인정해줄수 있을 정도의 신용을 가지고 있어야 하는데, 조건을 감당할 수 있는 기업은 AEOC 기업이 아니면 불가능하기 때문이다(제182조). 한편, AEOS에 별도로 요구되는 조건으로는 신청인이 물리적 통합 및 접근 통제, 물류 프로세스, 특정 유형의 물품 취급, 직원 및 비즈니스 파트너 식별 분야를 포함한 국제 공급망의 보안 및 안전을 보장하기 위한 적절한 조치를 유지하고 있음을 입증해야 한다. 생산공정에 비표나 출입증의 엄격한 관리를 통한 인원 통제, 원자재, 또는 완성품의 운반시 차량 및 기사에 대한 보안 조치, 기업 출입시 보안 체크, 기업 내부 자료의 엄격한 보안 관리 등이 대표적인 예라 하겠다.

4) 신청절차 및 효력

AEO 자격을 신청하고자 하는 기업은 먼저 자체 평가 설문지(Self assessment questionnaire)를 작성하여야 한다(위임규칙 제24조 제6항). [그림 2][33]는 AEO를 신청하기 전 신청 기업의 명칭, 사업분야 등 일반적인 내용과 함께, 자신이 신청하고자 하는 AEO 자격 조건을 얼마나 잘 준수하고 있는지 자체적으로 평가하는 내용을 포함하고 있다. AEO 자격신청도 모두 전자시스템을 이용하도록 하고 있는데, BTI와 마찬가지로 EU Trader Portal에 접속, AEO 시스템에 들어가 자체평가설

---

33 벨기에 관세청의 자체평가 설문지를 참고하기 바란다. https://finacien.belgium.be/nl/douane_accijnzen/ondernemingen/facilitatie/douanevergunningen/vereenvoudigingen/self–assess–ment

문지와 함께 신청서를 전자적으로 제출하여야 한다. 관할 세관은 신청서 접수 후 적법성과 유효성 여부를 판단하고 문제가 없을 경우, 신청서를 수리한다. 관할 세관은 일반적인 세관결정과 마찬가지로 신청서 접수일로부터 180일까지 AEO 지위 부여를 결정해야 하나, 만일 그 기간을 맞추지 못할 경우, 60일이 연장된다. 일반적 세관결정에서 인정되는 추가기간인 30일의 두배를 인정하고 있는 셈이다. 그리고 형사소송이 계류 중인 경우, 결정을 내리는 기한은 해당 절차를 완료하는 데 필요한 시간만큼 연장된다(위임규칙 제24조 제8항). 세관은 필요한 경우 다른 권한 있는 당국과 협의하여야 한다. AEO 자격부여는 세관의 결정이 내려진 후 5일째 부터 발효된다. AEO 취득 조건(EU 관세법 제39조) 중 하나를 준수하지 않아 AEO 자격승인이 정지된 경우, 해당 AEO와 관련하여 내려진 각종 혜택도 정지된다. 하지만, 반대로, 의무위반으로 인해 AEO 혜택이 정지되었다고 해서 AEO 자격승인이 정지되지는 않는다. AEOC와 AEOS 지위를 모두 갖고 있는 자가 AEOC에만 부과되는 개별 조건을 위반하여 AEO 지위부여가 정지된 경우, AEOC만 정지되며 AEOS 지위는 유지된다. 반대로 AEOS에만 부과되는 개별 조건을 위반한 경우, AEOC 지위는 유지된다(위임규칙 제24조 제10항).

8. 세관통제

1) 신고내역 검증

세관은 임시보관신고, 수입요약신고, 반출요약신고, 재수출신고 등, 각종 신고에 기재된 세부내역의 정확성과 완전성을 확인할 수 있으며 이를 위해 제출서류 검토, 신고인에게 관련 보충서류 제출요구, 물품검사, 분석이나 물품의 상세한 검사를 위한 샘플을 채취 할 수 있다(제48조). 세관은 물품을 검사하기로 결정하거나 샘플을 채취하기로 결정한 경우, 이를 위한 시간과 장소를 지정하고 신고인에게 통보하여야 한다. 신고인의 요청에 따라 세관은 세관이외의 장소를 지정하거나 세관 업무시간 이외의 시간을 지정할 수 있다(이행규칙 제238조). 신고인은 물품 검사 및 견본 채취 시 출석하거나 대리인을 참여시킬 권리를 갖는다. 세관은 합당한 근거가 있는 경우, 물품을 검사하거나 샘플을 채취할 때 신고인 또는 대리인의 출석을 요구할 수 있으며, 그러한 검사 또는 샘플 채취를 용이하게 하는 데 필요한 지원을 제공하도록 요구할 수 있다(제189조 제2항). 신고인이 물품 검사나 샘플 채취에 출석하기를 거부하거나 세관이 요구하는 필수 지원을 제공하지 않는 경우, 세관은 신고인의 위험과 비용으로 물품 검사를 진행해야 하며, 세관은 자국 법률에 따라 지정된 전문가의 서비스를 요청할 수 있다. 샘플은 세관이 직접 채취하는 것이 원칙이나, 신고인이 샘플을 채취하도록 요구하거나 세관의 감독하에 전문가에게 샘플 채취를 요청할 수 있다(이행규칙 제239조 제2항). 전문가는 해당 회원국의 법률에 따라 지정된다(이행규칙 제240조 제3항). 만일 물품의 일부만을 검사하거나 샘플을 채취할 경우, 검사하고자 하는 품목을 신고인에게 알려야 하며(이행규칙 제239조 제1항), 일부에 대한 검사결과는 세관 신고에 포함된 모든 물품에 포함된다(제190조). 신고인은 부분 검사 결과, 채취된 샘플 분석 또는 검사 결과가 신고된 물품의 나머지 부분에 대해 유효하지 않다고 판단하는 경우, 물품에 대한 추가 검사 또는 샘플링을 요청할 수 있다. 다만, 그 요청은 물품이 반출되지 않았거나, 반출된 경우 신고인이 물품이 어떤 방식으로든 변경되지 않았음을 입증하는 경우에만 인정될 수 있다(제190조 제1항). 세관신고에 기재된 물품이 두 종류 이상의 품목으로 구성되어 있을 경우, 세관 검사에 대해서는 각 품목이 별도의 신고를 구성하는 것으로 본다. 예를 들어 A라는 물품과 B라는 물품이 하나의 세관신고 대상인데, A에 대해서만 검사가 진행되고 B에 대해서는 검사가 진행되지 않을 경우, A 물품과 B 물품이 서로 다른 세관 신고로 구성되어 있다고 보아, A 물품에 대한 검사 결과는 B물품의 통관에 영향을 미치지 않는다(제190조 제2항). 동일한 물품의 샘플검사로 인해 다른 결과가 나올 경우에도 마찬가지다. 먼저 가능한 한, 추가샘플을 채취해야 하며, 추가샘플 검사결과 역시 다른 결과가 확인되면, 해당 물품은 검사결과에 해당하는 수량의 다른 물품으로 구성되는 것으로 간주된다(이행규칙 제241조). 실무에서는 이런 경우(대표적으로 벨기에), B/L 분할 제도를 통해 A 물품에 대한 세관신고, B 물품의 세관신고가 별도로 이루어지도록 하고 있다. 세관은 검사가 수행되었다는 사실과 검사결과를 기록해야 하며, 물품의 일부만을 검사한 경우에는 검사한 물품이 무엇인지 기록하여야 한다. 만일 신고인이 검사나 샘플 채취에 참여하지 않았을 경우, 이사실 역시 기록해야 한다. 샘플로 채취한 수량은 가능한 후속 분석을 포함하여 분석이나 보다 자세한 검사에 필요한 양을 초과해서는 안 된다. 샘플로 채취한 수량은 신고된 수량에서 공제되지 않으나, 다만, 수출 또는 역외가공에 있어서 신고인은 샘플로 채취한 물품의 수량을 동일한 물품으로 대체할 수 있다. 검사결과는 신고인에게 통보한다. 검사결과가 신고인의 신고내용과 일치하지 않는 경우, 이를 수정하여 적절한 세관절차 진행 및 물품에 대한 관세 및 각종 부가금 계산이 다시 필요하게 되는 데 검사결과에는 이 내용이 포함되어 있어야 한다(이행규칙 제243조). 채취된 샘플은 분석 또는 검사결과, 시료가 폐기된 경우, 추가조사 또는 항소절차, 사법절차의 목적으로 세관이 샘플을 보관해야 하는 경우가 아닌 한. 신고인의 요청에 따라 신고인에게 반환된다. 만일 신고인이 샘플반환을 요청하지 않는 경우, 세관은 샘플을 제거하거나, 신고인에게 합리적 기간 내에 해당 샘플을 폐기하도록 요구할 수 있다(이행규칙 제242조). 세관의 검증결과, 신고에 기반하여 발생하는 금액보다 더 높은 관세나 각종 세금이 부과될 수 있다고 판단하는 경우, 신고인은 물품을 반출하기 위해서 세관신고 내용에 따른 금액과 최종적으로 지불해야 할 금액 간의 차액을 충당하기에 충분한 보증을 제공하여야 한다. 만일 신고인이 보증대신 바로 그 차액을 납부하고자 하면, 세관에 최종 납부액에 대한 통지를 요청할 수 있다(이행규칙 제244조).

2) 식별조치

세관신고의 종류에 따라 물품은 임시보관, 수입신고, 수출/재수출신고 등, 각기 다른 세관절차가 진행된다. 따라서 신고 종류에 따라 물품을 별도로 관리하고 통제해야 한다. 예를 들어 수입신고 물품과 재수출신고물품이 구분되어 있지 않으면, 세관신고 시 세관에서 신고에 맞는 적절한 검증이나 확인이 어렵기 때문이다. 이를 감안하여 EU 관세법은 세관 또는 세관으로부터 권한을 부여받은 자는 해당 물품의 신고 종류에 따른 세관절차를 수행하기 위해 물품을 식별하는 데 필요한 조치를 취해야 한다고 규정하고 있다[제192조 제1항, 대표적으로 물품이 들어 있는 컨테이너 봉인(Seal)]. 그러한 식별조치는 EU 관세영역 전체에 걸쳐 동일한 법적 효력을 가진다. 이러한 식별수단은 세관 또는 세관의 허가를 받은 경제운영자에 의해서만 제거되거나 파기되어야 한다. 단, 예측할 수 없는 사유가 발생하는 경우, 즉, 불가항력 상황으로 인해 물품이나 운송수단을 보호하기 위해서는 이러한 허가 없이 식별 수단을 제거하거나 파괴할 수 있다(제192조 제2항).

3) 물품 반출 후 세관통제

세관은 물품과 관련한 기업의 각종 행위(Operation) 또는 해당 물품을 반출한 이후, 이와 관련된 후속적인 상업적인 행위에 대한 각종 기록 및 신고인의 은행계좌에 대해서 조사를 진행할 수 있다(Post-release control). 대표적인 통제가 바로 최종사용 모니터링이다. 수입통관이 완료되어 EU 관세영역에서 자유로운 유통이 된 뒤에도 세관의 통제 대상이 될 수 있다. 예를 들어 어떤 물품이 수입신고 시 최종사용용도를 조건으로 관세감면 혜택을 받았을 경우, 세관은 동 물품이 일반 시장에서 유통 사용될 때 동 용도를 지켜서 사용되는지 확인하여 용도내 사용을 하지 않는 경우, 감면된 관세를 부과 징수하여야 한다. 이를 위해 세관은 수입통관이 완료된 물품에 대해 일정기간동안 물품 최종사용용도에 대한 모니터링을 계속 유지하여야 한다. 이외에도 세관은 필요시 반출 이후에도 해당 물품을 검사하거나 샘플을 채취할 수도 있다. 원칙적으로 데이터, 문서 등 각종 자료에 대한 조사는 물품 소유자 또는 소유자의 대리인, 업무상 행위에 직접 또는 간접적으로 관여하는 기타 개인 또는 영업 목적을 위해 해당 문서 및 데이터를 보유하고 있는 개인의 구내에서 수행된다(제48조). 세관은 이렇게 입수한 각종 정보들을 보관하여 관리하여야 하며, 일주일에 한 번씩 집행위원회에 보고하여야 한다(이행규칙 제55조).

9. 문서의 보관

세관절차와 세관통제와 관련된 자료(각종 세관신고, 허가, 승인과 관련 자료)는 3년간 보관해야 한다(제51조). 3년이란 서류보관 기간의 계산은 수입통관이 완료되어 EU 관세지위를 획득하고, EU 관세영역에서 자유로운 유통이 가능한 물품, 또는 수출신고된 물품의 경우, 세관신고가 접수된 연도말부터 기산한다. 예를 들어 수입신고가 9월 1일날 접수되었다면, 12월 31일부터 보관기간이 시작된다. 최종사용용도를 조건으로 관세감면을 받은 물품의 경우, 최종용도에 대한 세관감독(Supervision) 기간이 끝난 연도말부터 기산한다. 세관감독 기간 종료시기는 각 회원국 관세법에 의해 규율된다. 기타 세관절차를 밟은 물품이나 임시보관 중인 물품의 경우, 서류보관 기간은 해당 세관절차가 종료되거나 임시보관이 종료된 연도 말부터 기산한다(제51조 제1항). 만일 세관이 관세채무에 관한 기재 사항을 정정해야 한다고 명시하고 이를 해당인에게 이를 통지한 경우, 관련 문서와 정보는 3년의 기간이 더 추가된다(총 6년). 항소가 제기되거나 재판 절차가 시작된 경우, 관련 문서와 정보는 3년의 기간 또는 항소 절차나 법원 절차가 종료되는 날짜 중 더 늦은 날짜까지 보관되어야 한다(제51조 제2항).

10. 요금 및 비용

세관은 공식 업무시간 동안 세관 업무를 수행함에 있어 요금을 부과해서는 안된다(제52조 제1항). 다만, ① 신청인의 요청으로 세관직원이 공식 업무시간 외 또는 세관 이외의 장소에 출장(대한민국 관세청의 임시개청과 유사)을 가거나, ② BTI 결정 또는 물품에 대한 분석실험 등 특정한 서비스가 제공되는 경우, ③ 물품의 검사, 샘플링, 또는 물품의 폐기 등, 세관 직원을 이용하는 비용외에 다른 비용이 생기는 경우, ④ 공매 비용, 소각 비용 등 물품의 특성이나 잠재적 위험으로 인해 필요한 경우, 요금을 부과하거나 비용을 회수할 수 있다(제52조 제2항). 물품 검사 장소, 샘플 채취 장소까지의 물품 운송, 그리고 그러한 검사 또는 샘플 채취에 필요한 모든 취급은 신고인에 의해 또는 신고인의 책임하에 수행되며, 이에 따른 비용은 신고인이 부담한다(제189조 제1항). EU 관세법 전신인 공동체관세법에서는 하위법령인 이행규칙((EEC) No 2454/93 제187a조에 의해 샘플 채취 관련 비용뿐 아니라 샘플 분석 및 조사 비용 모두, 화주나 기타 관계인들이 부담하도록 규정하고 있었으나, EU 관세법은 동 내용을 EU 관세법에 상향규정하였고, 그 내용도 샘플 검사와 조사비용은 세관이 부담하는 것으로 개정하였다(제189조 제3항).[34]

11. 통화전환

통화전환(Currency Conversion)은 물품에 지불한 가격이 외국통화로 표시될 경우, 과세가격 결정을 위해 이를 내국통화로 바꿀 때 사용된다. 예를 들어 한국의 수입업자가 외국으로부터 물품을 수입할 때, 물품에 대한 지불을 영국 파운드화

---

34 대한민국 관세법은 검사비용에 대해서는 원칙적으로 화주가 부담하도록 하고 있으나, 2020년부터 중소기업에 대해서는 비용경감, 공익확보, 적극적인 수출입물품 검사를 위해 국가가 예산 범위내에서 비용을 지원하고 있다.

로 할 경우, 대한민국 관세청은 동 물품에 대한 정확한 과세가격을 산출하기 위해 파운드화를 한국의 원화로 바꾸는 작업이 필요하다. EU도 마찬가지지만 좀 더 문제가 복잡하다. 현재 EU에서 쓰이는 공용화폐는 유로화다. 하지만, 회원국임에도 정치, 경제적 이유로 유로화를 쓰지 않는 회원국들이 있다. 대표적으로 불가리아, 체코, 덴마크, 헝가리, 폴란드. 루마니아, 스웨덴 등인데 이들은 각자의 화폐가 존재한다. 뿐만 아니라 수출입 거래 시 유로와 각 회원국화폐는 물론, 기축통화중 하나인 달러나 기타 주요 국가 화폐가 사용되기도 한다. 따라서 거래가격을 정확하게 측정하고 이를 기초로 과세가격을 결정하기 위해서는 통화전환이 필수적이다. EU 관세법은 이를 위해 물품의 가격이 회원국에서 사용하는 통화로 표시되지 않는 경우, 또는 EU 공동관세에서 정하는 가치기준을 포함하여 물품의 분류와 수출입 관세액을 결정하기 위해 국가통화를 기준으로 유로화 가치 표시가 필요할 경우, 통화전환을 위해 적용되는 환율을 인터넷에 공표 및 제공하도록 하고 있다(제53조). 이 경우, 유로화 가치는 한 달에 한 번 확정되며, 사용되는 환율은 해당 월의 두 번째 날 이전에 유럽중앙은행이 정한 가장 최근의 환율이다. 그러나 해당 월의 두 번째 날 이전에 정한 환율이 같은 달 15일 바로 전에 유럽중앙은행이 발표하는 환율과 5% 이상 차이가 나는 경우, 후자가 15일부터 월말까지 적용된다. 한편, FTA나 기타 국제협정에 의해 유로화 환율이 필요할 경우, 환율에 의해 표시된 유로화의 가치는 최소한 1년에 1회 고정하도록 규정하고 있다. 이때 적용되는 유로화 가치는 유럽중앙은행이 10월 첫 번째 근무일에 정한 환율이며 다음 연도 1월 1일부터 적용된다(이행규칙 제48조 제2항). 대표적으로 한-EU FTA '원산지 물품의 정의 및 행정협력에 관한 의정서' 제25조에 따라 EU는 '유로화로 표시된 금액에 상당하는 EU 회원국의 자국 통화상의 금액'을 대한민국에 통보하도록 하고 있다. 회원국은 유로화로 표시된 자국 통화상의 금액을 연간 조정 시 자국통화 가치가 5% 미만으로 변경되는 경우, 유로화로 표시된 자국통화 가치를 변경하지 않고 그대로 유지할 수 있다(이행규칙 제48조 제3항). 즉 2024년도 유로화로 표시된 자국 통화상의 금액을 2025년에 조정할 경우, 자국통화 가치 변경이 5%미만이라면 2025년도에도 2024년도 기준을 그대로 사용할 수 있다는 의미이다.

12. 기간, 날짜 및 기한

EU 관세법에 기간(Period), 날짜(Data) 또는 기한(Time-limit)이 규정된 경우 해당 기간은 연장되거나 단축될 수 없으며 해당 날짜 또는 기한은 연장되거나 앞당겨질 수 없다(제55조). 기간, 날짜 및 기한에 대해서는 EU 관세법에 달리 규정하지 않는 한, 기간, 날짜 및 기한에 관한 규정인 이사회규칙[(EEC, Euratom) 1182/71][35]을 적용하도록 하고 있다(제55조 제2항). 동 규칙은 EU의 모든 공적인 행위를 집행함에 있어 필수불가결한 기간, 날짜 및 기한에 대해 규정한 법으로 모든 회원국을 구속한다. EU 27개국은 각국의 날짜나 기간, 또는 공휴일에 대한 고유한 문화를 갖고 있어 이를 통일하지 않을 경우, EU 차원의 공적인 업무 집행이 불가능하다. 이러한 문제는 EU의 전신인 EEC, Euratom 시대인 1970년대부터 시작되었고, 이를 해결키 위해 당시 유럽공동체(EEC)와 원자력공동체(Euratom)에서는 EU 차원의 공적 업무 집행의 기준이 되는 기간, 날짜 또는 기한에 대한 규정을 만들게 되었던 것이다. 동 규칙 서문을 보면 동 규칙을 제정한 목적이 나오는데, 공동체의 목적 달성을 위해서는 통일된 법적용이 필요하며, 이러한 통일적 법적용을 위해서는 날짜, 기간 및 공휴일 등에 대한 통일적 기준을 정할 필요가 있다고 선언하고 있다(To attain the objectives of the Communities, it is necessary to ensure the uniform application of Community law and consequently to determine the general rules appplicable to periods, dates and time limits). EU 관세법과 관련된 내용을 소개하면 다음과 같다(제1조부터 제3조). 먼저, 공휴일이란 회원국 또는 EU가 지정한 모든 날을 의미하며 각 회원국은 자국 법률에 따라 공휴일로 지정된 날짜목록을 집행위원회에 통보하여야 한다(제1조 제1항). 한편, 근무일은 공휴일, 일요일, 토요일을 제외한 모든 날을 의미하며(제1조 제2항), 시간을 기준으로 기간을 표시할 경우, 그 사건이 발생하거나 행위가 발생한 시간은 해당시간에서 제외한다. 일, 주, 월 또는 년으로 기간을 표시할 경우에도 그 사건이나 행위가 발생한 날은 해당기간에 포함하지 아니한다(제3조 제1항). 예를 들어 물건을 받은 날로부터 1달이라는 기간이 정해졌다면 물건을 받은 다음날부터 계산한다는 의미다. 시간으로 기간을 표시할 경우, 첫 번째 시간이

---

35 정식명칭은 Regulation(EEC, Euratom) No 1182/71 of the Council of 3 June 1971 determining the rules applicable to periods, dates and time limits다.

시작하면서 기간이 시작되고 기간의 마지막 시간이 만료되면 기간이 종료한다. 만일 물건을 받은 시점부터 5시간 동안 유효하다면, 예컨대, 물건을 3시 30분에 받으면 4시부터 기간이 시작되어 9시가 끝나는 시간에 기간이 종료된다. 일을 기준으로 기간을 표시한 경우, 첫날의 첫시간부터 기간이 시작되어 마지막날의 마지막 시간의 만료로 기간이 종료된다. 주, 월, 년으로 기간을 표시하는 경우, 기간의 첫날의 첫시간부터 기간이 시작되며, 마지막 주, 월, 년의 마지막날 마지막 시간이 만료되면서 기간이 종료된다. 만일, 월이나 년을 기준으로 기간이 시작될 경우, 만료되는 날이 마지막 달에 없을 경우, 마지막 달의 마지막 날의 마지막 시간이 만료되면 기간은 종료된다. 2월 29일부터 1년의 기간이 주어진 경우, 다음해 2월 29일이 없다면 2월 28일 자정이 되면서 기간이 만료된다는 의미다. 일, 주, 월 또는 년으로 기간을 표시한 경우, 마지막날이 공휴일, 일요일 또는 토요일인 경우, 해당기간은 다음 근무일의 마지막 시간 만료로 종료된다. 하지만, 이러한 원칙과 달리 여러 예외가 존재한다. 먼저, 일, 주, 월 또는 년으로 기간을 표시한 경우, 마지막 날이 공휴일, 일요일 또는 토요일인 경우, 해당기간은 다음 근무일의 마지막 시간 만료로 종료되는 것이 원칙이지만, 법령의 발효, 적용, 유효기간 만료, 중단 등은 마지막 날이 공휴일, 일요일 또는 토요일이더라도 그대로 적용된다(제4조 제1항). 따라서 5월 4일 효력을 상실하는 법률이 있을 경우, 5월 4일이 공휴일이더라도 4일 자정을 끝으로 그 법률은 효력을 상실한다. 둘째, 기간 계산은 사건이 발생한 그 시간, 그 날은 포함하지 않는다고 했으나, EU 법령은 발효일의 첫 번째 시간이 시작되는 시점부터 발효한다(제4조 제2항). 예를 들어 법령의 발효일이 5월 4일일 경우, 4일이 시작되는 첫 시간부터 동 법령을 효력을 가지게 된다.

13. EU 관세영역 내 항공운송 및 해상운송에 대한 EU 관세법 적용

모든 국가의 관세법은 자국의 관세영역으로부터 또는 관세영역으로 들어오는 사람과 물품에 대한 통제를 규정하는 법이다. EU 관세법도 마찬가지여서, EU 역내를 운항하는 항공기나 선박에 대해서는 세관통제의 대상으로 삼고 있지 않다. 하지만, 비EU 관세영역 공항에서 출발하여 EU 관세영역 공항에 잠시 머물렀다가 다른 EU 관세영역 공항으로 이동하는 항공기를 이용하는 경우, 또는 비EU 관세영역으로 이동하기 전에 EU 관세영역 공항에 잠시 머무르는 항공기를 이용할 때, 그리고 해상운송에서, 비EU 관세영역에서 출항하여 EU 관세영역을 운항하는 선박, 출항을 비EU 관세영역 항구에서 하거나, EU 관세영역에 있다가 비EU 관세영역의 항구로 잠시 기항하는 경우, 또는 EU 관세영역에서 운항하나, 운항 종료를 비EU 관세영역 항구에서 수행하는 경우에는 밀수나 각종 관세범죄를 예방키 위해 세관이 항공기와 선박의 운항을 계속 감시해야 한다. 세관통제의 대상 항공기는 군용, 행정용 항공기를 제외한 민간 항공기다. 여기에는 관광 또는 비즈니스 항공기, 유람선이 포함되며 이러한 선박과 항공기에 탑승한 승객들의 기내수하물과 위탁수하물은 세관통제의 대상이 된다. 관광 또는 비즈니스 항공기라 함은 군용, 행정용 항공기가 아닌 영리 목적으로 전 세계 공항을 연결하는 정기항공편이나 전세항공편을 의미한다. 유람선이란 관광을 목적으로 항해하는 선박으로 EU 지침(Directive) 94/25/EC[36]에 정의된 레크리에이션 선박이다. 동지침에 따르면 레크리에이션 선박이란 추진 수단에 관계없이 스포츠 및 레저 목적을 위한 2.5미터에서 24미터에 이르는 모든 유형의 보트를 의미한다(카약, 카누, 서핑보드, 잠수함, 수중익선등은 제외). 요트나 레저용 보트가 대표적이라 하겠다. 그렇다면 기내수하물과 위탁수하물의 검사는 어느 곳에서 이루어질까? 관광 또는 비즈니스 항공기를 예로 들어 보자. 비EU 관세영역 공항에서 출발하여 EU 관세영역 공항에 잠시 기착 후, 다른 EU 관세영역 공항으로 이동할 경우, 첫 번째로 도착하는 EU 관세영역 공항에서 수하물 검사가 진행된다. 그리고 EU 관세영역 공항에서 항공기를 이용, 다른 EU 관세영역 공항에 잠시 기착하였다가, 비EU 관세영역 공항으로 이동하는 경우, 마지막 EU 관세영역 공항에서 수하물검사가 이루어진다(이행규칙 제38조). 비EU 관세영역에서 출발한 항공기 승객에 대한 수하물검사를 첫 번째 기착하는 EU 관세영역 공항에서 하는 이유는 물품에 대한 관세부과 및 안전, 보안, 위생상의 문제와 연결된다. 즉, 비EU 관세영역에서 EU 관세영역으로 가지고 들어오는 물

---

36 정식명칭은 Directive 94/25/EC of the European Parliament and of the Council of 16 June 1994 on the approximation of the laws, regulations and administrative provisions of the Member States relating to recreational Craft다.

품에 대해 과세를 통해 관세수입을 확보하는 동시에 EU의 안전을 위협하는 물품의 반입을 막음으로써 EU 역내안전을 도모하겠다는 의미다. 한편 관광 또는 비즈니스 항공기에 속하지 않는 민간항공기에 대해서는 검사지역이 다르다. 먼저, 비EU 관세영역 공항에서 항공기를 이용, EU 관세영역 공항에 잠시 기착 후, 다른 EU 관세영역 공항으로 계속 이동하는 항공기로 이용하는 승객의 기내수하물과 위탁수하물에 적용되는 세관검사는 마지막 EU 영역 공항을 관할하는 세관에서 수행된다. 그리고 두 번째 사례처럼, EU 관세영역 공항에서 항공기를 이용, 다른 EU 관세영역 공항에 잠시 기착하였다가, 비EU 관세영역으로 이동하는 사람의 위탁 및 기내 수하물에 적용되는 세관통제는 첫 번째 EU 관세영역 공항에서 실시하는 것이 원칙이긴 하나, 마지막 EU 관세영역 공항에서 세관검사를 할 수 있다(이행규칙 제37조). EU 관세법이 이렇게 규정한 이유는 관광 또는 비즈니스 항공기에 비해 관세수입확보, 위해물품 차단이라는 목적이 크게 중요하지 않기 때문이다. 현 항공운송업이 대부분이 영리 목적으로 전세계 공항을 연결하는 정기항공편이나 전세항공편임을 감안할 때, 그 이외 항공기에 대한 수하물 검사가 큰 의미를 가지긴 어렵다. 유람선의 경우, 항공기의 예를 따른다. 지금까지 설명한 내용은 항공기나 선박이 비EU 관세영역과 EU 관세영역을 이동하되, 항공기나 선박이 바뀌지 않는 경우, 즉, 하나의 항공기와 선박을 이용하는 경우에 해당한다. 하지만, 항공기나 선박이 중간에 다른 항공기나 선박으로 바뀌는 경우는 좀 더 복잡하다. 먼저 비 EU 관세영역에서 출발하는 항공기에 실려 EU 관세영역 공항에 도착하는 위탁수하물이 해당 EU 관세영역 공항에서 EU 관세영역을 운항하는 다른 항공기로 환적되는 경우를 살펴보자. EU 관세법은 이런 경우, 위탁수하물 검사는 마지막 EU 관세영역 공항에서 수행한다고 규정한다(이행규칙 제39조 제2항). 항공기가 바뀌었기 때문에 마지막 EU 관세영역 공항에서 최종 확인을 하겠다는 의미다. 다만, 환적되는 곳과 최종도착지 모두 같은 회원국 내일 경우, 환적이 이루어지는 곳에서 세관통제가 가능하다(이행규칙 제39조 제2항). 세관이 위탁수하물 통제에 필요하다고 인정하는 경우, 항공기가 처음으로 바뀌는 첫 번째 EU 관세영역 공항에서 수행될 수도 있다(이행규칙 제39조 제2항). 반면 기내수하물은 첫 번째 EU 관세영역 공항에서 수행되며, 수하물 통제에 필요하다고 인정되는 예외적인 경우, EU 관세영역 마지막 도착 공항에서 수행될 수 있다(이행규칙 제39조 제3항). 두 번째로 위탁수하물이 EU 관세영역 공항에서 실려 다른 EU 관세영역 공항에 도착하고, 최종적으로 비EU 관세영역 공항으로 이동하는 다른 항공기로 환적될 경우, 위탁수하물에 적용되는 세관통제는 첫 번째 EU 관세영역 공항에서 수행된다. 다만, 예외적인 경우, 또는 중간에 기착하여 환적이 이루어지는 EU 관세영역 공항도 같은 회원국 내 공항일 경우, 세관통제는 환적이 이루어지는 두 번째 공항에서도 가능하다(이행규칙 제40조 제2항). 기내수하물에 적용되는 세관통제 및 절차는 마지막 EU 관세영역 공항에서 수행된다(이행규칙 제40조 제3항). EU 관세영역으로 들어오는 모든 항공기는 EU 관세법에서 지정하는 물품확인 태그를 반드시 붙여야 한다(이행규칙 부속서 12-03)(부록 1 [그림 3]).

제2편
EU 공동관세와 원산지 결정

Ⅰ. 공동관세
Ⅱ. 원산지 결정

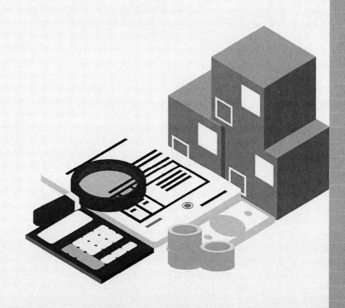

제2편   EU 공동관세와 원산지 결정

I   공동관세

1. 개요

EU 관세동맹(Customs Union)은 역내시장에서 회원국간 수출입 관세 또는 그와 동등한 효과를 가지는 과징금을 폐지하고 제3국에 대해 공동 관세율 정책을 실시하는 체제를 의미한다. 제3국의 물품이 EU 관세영역으로 수입되거나 EU 물품이 비EU 관세영역으로 수출될 때 납부해야 하는 관세는 공동관세율(Common Customs Tariff)에 따르며, 공동관세의 범위에는 ① 이사회 규칙(EEC) 2658/87[1]에 규정된 물품의 통합명명법, ② 통합명명법에 전적으로 또는 부분적으로 기초하거나, 이에 대한 추가 세부분류를 제공하고, 물품 무역과 관련된 관세조치를 적용할 목적으로 특정 분야를 관할하는 EU 규정에 의해 확립된 기타 명명법(대표적으로 TARIC), ③ 통합명명법이 적용되는 물품에 적용되는 관습적 또는 일반적인 자율관세,[2] ④ EU가 비EU 관세영역 특정 국가나 영토 또는 그러한 국가나 영토의 집단과 체결한 협정에 포함된 특혜관세 조치(대표적으로 FTA), ⑤ EU 관세영역 밖의 특정 국가나 영토 또는 그러한 국가나 영토의 집단에 대해 EU가 일방적으로 채택한 특혜관세 조치(Preferential Tariff Treatment),[3] ⑥ 특정물품에 대한 관세감면 조치(최종

---

1 정식명칭은 Council Regulation (EEC) No 2658/87 of 23 July 1987 on the tariff and statistical nomenclature and on the Common Customs Tariff이다.

2 Council Regulation (EU) No 1344/2011 of 19 December 2011 suspending the autonomous Common Customs Tariff duties on certain agricultural, fishery and industrial products and repealing Regulation (EC) No 1255/96

3 EU가 시행 중인 일반특혜관세(General System of Preferences)가 대표적이다. 일반특혜관세란 개발도상국의 수출확대 및 공업화 촉진을 위해 선진국이 개발도상국으로부터 수입하는 공산품, 농수산물에 대해 일방적으로 무관세의 적용 또는 저율의 세율을 부여하는 관세상의 특별대우를 의미한다. 이외에도 우크라이나에 대한 일방적인 특혜관세조치도 여기에 해당된다.

용도사용), ⑦ ③부터 ⑥ 또는 ⑧에 언급된 조치의 틀 내에서 특정물품의 성격이나 최종용도로 인한 유리한 관세대우(Favorable Tariff Treatment),[4] ⑧ 농업, 상업 또는 기타 EU 법률에 의해 제공되는 기타 관세조치를 의미한다(제56조 제2항). 주의할 것은 위 공동관세 조건의 여러 조항을 충족한다 하더라도 해당 조항이 중복 적용되는 것이 아니라, 신청인의 신청에 의해 하나의 조항만 적용된다는 점이다. EU 관세법은 이 점을 명확히 하여, 관련 물품이 ④부터 ⑦까지 규정된 조치에 포함된 조건을 모두 충족하는 경우, 신고인의 신청에 따라 신청인이 원하는 해당 규정만을 적용하도록 하고, 그러한 적용은 관련 법령이나 조치에 규정된 기한과 조건을 준수하는 경우 소급하여 이루어질 수 있도록 하였다(제56조 제3항). 또한 이러한 공동관세조치도 무제한적으로 적용되는 것은 아니다. 즉, ④에서 ⑦까지 언급된 조치의 적용 또는 ⑧에 언급된 조치의 면제가 특정 수량의 수입 또는 수출로 제한되는 경우, 그러한 적용 또는 관세 할당량의 경우, 면제는 지정된 수입 또는 수출량이 도달하자마자 정지된다(제56조 제4항). 이를 위해, 세관은 관세 할당량 혜택을 받기 위한 신고인의 유효한 요청이 포함된 세관신고가 수락되고, 관세 할당량 부여에 필요한 모든 증빙 서류가 세관에 제공된 경우, 세관신고 접수일과 요청한 정확한 양을 표시하여 해당 요청을 지체 없이 집행위원회에 전달해야 하며, 관세 할당량 요청, 관세 할당량에 대한 반환, 관세 할당량의 상태, 관세할당에 영향을 미칠수 있는 여러 사안들을 전자시스템을 통해 관리하고, 이러한 정보를 최소한 일주일에 한번씩 집행위원회에 통보하여 집행위원회로 하여금 관세할당에 대한 내용을 파악하도록 해야 한다(이행규칙 제51조, 제54조). 관세할당이 잘못된 경우, 세관은 잘못 할당된 수량을 반환하도록 조치해야 하며, 만일 할당을 위한 세관신고가 무효화된 경우, 세관은 관세 할당량 혜택 요청 전체를 취소해야 한다(이행규칙 제52조).

2. 통합명명법

EU 관세법에 나오는 통합명명법(Combined Nomenclature)은, 흔히 줄임말로 CN

---

4 특정산업의 발전을 위해 수입관세 면제, 수입관세 연불제 허가 등 각종 세금 우대혜택을 주는 것을 의미한다.

code라고 불리는데, 이것은 바로 우리가 알고 있는 HS Code의 EU 버전이라고 생각하면 된다. 원래 품목분류에서는 통일상품명 및 부호체계에 관한 협약에 의해 만들어진 통일상품분류표(Harmonized System), 즉 HS code가 널리 쓰이는데, EU에서는 이를 자신들의 방식에 따라, 변형하고 이름도 통합명명법, 즉 CN code 라고 부른다. 통합명명법은 위에서 언급한 이사회 규칙(EEC) 2658/87에 근거하며, 동 규칙에 의해 CN code가 결정된다. 동 규칙 제3조에 보면 CN code 구성방식이 규정되어 있다. 물품의 세번분류는 해당 물품이 분류되는 CN code의 소호 또는 추가 하위 항목 중 하나의 결정으로 구성된다. 특히, 비관세 조치를 적용하는 경우, 물품의 세번분류는 통합명명법의 소호 또는 추가 세부항목 중 하나의 결정으로 구성되거나 EU 규정에 의해 만들어지고 통합명명법에 부분적으로 또는 전체적으로 기초하여 해당 물품이 분류되는 소호나 추가 하위 항목을 제공하는 다른 명명법(TARIC)의 결정에 따라 이루어진다. 구체적으로 살펴보자. CN code는 총 8단위로 구성되며 이 중 처음 6단위는 HS code와 일치하며 나머지 7, 8단위 (digit)는 EU의 별도 표기다. 만일 6단위에서 더 이상 분류가 필요없을 경우, 7, 8단위는 00으로 표기한다. 각 회원국의 통계 목적으로 9단위가 추가될 수 있다. 예를 들어 동물 중 오리의 경우, CN code로는 0207.23이며 만일 오리중에 70퍼센트 이상의 'duck'이라는 깃털을 포함하는 오리는 0207.2311로 표기된다. 한편, 대한민국 수출입통관편람과 같은 역할을 하는 TARIC 시스템의 경우, CN code가 10단위 또는 11단위까지 확장된다. 더 나아가, 품목분류가 되지 않은 신물품, 또는 미래의 물품을 위해 다시 10단위, 11단위에서 4단위가 추가될 수 있어 CN code 는 이론상 14단위, 15단위까지 가능하다. 위에서 언급한 오리를 TARIC으로 찾을 경우, TARIC에서 오리의 품목분류를 0207.2311 00 V999로 표시해 놓았다면, 마지막 11단위부터 14단위까지의 표시인 V999는 아직 품목분류가 되지 않은 오리를 위해 배정해 놓은 표현법이라 보면 된다. 주목할 것은 EU로 물품을 수입시 품목분류는 TARIC을 기준으로 하며, 수출시에는 CN Code를 사용하여야 한다. 수입물품에 대한 비관세조치를 취할 경우, 동 물품에 대한 품목분류는 일반적인 통합명명법에 따라 결정되는 것이 원칙이지만, EU 관세법은 EU 규정에 의해 만들어지고 통합명명법에 부분적으로 또는 전체적으로 기초하여 해당 물품이 분류되는 소호나 추가 하위 항목을 제공하는 다른 명명법의 결정에 따라서도 가능하다고 하여, TARIC이 주요한 비관세 조치를 위한 근거가 될 수 있음을 명시하고 있다 (제57조 제2항). 수출과 달리 수입은 그 종류도 다양하고 비관세 조치를 취하기 위해서는 명확한 근거가 있어야 하는 바, 만일 통합명명법에 의해 비관세 조치 대상 품목에 대한 정확한 품목분류가 어려울 경우를 대비한 규정이다.

Ⅱ 원산지 결정

1. 개요

원산지란 물품이 생산 또는 제조된 국가를 의미한다. 원산지가 중요한 것은 물품의 원산지에 따라 관세혜택을 받을 수도 있고, 때로는 불공정 무역행위 제재 대상이 될 수도 있기 때문이다. 현재 원산지에 대한 규정을 가지고 있는 국제법은 WTO 원산지협정(WTO Agreement on Rules of Origin)과 세관절차의 간소화 및 조화에 관한 국제협정(International Convention on the Simplification and Harmonization of Customs Procedures) 정도인데, 두 협정 모두, 원산지의 개념, 원산지 결정기준 등, 원산지와 관련된 문제를 해결할 때 필요한 구체적 기준이나 원칙은 규정해 놓지 않고, 원산지규정이 국제무역을 제한하거나 왜곡 또는 교란시키는 효과를 가져서는 안 된다거나, 원산지규정은 통일적이고 공정하며 합리적으로 집행되어야 한다는,[5] 지극히 원론적인 내용으로 일관돼 있어, 큰 의미는 없으며, 실제 필요한 내용은 각국의 국내법 또는 각국이 체결한 FTA 협정에 자세히 규정되어 있다. 원산지 결정은 크게 비특혜원산지 결정과 특혜원산지 결정으로 나뉘어진다. 비특혜 원산지결정은 주로 정부조달이나 반덤핑관세, 상계관세 등 불공정 무역행위에 대한 판단의 근거로 사용된다. 한편 특혜원산지 결정은 FTA 체결국가로 수출할 경우, FTA 협정을 활용해 특혜관세율을 적용하거나, 개발도상국에 부여하는 일방적 성격의 일반특혜관세(General System of Preference), 또는 현재 EU가 우크라이나에 대해 부여하고 있는 일방적 특혜관세처럼, 특정국가나 지역에 일방적으로 특혜관세

---

5 WTO Agreement on Rules of Origin 제2조 제3항.

혜택을 부여하는 경우, 그 기준으로 사용된다. EU가 2018년부터 시작한 중국산 전기 자전거에 대한 반덤핑 관세 부과를 위해 EU로 수출되는 전기 자전거에 대한 원산지 증명서를 요구하고 있는데, 이것이 바로 대표적인 비특혜 원산지증명서다. 한편, 한-EU FTA에 근거해 특혜관세혜택을 받기 위해서도 원산지증명서가 필요한데 이것이 특혜원산지 결정의 대표적 예이다. EU 관세법은 비특혜원산지 결정과 특혜원산지 결정을 구분하여 별도로 그 구체적인 내용을 규정하고 있는데, 특히 특혜원산지 결정에 있어, FTA나 기타 국제협정을 통해 특혜관세혜택을 부여하는 경우, 개별협정에 의해 원산지를 결정하도록 규정하고 있어, EU 관세법에서 다루는 특혜원산지 결정 관련 규정은 일반특혜관세 및 일방적 특혜관세 조치에 대한 내용이 주를 이루고 있음을 이해할 필요가 있다(제64조 제2항, 제3항).

2. 원산지 결정 기준

1) 일반적 기준

원산지 결정 기준은 교과서와 학자들에 따라 약간씩 다르게 설명하고 있지만 큰틀에서 보면, 일반적 기준과 보충적 기준으로 나누어진다. 일반적 기준이란 물품 생산이 1국에서 이루어지는지 아니면 2개국 이상에 걸쳐 이루어지는지에 따라 구분되는 완전생산기준과 실질적변형기준으로 나뉜다. 완전생산과 실질적변형을 구분하는 것은 국가와 지역이다. 즉, 완전생산기준이란 한 국가 또는 지역에서 전적으로 획득한 물품을 의미하며(제60조), 실질적변형기준은 다시 세번변경기준(CTC: The Criterion of Change of Tariff Classification)과 부가가치기준(Vc: The Ad Valorem Percentage Criterion)과 가공공정기준(Cmpo: The Criterion of Manufacturing Of Processing Operation) 이 세 가지로 나뉜다. 세번변경기준은 HS code가 변경될 정도의 생산이나 가공이 이루어진 국가나 지역이 원산지가 되는 것으로, HS 코드는 2단위, 4단위, 6단위, 10단위 등 여러 단위로 조합되기 때문에 세번변경기준도 2단위변경기준(CC: Change of Chapter), 4단위변경기준(CTH: Change of Tariff Heading), 6단위변경기준(CTSH: Change of Tariff Subheading)으로 나뉘며, 단위수가 높아질수록 세번변경이 쉬워진다. 부가가치변경기준이란, 해당물품의 생산과정에서 규정된 비율 이상의 부가가치를 창출하는 국가를 원산지로 보는 것이다. 부가가치기준은 다시 두 개로 나뉘는데, 국내 또는 역내가치 비율의 최소비율을 규정하는 역내부가가치기준(RVC: Regional Value Content)과 역외산 부품 및 원재료의 금액이나 수량이 일정기준 이하로 사용된 경우, 원산지를 인정하는 비원산지재료가치기준(MC: Import Content)이 있다. 학자에 따라서는 물품 생산에 사용된 모든 부품 중, 원산지 부품의 가치비율이 일정기준 이상일 것을 규정하는 부품가액(VP: Value of Parts)를 부가가치기준으로 보는 경우도 있다.[6] 마지막으로 가공공정기준은 새로운 물품이 제조되거나 중요한 제조 단계를 수행하는 최종 실질적인 가공 또는 작업을 거친 국가나 지역이 원산지가 된다는 의미다. EU 관세법은 공동관세부과, 각종 관세조치 부과(덤핑관세, 상계관세 등)를 위해 완전생산기준과 실질적변형기준이라는 원산지 결정의 기준을 마련하고 있는데, 여기서 EU 관세법은 비특혜원산지의 경우, 가공공정기준, 부가가치변경기준, 세번변경기준 모두를 규정하고 있다. 그런데 세번변경기준은 일반적으로 인정되는 2단위변경기준(CC: Change of Chapter), 4단위변경기준(CTH: Change of Tariff Heading), 6단위변경기준(CTSH: Change of Tariff Subheading) 외에도 분할호변경기준(CTHS: Change of Split Heading), 분할소호변경기준(Change of Split Subheading)도 규정하고 있다(위임규칙 부속서 22-01). 분할호변경기준과 분할소호변경기준이란 물품이 원래 같은 호(HS code 4단위) 또는 같은 소호(HS code 6단위)에 속하였으나, 기술적 이유로 같은 호 또는 같은 소호에 포함시킬 수 없을 뿐 아니라 그렇다고 기존에 존재하던 다른 호 또는 다른 소호에도 포함시키기 어려운 경우, 새로운 호나 소호를 만들어 그 새로운 호나 소호에 포함시키는 것을 의미하며, 이 새로운 호나 소호가 바로 분할호(Split Heading) 또는 분할소호(Split Subheading)라고 불린다. 2022년, WCO에서 드론을 8802호에서 새로운 호인 8806을 만들어 8806호에 포함시킨 것이 대표적인 분할호변경의 예다. 분할호변경기준(CTHS: Change of split Heading)과 분할소호변경기준(Change of Split Subheading)은 실제로는 거의 쓰이지 않으며 다만, 과학기술의 발전으로 어디에도 속하지 않는 새로운 물품의 탄생에 대비한 정책적인 수단으로만 이용되고 있다. EU 관세법에서 부가가치기준은 물품이 제조된 국가에서 생산된 역외산 부품의 통합(Incorporation of parts Orgination in the country of Manufacture)적 가치가 일정기준 이하로 사용된 경

---

6 성윤갑, FTA 관세특례해설, 410 페이지

우 원산지를 인정하는 비원산지재료가치기준(MC: Import Content)을 사용하고 있다(위임규칙 부속서 22-01). 역외산 부품의 통합이란 역외에서 생산된 작업, 가공의 결과로 인해 발생하는 모든 증가된 가치를 의미하며 여기에는 작업에 들어가는 비용도 포함된다. 한편 가공공정기준은 위에서 설명한 바와 같이, 새로운 물품이 제조되거나 중요한 제조 단계를 수행하는 최종 실질적인 가공 또는 작업을 거친 국가나 지역이 원산지가 된다고 규정하고 있다(위임규칙 제45조, 부속서 22-03, 위임규칙 제61조, 위임규칙 부속서 22-11). 한 가지 유념할 것은 EU 관세법에서 규정하고 있는 원산지 결정기준은 일반특혜관세(GSP), 특정 국가나 지역에 대한 일방적 특혜관세, 그리고 비특혜관세적용에 있어 원산지 결정을 위해 공통적으로 사용되는 일반적 규정이라는 점이다. FTA 협정의 경우, 협정체결 상대국의 경제적, 정치적 특성을 고려하여 원산지결정 기준이 정해지기 때문에 EU 관세법과 다른 규정을 두고 있을 가능성이 높아, 개별 FTA에서 원산지결정 기준을 정하도록 한 것이다. 다만, EU가 각국과 체결한 FTA의 원산지 결정기준은 완전 새로운 것이 아니라, EU 관세법에 규정된 원산지 결정기준을 기본으로 결정되기 때문에 유사한 분야가 많다. 대한민국 관세법 교과서를 보면 원산지 관련 모든 내용이 FTA와 관련해 서술되어 있어, FTA에만 원산지결정 기준이 중요한 것으로 오해하기 쉬우나, 위에서 살펴본 바와 같이, 일반특혜관세, 비특혜원산지 결정에도 원산지 결정기준은 매우 중요하게 사용되고 있다. 특히, 과거 식민지 지배 경험이 있는 EU는 그 역사적, 정치적 배경으로 인해 피식민지 국가들을 대상으로 하는 일반특혜관세를 매우 폭넓게 인정하고 있어, FTA 이상으로 일반특혜관세에 대한 원산지 결정이 중요한 이슈가 되고 있다. 따라서 EU 관세법에서는 일반특혜관세와 관련된 원산지 결정기준에 대해 매우 자세히 설명하고 있다(제64조, 위임규칙 제55조).

2) 보충적 기준

보충적 기준으로는 최소허용기준(De Minimus)와 누적기준(Cumulation)이 언급되는데, 최소허용기준이란 역외산 물품의 가격 또는 중량이 최종물품에서 차지하는 비중이 낮을 경우(보통 7-10%), 세번변경기준을 충족하지 않더라도 원산지를 인정하는 것을 말한다. 한편, 누적기준이란 국내산이 아닌 특혜관세 대상국의 원재료를 사용한 경우에, 그 원재료를 역내산 원산지로 인정하는 것을 말한다. 누적기준에 대해서는 교과서에 따라 특혜 혜택을 받는 국가 간 누적을 인정하는 양자누적, 특혜대상이 아닌 제3국 원재료에 대해서도 누적을 인정하는 유사누적, 특혜혜택을 받는 국가들이 다수일 경우 서로가 생산한 원재료에 대한 누적을 인정하는 다자누적과 같이 국가를 기준으로 나누거나, 가공공정을 기준으로 부가가치를 합산하는 부가가치누적, 특혜혜택을 받는 국가에서 사용된 재료에 대한 누적을 인정하는 재료누적, 특혜혜택을 받는 국가들에서 인정하는 공정에 대해서 누적을 인정하는 공정누적의 형태로 나뉜다. EU 관세법 역시 최소허용기준과 누적기준을 모두 인정하고 있는데(위임규칙 제48조, 제53조에서 제56조), 이미 언급한바와 같이, EU가 체결한 FTA 최소허용기준과 누적기준은 각 FTA 협정에 따라 규율되기 때문에 EU 관세법에서는 이를 다루지 않고 일반특혜관세에 있어서의 누적기준만 다루고 있다. EU 관세법에서 다루고 있는 일반특혜관세 누적기준은 위에서 언급한 일반적인 누적 기준과는 약간 다른 방식을 가지고 있는데, EU 관세법은 이를 양자누적(Bilateral Cumulation) 지역누적(Regional Cumulation), 확장누적(Extended Cumulation)이라 부른다. 양자누적은 EU 물품이나 원재료가 일반특혜관세 수혜국에서 제조된 물품에 포함될 때 수혜국에서 생산된 재료로 간주되는 것을 의미한다(위임규칙 제53조). 다만, 그 가공의 수준이 물품의 유지 보수, 분해, 조립, 세탁, 청소, 다림질, 프레싱, 페인트작업, 곡물 제분작업, 과일의 껍질 벗기기, 단순 절단이나 연삭, 등급결정, 선별, 분류, 포장작업, 라벨링 작업, 단순한 혼합, 희석작업의 수준을 넘어서야 한다(위임규칙 제47조 제1항). 지역누적(Regional Cumulation)이란 일반특혜관세 수혜국을 지역별로 4그룹으로 나누어 같은 그룹에 속한 일반특혜관세 수혜국가들 간 누적을 인정하는 것인데, 다자누적의 개념과 비슷하다고 볼 수 있다(위임규칙 제55조 제1항, 제2항).

✅ E4개 그룹
- 그룹 Ⅰ: 브루나이, 캄보디아, 인도네시아, 라오스, 말레이시아, 미얀마, 필리핀, 태국, 베트남
- 그룹 Ⅱ: 볼리비아, 콜롬비아, 코스타리카, 에콰도르, 엘살바도르, 과테말라, 온두라스, 니카라과, 파나마, 페루, 베네수엘라
- 그룹 Ⅲ: 방글라데시, 부탄, 인도, 몰디브, 네팔, 파키스탄, 스리랑카
- 그룹 Ⅳ: 아르헨티나, 브라질, 파라과이, 우루과이

특이한 것은 노르웨이, 스위스, 터키도 별도의 하나의 그룹으로 묶어 지역누적을 인정하고 있다는 점이다(위임규칙 제54조). 한편 확장누적은 일반특혜관세 수혜국의 요청에 따라 EU와 FTA를 맺은 국가의 원재료를 사용할 경우, 이를 일반특혜관세 수혜국의 원산지로 인정하는 개념이다(위임규칙 제56조).

3. 비특혜원산지 결정

1) 완전생산기준

완전생산기준이란 단일 국가 또는 지역에서 전적으로 획득된 물품을 원산지로 결정하는 것을 뜻한다(제60조). EU 관세법은 ① 해당 국가 또는 영토 내에서 추출된 광물, ② 해당 국가 또는 영토 내에서 수확된 채소, ③ 해당 국가 또는 영토 내에서 태어나고 자란 살아있는 동물, ④ 해당 국가 또는 영토 내에서 사육된 살아있는 동물로부터 파생된 물품, ⑤ 해당 국가 또는 영토 내에서 수행된 사냥품이나 어획품, ⑥ 해당 국가 또는 영토에 등록되어 있고 해당 국가 또는 영토의 국기를 게양한 선박이 해당 국가의 영해 밖의 바다에서 포획한 어획품 및 기타 물품, ⑦ 해당 국가 또는 영토를 원산지로 하는 ⑥항에 언급된 물품으로부터 공장설비를 갖춘 선박에서 획득 또는 생산된 물품(단, 해당 공장설비를 갖춘 선박은 해당 국가 또는 영토에 등록되어 있고 그 국기를 게양해야 한다), ⑧ 해당 국가 또는 영토가 해당 해저 또는 하층토를 개발할 독점권을 갖는 경우, 영해 밖의 해저 또는 해저 아래 하층토에서 채취한 물품, ⑨ 제조 작업에서 파생된 폐기물 및 스크랩 물품과 중고 물품, ⑩ ①부터 ⑨까지 열거된 물품에서 생산된 물품은 단일 국가 또는 영토에서 완전히 획득된 것으로 간주한다(위임규칙 제31조).

2) 둘 이상의 국가 또는 영토가 관련되는 물품

단일 국가나 지역에서 생산된 물품의 경우, 원산지를 파악하는 것은 어렵지 않다. 문제는 둘 이상의 국가 또는 영토에서 생산된 물품의 원산지를 파악하는 일이다. 특히 공산품 제조에 있어 원자재의 생산지와 원자재를 사용한 최종 생산품의 생산지가 서로 다를 경우, 덤핑관세, 상계관세등 강력한 조치가 부과되는 비특혜원산지 결정에 있어서는 물품의 원산지를 어디로 하는가에 따라, EU 수출기업의 운명도 좌우될 수 있어 중요하게 다룰 수밖에 없다. EU 관세법은 비특혜원산지 결정에 대해 위임규칙 부속서 22-01에 따라 가공공정기준 및 부가가치기준, 세번변경기준 모두를 선택하여 원산지를 결정하도록 규정하고 있다(위임규칙 제32조). 다만, 누적기준은 적용하지 않는다. 특히, EU 관세법은 농축산물에 대해서는 비특혜원산지 결정에 있어 매우 세밀한 규정을 두고 있어, 농축산업에 대한 EU의 관심을 엿볼 수 있다. 최종 실질적인 가공 또는 작업을 통해 새로운 물품이 제조되거나 중요한 제조 단계가 수행되는 국가나 지역을 원산지로 하는 가공공정기준의 경우, 제조나 생산, 가공은 조립을 포함한 모든 종류의 작업을 의미한다. 물품은 완성품뿐 아니라 중간품도 포함된다. 다만, ① 운송 및 보관 중에 물품을 양호한 상태로 보존하기 위한 작업[환기, 펼치기(spreading out)], 건조, 손상된 부품 제거 및 유사한 작업, 또는 선적 또는 운송을 용이하게 하는 작업, ② 먼지 제거, 체질 또는 스크리닝, 분류, 분류, 일치, 세척, 절단으로 구성된 간단한 작업, ③ 포장 변경, 화물의 분해 및 조립, 병, 캔, 플라스크, 가방, 케이스, 상자에의 간단한 배치, 보드에 고정 및 기타 모든 간단한 포장 작업, ④ 세트나 앙상블 형태로 물품을 게시하거나 판매용으로 게시하는 행위, ⑤ 물품이나 포장에 마크, 라벨 또는 기타 유사한 식별 표시를 부착하는 행위, ⑥ 완전한 물품을 구성하기 위한 부품의 간단한 조립, ⑦ 분해 또는 용도 변경, ⑧ ①부터 ⑦에 명시된 둘 이상의 작업을 조합한 경우, 가공공정기준에서 말하는 실질적인 가공이나 작업으로 보지 않는다(위임규칙 제34조).

3) 액세서리와 예비부품

상품과 함께 배송되고 장비의 일부를 구성하는 액세서리, 예비부품 또는 도구는 해당 물품과 동일한 원산지를 갖는 것으로 간주된다. 따라서 액세서리나 예비부품의 원산지가 물품이나 장비와 다를 경우, 해당 물품과 장비와 같은 원산지를 갖게 된다. 예비부품이란 예비부품 없이는 장비나 기계 또는 장치, 차량이 적절한 작동을 할 수 없는 경우, 또는 장비나 기계 또는 장치, 차량의 정상적인 유지 관리를 위해 그리고 손상되었거나 사용할 수 없게 된 동일한 종류의 부품을 교체하는 데 사용되는 부품을 의미한다(위임규칙 제35조).

4) 원산지 결정에 영향을 미치지 않는 요소

원산지를 결정함에 있어, 그 물품 생산에 사용된 에너지와 연료, 공장 및 장비, 기계 및 도구의 원산지가 무엇인지는 전혀 고려되지 않는다. 포장 재료 및 포장 용기가 물품의 일부로 간주되는 경우에도 포장 재료 및 포장 용기의 원산지는 고려되지 않는다. 다만, 부가가치기준을 적용하는 경우에는 포장 재료 및 포장 용기의 원산지도 원산지 결정기준의 하나의 고려요소가 된다(위임규칙 제36조).

5) 비특혜원산지 증명서

EU 관세법에 따라 세관신고에 비특혜 원산지가 표시된 경우, 세관은 신고인에게 물품의 원산지를 증명하도록 요구할 수 있다. EU 관세영역 세관으로 제출되는 비특혜원산지 증명서는 이행규칙 부속서 22−14에 명시된 양식(부록 1 [그림 4])을 사용하여야 하며 원산지 국가에서 비특혜원산지 증명서 발급에 정당한 권한을 갖고 있는 기관에 의해 발급되어야 한다. 발급 당국은 발급된 각 원산지 증명서의 사본을 보관해야 하며, 원산지 증명서는 해당 물품이 수출 신고되기 전에 발급되어야 한다. 다만, 수출 당시 원산지 증명서를 발급하지 못한 것이 오류, 비자발적인 누락 또는 특별한 사유로 인해 발생한 경우 예외적으로 해당 물품의 수출 후에 원산지 증명서가 발급될 수 있다(이행규칙 제57조). EU와의 무역거래를 위해 비특혜원산지 국가는 비특혜원산지 발급 기관의 이름 및 주소, 기관 인장 견본, 비특혜원산지 증명서 검증 책임을 지는 국가기관의 이름과 주소를 EU 집행위원회에 통보해야하며 집행위원회는 위의 정보를 회원국의 관할 당국에 전달한다. 만일 이러한 정보를 집행위원회에 제공하지 않을 경우, 집행위원회는 비특혜원산지 증명에 따른 수입조치 이행을 거부한다(이행규칙 제58조). EU 관세법 또는 기타 EU 법률에 따라 물품의 원산지 증명이 제공되는 경우, 세관에서 합리적인 의심이 있다고 판단되면, 관련 EU 법률에 의해 규정된 대로 원산지 표시를 준수하였는지 여부를 확인하기 위해 필요한 추가 증거를 요구할 수 있다. 이러한 요구에는 비특혜원산지증명서 발급기관에 대한 검증요청도 포함된다. 관할 세관이 원산지 증명서의 진위성과 여기에 포함된 정보의 정확성에 대해 합리적인 의심이 있고 무작위 후속 검증을 수행하는 경우, 세관은 원산지 증명서 또는 그 사본을 검증의 책임이 있는 비특혜원산지 국가기관에 송부하여, 검증을 요청한다. 세관은 검증의 책임이 있는 비특혜원산지 국가기관에게 검증 이유를 제시하고 원산지 증명서에 기재된 세부 사항이 부정확하거나 원산지 증명서가 진품이 아님을 시사하는 보유 정보를 제공해야 한다. 만일 요청을 보낸 후 6개월 이내에 응답이 없는 경우, 세관은 해당 물품에 대한 비특혜 원산지 증명에 따른 수입조치를 거부한다(이행규칙 제59조).

4. 특혜원산지 결정

1) 개요

위에서 이미 설명한 바와 같이, 특혜원산지 결정이 필요한 경우는 크게 3가지로 나뉜다. 첫째, EU가 비EU 관세영역 특정 국가나 영토 또는 그러한 국가나 영토의 집단과 체결한 협정에 포함된 특혜관세 조치, 즉 FTA 협정을 체결하여 이에 따라 관세 혜택을 받는 물품의 경우, 특혜원산지 결정이 필요하며 그 기준은 각각의 FTA 협정에 따른다(제64조 제2항). 둘째는 EU 일반특혜관세(General System of Preference)에 따른 원산지 결정이다. 일반특혜관세 역시 특별한 관세혜택을 받는 것이기 때문에 특혜원산지 결정이 필요하다. 마지막으로 EU의 일방결정에 따른 특정지역이나 특정국가에 대한 특혜관세조치다. 이 중 첫 번째로 설명한 FTA 등 협정에 다른 원산지 결정은 각각의 협정이 정한 기준에 따라 이루어지기 때문에, EU 관세법이 여기에 개입할 여지가 적다. 물론 EU 관세법에 규정된 원산지결정 일반원칙이 사용되긴 하지만, 체결 대상국의 경제적, 정치적 특성을 고려하여 이러한 일반원칙에 상당한 예외가 가해질 뿐 아니라, FTA 협정이 발효되려면 EU 기능조약 TFEU 제203조에 따라 집행위원회의 제안, 의회와 이사회간의 협의, 그리고 이사회의 동의라는 절차를 거쳐야 하기 때문에 발효일이 언제가 될지 불확정적일 수밖에 없어, 27개 회원국 모두를 구속하고 법적 안정성을 최우선 과제로 삼고 있는 EU 관세법에서 이 사안을 다룰수는 없다.[7] 따라서 반드시 개별 FTA의 원산지 결정기준을 살펴보아야 한다. 하지만, 일반특혜관세나 특정국가나 지역에 대한 일방적인 특혜관세조치에 대해서는 EU 집행위원회가 자신의 권한으로 원산

---

[7] 이러한 이유로 대한민국도 FTA 특례법을 만들어 FTA의 전반적인 내용을 규율하고 있다.

지 결정기준을 정할 수 있을 뿐 아니라, 자체결정으로 또는 특혜관세 수혜국가나 지역의 요청에 따라 특정 물품에 대해 특혜원산지규정의 일시적 변경 권한을 해당 국가나 지역에 부여할 수 있는 권능까지 가지고 있기 때문에,[8] 특혜원산지결정과 관련된 EU 관세법의 모든 규정들은 일반특혜관세나 특정국가나 지역에 대한 일방적인 특혜관세조치에 집중되어 있고, 그 내용 역시 방대할 뿐 아니라 매우 상세하게 서술하고 있다. EU 관세법은 일반특혜관세에만 부과되는 원산지결정 기준과, 특정국가나 지역에 대한 일방적인 특혜관세조치와 관련한 원산지결정 기준을 구분하여 각기 다른 기준을 적용하도록 규정하고 있다. 따라서 본서에서도 이 기준에 따라 특혜원산지 결정에 대해 설명하기로 한다.

2) 일반관세특혜 원산지 결정

(1) 완전생산기준

일반관세특혜(General system of Preference) 원산지결정과 관련, EU 관세법은 완전생산기준을 판단함에 있어 영토에 대한 정의 규정을 두고 있다. 이는 특혜관세 혜택이 미치는 범위를 정확히 해야 할 필요가 있기 때문이다. EU 관세법은 영토의 의미를 육지와 유엔 해양법 협약 내에서 해당 국가의 영해까지를 의미한다고 보고 있다(위임규칙 제42조). 영토조항뿐 아니라, 비특혜원산지에서 사용하는 해당 국가 또는 영토(Country or territory)라는 용어가 아닌 수혜국(Beneficiary)이라는 특별한 표현을 사용하고 있으며, 완전생산기준에 대한 내용도 비특혜원산지 결정기준과 다르게 규정하고 있다. 구체적으로 살펴보자. EU 관세법은 ① 수혜국의 토양이나 해저에서 추출된 광물, ② 수혜국에서 재배되거나 수확된 식물 및 식물성 물품(채소), ③ 수혜국에서 태어나고 자란 살아있는 동물, ④ 수혜국에서 자란 살아있는 동물로 만든 물품, ⑤ 수혜국에서 태어나고 자란 도살된 동물의 물품, ⑥ 수혜국에서 사냥이나 어획을 통해 얻은 물품, ⑦ 수혜국에서 태어나고 자란 어류,

---

8 다만, 일시적인 변경 조치 권한은 수혜국이 내부적 또는 외부적 요인으로 인해 특혜 원산지 규정을 준수할 능력이 일시적으로 박탈된 경우, 또는 수혜 국가나 영토가 해당 규정을 준수하기 위해 준비하는 데 시간이 필요한 경우에만 가능하다. 적용 제외 요청은 관련 수혜 국가나 영토가 집행위원회에 서면으로 제출해야 한다. 요청서에는 변경 필요성 및 적절한 증빙 문서를 포함해야 한다. 일시적인 변경은 이를 초래하는 내부 또는 외부 요인의 영향이 지속되는 기간 또는 수혜 국가나 영토가 규칙을 준수하는 데 필요한 기간으로 제한된다(제64조 제6항).

갑각류, 연체동물과 같은 수산양식 물품 ⑧ 수혜국의 해양 어획품 및 수혜국 선박에 의해 영해 밖의 바다에서 채취된 기타 물품, ⑨ ⑧에 언급된 물품을 가공시설이 있는 배에서 작업한 경우, ⑩ 원형 복구에 필요한 중고부품, ⑪ 제조 작업으로 인해 발생하는 폐기물 및 스크랩, ⑫ 영해 밖에 위치하지만 독점적인 이용권을 갖고 있는 해저 또는 해저 아래에서 추출된 물품, ⑬ ①부터 ⑫까지 명시된 물품에서만 생산된 물품은 수혜국에서 완전히 획득된 것으로 간주한다. 한편, ⑧과 ⑨에 언급된 '선박' 및 '가공시설을 갖춘 선박'은 수혜국에 등록되어 수혜국의 국기를 게양해야 할 뿐 아니라, 수혜국에 주영업소나 본사가 위치해있거나, 또는 수혜국 정부 또는 수혜국의 공적단체나 국민이 최소 50%의 지분을 소유하고, 선박 승무원의 최소 75%가 수혜국민이어야 완전생산기준을 충족할 수 있다(위임규칙 제44조 제2항).

(2) 둘 이상의 국가 또는 영토가 관련되는 물품

EU 관세법은 특혜원산지 결정에도 가공공정기준 및 부가가치기준, 세번변경기준 및 보충기준인 최소허용기준, 누적기준을 허용하고 있다. EU 관세법 위임규칙 부속서 22-03에 보면 CN code 마다 특혜원산지 결정 기준이 자세히 설명되어 있다. 최종적인 실질적 가공 또는 작업을 통해 새로운 물품이 제조되거나 중요한 제조 단계가 수행되는 국가나 지역을 원산지로 하는 가공공정기준의 경우, 제조나 생산, 가공은 조립을 포함한 모든 종류의 작업을 의미하고 물품은 완성품뿐 아니라 중간품도 포함된다. 다만, 그 가공 수준이 물품의 유지 보수, 분해, 조립, 세탁, 청소, 다림질, 프레싱, 페인트작업, 곡물 제분작업, 과일의 껍질 벗기기, 단순 절단이나 연삭, 등급결정, 선별, 분류, 포장작업, 라벨링 작업, 단순한 혼합, 희석작업의 수준을 넘어서야 하며 이를 어길 경우, 가공공정기준에서 말하는 실질적인 가공이나 작업으로 보지 않는다. 위임규칙 부속서 22-03에 나와있는 원산지 결정 기준표를 보면, 대표적인 예로 27류(광물성 연료)에 관해서는 특별한 가공공정을 거쳐야만 원산지를 인정받을 수 있도록 규정하고 있는데, 2710(석유 및 관련 물품)의 경우, 정제(Refine) 공정을 거쳐야만 원산지로 인정하도록 하고 있다. 세번변경기준의 예도 많다. 20류(채소, 과실, 견과류나 식물의 그 밖의 부분의 조물품)는 CTH(4단위 변경기준)을 채택하도록 규정하고 있다. 부가가치기준에 대해서도 규정하고 있는데, 대표적으로 3812(조제한 고무가황 촉진제 등)의 경우, 생산에 사용된 비원산지 가치가 공장도 가격의 50%를 초과하지 않아야 원산지를 인정하도록 규정해놓고 있다. 이처럼, EU 관세법은 일반특혜관세 관련 특혜원산지결정 기준을 자세히 규정하고 있어, 반드시 EU 관세법 위임규칙을 참고해야 한다(위임규칙 부속서 22–03). 한편, 앞에서 설명한 '지역누적'이라는 개념도 일반특혜관세 관련 원산지 결정에서 매우 중요하게 다루어진다. 완전생산기준에서 언급된 '선박' 및 '가공시설을 갖춘 선박'에 지역누적을 적용할 경우, 완전생산기준보다 훨씬 유연한 기준이 부과된다. 즉, 수혜국에 주영업소나 본사가 위치해 있거나, 또는 수혜국 정부 또는 수혜국의 공적단체나 국민이 최소 50%의 지분을 소유하여야 하는 것은 같지만, 자국 승무원 탑승 비율은 요구되지 않는다. 또한, 지분율 50%도 어차피 그룹별 지역누적을 인정하기 때문에 같은 그룹에 속한 수혜국이 지분을 더많이 가지고 있어도 완전생산기준에 위반되지 않는다(위임규칙 제44조 제3항). 이렇게 지역누적이 인정되는 경우, 물품의 원산지는 선박에 게양된 국기의 국가로 결정한다. 지역누적을 인정했을 경우, 그룹에 속한 어느 수혜국도 원산지로 결정될 수 있어, 혼란이 발생할 수 있기 때문에 EU 관세법은 지역누적의 경우, 원산지는 선박에 게양된 국기의 국가로 결정하도록 하고 있다(위임규칙 제44조 제3항). 예를 들어 캄보디아와 인도네시아는 EU의 일반특혜관세 수혜국이며 같은 1그룹에 속해 있다. 만일 캄보디아 선박이 공해에서 획득한 수산물에 대해 캄보디아 일개 국에 대해서만 완전생산기준을 적용하겠다고 한다면, 캄보디아 선박 국기를 게양하고, 승선인원 중 75% 이상이 캄보디아 인이며, 선박의 지분역시 캄보디아 정부나, 공공단체 또는 개인이 50%를 가져야 하지만, 지역누적을 사용하게 되면, 승선인원을 꼭 캄보디아인으로 고집할 필요가 없이 인도네시아인으로 구성해도 되고, 지분도 인도네시아 정부나, 개인, 공공단체가 50% 이상의 지분을 가져도 완전생산기준을 충족하게 된다. 다만, 원산지로 결정되는 국가는 캄보디아 선박에 게양된 국기를 기준으로 한다. 만일 캄보디아 국기가 게양되어 있다면 캄보디아가 원산지가 되며, 인도네시아 국기가 게양되어있다면 인도네시아가 원산지가 된다.

(3) 액세서리와 예비부품

상품과 함께 배송되고 장비의 일부를 구성하는 액세서리, 예비부품 또는 도구는 해당 물품과 동일한 원산지를 갖는 것으로 간주된다. 따라서 액세서리나 예비부품의 원산지가 물품이나 장비와 다를 경우, 해당 상품과 장비와 같은 원산지를 갖게 된다. 예비부품이란 예비부품 없이는 장비나 기계 또는 장치, 차량이 적절한 작동을 할 수 없는 경우, 또는 장비나 기계 또는 장치, 차량의 정상적인 유지 관리를 위해 그리고 손상되었거나 사용할 수 없게 된 동일한 종류의 부품을 교체하는 데 사용되는 부품을 의미한다(위임규칙 제50조).

(4) 원산지 결정에 영향을 미치지 않는 요소

특혜원산지를 결정함에 있어, 그 물품의 생산에 사용된 에너지와 연료, 공장 및 장비, 기계 및 도구의 원산지가 무엇인지는 전혀 고려되지 않는다(위임규칙 제52조). 포장 재료 및 포장 용기가 물품의 일부로 간주되는 경우에도 포장 재료 및 포장 용기의 원산지는 고려되지 않으며 물품의 원산지로 간주된다(위임규칙 제51조). 다만, 부가가치기준을 적용하는 경우에는 포장 재료 및 포장 용기의 원산지도 원산지 결정기준의 하나의 고려요소가 되며, 세트가 원산지 물품과 비원산지 물품으로 구성된 경우, 비원산지 물품의 가치가 세트 공장도 가격의 15%를 초과하지 않는 한 세트 전체는 원산지 물품으로 간주된다(위임규칙 제51조).

(5) 최소허용기준

둘 이상의 국가 또는 영토가 관련되는 물품에 대해서는 위임규칙 부속서 22−03에 명시된 조건과 기준에 따라 원산지가 결정된다. 하지만, 일반특혜관세에 있어서는 일정한 한도 내에서 부속서 22−03의 기준에 맞지 않는 경우에도 비원산지 재료가 물품에 대해 평가된 총가치 또는 순 중량의 일정부분을 초과하지 않을 경우, 원산지로 인정한다. EU 관세법이 규정한 내용을 보면 ① 제16류의 수산 가공품을 제외하고, CN code 2류, 4~24류에 해당하는 물품의 경우 비원산지 재료가 물품 중량의 15%를 초과할 수 없다. 또한 ② 섬유 및 텍스타일 물품(CN code 50류에서 63류)에 해당되는 경우, 비원산지재료가 총중량의 10%를 초과해서는 안 된다. 이외의 다른 물품의 경우 비원산지재료의 가치가 최종물품의 공장도 가격의 15%를 초과해서는 안 된다(위임규칙 제48조).

(6) 누적기준

EU 관세법에 누적기준을 인정하고 있다는 것은 이미 설명한바와 같다. 하지만, EU 관세법은 일반특혜관세제도에서 누적기준에 대한 예외를 두고 있는데, 그것을 확인할 필요가 있다. 먼저, 지역누적이 적용되지 않는 물품들이 있다. EU 관세법 위임규칙 부속서 제22−04에 자세히 규정되어 있는데, CN code 0207, 0210, 03류, 0407, 0408, 0709.51, 0710.80, 0710.4000, 0711.51, 0712.31, 0714.20, 0811.10, 0811.20, 0116, 1102.90, 1103.19, 1103.20, 1104.19, 1108.19, 1108.20, 1604, 1605, 1701, 1702, 1704.90, 1806.10, 1806.20, 1901.9091, 1901.9099, 1902.20, 2001.9030, 2003.10, 2005.8000, 2007.10, 2007.99, 2008.20, 2008.30, 2008.40, 2008.50, 2008.60, 2008.70, 2008.80, 2008.93, 2008.97, 2008.99, 2009, 2101.12, 2101.20, 2106.9092, 2106.9098, 2204.30, 2205, 2206, 2207.1000, 2208.90, 2905.4300, 2905.44, 3302.1029, 3505.10에 속하는 물품에 대해서는 지역누적을 인정하지 않고 있어 주의할 필요가 있다. 한편, 노르웨이, 스위스, 터키에 대한 지역누적은 CN code 1류부터 24류까지는 인정되지 않으며, 확장누적의 경우에도 CN code 1류부터 24류까지는 인정되지 않는다. 또한, 다자누적의 원칙은 같은 그룹에 속한 국가들간의 누적만을 인정하는 것이 원칙이나, 그룹 I과 그룹 III의 경우, 그 그룹들에 속한 국가들의 요청에 의해 원산지 결정기준을 준수한다는 조건으로 그룹 I과 그룹 III 국가의 다자누적을 인정한다(위임규칙 제55조 제5항). 마지막으로 주의할 점은 개별수혜국에 대한 일반특혜관세제도에서 인정되는 양자누적이 수혜국만을 위한 것이 아니라 EU에서 일반특혜수혜국으로 수출되는 물품에도 적용된다는 점이다. 일반특혜관세제도가 일방적인 특혜관세 혜택을 부여하는 제도임에도 EU는 자국산 물품이 수혜국으로 수출될 때, 이러한 양자누적을 인정하여 상호주의를 채택하고 있다(위임규칙 제53조).

3) 특정국가나 지역에 대한 일방적 특혜관세 원산지 결정

특정국가나 지역에 대한 일방적 특혜관세의 대표적인 예는 현재 EU가 우크라이나에 대한 일방적 특혜관세조치다. 현재 EU는 전쟁으로 고통을 받고 있는 우크라이나 경제를 지원하기 위해 2025년 6월까지 한시적으로 우크라이나가 원산지인 물품에 대해 수입관세 및 할당량을 유예하고 있다. 그런데 이런 특정 국가나 지역에 대한 일방적 특혜관세는 EU가 그 조건을 일방적으로 정할뿐더러, 특정국가를 대상으로 하기 때문에 다수의 국가가 개입되어 있는 일반특혜관세와 달리 원산지 결정이 복잡하지 않다. 이러한 이유로 EU 관세법에서 규정하고 있는 일방적 특혜관세에 대한 원산지결정 기준은 일반특혜관세 관련 원산지 결정에 비해 단순하다는 특징이 있다(위임규칙 제59조에서 제69조).

(1) 완전생산기준

완전생산기준은 일반특혜관세와 거의 유사하다. 일반특혜관세에서 사용되는 수혜국(Beneficiary)이란 용어를 사용하는 것도 같다. 완전생산기준을 보면, ① 수혜국에서 토양이나 해저에서 추출된 광물, ② 수혜국에서 수확된 식물성 물품(채소), ③ 수혜국에서 태어나고 자란 살아있는 동물, ④ 수혜국에서 자란 살아있는 동물로 만든 물품, ⑤ 수혜국에서 태어나고 자란 도살된 동물의 물품, ⑥ 수혜국에서 사냥이나 어획을 통해 얻은 물품, ⑦ 수혜국의 해양 어획품 및 수혜국 선박에 의해 영해 밖의 바다에서 채취된 기타 물품, ⑧ ⑦에 언급된 물품을 가공시설이 있는 배에서 작업한 경우, ⑨ 원형 복구에 필요한 중고부품, ⑩ 제조 작업으로 인해 발생하는 폐기물 및 스크랩, ⑪ 영해 밖에 위치하지만 독점적인 이용권을 갖고 있는 해저 또는 해저 아래에서 추출된 물품, ⑫ ①부터 ⑪까지 명시된 물품에서만 생산된 물품은 수혜국에서 완전히 획득된 것으로 간주한다. 한편, ⑦과 ⑧에 언급된 '선박' 및 '가공시설을 갖춘 선박'은 수혜국에 등록되어 수혜국의 국기를 게양해야 할 뿐 아니라, 수혜국에 주영업소나 본사가 위치해있거나, 또는 수혜국 정부 또는 수혜국의 공적단체나 국민이 최소 50%의 지분을 소유하고, 선박 승무원의 최소 75%가 수혜국민이어야 완전생산기준을 충족할 수 있다(위임규칙 제60조 제1항).

(2) 둘 이상의 국가 또는 영토가 관련되는 물품

EU 관세법 위임규칙 부속서 22-11에 보면 CN code 각 류마다 특혜원산지 결정 기준이 자세히 설명되어 있다. 최종적인 실질적 가공 또는 작업을 통해 새로운 물품이 제조되거나 중요한 제조 단계가 수행되는 국가나 지역을 원산지로 하는 가공공정기준의 경우, 제조나 생산, 가공은 조립을 포함한 모든 종류의 작업을 의미하고 물품은 완성품뿐 아니라 중간품도 포함된다. 다만, 그 가공 수준이 물품의 유지 보수, 분해, 조립, 세탁, 청소, 다림질, 프레싱, 페인트작업, 곡물 제분작업, 과일의 껍질 벗기기, 단순 절단이나 연삭, 등급결정, 선별, 분류, 포장작업, 라벨링 작업, 단순한 혼합, 희석작업의 수준을 넘어서야 하며 이를 어길 경우, 가공공정기준에서 말하는 실질적인 가공이나 작업으로 보지 않는다(위임규칙 제61조).

(3) 액세서리와 예비부품

상품과 함께 배송되고 장비의 일부를 구성하는 액세서리, 예비부품 또는 도구는 해당 물품과 동일한 원산지를 갖는 것으로 간주된다. 따라서 액세서리나 예비부품의 원산지가 물품이나 장비와 다를 경우, 해당 상품과 장비와 같은 원산지를 갖게 된다(위임규칙 제65조).

(4) 원산지 결정에 영향을 미치지 않는 요소

특혜원산지를 결정함에 있어, 그 물품의 생산에 사용된 에너지와 연료, 공장 및 장비, 기계 및 도구의 원산지가 무엇인지는 전혀 고려되지 않는다(위임규칙 제67조). 포장 재료 및 포장 용기가 물품의 일부로 간주되는 경우에도 포장 재료 및 포장 용기의 원산지는 고려되지 않으며 물품의 원산지로 간주된다. 다만, 부가가치기준을 적용하는 경우에는 포장 재료 및 포장 용기의 원산지도 원산지 결정기준의 하나의 고려요소가 되며, 세트가 원산지 물품과 비원산지 물품으로 구성된 경우, 비원산지 상품의 가치가 세트 공장도 가격의 15%를 초과하지 않는 한 세트 전체는 원산지 물품으로 간주된다(위임규칙 제66조).

(5) 최소허용기준

위에서 언급했듯이, 둘 이상의 국가 또는 영토가 관련되는 물품에 대해서는 위임규칙 부속서 22-11에 명시된 조건과 기준에 따라 원산지가 결정된다. 다만, 일정한 한도내에서 부속서 22-11의 기준에 맞지 않는 경우에도 비원산지 재료의 가치가 최종물품의 공장도 가격의 10%를 초과하지 않을 경우, 원산지를 인정한다. 주의할 것은 CN code 50류부터 63류까지는 이러한 최소허용기준을 인정하지 않는다는 점이다(위임규칙 제64조).

(6) 물품의 원산지 지위 유지

EU 관세법은 특정국가나 지역에 대한 일방적 특혜관세 관련 원산지를 결정함에 있어, 특별한 조항을 두고 있다. 첫 번째로 물품의 원산지 지위 유지 규정이다 (위임규칙 제68조). 수혜국에서 수혜국의 원산지로 인정받은 물품이 EU가 아닌 제3국에 수출되었으나, 어떤 이유로 이 물품이 다시 수혜국으로 반품되어 온 경우, 이 반품된 물품이 EU로 다시 수출되어 특혜관세혜택을 부여받기 위해서는 반품된 물품이 수출되었던 물품과 동일물품이여야 하며, 수출되어 제3국에 있을 동안 상태를 보존하기 위해 필요한 작업이외에 어떤 작업도 거치지 않아야 한다. 만일 이를 증명할 수 없는 경우, 수혜국 원산지로 인정할 수 없고, 당연히 특혜관세혜택을 부여받을 수 없다. 예를 들어 우크라이나가 원산지인 A물품이 중국으로 수출되었으나, 다시 우크라이나로 반품된 경우, 이를 EU로 수출하면서 특혜관세혜택을 받기 위해서는 이 A물품이 중국으로 수출된 물품과 동일해야 하며, 중국에 있을 동안 상태보존을 위한 작업외에 아무런 작업이 이루어지지 않았음을 증명해야 하며 이를 증명하지 못할 경우, 특혜관세혜택을 받지 못한다.

(7) 직접운송제도

EU 관세법이 규정하고 있는 두 번째 특별조항은 직접운송제도(Direct Transport)다(위임규칙 제69조). 직접운송원칙은 주로 FTA 협정에서 인정되는 제도로 EU 관세법은 특정국가나 지역에 대한 일방적 특혜관세 관련 원산지 결정 기준에도 직접운송제도를 규정하고 있다. EU 관세법은 수혜국으로부터 직접운송되는 물품에 대해 수혜국을 원산지로 인정하는 것을 원칙으로 하고 있으나, 선박항로나 운송조건등의 이유로 제3국을 거쳐 올 경우가 많다. 이를 고려하여 EU 관세법은 수혜국 물품이 제3국을 거쳐 EU 관세영역으로 들어올 경우, ① 제3국에서 단순히 운송목적을 위해 창고에 물품이 보관되고, 세관의 감독하에서 그 물품에 대한 하역, 또는 양호한 상태보전을 위한 작업외에 아무런 작업이 이루어지지 않을 경우, 또는 ② 파이프라인을 통해 운송되는 물품의 경우, 제3국을 경유한다 하더라도 직접운송으로 인정하고 있다(위임규칙 제69조 제1항). 관할 세관은 직접운송이 충족되었다는 증거를 서류를 통해 확인해야 하는데, 그 서류는 수출국에서 통과국을 통과하는 과정을 다루는 단일 운송서류(일명 Through B/L), 경유 국가 세관이 발행한 증명서 등이다. 그리고 그 서류에는 물품의 하역 및 재적재 날짜와 해당되는 경우, 선박명 또는 사용된 기타 운송 수단을 명시하여야 한다(위임규칙 제69조 제2항). 그런데, Through B/L은 전 세계적으로 통일된 양식이 없어 실무상으로는 특혜관세 당사국간, 협의를 통해 일반 B/L에 관련 내용을(대표적으로 중간에 기착한 제3국 항구의 이름) 기재하여, Through B/L로 사용하고 있다.

(8) 전시회 물품

세 번째 특별조항으로 전시회 물품을 들 수 있다. 수혜국에서 수출되어 제3국에서 전시된 물품으로, 전시회에서 판매되어 EU 관세영역으로 수입될 경우, 수혜국이 원산지로 인정받기 위해서는 ① 수출자가 수혜국로부터 물품을 전시회 개최국으로 직접운송하고 전시된 경우, ② 수출자가 EU 거주자에게 물품을 판매하거나 처분한 경우, ③ 전시된 상태 그대로 EU 관세영역으로 수입된 경우, ④ 전시이외에 다른 목적으로 사용된적이 없다고 인정되는 경우, 수혜국을 원산지로 인정한다. 여기서 말하는 전시회란 세관통제가 이루어지지 않는 개인전시회는 포함되지 않는다(위임규칙 제70조).

5. 공급자신고

EU 관세법은 특혜원산지 결정에 도움을 주기 위해, 수출품의 생산에 사용되는 재료 또는 최종물품을 생산하거나 공급하는 자는 수출자나 무역업자의 요청이 있는 경우, 해당 재료 또는 물품의 원산지를 확인하여 수출자에게 제공하도록 규정하고 있다. 이를 EU 관세법에서는 공급자신고(Supplier's declaration)이라고 명명하는 데, 대한민국 FTA 특례법 시행규칙 제6조 제1항에 나와 있는 원산지 확인서과 유사하다(이행규칙 제61조). 대한민국과 다른 점은 공급자신고 양식이 특혜원산지 지위를 획득한 물품에 대한 것과 아직 특혜원산지 지위를 획득하지 못한 물품에 대한 두가지 종류로 나뉜다는 사실이다(이행규칙 제63조). 특혜원산지 지위를 획득한 물품에 대한 공급자신고는 이미 특혜원산지 지위를 획득한 것을 공급자신고를 통해 재차 확인할 수 있는 장점이 있으며, 또한 공급자신고는 한-EU FTA와 같이 특혜관세혜택을 받을 수 있는 자격, 즉 원산지인증수출자 인증 신청을 위해서도 필요한 서류이기 때문에 수출품이 이미 특혜원산지 지위를 가지고 있다 하더라도, 인증수출자자격 획득을 위해서는 공급자신고가 필요하다. 특혜원산지 지위를 획득하지 못한 물품에 대해서는 공급자신고를 통해 공급자에 의해 공급된 원재료 등의 원산지를 파악하여 최종적으로 원산지지위를 결정하기 때문에 공급자신고가 중요할 수밖에 없다. 물론, 원산지 지위를 획득한 물품에 대한 공급자신고와 원산지 지위를 획득하지 못한 물품에 대한 공급자신고의 발급절차는 다르지 않으며, 다만 신고양식이 다를 뿐이다. 특혜원산지 지위를 획득한 공급자신고 양식은 EU 관세법 이행규칙 부속서 22-15(부록 1[그림 5])에 명시되어 있는 양식을 사용하여야 하며(이행규칙 제63조 제1항), 특혜원산지 지위를 획득하지 못한 물품에 대한 공급자신고는 EU 관세법 이행규칙 부속서 22-17(부록 1 [그림 6])의 양식을 사용하여 작성된다(이행규칙 제63조 제2항). 공급자신고를 수출자나 무역업자에게 제공할 경우, 해당 양식 외에도 해당 물품과 관련된 상업송장, 기타 해당 물품을 자세하게 설명하는 각종 문서를 첨부하여야 한다(이행규칙 제61조 제2항). 공급자신고는 원재료 공급시 제공되어도 되며, 물품공급 이후 제공되어도 무방하다. 그리고 공급자신고는 물품이 제공될 때마다 발급되어야 한다. 하지만 공급자가 제공하는 원재료나 물품이 수출자 또는 무역업자에게 장기간 계속적, 반복적으로 공급될 경우, 이른바 장기공급자신고(Long-term Supplier's Declaration)를 제공할 수 있으며 (대한민국 관세법의 포괄원산지확인서) 이 장기공급자신고는 최장 24개월동안 반복적으로 사용할 수 있다(대한민국은 12개월). 장기공급자신고 양식은 원산지 지위를 획득한 물품에 경우, EU 관세법 이행규칙 부속서 22-16(부록 1 [그림 7])의 양식에 따라(이행규칙 제63조 제1항), 원산지 지위를 획득하지 못한 물품에 대한 장기공급자신고의 경우에는 이행규칙 부속서 22-18[그림 8]에 따라 작성하여 수출자나 무역업자에게 제공된다(이행규칙 제63조 제2항). 장기공급자신고에는 반드시 사용기간을 명시하여, 확인서 관리에 문제가 생기지 않도록 해야 한다(이행규칙 제64조). 그런데 공급자신고는 공급자에 의해 수출자나 무역업자에게 일방적으로 제공되는 사용되는 문서이다 보니, 그 진위나 신뢰성에 의구심을 가질 수 있다. 특히, 관할 세관이 공급자신고를 기초로 수출물품에 대한 원산지 결정을 하는 경우, 공급자신고의 신뢰성에 합리적 의심을 가지게 될 경우, 원산지결정에 문제가 발생할 수 있다. EU 관세법은 이점을 감안하여, 공급자신고 공식인증제도를 마련하였는데 그것이 바로 INF 4(Information Certificate 4)다(이행규칙 제64조). 공급자신고는 이를 기초로 원산지증명서가 발급되고, 특혜관세에서 원산지증명서가 가지는 중요성이 매우 크기 때문에 공급자신고의 신뢰성을 증명하는 INF 4라는 양식을 만든 것이다. 공급자신고를 바탕으로 원산지증명서를 발급하는 관할 세관은 제대로 된 원산지증명을 위해 수출자 또는 무역업자에게 공급자신고의 정확성과 신뢰성을 증명하는 정보인증서 INF 4를 공급자로부터 획득하여 이것을 세관에 제출하도록 하고 있다(이행규칙 제64조 제1항). 이에 따라 수출자나 무역업자는 공급자로 하여금, 세관으로부터 INF 4를 받게 하여, 원산지증명서 발급에 차질이 없도록 하여야 한다. 공급자의 INF 4 신청 시, 세관은 증거를 요구할 수 있으며 공급자의 서류를 조사하거나 적절하다고 판단되는 기타 점검을 수행할 수 있으며 문제가 없다고 판단될 시, EU 관세법 이행규칙 부속서 제22-02(부록 1 [그림 9])에 명시된 양식에 따라 공급자 선언 인증서인 INF 4를 신청서 접수 후, 90일 이내에 발급한다(이행규칙 제64조 제2항, 제3항). 세관의 요구에 의해 INF 4가 필요함에도 세관의 요구가 있는 날로부터 120일 이내에 수출자가 공급자를 통해 INF 4를 받지 못해 세관에 제출하지 못할 경우, 수출품에 대한 원산지를 결정하는 세관은 공급자신고가 이루어진 회원국의 관할 책임 당국에 검증을 요청하고, 만일 검증 요청일로부터 150일 이내에 답변이 없거나 답변이 있다 하더라도 해당 물품의 원산지를 확인할 수 있는 충분한 정보가 포함되어 있지 않은 경우, 세관은 공급자신고에 기초하여 제출한 원산지 증명서 발급을 거부하고 이를 무효화한다.

6. 인증수출자

세관이 원산지증명 능력이 있다고 인증한 수출자에게 발급하는 제도로 인증된 수출자에게는 복잡한 원산지 증명서 발급절차를 간소화시켜 주는 혜택을 부여한다. 인증수출자제도(Approved Exporter)는 EU에서 활발하게 활용되는 제도로 EU에서 의미하는 인증수출자제도란 승인된 수출자가 세관이나 기타 기관으로부터 원산지증명서를 발급받는 복잡한 절차를 거치지 않고 수출물품을 식별하는 송장(Invoice)나 기타 상업서류에 상품의 특혜원산지를 직접 인증할 수 있도록 허용하는 제도다(이행규칙 제120조). EU 관세법이 규정하고 있는 인증수출자 원산지증명방식은 Rex 시스템에 의한 원산지진술(이행규칙 제68조, 제70조), EUR 1 방식(이행규칙 제113조, 제114조)이 있으며, 이와 별도로 EU가 체결한 FTA에 따라 별도의 인증수출자 제도를 택한 경우도 있다. 대표적인 것이 한-EU FTA로 한-EU FTA에서는 송장을 포함한 상업서류에 인증 수출자가 원산지 증명 문구를 기재하는 방식을 사용하고 있다. EU에서 가장 많이 쓰이고 있고, EU 차원에서 사용을 권장하고 있는 Rex 시스템에 대해 살펴보자. Rex 시스템은 등록수출자시스템(Registered Exporter System)의 준말로 표현 그대로 인증(Approved)수출자가 아닌 등록(Register)수출자 등록시스템이다. 동 시스템에 등록된 수출자는 원산지진술(Statement of origin)이란 이름의 일정한 문구를 상업송장 기타 상업서류에 표시함으로 원산지를 스스로 입증한다. 한-EU FTA에서는 송장을 포함한 상업서류에 인증 수출자가 원산지 증명 문구를 기재하는 방식을 사용하고 있는데, 이는 Rex 시스템과 거의 같다고 할 수 있다. 다만, 한-EU FTA는 Rex 시스템이 만들어지기 이전에 발효되어, Rex 시스템에 적용을 받지 않고 한-EU FTA상 인증 수출자 제도의 적용을 받는다. Rex 시스템에 의한 등록수출자제도는 EU 집행위원회에 의해 개발되어 현재 EU에서 적극적으로 추진하고 있는 제도로 EU가 체결하고 있는 FTA[9]와 일반특혜관세[10]에서 사용되고 있다. Rex 시스템에 의한 인증수출자는 6,000유로를 기준으로 하여, 6,000유로 미만의 수출품의 경우, Rex 인증수출자 자격을 가지지 않아도 원산지진술을 할 수 있다(이행규칙 제68조). Rex 자격을 얻고자 하는 자는 Rex 시스템을 통해 신청서를 제출해야 하며 Rex 시스템은 EU Trader Portal을 통해 접속할 수 있다. Rex 자격을 신청하려는 기업은 반드시 EORI 번호와 VAT 번호를 가지고 있어야 한다. 등록수출자는 Rex Database에 등록되어 관리되며, ① 회사가 더 이상 존재하지 않거나, ② 수출하는 물품이 더 이상 특혜관세 혜택 조건을 충족하지 못할 경우, ③ 물품을 수출할 의사가 없음을 수혜국의 관할 당국이나 회원국 세관

---

9 현재까지, EU는 무려 78개국과 무역협정을 체결한 바 있다. 이중, 튀니지, 아제르바이잔, 모로코와 체결된 협정은 현재 효력이 정지된 상태다. 명칭은 Free Trade Agreement, Economic Partnership Agreement, Stabilisation and Association Agreement 등 다양하나, 협정체결국과 관세에 대한 특별한 혜택을 상호부여하는 것은 동일하다. 이 중, 캐나다, 일본, 베트남, 싱가포르, 영국, 코트디부아르, 가나, 동부 및 남부 아프리카(ESA), 뉴질랜드와의 FTA 협정에는 Rex 시스템이 사용되고 있다. taxati on-customs.ec.europa.eu/online-services/online-services-and-data-bases-customs/rex-registered-exporter-system_en

10 일반특혜관세 해당 수혜국들은 2019년까지 모두 Rex 시스템을 도입한바 있다. taxation-customs. ec.europa.eu/online-services/online-services-and-databases-customs/rex-registered-exporter-system_en

에 알린 경우, ④ 고의, 과실, 또는 부당하게 특혜관세 혜택을 얻게 된 경우, ⑤ 등록수출자가 자신의 등록에 관한 데이터를 최신 상태로 유지하지 못하는 경우, 관할 당국이나 회원국 세관은 등록을 취소할 수 있으며, 취소 즉시, 당사자에게 통보하여야 한다. Rex 등록수출자는 물품의 생산 및 공급에 관한 적절한 회계시스템을 갖추어야 하며, 제조공정에 사용된 원재료와 관련된 모든 자료를 보관하고 이를 세관이 확인할 수 있도록 해야 한다. 또한 원산지 진술서, 원산지 및 비원산지 원재료의 생산, 재고 상황에 대한 자료 등을 3년 동안 보관해야 한다. 이러한 의무는 공급자 선언을 수출자나 무역업자에게 제공하는 공급자에게도 적용된다. Rex database에 등록된 인증수출자는 일반에게 공개되어 누구도 알 수 있도록 하고 있다. 특혜관세혜택이 부여되기 때문에 인증수출자에 대한 정보를 정확히 알고 있어야 하기 때문이다.

현재 Rex 인증 시스템이 적용되는 분야는 EU－캐나다, EU－일본, EU－베트남, EU－싱가포르, EU－영국, EU－코트디부아르, EU－가나, EU－ESA(동부 및 남부 아프리카) FTA 협정이다. 특히, 일반특혜관세에서는 2017년부터 Rex 시스템이 적용되고 있으며 2020년 6월 30일을 기점으로 모든 GSP 수혜국에 대한 원산지 증명에 관해 Rex 시스템이 활용되고 있다. EU는 GSP 수혜국과 Rex 시스템 활용에 대해 협력협정을 체결하고 Rex 시스템에 대해 관리책임을 맡는 수혜국의 기관을 EU 집행위에 통보하도록하여 Rex의 원활하고 효과적인 운용을 도모하고 있다. Rex 시스템에 의한 원산지진술은 일반특혜관세와 EU가 체결한 FTA와 그 형태가 조금 다르다. 일반특혜관세에서 사용되는 원산지진술 양식은 아래 표와 같다.

> ✅ **일반특혜관세 원산지진술, 이행규칙 부속서 22 - 07**
>
> The exporter ··· (Number of Registered Exporter _)of the products covered by this document declares that, except where otherwise clearly indicated, these products are of ··· preferential origin according to rules of origin of the Generalised System of Preferences of the European Union and that the origin criterion met is ······

반면, 개별 FTA는 그 협정에 따라 진술 양식이 결정되는데, EU－Canada CEFA 협정에서는 다음과 같은 원산지진술 양식이 사용된다.

> ✅ EU - Canada CEFA, Protocol on rules of origin and origin proce-
> dures, Annex 2 - Text of the origin declaration
>
> The origin declaration, the text of which is given below, must be completed
> in accordance with the footnotes. However, the footnotes do not have to be
> reproduced. (Period: from_____ to _____) The exporter of the
> products covered by this document (customs authorisation No ...) declares
> that, except where otherwise clearly indicated, these products are of ...
> preferential origin. _____(Place and date)
> _____(Signature and printed name of the exporter)

　한편 EUR.1 인증 제도는 원산지 증명서를 EUR.1이란 별도의 서류로 갈음하는 것으로, EU와 무역협정을 체결한 일부 국가들에서 사용되는 인증수출자방식이다(이행규칙 제113조, 제114조). EUR.1이 발행될 수 있는 조건은 각 무역협정에서 정해지며, EU 관세법은 EUR.1의 일반적 원칙을 규정해 놓았다(이행규칙 제114조). 수출자의 신청에 의해 세관은 EUR.1을 발행하는데, 서면방식과 전자방식으로 나뉜다. 서면방식은 녹색(원본)과 흰색(사본)의 두 가지 종이로 구성되며 사본은 세관이 보관한다.[11] EUR.1 인증서에는 수출자의 이름, 주소, 수입자의 이름과 주소, 상품설명, 원산지, 목적지, 물품의 총중량, 운송방식이 적혀있다. EUR.1 역시 6,000유로 미만을 수출하는 자는 EUR.1을 받을 필요가 없이, 송장이나 기타 상업 서류에 원산지에 대한 진술을 기재함으로 원산지 증명을 대체한다.[12] 대표적으로 EU - Central America Association Agreement에서 EUR.1을 인정하고 있다.[13] 이외에도 EUR.1을 인정하는 국가들은 알바니아, 가나, 요르단, 이스라엘 등 약 40여 개의 국가와 지역이다. 이 중, 이집트, 이스라엘, 레바논, 리히텐슈타인, 노르웨이, 세르비아, 스위스, 튀니지는 전자 EUR.1을 인정하지 않고 있어, 서면으로 제출해야 한다.[14] 이외에도 EU-투르키예 관세동맹 및 특혜 협정(EU-Turkey Customs Unions and Preferential Arrangement)에 따라 투르키예 일부 물품에 대해 비관세 혜택을 부여하는 ATR 인증제도가 있다.[15]

---

11 exportdocuments.com/documenten/eur-1-certificaat/eur-1-certificaat-voorbeeld
12 exportdocuments.com/documenten/eur-1-certificaat-voorbeeld
13 Rules of Origin Protocol to EU-Central America Association Agreement 제15조에서 제18조
14 chamber-international.com/exporting-chamber-international/documentation-for-export-and-import/eur-1-certificates
15 ATR 제도는 공산품에만 적용되며, 농산물, 철강, 석탄은 제외된다.

제3편
관세평가

I. 과세가격 결정

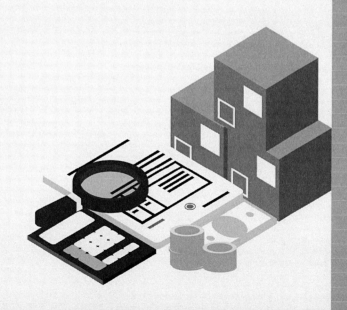

제3편 관세평가

I 과세가격 결정

1. 개요

EU 관세영역으로 들어오는 물품에 대해 관세를 부과하기 위해서는 관세액을 산출하기 위한 기준을 정해야 하는 데, 그 기준으로 삼는 것이 물품의 가격이나 수량이다. 과세대상물품의 가격을 기준으로 하는 것이 종가세(Ad valorem duty)이고 수량이나 중량을 기준으로 하는 것이 종량세다. 세계관세기구(WCO: World Customs Organization)가 편찬한 관세평가 교육훈련모듈(WCO Basic/Intermediate and Advanced Valuation Training Module)에 따르면 WCO 회원국의 대부분이 종가세로 과세가격을 결정하고 있다고 한다.[1] 종가세가 선택된 이유는 수입물품의 가격변동과 수입품의 평가를 좀 더 융통성 있게 적용하게 함으로써 정부에 더 확실한 보호수단을 제공해주기 때문이다.[2] 하지만, 이러한 융통성은 반대로 각국의 상이한 종가세 평가방법을 허용하게 함으로써 국제무역의 걸림돌이 된 것도 사실이다. 이러한 이유로 통일적인 평가 규범을 구축하기 위한 국제사회의 노력이 계속되어 왔다. 최초의 성과는 1947년 12월 23일 제네바에서 체결된 관세와 무역에 관한 일반협정이다(GATT: General Agreement on Tariffs and Trade). 동 협정 제7조에 보면 수입물품에 대한 과세가격은 물품의 실제가격(Actual Value)를 기초로 산출되어야 한다고 규정되어 있다. 하지만, 정작 실제가격을 어떻게 결정할 것인지에 대해서는 아무런 설명이 없어 실제적 적용에서 큰 역할을 할 수 없었다.[3] 실제가격에 대한 정의는 1950년 12월 15일에 브뤼셀에서 채택되고 1953년 7월 28일에 발효

---

1 WCO Basic Valuation Training Module, 관세평가분류원 p. 31
2 WCO Basic Valuation Training Module, 관세평가분류원 p. 31
3 WCO Basic Valuation Training Module, 관세평가분류원 p. 33

된 관세목적을 위한 물품평가협정[일명 브뤼셀 평가정의(BDV: Brussels Definiton of Value)]에 처음으로 등장하게 된다. 동 협정은 평가대상물품이 팔릴 것이라는 가정 하에 판매가격을 과세가격으로 인정하고 동일한 상거래 상황(가격, 시간, 장소, 수량 및 상업수준)에 놓인 물품은 관세목적상 단일한 가격 또는 가격범위를 가져야 한다 는 관념적 가격개념을 규정하였다.[4] BDV의 개념정의는 훗날, EU의 전신인 EEC 의 관세평가 기본원칙으로 작용하게 된다. 하지만 미국, 캐나다 등 세계 최대 무 역국이 가입을 하지 않게되어 국제규범으로서의 역할은 부족할 수밖에 없었다.[5]

이러한 혼란속에서도 국제사회의 노력은 계속되었고, 드디어 1973년부터 1979년까지 개최된 도쿄라운드(Tokyo Round)라 불리는 다자무역협상에서 GATT 7조 이행에 관한 협약(Agreement on Implementation of Article Ⅶ of the GATT)이 체결됨 으로써 관세평가 규범의 새로운 장이 열리게 되었다. GATT 7조 이행에 관한 협 약의 발효일은 원래 1981년 7월 1일이었으나, 미국과 EC는 한해전인 1980년 7월 1일부터 동 협정을 발효시켰고, 이로 인해 BDV는 그 전날인 6월 30일 폐지되었 다.[6] GATT 7조 이행에 관한 협약은 BDV의 관념적 개념에서 벗어나 현재 사용되 고 있는 실제가격개념(Actually Paid or Payable)을 도입하여, 물품을 판매할 때 실제 로 지불했거나 지불해야 할 가격을 기초로 관세액이 결정되어야 한다고 규정하 였다. 이후, 1986년 9월에 시작하여 1994년 4월 15일 마라케시 선언(Marrakesh Declaration)으로 종료된 우루과이 라운드(Uruguay Round)에서 세계무역기구(WTO: World Trade Organization)가 탄생하면서 GATT 7조 이행에 관한 협약은 WTO 안으 로 들어와 WTO 관세평가협정이라는 새로운 이름으로 WTO 회원국을 법적으로 구속하는 중요한 협정이 되었다. 주의할 것은 WTO 관세평가협정은 일반적으로 부르는 통칭이며 정식명칭은 1994년 관세와 무역에 관한 일반협정 제7조의 이행 에 관한 협정(Agreement on Implementation of Article Ⅶ of the General Agreement on Tariffs and Trade 1994)이다. 정식명칭이 이렇게 길어진 이유는 우루과이 라운드에서 WTO 관세평가협정의 제목을 과거 명칭을 그대로 사용하기로 합의했기 때문이

---

4 박영기, 관세평가, 삼일인포마인(2021), p. 29
5 김용태, 이명구, 관세법원론, 무역경영사, p. 123
6 김용태, 이명구, 같은책 p. 123

다.[7] 정식명칭에서 알수 있듯이 그 내용도 실체적인 면에서는 과거 'GATT 7조 이행에 관한 협약'과 거의 같다.[8] WTO 관세평가협정은 1부(일반서설), 제2부(관리, 협의, 분쟁해결), 3부(특별 및 차등대우), 4부(최종조항), 부속서 I, 주해(Interpretative notes), 일반주해(General Note), 각조에 대한 주해(Notes to Articles), 부속서 II (관세평가기술위원회), 부속서III로 구성되어 있다.[9] EU 역시 WTO에 가입국이므로 EU 관세법은 WTO 관세평가협정을 그대로 따르고 있다.

2. 제1방법: 거래가격에 따른 과세가격 결정

WTO 관세평가협정 제1조와 마찬가지로 EU 관세법 역시 과세가격 결정의 제1방법은 거래가격, 즉 EU 관세영역으로의 수출을 위해 물품을 판매할 때 물품에 대해 실제로 지불했거나 지불해야 할 가격(Actually Paid or Payable)을 필요에 따라 조정한 가격으로 규정하고 있다(제70조). 거래가격의 결정 시기에 대해 EU 관세법은 EU 관세영역으로 수출하기 위해 판매된 물품의 거래가격은 물품이 해당 관세영역으로 반입되기 직전에 발생한 판매를 기준으로 세관신고서를 수리할 때 결정된다고 규정하고 있다(이행규칙 제128조 제1항). 가장 중요한 개념인 실제로 지불했거나 지불해야 할 가격은 수입품의 판매 조건으로 구매자가 판매자에게 지불했거나 지불할 총금액, 또는 구매자가 판매자를 위해 제3자에게 지불했거나 지불해야 할 총금액을 포함한다.

1) 판매

실제로 지불했거나 지불해야 할 가격은 판매를 조건으로 한다. 만일 판매가 되지 않으면 가격이 생길 수가 없고 당연한 결과로 과세가격을 결정할 수 없다. WTO 관세평가협정에는 판매란 특정 조건 및 조건을 충족시키는 구체적인 상업적 운영이라고만 되어 있을 뿐 구체적인 개념정의는 없다. 하지만 EU는 판매에 대한 정의를 가지고 있는데, 특정 매매계약의 형태에 관한 EU 지침[(EU) 2019/771]

---

7 WCO Basic/Intermediate and Advanced Valuation Training Module, 관세평가분류원 p. 3
8 박영기, 같은책, p.30
9 WCO Basic/Intermediate and Advanced Valuation Training Module, 관세평가분류원 pp. 50 – 53

에[10] 매매계약(Sales Contract)이란 판매자가 소비자에게 물품의 소유권을 이전하거나 이전할 것을 약속하고, 소비자는 그에 다른 대가를 지급하거나 지급할 것을 약속하는 계약이라고 하여(제2조), 판매(sales)란 특정한 가격에 소유권이 이전되는 것을 핵심개념으로 하고 있다는 것을 확인할 수 있다. WCO 관세평가 교육훈련 모듈도 판매를 판매란 어떤 대가에 따라 물품의 소유권이 이동하는 것을 의미한다고 해석하고 있다.[11]

(1) 판매 장소/시간

WTO 관세평가협정은 판매자 및 구매자의 위치에 대한 규정이 없다. 일반적으로 판매자와 구매자는 수출국과 수입국에 각각 거주할 수 있지만, 제3국에 있어도 무방하고 심지어 같은 나라에 있어도 상관없다. 다만 물품이 수출국에서 수입국으로 이전되기만 하면 된다. 판매시간에 대해서도 역시, WTO 관세평가협정은 침묵을 지키고 있어 해석에 의해 문제를 해결해야 하는데, 일반적으로 거래가격은 계약이 언제 종결되었는지에 따라 영향을 받지 않는 것으로 인정되고 있다. 다만, 수입통관 이전까지는 거래가격을 확인할 수 있어야 한다. 수입통관 이후 자유로운 유통을 위해 반출된 물품의 경우, 수입시점의 거래가격을 알 수 없으므로 뒤에서 설명하는 대체방법을 사용해야 한다.[12]

(2) 수입국으로부터 수출국으로의 판매

관세평가의 목적상 수입국에서 수출국으로의 판매가 이루어져야 한다. 이미 자유로운 유통을 위해 반출되어 EU 물품의 지위를 획득한 물품에 대해서는 과세가격 결정이란 절차가 발생할 수 없다. EU 관세법도 EU 관세영역으로의 수출이라고 명시하고 있다(제70조).

---

10 정식명칭은 Directive (EU) 2019/771 of the European Parliament and of the Council of 20 May 2019 on certain aspects concerning contracts for the sale of goods, amending Regulation(EU)2017/2394 and Directive 2009/22/EC and repealing Directive 1999/44/EC)이다.

11 WCO Basic/Intermediate and Advanced Valuation Training Module, 관세평가분류원 p. 67

12 WCO Basic/Intermediate and Advanced Valuation Training Module, 관세평가분류원 p. 77

(3) 판매에 해당하지 않는 물품

① **무상물품:** 가격이 생길수 없는 무상으로 수입하는 물품(샘플, 견본, 판촉물 등)은 판매에 해당하지 않는다.[13]

② **위탁 판매:** 수입물품의 소유권이 수입자에게 이전되지 않고 수출자가 계속 보유하고 있는 형태인 위탁판매역시 판매에 해당되지 않는다.[14] 경매로 판매할 목적으로 수입되는 물품이 대표적이라고 하겠다. 예를 들어 A국에 있는 B라는 수출자가 경매물품을 C국의 대리인 D에게 보내 경매를 맡기고 경매가 낙찰되어 5만원에 팔리고, 대리인 D는 자신의 보수를 제외한 3만원을 A에게 송금한 경우, A와 D의 거래는 '판매'가 될 수 없다. D는 소유권이 없기 때문이다.

③ **본점과 지점간의 물품이동:** 본점에서 지점으로 물품을 보낼 때 지점이 단순 물류기능만 수행하는 경우에도 판매가 인정될 수 없다.[15]

(4) 임대차 계약

수출자로부터 기계나 장비를 임대하기 위한 임대차 계약도 판매에 해당되지 않는다. 물론 임대후 구매는 가능하나, 수입시 거래가격을 알 수 없기 때문에 대체방법을 사용하여야 한다.[16]

(5) 수출자 소유의 대여물품/수입국에서 폐기할 목적으로 수입하는 물품

수출자가 수입자에게 물품을 대여하는 경우에도 판매로 인정되지 않는다. 한편, 수입국으로 폐기물(Wastes나 Scraps)을 수출하는 경우, 수출자가 수입자에게 오히려 대금을 지급하는 경우가 발생한다. 이런 경우도 판매가 되지 않는다.

2) 실제로 지급했거나 지급해야 할 가격의 개념

판매라는 전제조건을 갖추고 나면 다음에 판단해야 할 것이 거래가격, 즉 실제로 지급했거나 지불해야할 가격의 의미를 파악하는 일이다. 실제로 지급하였거나 지급해야할 가격은 수입품의 판매대가로 구매자가 판매자 또는 판매자의 이익

---

13 WTO 관세평가협정 권고의견(Advisory Opinion) 1.1
14 WTO 관세평가협정 권고의견(Advisory Opinion) 1.1
15 WCO Basic/Intermediate and Advanced Valuation Training Module, 관세평가분류원 pp. 69-75
16 WCO Basic/Intermediate and Advanced Valuation Training Module, 관세평가분류원 pp. 75

을 위하여 지급했거나 지급해야 할 총 지급금액을 의미한다. 판매자의 이익을 위하여 지급했거나 지급해야 할 금액이란 판매자 자신뿐 아니라, 판매자의 이익을 위해 제3자에게 지불한 경우, 판매자와 관련된 제3자, 판매자의 의무를 만족시키기 위해 제3자에게 지불하는 경우(판매자의 채권자에게 지불)를 포함한다(이행규칙 제129조 제1항). 실제 지급 시점도 물품 인도 전이던 후이던 문제가 되지 않는다. 다만, 물품 인도 후 지급은 가산요소나 배제요소와 관련되어 있어 주의를 요한다. 지불은 현금뿐 아니라, 신용장이나 양도증권을 통해 이루어질 수 있으며 직접 또는 간접적으로 지불될 수 있다(이행규칙 제129조 제2항). 지불은 반드시 판매된 물품과 관련이 있어야 한다. 따라서 배당과 같이 판매된 물품과 관계없는 것은 거래가격에 들어가지 않는다. 관세평가에서 거래가격의 개념과 관련하여 일반적으로 다루는 구체적 사안을 살펴보기로 하자.

(1) 하자보증비용

판매자가 보증과 관련한 비용 및 위험을 직접적으로 또는 간접적으로 부담할 때, 판매자는 이러한 상황을 고려해 물품의 가격을 결정한다. 따라서 하자보증(Warranty)으로 인한 추가 비용은 물품의 가격에 포함된다. 하자보증이란 판매된 수입품의 품질과 성능과 관련하여 거래 당시에는 문제가 없어 보였지만, 사용중 도저히 계약상 성능을 발휘할 수 없는 하자가 발견된 경우 이에 대한 품질보증을 판매자가 부담하는 것을 의미한다. 하자보증은 하자에 관한 일종의 보험적인 성격이므로 정기적으로 수행되는 유지보수의 개념과는 다르다. WTO 관세평가기술위원회의 Explanatory Notes 6.1에 보면 하자보증과 유지보수의 차이를 설명하고 있는데, 유지란 일반적으로 산업설비, 기계 또는 장비가 원래의 성능을 유지하고 문제를 예방하기 위해 수행되는 일상적인 수리를 의미하며, 하자보증이란 물품의 고장이나 기능미달이 우발적으로 나타나고 이로 인해 물품을 사용할 수 없게 되어, 이를 보증 책임자가 부품대체와 같은 용역을 제공하여 물품의 성능을 원래 상태로 복귀시키는 것을 의미한다. 보통 하자보증은 계약에 포함되어 있고, 판매자가 가격에 계상하는 것이 일반적이다. 만일 판매자와 구매자가 하자보증에 대해 별도의 계약을 맺고 이를 근거로 판매가격을 인하한 경우, 인하한 부분은 거래가격에 포함되어야 한다.

(2) 할인

실제로 지급하였거나 지급하여야 할 가격은 어떤 정당한 할인(Discount)을 공제한 후에 정해진다. 예를 들어 신용장 거래가 아닌 현금거래시 원래가격의 5%를 할인해 준다라고 하면 이는 정당한 계약에 따른 행위이므로 이러한 할인은 당연히 인정되고 거래가격은 5%를 공제한 액수로 정해진다. 물론, 거래에 현금할인이 포함될 경우, 지급할 가격은 송장이나 계약서에 포함될 것이고 이를 통해 세관은 거래가격을 결정할 수 있다. 이를 감안하여 EU 관세법은 수입신고서 접수 시 계약에 할인 적용 및 금액이 명시되어 있는 경우 그 금액을 고려하도록 하고 있다. 수량할인도 마찬가지다. 대량으로 구매 시 금액을 할인해 주는 수량할인도 문제가 없다. 할인을 받았으나 물품이 수차례에 걸쳐 분할 배송이 이루어져도 전체에 대한 할인으로 인정된다.[17] 만일 세관이 해당 물품에 대한 수입신고 접수 당시 아직 판매대금이 실제로 지불되지 않았다고 하면, 선불할인도 인정된다(이행규칙 제130조 제2항). 다만, 세관신고 접수 이후 계약 수정으로 인해 발생하는 할인은 고려되지 않는다(이행규칙 제130조 제3항). 이렇게 되면 거래가격에 왜곡이 생길 수밖에 없기 때문이다.

(3) 일부배송

분할선적이 대표적인 일부배송(Partial Delivery)의 형태라고 할 수 있다. 분할선적은 크게 3가지로 다시 나뉠 수 있는데, ① 산업설비나 플랜트 수출에서 분할선적이 많이 발생한다. 산업설비라는 물품의 규모 때문에 분할선적이 이루어질 수밖에 없기 때문이다. 또한 ② 수량으로 인한 분할선적이다. 물량이 많을 경우, 선복의 한계로 인해 분할선적이 이루어진다. 마지막으로 ③ 지역적 배분에 따른 분할선적이다. 한 나라의 여러곳으로 물품을 보내야 할 경우, 지역별로 분할선적해 운송하는 방식이다. EU 관세법은 분할선적을 포함한 일부 배송에 대해 통관절차를 위해 신고된 물품이 한 번의 거래로 구매한 동일 물품의 일부인 경우, 실제로 지불했거나 지불해야 할 가격은 원래 통관해야할 총수량에 비례하여 계산된다고 규정하였다. 또한, 실제로 지불했거나 지불할 가격을 배분하는 것은 화물의 일부

---

17 WCO Basic/Intermediate and Advanced Valuation Training Module, 관세평가분류원 p. 91

가 손실된 경우 또는 물품이 자유 유통되기 전에 물품이 손상된 경우에도 적용된다(이행규칙 제131조).

(4) 불량품

불량품(Defective Goods)에 대해서는 자유 유통을 위한 세관신고 접수 당시, 물품에 결함이 있었던 경우, 또는 세관신고가 접수되기 전에 체결된 계약상의 의무나 법적 의무에 따라 판매자가 결함을 보상하여야 하는 경우, 세관이 구체적 상황을 검토, 실제로 지불했거나 지불해야 하는 가격에 대한 조정을 할 수 있도록 허용하고 있다(이행규칙 제132조). 여기서의 조정이란 불량품이 일부일 경우, 그 불량품만 별도로 분리할 수 있고, 이에 대한 가치를 금액으로 산정할 수 있으면, 이를 조정한 가격을 거래가격으로 할 수 있다는 것이며, 만일 물품 모두가 불량품일 경우 거래가격은 계산될 수 없다.

3) 거래가격 불인정 요건

계속 설명한바와 같이, 과세가격을 결정하는 관세평가의 일차적 방법은 거래가격, 즉 EU 관세영역으로의 수출을 위해 물품을 판매할 때 물품에 대해 실제로 지불했거나 지불해야 할 가격을 필요에 따라 조정한 가격으로 과세가격을 결정하는 것이다. 따라서, 거래가격에 영향을 미치는 요소가 존재하여 실제로 지불했거나 지불해야 할 가격이 아닌 왜곡된 가격으로 거래가격이 형성되면 이 거래가격을 인정할 수 없다. WTO 관세평가협정과 EU 관세법 모두 거래가격을 통한 과세가격의 결정을 관세평가의 일차적인 방법으로 삼고 있기 때문에 거래가격의 결정은 매우 중요하며, 따라서 거래가격을 왜곡시켜 거래가격을 불인정하게 만드는 요소를 배제하는 것에 큰 관심을 가지고 있다. 이러한 이유로 WTO 관세협정 제1부(관세평가규칙: Rules on Customs Valuation) 제1조는 거래가격으로 인정할 수 없는 왜곡요건을 4가지로 나누어 명시하고 있고, WTO 관세협정을 수용한 EU 관세법 역시 이를 그대로 따르고 있다(제71조). 첫째 요건은 물품 처분 또는 사용에 대한 제한이다. 판매의 개념에서 이미 살펴보았지만, 판매의 핵심은 소유권의 이전이다. 소유권이 이전되었다는 것은 물품을 구매한자가 그 물품에 대한 전적인 처분과 사용권리를 갖게 된다는 것을 의미한다. 따라서 물품의 소유권이 이전되었음에도 구매자에게 전적인 처분권을 인정하지 않는다면 그 거래는 정상적인 거래라 할 수 없고 당연한 결과로 그 거래가격 역시 실제로 지불했거나 지불해야할 가격으로 인정될 수 없다. 예를 들어 자동차 수출자가 구매자에게 이차는 고급사양의 차이므로 50대 이상, 10억 이상의 자산가에게만 판매하라고 제한을 둔다고 하면, 이러한 제한을 바탕으로 한 판매가격은 정상적인 거래가격이라 할 수 없다. 다만, EU 관세법과 WTO 관세협정은 아래 3가지 제한에 대해서는 거래가격을 왜곡하거나 영향을 미치는 제한이라 보지 않는다. ① 법률이나 EU 공공 당국에 의해 부과되거나 요구되는 제한 사항을 들 수 있다. 법률이나 EU에 의해 부과되는 제한사항의 대표적인 예는 특정 라벨링 또는 포장을 위한 요건, 물품 반출이전에 하는 검사(선적전 검사)라 하겠다. 특히 EU는 환경에 많은 관심을 두고 있어 포장재에 대한 친환경측면에서의 규제가 계속 심해지고 있다. 하지만 이러한 제한은 국가나 국민의 안전과 위생을 보호하기 위한 것으로 WTO 관세협정 및 EU 관세법에서 인정된다. ② 물품이 재판매될 수 있는 지리적 영역을 제한하는 것도 허용된다. 예를 들어 판매자가 여러명의 구매자와 거래하고 있고 구매자가 각 지역에 흩어져 있는 경우, 구매자가 자신의 지역에서만 판매활동을 할 수 있도록 제한할 수 있다.[18] ③ 물품의 거래가격에 실질적으로 영향을 미치지 않는 제한이다. 하지만 이 경우, 어떠한 제한이 거래가격에 실질적으로 영향을 미치는 지 여부를 결정함에 있어 ①과 ②와 같이 명백한 기준을 만들기가 어렵고, 개별상황에 따라 판단을 해야하는 경우가 많기 때문에 판매자와 구매자와의 관계(특수관계), 물품의 특성, 상관습 등 여러 요소들을 고려하여 결정하여야 한다. 대표적인 예를 들어 보자. 수출자가 수입지 자동차 구매자에게 이미 마케팅 차원에서 공지한 해당 모델 출시일 이전에 자동차를 판매하지 말도록 제한을 가할 수 있다. 하지만 이러한 제한은 정당한 제한으로 거래가격을 왜곡시키는 요건이라 할 수 없다. 왜냐하면, 판매자의 입장에서 새모델의 출시일을 마케팅 차원에서 소비자들에게 공지하였을 것인데, 만일 이를 출시일 이전에 판매해 버리면, 새로운 모델을 기다리던 소비자들을 기만하는 행위가 될 수 있고 이는 기업 이미지에 큰 타격이 될수도 있어 출시일 이후에 판매를 고수할 필요가 있다. 따라서 이러한 조치는 수입지의

---

18 WCO Basic/Intermediate and Advanced Valuation Training Module, 관세평가분류원 p. 121

구매자 역시 인식해야 할 하나의 상도덕이므로 이러한 제한은 정당한 제한으로 인정된다. 판매자가 자동차 구매자에게 그 모델 연수의 시작일 이전에 자동차를 팔거나 전시하지 못하도록 할 수 있다. 하지만 구매자로 하여금 60대 이상에게만 자동차를 팔라고 하면 이것은 관세가격에 실질적으로 영향을 미치기 때문에 허용되지 않는다.[19] 둘째요건은 가치를 결정할 수 없는 조건이나 고려사항의 존재여부다. 즉, 거래가격에 영향을 미치나 얼마나 영향을 미쳤는지 알 수 없는 조건이나 고려사항이 존재해서는 안 된다는 말이다. 판매 또는 가격이 평가 대상 물품과 관련하여 가치를 결정할 수 없는 일부 조건이나 고려 사항에 의해 제한을 받을 경우, 거래가격이 왜곡될 수밖에 없다. 하지만, 이말은 뒤집어 말하면 거래가격에 영향을 미친 조건이나 고려사항에 대한 가치를 금액으로 환산할 수 있다면, 거래가격에 이를 포함하여 거래가격을 결정할 수 있다는 뜻도 된다.[20] EU 관세법은 거래가격이란 EU 관세영역으로의 수출을 위해 물품을 판매할 때 물품에 대해 실제로 지불했거나 지불해야 할 가격을 필요에 따라 조정한 가격으로 하는 것이 원칙이라고 명시하고 있는바(제70조), 만일 이러한 조건이나 고려사항을 금액으로 환산할 수 있다면, 거래가격이 조정될 수 있기 때문이다. 예를 들어 수출국 A의 제조자 B는 수입국 C의 수입자 X에게 원래 신발을 판매하기로 하였다. 하지만, 수입자 X가 신발 광택제를 함께 구매한다는 조건으로 신발을 한 켤레당 30유로에 팔기로 하였다고 가정해 보자. 구매자가 판매자가 원래 판매하고자 하는 물품(신발)외에 다른 것(광택제)도 함께 구매해야 한다는 것을 조건으로 원래 판매하고자 하는 물품(신발)의 거래가격을 결정되는 경우다. 주어진 상황으로 살펴보았을 때, 신발 한 켤레 가격은 원래 30유로보다 더 비쌌겠지만, 신발청소에 쓰이는 광택제를 함께 구매하는 것을 조건으로 할인된 가격이 제시된 것임을 쉽게 예측할 수 있다. 하지만, 광택제를 구매함으로써 신발 한 켤레 수입가격을 30유로로 절약할 수 있었다는 조건이 금액으로 환산되어 증명될수 없다면, 이는 가치를 결정할 수 없는 조건이나 고려사항이 존재한 것이므로 제1방법을 사용할 수 없다. 하지만, 반대로 광택제를 구매함으로써 신발 한 켤레 수입가격을 30유로로 절약할 수 있

---

19 WCO Basic/Intermediate and Advanced Valuation Training Module, 관세평가분류원 p. 123
20 이해동, 관세평가 실무, 관세무역개발원 p. 52

었다는 조건이나 고려사항의 가치를 금액으로 환산할 수 있다면, 거래가격에 조정하는 방식으로 제1방법을 사용할 수 있다.[21] 대응무역(Countertrade)도 가치를 결정할 수 없는 조건이나 고려사항과 관련하여 분석해 볼 좋은 예 중 하나다. 대응무역이란 물물교환(Barter)의 하나로 일반적으로 두 당사자 간에 동일한 가치를 지니고 있다고 여겨지는 물품 또는 서비스의 교환을 의미한다. A 수출국 제조자 B는 자신이 수출하고자 하는 신발과 동일한 가치를 가진 운동복을 C 수입국의 수입자 X로부터 수입하는 조건으로 C 수입국 수입자 X에게 신발을 한 켤레당 100유로로 판매하기로 하였다고 생각해 보자. 이 상황을 분석해 보면, 한 켤레당 100유로로 거래가격이 결정된 이유는 C 수입국으로부터 같은 가치의 물품을 수입하는 조건이 붙어있기 때문이다. 따라서 만일 이 조건을 금액으로 환산할 수 있다면 조정된 거래가격을 기초로 하여 과세가격을 사용할 수 있을 것이다. 만일 금액으로 환산이 불가능하다면, 다른 과세가격 결정방법을 사용해야 한다.[22] 세 번째 불인정 요건으로 EU 관세법이 명시하고 있는 것은 판매자에 대한 사후귀속이익의 존재 여부다. 즉, 구매자가 물품을 구매한 이후, 이를 재판매하거나, 처분 또는 사용으로 인해 발생하는 수익금을 판매자에게 귀속시킬 때 만일 이 귀속부분을 금액으로 산정할 수 없을 경우, 거래가격은 왜곡될 것이며 따라서 과세가격 결정에 제1방법을 사용할 수 없다. 하지만 문제는 구매자의 대금지급 의무가 수입 전에 이루어질 수 있으나, 계약 내용에 따라서는 물품의 판매 이후에도 가능하다는 점이다. 따라서 이런 경우, 그 계약을 통해 대금 지급 내역을 파악할 수 있고, 그 가치를 금액으로 산정할 수 있다면, 이 가치를 실제로 지불했거나 지불해야 할 가격에 포함켜 최종적으로 조정된 거래가격을 산출, 관세평가 제1방법을 사용할 수 있을 것이다. 이러한 이유로 EU 관세법은 수입품의 후속 재판매, 처분 또는 사용으로 인한 수익 중 판매자에게 직접 또는 간접적으로 귀속되는 가치를 거래가격에 가산하도록 규정해 놓고 있다[제71조 제1항 (d)]. 마지막 네 번째 요건으로 특수관계의 존재다. 즉, 구매자와 판매자가 EU 관세법이 인정하는 특수관계일 경우, 이를 기초로 한 매매에서의 거래가격은 정상적인 가격이 아닌 왜곡된 가격으

---

21 WTO 관세평가협정 주해(Interpretative Notes) 1(b)
22 WCO Basic/Intermediate and Advanced Valuation Training Module, 관세평가분류원 p. 129

로 간주되어, 제1방법을 사용할 수 없고 대체방법을 사용해야 한다.

EU 관세법은 특수관계를 ① 구매자와 판매자가 서로의 회사의 임원, 이사, 법률상의 동업자, 고용주와 직원의 관계인 경우, ② 제3자가 구매자와 판매자 회사의 의결권 있는 발생주식 또는 지분을 5% 이상 간접, 직접적으로 소유, 통제, 보유할 때, ③ 구매자나 판매자 중 한명이 다른 하나를 직접 또는 간접적으로 통제할 때, ④ 제3자가 구매자 판매자 모두를 직접간접적으로 통제할 때, ⑤ 구매자와 판매자가 제3자를 함께 직간접적으로 통제할 때, ⑥ 판매자와 구매자가 가족 구성원일 때(가족의 개념은 각 회원국이 결정), 특수관계에 있다고 간주한다. 여기서 통제란, 한 사람이 법적으로 또는 운영상 다른 사람에 대해 지시를 행사할 수 있는 위치에 있는 경우 한 사람이 다른 사람을 통제하는 것으로 간주한다. 한편, 표현방식이 어떤지 간에, 서로 사업으로 연관되어 있는 자들 간에 한 명이 다른 한 명의 단독대리인(sole agent: 제3자와의 거래에서 위탁자를 전적으로 대리하는 자), 단독대리점(sole distributor: 판매자가 계약에 의해 유일하게 자신의 물품을 판매, 유통시킬 권리를 부여한 자) 또는 단독영업권자(sole concessionaire: 정부, 지방자치단체나, 기업으로부터 영업권을 받아 사업을 운영하는 자)일 때에는 무조건 특수관계가 인정되는 것이 아니라, 위에서 언급한 ①부터 ⑥까지 경우에 해당하는 때만, 특수관계로 인정한다(이행규칙 제127조, WTO 관세협정 제15조 제4항). 주의할 것은 특수관계에 있어서도 무조건 특수관계라 하여 그 거래가격을 인정하지 않는다는 것이 아니라, 특수관계이더라도 거래가격이 정상적이라고 입증될수 있다면 제1방법을 사용할 수 있다는 점이다. EU 관세법은 이에 대해 자세한 규정을 두고 있는데, 특수관계라 하더라도 ① 신고한 거래가격이 동일하거나 유사한 물품의 거래가격과 같거나, ② 당해 수입품 또는 동일하거나 유사한 수입품이 EU 관세영역에서 판매자와 관련이 없는 자에게 가장 많은 수량으로 판매되는 단위가격을 기준으로 한 가격[제74조 제2항 (c)]과 동일하거나 유사한 경우, ③ 제74조 제2항 d에 의해 결정된 가격과 동일하거나 유사한 경우, 특수관계자 간의 거래가격을 인정하여 제1방법으로 과세가격을 결정할 수 있다(이행규칙 제134조). 주의할 것은 동일하거나 유사함을 판단할 경우, 반드시 물품 간의 상업적 수준의 차이, 수량 수준, 실제로 지불했거나 지불해야 할 가격에 포함되는 가산요소등을 고려하여 판단하여야 한다. 비교대상물품의 수량과 원래 물품의 수량이 차이가 많이 난다거나, 비교 대상물품은 어린이용이나, 원래 물품은

전문가용이라고 한다면 동일하거나 유사하다는 판단은 잘못된 것이기 때문이다
(이행규칙 제141조).

4) 거래가격 가산 요소

거래가격이란, EU 관세영역으로의 수출을 위해 물품을 판매할 때 물품에 대해 실제로 지불했거나 지불해야 할 가격을 필요에 따라 조정한 가격이다(제70조). 따라서, 거래가격에 영향을 미친 요소들이 있을 경우, 그 요소들의 가치가 산정될 수 있다면 이를 실제로 지불했거나 지불해야 할 가격에 가산해서 최종 거래가격을 산출해야 한다. 위에서 설명한 거래가격으로 인정하지 못하는 요소들도 그 가치를 금액으로 산정할 수 있다면, 당연히 가산되어야 한다는 것을 주의할 필요가 있다. EU 관세법은 실제로 지불했거나 지불해야 할 가격에 가산되는 요소를 명시해 놓았는데(제71조) 그 내용은 WTO 관세협정 제8조와 동일하다. 주의할 것은 가산요소를 결정할 경우, 반드시 객관적이고 정량화가 가능한 데이터에 기초해서만 이루어져야 하며, EU 관세법에 규정된 경우를 제외하고는 과세가격 결정 시 실제로 지불했거나 지불해야 할 가격에 추가할 수 없다(제71조 제2항, 제3항).

(1) 구매수수료를 제외한 수수료 및 중개수수료

수수료 및 중개료는 거래에 있어서 중개자, 주선자 역할을 하는 자들에게 지급되는 금액이라고 할 수 있다. 주로 대리인, 중개인이라 불리는 사업가들이 대표적으로 수수료 및 중개료를 받고 일하는 사람들이다. 하지만, 수수료와 중개료를 표현하는 영문 표기가 워낙 다양해서(Brokerage, Commission, fee 등)[23] 계약상 관계를 파악하여 수수료와 중개료 여부를 결정할 필요가 있다. 구체적인 예를 살펴보자. 위임자의 계산으로 물품 구매 또는 판매행위를 하는 자를 대리인이라 통칭한다. 위임자가 구매인이면 구매대리인, 위임자가 판매자면 판매대리인이 되며 이들에게 제공되는 비용이 구매수수료 또는 판매수수료라고 불린다. 그런데 실제로 지불했거나 지불해야 할 가격에 가산되는 요소는 판매수수료이지 구매수수료가 아니므로 구매수수료는 가산대상이 아니다.[24] 판매대리인의 역할은 판매자의 위

---

23 김용태, 이명구, 같은책, p.32
24 WCO Basic/Intermediate and Advanced Valuation Training Module, 관세평가분류원 p. 167

임을 받아 물품을 구매할 고객을 찾고, 물품을 고객에게 설명해 주며, 물품 인도를 위한 서류작업등 각종 준비조치를 수행한다. 한편 중개인은 자기 계산으로 활동하지 않는 사업자를 말한다. 중개인은 보통 구매자와 판매자 모두를 위해 활동하고 양자가 거래를 성사시킬 수 있도록 주선하는 역할을 한다. 그리고 그 역할에 대한 댓가로 금전을 취득하게 되는데 이를 중개료라고 한다. 중개료 역시 구매자가 지급한 중개료, 판매자가 지급한 중개료 두가지가 있을 수 있다. 따라서 실제로 지불했거나 지불해야 할 가격에 가산되는 부분은 판매자가 지급한 중개료라 하겠다.[25]

(2) 컨테이너 비용, 포장 비용으로 인정되는 인건비 또는 재료비

컨테이너라 함은 대형 트럭에 실린 장거리 운송용 컨테이너를 의미하는 것이 아니라 물품과 일체로 여겨지는 일반적인 용기(用器)를 의미한다. 선물상자, 향수병, 시계상자 등이 바로 그것이다. CN code에서도 물품과 용기는 분류목적상 일체로 여겨지며 물품과 동일한 호에 분류된다. 포장은 종이상자, 플라스틱 포장, 비닐 포장과 같은 소매용 포장 및 철제 상자, 나무 상자 등 장거리 수출용 포장으로 나뉠 수 있으며 이를 위해 포장 재료비(종이, 스티로폼, 철, 플라스틱), 포장작업에 드는 노무비(포장 박스에 넣기, 진공포장하기 등) 등이 부가적으로 발생하게 되는 데, 이 모두가 실제로 지불했거나 지불해야 할 가격(Actually Paid or Payable)에 가산된다.[26] 다만, 통일상품명 및 부호체계의 일반규칙 해설 5(a), (b)[27]에 규정된 바처럼, 용기 자체에 본질적인 성격을 부여하는 용기[28]나 재사용이 가능한 용기(수출용 컨테이너)는 다른 품목으로 분류되기 때문에 가산요소가 아니다.

(3) 생산지원 요소

실제로 지불했거나 지불해야 할 가격에 포함되지 않았지만, 수입품의 생산 및 수출 판매와 관련하여 구매자가 무료로 또는 할인된 가격으로 직접 또는 간접적으로 공급하는 물품과 용역으로써 적절하게 배분된 요소, 즉 생산지원요소로 통

---

25 WCO Basic/Intermediate and Advanced Valuation Training Module, 관세평가분류원 p. 169
26 WCO Basic/Intermediate and Advanced Valuation Training Module, 관세평가분류원 p. 181
27 General Rules fro the Interpretation of the HS, Explanatory Notes 5(a), 5(b)
28 대한민국 조세심판원에서는 맥주의 맛을 유지시키기 위한 특수 냉장, 내압 용기를 용기 자체에 본질적인 성격을 부여하는 것으로 보고 있다. 조심 2016관0105, 2016.7.22

칭되는 것들 역시 가산요소가 된다. 전형적인 예로, 제조업자가 무료 또는 인하된 가격으로 구매자로부터 받은 물품으로 수입물품에 포함되어 있으나, 해당 금액이 송장가격에 표시되지 않은 경우가 대표적이다. 생산지원요소로 EU 관세법이 규정하고 있는 것은 ① 수입품에 포함된 재료, 부품, 부품 및 유사 품목, ② 수입품 생산에 사용되는 도구, 금형, 주형 및 이와 유사한 품목이다. 주의할 것은 여기서 말하는 도구, 금형, 주형 및 이와 유사한 품목은 수입물품의 생산에 직접적으로 사용된 것들을 의미하며, 일반 사무기기(복사기) 등은 고려대상이 아니다.[29] 만일 이러한 도구들을 이미 구매자가 사용한 경우, 그 가치는 감가상각을 고려하여 조정되어야 한다(이행규칙 제135조 제3항). 또한 ③ 수입품 생산에 소비되는 재료도 포함된다. 이러한 것들은 물품 제조 과정에서 사용되었지만, 완제품에서 찾아낼수 없는 것들로, 대표적으로 화학 촉매제, 가스, 전기와 같은 에너지를 의미한다. 새로운 고성능 자동차의 기능을 테스트 하기 위한 휘발류도 포함된다.[30] 마지막으로 ④ 비EU 관세영역에서 수행되고 수입품 생산에 필요한 엔지니어링, 개발, 미술품, 디자인 작업, 계획 및 스케치 등도 가산요소다. 다만, 생산전 연구나 예비 설계 스케치 비용 및 이미 수입된 물품의 수리, 설치, 전시, 보수 등에 사용되는 생산지원요소는 가산요소가 아니다. 예를 들어 중국에서 디자인을 해서 수입한 물품을 수입 이후 디자인을 보강하기 위해 다시 디자인 작업을 한 경우, 가산요소에서 배제된다.[31] 미술, 디자인 등, 이른바 정신적 작업은 개인의 능력과 창의력을 가격으로 평가해야 하는데, 그 용역의 대가가 계약서나 기타 서류로 정확히 알 수 있다면 가산요소가 될 수 있다. 주의할 것은 물품 생산과정에서 실패한 개발에 투입된 이러한 디자인이나 공학작업도 가산요소가 된다는 점이다(이행규칙 제135조 제4항). 생산지원비용에는 상환 불가한 관세나 기타 세금도 포함되며, 생산지원요소를 임차할 경우, 임차비용도 가산된다. 다만 생산지원요소를 구매자도 사용한 경우, 구매자가 사용한 부분은 조정하되 가산되는 것이 아니라 인하될 수 있을 것이다.[32]

29 WCO Basic/Intermediate and Advanced Valuation Training Module, 관세평가분류원 p. 187
30 WCO Basic/Intermediate and Advanced Valuation Training Module, 관세평가분류원 p. 187
31 WCO Basic/Intermediate and Advanced Valuation Training Module, 관세평가분류원 p. 189
32 WCO Basic/Intermediate and Advanced Valuation Training Module, 관세평가분류원 p. 195

(4) 로열티 및 라이선스 수수료

평가 대상 물품의 판매 조건으로 구매자가 직접 또는 간접적으로 지불해야 하는 로열티 및 라이선스 수수료도 가산요소다. WTO 관세평가협정은 로열티나 라이선스라는 용어에 대해 정의를 두지 않고 있지만 일반적으로 인정되는 것으로 특허권, 상표권, 저작권, 재생산 권리(라이선스) 등이 있다. 이러한 것들이 가산요소가 되기 위해서는 수입물품과 관련이 있어야 한다.[33] 예를 들어 ① 판매자 또는 판매자와 관련된 사람이 구매자에게 로열티 또는 라이선스 수수료의 지급을 요구하거나, ② 구매자의 지불이 계약상 의무에 따라 판매자의 의무를 충족하기 위해 이루어질 경우, ③ 라이선스 제공자에게 로열티 또는 라이선스 비용을 지불하지 않으면 구매자가 물품을 판매하거나 구매할 수 없는 경우에는 수입물품과 관계가 있다고 본다(이행규칙 제129조 제4항). EU 관세법은 로열티 또는 라이선스 수수료 금액의 계산 방법이 수입품의 가격에서 유래하는 경우, 반대 증거가 없는 한 해당 로열티 또는 라이선스 수수료의 지급은 수입품과 관련되어 있다고 인정(Assumed)한다(이행규칙 제129조 제2항). 만일, 로열티 또는 라이선스 비용이 수입 후 물품에 추가된 기타 성분 또는 구성 부품과 관련되거나 수입 후 재생산 또는 서비스와 관련되는 경우 가산요소가 아니므로, 이러한 부분은 적절한 조정을 통해 인하되어야 할 것이다(이행규칙 제129조 제3항).

(5) 재판매로 인한 수익의 판매자 귀속 부분

수입품의 후속 재판매, 처분 또는 사용으로 인한 수익 중 판매자에게 직접 또는 간접적으로 발생하는 가치도 가산 대상이다. 이 규정은 이미 위에서 언급한 거래가격 불인정 요소 중 하나인 사후귀속이익과 밀접하게 연관되어 있다. 위에서 언급한 로열티는 재판매로 인한 수익이 아니므로 로열티와 재판매로 인한 수익을 같다고 오해해서는 아니 된다. 재판매로 인한 수익이 판매자로 귀속되는 대표적 예를 하나 들어본다면, A국 B사에 만든 양복이 C국에서 엄청난 인기가 있어 C국 수입자 D가 그동안 B사 양복을 재판매하여 큰 이익을 거두었고, 이에 B사가 양복 판매 금액의 10퍼센트를 B사에게 특별히 지급하는 경우다.

---

33 WCO Basic/Intermediate and Advanced Valuation Training Module, 관세평가분류원 p. 195, 이행규칙 제129조

(6) 운송비 및 부대비용

WTO 평가협정은 수입항 또는 수입장소까지의 운송비용, 보험 비용, 그리고 수입품 운송과 관련된 양하비, 적하비용, 취급 수수료, 체선료 등 선적 및 취급 비용을 실제로 지불했거나 지불해야 하는 가격에 가산하는 것에 대해 각국의 국내법에 따르도록 규정하고 있다(WTO 평가협정 제8조 제2항). EU 관세법은 물품이 EU 관세영역으로 반입되는 곳까지의 운송, 보험비용, 그리고 수입품 운송과 관련된 선적 및 취급 비용을 가산요소로 규정하고 있다[제71조 제1항 (e)]. 특히 운송비의 경우, 표준 운임표에 따라 계산된 것으로 인정할 수 있는 증거가 세관에 제시되면 이를 기준으로 가산여부를 결정하며, 만일 이러한 증거를 제시하지 못할 경우, 물품이 반입된 EU 관세영역까지의 거리에 비례하여 세관이 그 비용을 결정하도록 하였다(이행규칙 제138조 제1항). 한편, 항공특송(Express Consignment)을 포함하여 거래가격에 포함되는 항공운송비용은 이행규칙 부속서 23−01에 따라 국가별, 대륙별로 정해진 비율을 적용한다. 운송이 무료이거나 구매자가 제공하는 경우(CIF), 물품의 거래가격에 포함되는 운송비용은 동일한 운송 방식에 일반적으로 적용되는 운임표에 따라 계산된다. EU 관세법에서 말하는 EU 관세영역으로 반입되는 곳이란 해상으로 운송되는 물품의 경우, 물품이 EU 관세영역에 최초로 도착하는 항구를 의미하며, 해상운송이지만, 내륙수로(라인강)를 이용하여 다시 운송이 시작될 경우, 내륙수로로 들어가기전 하역이 이루어지는 첫 번째 항구(대표적으로 벨기에 앤트워프 항구)가 EU 관세영역으로 반입되는 곳이다. 한편, EU 관세영역인 프랑스 해외영토로 해상운송되어 다시 그곳으로부터 EU 관세영역으로 물품이 중간에 환적 없이 바로 해상운송된 경우, 프랑스 해외영토에서 EU 관세영역에 들어오는 최초의 항구가 EU 관세영역으로 반입되는 곳이다. 철도, 내륙 수로 또는 도로로 운송되는 물품의 경우 입국 세관 소재지가 EU 관세영역으로 반입되는 곳이며, 만일 물품이 처음 EU 관세영역으로 반입된 후 비EU 관세영역을 가로질러 다시 처음 EU 관세영역 회원국의 다른 지역으로 운송되는 경우, 물품이 EU 관세영역으로 반입되는 장소는 물품이 처음으로 EU 관세영역으로 반입된 장소다(이행규칙 제137조). 운송비용과 관련하여 문제가 되는 것이 바로 보관비용이다. 물품을 선적하고 운송하기 전에 미리 해당 물품을 구별하여 별도 보관하는 것이 일반적인 상관행임을 감안해 보면, 보관비용도 상황에 따라 운송비용에 속할 수도 있을 것이다. 따라서 보관비용에 관해서는 구체적 운송과정을 검토하여 판단하여야 하며, 물품을 세탁(Cleaning)하거나 재포장(Re-packing)하는 것은 보관이 아님을 주의해야 한다.[34]

5) 거래가격에 포함되지 않는 요소

물품에 대해 실제로 지불했거나 지불해야 할 가격을 필요에 따라 조정한 가격에는 위에서 살펴본바와 같이 가산요소도 있으나, 포함되어서는 안 되는 요소도 존재한다. EU 관세법은 이런 배제요소를 상세히 규정해 놓았다(제72조). 하나씩 자세히 살펴보자. 먼저 ① EU 관세영역에 반입된 후 EU에서 납부해야 하는 수입관세 또는 기타 요금 및 수입품의 운송 비용은 계약상에 포함되어 있다 하더라도 거래가격에서 배제한다. ② 산업 플랜트, 기계 또는 장비와 같은 수입품이 EU 관세영역에 반입된 후 수행된 건설, 설치, 조립, 유지 또는 기술 지원에 대한 비용도 배제한다. 구매자가 물품을 구입한 것으로 모든 거래가 끝나는 경우도 있지만, 첨단 장비의 경우, 판매자가 장비의 완전한 구동을 위해 기술적 지원이나 기타 정비, 조립 설치에 도움을 주는 경우가 실제로 많이 발생한다. 하지만, 이유로 구매자가 판매자에게 별도의 용역비를 제공한다 하더라도 이는 수입당시의 거래가격과 관계없는 물품 수입 이후의 별도의 계약이나 조건에 의한 것이므로 만일 계약서에 이와 관련된 내용과 금액이 표시되어있다 하더라도 이를 공제하여 거래가격을 계산해야 한다.[35] ③ 구매자가 체결한 자금조달 약정에 따라 수입품 구매와 관련된 이자 비용으로써 자금조달약정이 판매자이든 다른 자이든 관계없이 서면으로 이루어지고, 해당 물품이 실제로 지불했거나 지불해야 하는 가격으로 신고되어 그 가격으로 판매되었으며, 청구된 이자율은 자금이 제공되었던 당시, 국가에서 통용되는 거래 수준을 초과하지 않을 경우, 이자비용도 배제요소가 된다. WTO 관세평가협정 부속서인 WTO 관세평가 주해(제1조에 대한 주해)에는 이자가 배제요소로 규정되어 있지 않으나, 연지급(Deffered Payment)를 위해 지급된 이자는 과세가격을 결정하기 위한 거래가격 계산에서 배제되어야 한다는 결정이 1980년 GTATT 평가위원회(WTO 관세평가위원회 전신)에 의해 내려진 이후, 일반적으로 모든

---

34 WCO Basic/Intermediate and Advanced Valuation Training Module, 관세평가분류원 p.243
35 WTO 관세평가협정 제1조에 대한 주해(Note to Article 1), Interpretative Notes

국가들에 의해 받아들여지고 있다.[36] 수입자와 수출자가 오랫동안 거래해 온 경우, 연지급 및 이자비용은 빈번히 발생할 수밖에 없고 계약서나 송장에 기재하지 않는 경우도 많다. 따라서 세관은 이러한 상황에서 개별 사안을 정확히 판단하여 이자비용을 파악하여 그 액수를 과세가격에서 제외하여야 한다.[37] ④ 이미 가산요소부분에서 언급했지만, 로열티 또는 라이선스 비용이 수입 후 EU 내에서 수입품을 재생산하는 것과 수입품의 유통 또는 재판매 권리와 관련이 있을 경우, 이는 가산요소가 아니며 따라서 거래가격을 결정할 때 배제되어야 한다(이행규칙 제129조 제3항). ⑤ 판매 수수료가 아닌 구매 수수료 역시 배제된다.

6) 신고 거래가격 거부

뒤에 나올 관세채무에서 자세히 설명하겠으나, EU 관세법은 부과고지를 원칙으로 하고 있으며(제101조, 제102조), 예외적인 경우, 세관은 신고인이 결정한 납부해야 할 수출입 관세 금액을 받아들일 수 있다(May Accept)고 규정하고 있다(제101조 제2항). 따라서 이러한 예외적인 상황에서 수입신고시 신고인이 거래가격을 신고한 경우, 그 신고한 가격이 물품에 대해 실제로 지불했거나 지불해야 할 가격이라고 믿지 못할 합리적인 의심이 있을 경우, 세관은 신고인에게 추가정보를 제공토록 요구할 수 있다(이행규칙 제104조 제1항). 만일 의심이 추가정보를 통해서도 해소되지 않을 경우, 세관은 신고인에게 관세평가 제1방법을 사용할 수 없다고 최종결정할 수 있다(이행규칙 제104조 제2항). 합리적인 의심의 예를 들어보면 신고자의 신고한 가격이 동종, 동질의 물품가격과 너무 차이가 크거나, 동일한 자로부터 계속 수입하고 있음에도 그 수입가격이 급격하게 변동한 경우 등을 들 수 있다(관세법 시행령 제24조 제1항).

3. 과세가격 결정 대체방법

1) 개요

과세가격결정의 제1방법의 핵심은 EU 관세영역으로의 수출을 위해 물품을

---

36 WCO Basic/Intermediate and Advanced Valuation Training Module, 관세평가분류원 p. 115
37 WCO Basic/Intermediate and Advanced Valuation Training Module, 관세평가분류원 p. 115

판매할 때 물품에 대해 실제로 지불했거나 지불해야 할 가격, 즉 거래가격을 파악하는 것이다. 그런 이후에야 필요에 따라 가격을 조정하여 최종 과세가격을 확정지을수 있다. 거래가격이 없다면 조정도 없으며 제1방법을 사용할 근거도 없어진다. 하지만, 실제 거래에서는 거래가격을 제대로 파악하기 어렵거나, 파악했다고 해도 이를 인정하지 못하는 경우가 많다. 이를 감안하여 WTO 관세평가 협정은 제2조와 제3조, 제5조부터 제7조까지 거래가격에 기초한 제1방법을 대체하는 5가지 평가방법, 즉 ① 동종물품의 거래가격을 기초로 한 결정방법, ② 유사물품의 거래가격을 기초로 한 결정방법, ③ 국내판매가격을 기초로 한 결정방법, ④ 산정가격을 기초로 한 결정방법, ⑤ 합리적 기준에 의한 결정방법을 규정해 놓았다. EU 관세법도 이를 그대로 반영하여, 5가지 평가방법을 명시해놓고 있다(제74조 제2항). 다만, ①부터 ⑤까지는 순서를 바꾸면 않되며 순차적으로 사용하여야 한다. 예를 들어 제1방법으로 결정할 수 없다고 해서 바로 ④로 가서는 안 되며 반드시 ①부터 순서대로 시작해야 한다. 하지만, 신고인의 요청이 있으면, 신고인이 요청할 경우 ③과 ④를 바꾸어 ④를 ③에 앞서 먼저 사용하도록 해야 한다(제74조 제1항).

2) 동종물품의 거래가격

제1방법을 사용할 수 없을 경우, 그 다음으로 사용할 수 있는 방법은 EU 관세영역으로 수출하기 위해 판매되고 평가 대상 물품과 거의 동시에 수출되는 동일한 물품의 거래가격(Customs Value of Identical Goods)을 기준으로 과세가격을 결정하는 것이다[제74조 제2항 (a)]. 동종물품은 평가대상물품과 동일한 국가에서 생산되었으며, 물리적 특성, 품질을 포함하여 모든 면에서 동일한 물품을 말한다. 외양상의 색깔이나 상표 등 경미한 차이가 있다고 해서 동종물품에서 제외되지 않는다(WTO 관세협정 제15조 제2항 a). 따라서 원산지가 다르면 동종물품이 될 수 없다. 또한 평가대상물품과 동시 또는 거의 동시에 수출되어야 한다. 여기서 동시 또는 거의 동시라는 시간은 각국의 국내사정에 따라 정해지는데, 적어도 평가대상 물품과 수출시점이 거의 같아 경제적, 상업적 상황이 동일한 수준으로 결정된다.[38] 평가대상물품과 수량적인 면에서도 동일성이 인정될 필요가 있다. 수량에서 큰

---

38 WCO Basic/Intermediate and Advanced Valuation Training Module, 관세평가분류원 p. 321

96 관세를 알면 EU 시장이 보인다! EU 관세법 알아보기

차이가 난다면 이를 물품의 외양은 동종이더라도 과세가격을 결정함에 있어 이를 실질적인 동종물품으로 보긴 어렵다. 거래단계, 거래수량, 운송형태, 운송 거리등도 동일하거나 거의 같아야 한다. 이런 것에 대한 차이를 조정하지 않는 경우, 동종물품으로 인정될수 없다(이행규칙 제141조 제1항). 동종물품의 거래가격은 제1방법에서와 마찬가지로, 실제로 지불했거나 지불해야 하는 금액에 조정이 포함된 가격이다. 따라서 위에서 언급한 공제요소, 가산요소 등을 모두 고려해야 한다.[39] 다만, 경우에 따라 엔지니어링, 개발, 미술품, 디자인 작업, 계획 및 스케치 등 가산요소가 EU 관세영역에서 수행되어 이를 배제해야 함에도 이를 가산요소에 포함시킨 경우, 그러한 물품은 동종물품에 포함되지 않는다. 예컨대, 동종물품이라 하더라도 평가대상물품의 디자인이 비EU 관세영역에서 투입되었으나, EU 관세영역에서도 디자인이 별도로 물품에 추가되었다면, 이를 거래가격에서 조정하지 않는 한, 동종물품으로 간주해서는 안된다는 말이다(이행규칙 제141조 제4항). 동종물품의 거래가격이 둘이상 있는 경우에는 생산자, 거래시기, 거래단계, 수량등이 평가대상물품과 가장 비슷한 것을 기초로 하여야 한다. 만일, 생산자, 거래시기, 거래단계, 수량등이 평가대상물품과 같은 것이 두 개가 있을 경우, 가격이 가장 낮은 쪽을 선택하여 과세가격을 결정한다(이행규칙 제141조 제1항, 제2항, 제3항).

3) 유사물품의 거래가격

동종물품으로도 과세가격을 결정할 수 없을 때, 유사물품의 거래가격을 기초로 한 과세가격(Customs Value of Similar Goods) 결정방법을 사용한다[제74조 제2항 (b)]. 유사물품이란 유사한 특성을 가지고, 유사한 재료로 만들어진 물품, 동일한 기능을 수행할 수 있고 상업적으로 상호 대체 가능한 물품이다(WTO 관세협정 제15조 제2항 b). 위에서 설명한 동종물품과 마찬가지로 유사물품의 거래가격은 제1방법에서와 마찬가지로, 실제로 지불했거나 지불해야하는 금액에 조정이 포함된 가격이다. 따라서 위에서 언급한 공제요소, 가산요소등을 모두 고려해야 한다. 유사물품의 거래가격이 둘 이상 있는 경우에는 생산자, 거래시기, 거래단계, 수량등이 평가대상물품과 가장 비슷한 것을 기초로 하여야 한다. 만일, 생산자, 거래시기, 거래단

---

39 WCO Basic/Intermediate and Advanced Valuation Training Module, 관세평가분류원 p. 323

계, 수량등이 평가대상물품과 같은 것이 두 개가 있을 경우, 가격이 가장 낮은 쪽을 선택하여 과세가격을 결정한다(이행규칙 제141조 제1항, 제2항, 제3항).

4) 국내판매가격

제1방법이나 동종물품이나 유사물품을 기초로 하여 과세가격을 결정할 수 없을 때, 순차적으로 사용되는 방법으로 국내판매가격(Deductive Method)을 기초로 한 과세가격 결정방법이 있다. 국내판매가격이란, 수입품 또는 동일하거나 유사한 수입품이 수입신고일 또는 수입신고일과 거의 동시에 수입된 상태로(In the condition as imported) EU의 관세영역 내에서 판매자와 관련이 없는 자에게 가장 많은 수량으로 판매되는 단위가격을 기초로 산출한 가격에서 공제요소에 해당하는 금액을 뺀 가격을 말한다[제74조 제2항 (c)], WTO 관세협정 제5조]. 그 요건을 하나씩 살펴보자. ① 물품은 수입된 상태로 판매되어야 한다.[40] 물품을 가공해서는 안 된다. 다만, 포장을 다시 한다든지, 자연적인 증발, 수축등은 인정된다. ② 수입신고일 또는 수입신고일과 거의 동시에(At or about the time)라는 표현은 수입전 및 수입 후의 합리적인 기간을 포함하여야 한다. 따라서 동시라는 표현에 얽매여 너무 짧은 기간을 상정해서는 안 된다.[41] EU 관세법도 일반적인 물품은 90일, 채소나 과일 등 상하기 쉬운 물품은 14일을 그 한도로 설정하고 있다(이행규칙 제142조 제2항, 제6항). ③ 가장 많은 수량을 결정하기 위해서는, 주어진 가격에서 판매된 모든 판매를 종합하여, 그 가격에 팔린 모든 단위의 합계를 다른 가격에 팔린 모든 단위의 합계와 비교하여 가장 많이 팔린 가격을 단위가격으로 결정한다. 예를 들어 1유로에 5개, 2유로에 10개, 8유로에 40개가 팔렸다면 8유로가 단위가격이 된다.[42] 이러한 단위가격이 없을 경우, 수입품 또는 수입된 동일하거나 유사한 물품이 수입된 상태 그대로 EU 관세영역으로 수입되어 가장 빨리 판매되는 가격으로 하며 그 기간은 어떤 경우에도 수입 후 90일 이내이어야 한다(이행규칙 제142조 제2항). 만일 이러한 가격도 없다면, 신고인의 요청에 따라 추가작업 또는 가공 후 EU 관세영역에서 수입품이 판매되는 단위가격이 사용되어야 하며, 그 단위가격은 작

---

40 WCO Basic/Intermediate and Advanced Valuation Training Module, 관세평가분류원 p. 345
41 WCO Basic/Intermediate and Advanced Valuation Training Module, 관세평가분류원 p. 347
42 WCO Basic/Intermediate and Advanced Valuation Training Module, 관세평가분류원 p. 355

업이나 가공을 통해 부가된 가치를 고려해서 결정한다(이행규칙 제142조 제3항). 다만, ① 수입 후 최초가 아닌 판매, ② 특수관계자에 대한 판매, ③ 각종 생산지원 요소[(제71조 제1항 (b)]를 무료 또는 할인된 가격으로 직접 또는 간접적으로 공급하는 사람에 대한 판매, ④ 단가를 결정하기에 충분하지 않은 수량의 판매는 국내판매가격으로 인정하지 않는다(이행규칙 제142조 제4항). 국내판매가격이 결정되었다면 이제 공제되는 부분을 결정해야 하는데, EU 관세법은 ① 일반적으로 지불했거나 지불하기로 합의한 수수료 또는 EU 관세영역 내에서 수입품의 판매와 관련하여 이윤 및 일반 비용, ② EU 관세영역 내에서 발생한 통상적인 운송비, 보험비 및 관련 비용, 마지막으로 ③ 물품의 수입 또는 판매로 인해 EU 관세영역에서 납부해야 하는 수입관세 및 기타 요금등을 공제하도록 규정하고 있다(이행규칙 제142조 제5항). 여기서 지불했거나 지불하기로 합의한 수수료란 수출자에게 지급하는 수수료가 아니라, 수입 이후, 수입자가 수입물품을 판매할 때 발생하는 수수료를 의미한다. 예컨대, 수입물품을 백화점에서 팔 때, 백화점과의 계약을 통해 판매대금의 일부를 수수료로 백화점에 지불하는 경우를 의미한다.[43] EU 관세법은 이행규칙 부속서 23-02에 언급된 특정 부패하기 쉬운 물품(과일, 채소, 생선, 고기 등)을 위탁 판매하였을 경우, 이에 대한 과세가격 결정을 국내판매가격을 기초로 결정할 수 있도록 허용하고 있다. 다만, 결정의 기초가 되는 단위가격은 회원국에 의해 집행위원회에 통보되어야 하며 TARIC을 통해 배포되어야 한다. 이러한 단위가격은 14일의 기간 동안 수입된 물품의 과세가격을 결정하는 데 사용될 수 있으며, 각 기간은 금요일에 시작된다. 물품의 신선도 유지라는 특성을 고려한 규정이다(이행규칙 제142조 제6항).

5) 산정가격에 의한 과세가격 결정

산정가격에 의한 과세가격(Computed Value Method) 결정이란 수출국에서 원재료를 통해 수입물품을 제조하고 수출하는 데 소요되는 총비용과 통상적인 수출마진을 합산하여 산출된 가격(산정가격)을 기초로 과세가격을 결정하는 방식이다.[44]

---

43 이해동, 같은 책. p. 66
44 이해동, 같은책, p. 67

합산되는 가격은 ① 수입품 생산에 사용되는 재료, 가공 또는 기타 가공 비용 또는 가치, ② EU로 수출하기 위해 수출국의 생산자가 제조한 당해 물품과 동종 또는 동류의 물품 판매 시 일반적으로(Usually) 반영되는 이윤 및 일반경비에 해당하는 금액, ③ 물품이 EU 관세영역으로 반입되는 곳까지의 수입품의 운송 및 보험 비용과 수입물품의 운송과 관련된 선적 및 취급 비용[제71조 제1항 (e)]이다[제73조 제2항 (d), WTO 관세협정 제6조]. 먼저 수입품 생산에 사용되는 재료, 가공 또는 기타 가공의 비용 또는 가치에는 구매 수수료를 제외한 수수료 및 중개수수료[제71조 제1항 (a) (ⅰ)], 생산지원비용[제71조 제1항 (b)], 관세목적상 물품과 일체로 취급되는 용기 비용, 포장비용, 원재료, 구성요소 또는 부품, 원재료의 원산지부터 제조지역까지의 원재료 운송비, 노무비, 생산절차와 관련된 조립비용, 기계비용, 공장 감독 및 유지비용, 초과근무수당을 비롯한 인건비가 포함된다(이행규칙 제143조 제2항). 다만, 생산지원요소 중, EU 외의 곳에서 수행되고 수입품 생산에 필요한 엔지니어링, 개발, 미술품, 디자인 작업, 계획 및 스케치[제71조 제1항 (b) (ⅳ)]의 경우, 다국적기업들은 디자인, 엔지니어링을 아웃소싱하여 운영하는 경우가 많으므로, 무조건 생산지원요소라고 해서 가산해서는 아니 되며, 물품제조 공정 등을 자세히 파악하여, 정확한 가산부분을 확인하고 가산 여부를 결정해야 한다(이행규칙 제143조 제2항).[45] 웨이스트나 스크랩 같이 수거가능한 물품의 가격, 역내가공과 같이 완제품 수출시 관세가 면제되거나 환급된 경우, 그 가격은 포함되지 않는다.[46] 둘째, EU로 수출하기 위해 수출국의 생산자가 제조한 당해 물품과 동종물품 판매시 일반적으로(Usually) 반영되는 이윤 및 일반경비에 해당하는 금액을 판단함에 있어, 중요한 것은 수입국에 수출하기 위해 수출국 내 생산자가 제조한 평가대상 물품과 동종물품을 판매할 때 통상적으로 반영되는 금액이 동등(Equal)해야 한다. 이 금액은 생산업자에 의해 제공된 정보를 기초로 결정된다.[47] 여기서 말하는 일반경비(General Expense)란 수입품 생산에 사용되는 재료, 가공 또는 기타 가공비용을 제외한 것들이며 사안마다 개별적으로 판단해야 한다.[48] 산정가격은 원재료를

---

45 이해동, 같은 책, p. 68
46 WCO Basic/Intermediate and Advanced Valuation Training Module, 관세평가분류원 p. 383
47 WCO Basic/Intermediate and Advanced Valuation Training Module, 관세평가분류원 p. 385
48 WCO Basic/Intermediate and Advanced Valuation Training Module, 관세평가분류원 p. 387

통해 수입물품을 제조하고 수출하는 데 소요되는 총비용과 통상적인 수출마진을 합산하여 산출된 가격(산정가격)을 기초로 과세가격을 결정하기 때문에 비교적 정확하게 과세가격을 결정할 수 있다. 하지만, 이를 위해서는 기업의 회계장부 및 각종 재무자료를 분석해야 하기 때문에 기업입장에서 동의하기 힘든 현실적인 어려움이 있다. 특히 외국기업의 경우는 더욱더 쉽지 않다. EU 관세법도 EU 관세영역에 기업을 설립되지 않은 자에게 산정가격에 의한 과세가격 결정을 위해 서류를 제출하거나 해당 계정 또는 기타 기록에 대한 접근을 허용하도록 요구하거나 강제할 수 없도록 규정하고 있다(이행규칙 제143조 제1항). 따라서 구매자와 판매자가 특수관계에 있거나 장기적인 신뢰 관계를 맺지 않는 이상 산정가격을 기초로한 과세가격결정은 현실적으로 채택하기 쉽지 않은 방식이라 할 수 있다.[49]

6) 합리적인 방법

거래가격 및 위에서 언급한 대체방법을 사용할 수 없는 경우, 마지막 방법으로 사용되는 것이 합리적인 방법(Fall-back Method)이다. WTO 관세평가협정은 수입물품의 과세가격을 거래가격 및 위에서 언급한 대체방법을 사용하여 결정할 수 없는 경우, WTO 관세평가협정 및 1994년 관세 및 무역에 관한 일반협정 7조의 원칙과 일반규정에 부합되는 합리적인 방법과 수입국에서 입수할 수 있는 자료를 근거로 결정하도록 규정하고 있다(WTO 관세평가협정 제7조 제1항). EU 관세법도 이를 그대로 반영하여 물품의 과세가격을 거래가격 및 위에서 언급한 대체방법을 사용하여 결정할 수 없는 경우, WTO 관세평가협정 및 1994년 관세 및 무역에 관한 일반협정 제7조와 관세평가를 다루고 있는 EU 관세법 제2편(Title Ⅱ) 제3장(Chapter 3)[50]에 부합하는 합리적인 수단을 사용하고 EU의 관세영역에서 이용 가능한 자료에 기초하여 과세가격을 결정하도록 규정하고 있다(제74조 제3항). 먼저 WTO 관세평가협정 및 EU 관세법에서 의미하는 합리적 수단(Reasonable Means)의 개념을 살펴보자. EU 관세법 및 WTO 관세평가협정은 합리적 수단에 대해 기존의 과세가격결정방법(제1방법과 대체방법)을 배제하는 것이 아니라 보다 합리적인 유연성(Reasonable

---

49 WCO Basic/Intermediate and Advanced Valuation Training Module, 관세평가분류원 p. 381
50 Title Ⅱ: Factors on the Basis of which Import or Export Duty and Other Measures in Respect of Trade in Goods are Applied, Chapter 3: Value of goods for Customs Purposes

Flexibility)을 가지고 제1방법과 다른 대체방법을 적용하되, 가능한 한(To the greatest extent possible) 과거에 결정된 과세가격에 기초하는 것이라고 설명한다(이행규칙 제 144조 제1항).[51] 예컨대, EU 관세영역으로 수출하기 위해 판매되고 평가 대상 물품과 동시 또는 거의 동시에 수출되는 동종 물품의 거래가격을 기준으로 과세가격을 결정하는 경우, 보통 90일을 그 한계로 보고 있는데, 만일 합리적인 방법을 사용한다면, 합리적인 유연성의 차원에서 90일을 120일로 연장하여 과세가격을 결정하는 방식이 바로 그것이다. 하지만, 이런 합리적인 방법은 무조건 인정되는 것이 아니라 일정한 제한을 받는다는 것을 유의해야 한다. 제한되는 내용을 살펴보면 먼저 ① EU 관세영역에서 생산된 물품의 EU 관세영역 내 판매가격으로 거래가격을 정해서는 안 된다. 또한, ② 두 가지 선택가능한 가격 중, 더 높은 가격을 과세가격으로 사용해서도 안 된다. 따라서 동종, 유사물품에 기초한 과세가격을 합리적방법으로 변경해 결정한다 하더라도 더 낮은 가격이 항상 적용되어야 한다.[52] 한편, ③ 수출국의 국내 시장에서의 물품가격도 배제하여야 한다. 물품이 수출국에서 수입국으로 운송될 때 수많은 비용이 포함된다는 사실을 감안해 보면, 수출국의 국내시장에서 물품가격을 수입물품의 과세가격으로 인정하는 것은 합리적 범위를 벗어난다. ④ 만일 합리적인 방법으로 산정방식을 동원한다고 하면, 산정방식에서 규정한 생산비용만 계산해야 하며 규정된 것 이외의 생산비용을 계산하여서는 아니 된다.[53] ⑤ 수입국 이외의 제3국으로의 수출 가격 역시 제외된다. 한 국가에서 수입물품에 대해 구매자와 판매자사이의 합의된 가격을 다른 국가로 수입하는 물품의 과세가격을 결정하기 위한 자료로 사용해서는 아니 된다.[54] 물품을 수입하는 국가들간 경제적, 문화적, 지리적인 다양한 차이가 있기 때문이다. ⑥ 어떤 물품에 대해 과세가격은 최소 어느정도 이상이어야 한다는 최저가격기준을 두어서도 아니 된다. ⑦ 자의적이거나 가상의(Arbitrary or Fictitious Values) 가격도 인정되지 않는다. 자의적인 결정에 따른 가격은 합리성의 범위를 벗어나기 때문이다. ⑧ WTO 관세평가협정 및 1994년 관세 및 무역에 관한 일반협정 제7조와

51 WCO Basic/Intermediate and Advanced Valuation Training Module, 관세평가분류원 p. 399
52 WCO Basic/Intermediate and Advanced Valuation Training Module, 관세평가분류원 p. 405
53 박영기, 같은 책, p.506
54 WCO Basic/Intermediate and Advanced Valuation Training Module, 관세평가분류원 p. 407

관세평가를 다루고 있는 EU 관세법 제3장(Chapter 3)에 부합하는 원칙에 따라야 한다. 아무리 합리적인 수단을 동원한다 하더라도 협정과 EU 관세법에 목적과 원칙에 위배되는 방식은 인정될 수 없다. 마지막으로 ⑨ 합리적인 방식에 의한 과세가격 결정은 수입국에서 입수가능한 자료에 근거하여야 한다. 물론, 지리적으로 수입국에서만 입수가능한 자료뿐 아니라 다른 국가에서 제공된 정보도 인정된다, 다만, 정상적인 방식의 정보 제공이어야 하며, 그 내용의 신빙성도 확인되어야 한다는 점을 주의할 필요가 있다.[55]

4. 과세가격 간이신고

뒤에서 자세히 설명하겠지만, EU 관세법은 일반적인 수입신고가 아닌 간소화된 절차를 통해 보다 신속히 물품의 수입통관을 진행할 수 있도록 이른바 간이신고절차라고 불리는 특별한 통관절차를 두고 있다. 간이신고절차를 이용하면 일반 수입신고에 비해 제출서류나 신고서 기재사항 및 세관 검사 축소 또는 생략를 통해 신속한 수입통관절차를 진행할 수 있다(제166조). 이후, 간이절차신고인은 보충신고(Complimentary Declaration)란 절차를 통해 축소나 생략되었던, 제출서류나 기타 필요 기재사항을 세관에 물품 반출일로 최대 2년안에 제출하여 세관이 이를 검토하도록 조치해야 하며, 세관은 보충선언을 통해 신고인이 제출한 서류를 검토하여, 관세채무의 발견과 같은 법적 조치가 필요한 사안을 새롭게 확인한 경우, 이에 대한 적법한 절차를 진행하여야 한다. 예를 들어 A라는 신고인이 B라는 외국물품을 간이신고절차를 통해 관세를 완납하고 수입통관까지 마친 상황에서, 보충선언을 통해 제출한 서류를 검토한 세관이 이미 납부한 관세는 신고인의 잘못된 가격신고로 인해 원래 납부해야 할 관세보다 적게 납부했다고 확인할 경우, 신고인은 관세 부족분을 다시 납부해야 하며, 세관도 이미 완료된 절차를 다시 진행하여야 한다. 부족분이 그리 크지 않아도(10유로 미만은 예외), 세관에서 이미 적게 납부했다고 확인한 이상, 신고인은 그 부족분을 재차 납부하지 않으면 안 된다. 이러한 상황은 특히, 수입신고 시 거래가격을 정확히 산정할 수 없을 때 더욱더 문제가 될 수 있다. 예를 들어 가산요소 중 하나인 라이선스 수수료 지불이

---

55 WCO Basic/Intermediate and Advanced Valuation Training Module, 관세평가분류원 p. 403

물품의 총판매량에 대한 백분율로 표시할 경우[제71조 제1항 (c)], 수입신고 시 정확한 라이선스 수수료 금액을 알수 없고 당연한 결과로 세관에 신고한 가격은 실제 지불했거나 지불해야 할 가격을 정확히 나타낼 수 없다. 이런 경우, 간이신고절차로 물품을 수입통관했다 하더라도, 결국은 수입통관 후에 세관의 최종 결정에 따라, 새롭게 과세가격이 결정될 수밖에 없다. 플랜트를 수출할 때, 계약서에 플랜트의 판매가격을 플랜트 건설에 필요한 인건비, 플랜트에 투입된 철강 등 각종 원자재의 등락에 연동시키는 이른바 가격 검토 조항이 포함되어 있는 경우도 간이신고 시 물품의 가격을 알 수 없기 때문에 동일한 문제가 생긴다.[56] 신고절차를 사용할 경우, 오히려 행정 비용이 더 들어가는 상황이 발생하는 아이러니한 상황이 발생할 수 있다는 것이다. EU 관세법도 이 점을 인식하여, 신청인의 신청에 따라 세관은 세관 신고가 접수된 날짜에 계량화할 수 없는 실제 지불 또는 지불해야 하는 가격과 가산요소 및 공제요소를 특정기준(specific criteria)에 따라 신고인이 정할 수 있도록 승인해 주는 제도를 만들었으니 그것이 바로 과세가격 간이신고(Simplification on Customs Valuation) 제도다(제73조, 위임규칙 제71조).

1) 절차

과세가격 간이신고는 반드시 신고인이 세관에 신청하여 승인을 얻어야 한다 (제73조). 신청방식은 회원국 사정에 따라 전자적으로 제출될 수도 있으며 서면으로도 가능하다(벨기에). 신청서에는 어떠한 부분을 간이신고 대상으로 결정할 것인지 표시하도록 규정되어 있다. EU 관세법은 과세가격 간이신고 대상을 제70조 제2항, 제71조 또는 제72조 중 선택하도록 하고 있기 때문에, 선택의 대상은 거래가격을 기초로 한 과세가격 결정, 가산요소, 그리고 배제요소다(부록 1 [그림 10]).[57]

2) 효력

승인을 받아 신청인이 기재한 가격은 확정된 가격으로 간주되어, 동 가격을 바탕으로 과세가격이 결정되어 관세가 부과된다. 부과된 관세는 최종적이며, 일

---

56 관세평가기술위원회 예해 4.1(Commentary 4.1), Price review clauses issued by the WCO Technical Committee)

57 벨기에 관세청 과세가격 신고서식을 참고하기 바란다. https://finacien.belgium.be/nl/douane_accijnzen/ondernemingen/douane/douanewaarde/cva

반적 간이신고와 같이 세관의 사후 검토를 통해 변경되지 않는다. 다만, 이러한 가격 결정이 관세법에 부합하지 않는 경우, 또는 부정확하거나 불완전한 정보를 바탕으로 기재된 경우, 신청인이 이러한 상황을 사실을 알았거나 합리적으로 알았거나, 정확한 정보가 있었다면 그 가격 기재가 완전 달라졌다고 인정되는 경우에는 그 가격결정을 취소하거나 무효로 할 수 있으며, 수정변경도 가능하다(제23조, 제27조). 과세가격 간이신고는 세관의 승인결정대상이다. 따라서 세관의 승인이 이루어진 경우, 그 효과는 지리적인 제한을 가하는 특수한 상황을 제외하고는 EU 전체에 미친다(제26조).

3) 신청자격

과세가격 간이신고가 가능하려면 신청인은 ① 신청자의 경제 활동과 관련된 심각한 범죄 기록이 없는 것을 포함하여 관세법 및 기타 세금관련 법령에 대한 심각한 침해 또는 반복적인 위반이 없어야 하며, ② 회원국에 적용되고 일반적으로 인정되는 회계원칙과 일치하고 감사 기반 세관 통제를 용이하게 하는 회계 시스템을 유지하여야 하며, ③ 경제활동의 종류와 규모에 부합하고 물품의 흐름을 관리하는 데 적합한 행정 조직을 갖추고 있으며, 불법 또는 불규칙 거래를 탐지할 수 있는 내부 통제 장치를 갖추고 있어야 한다. 그런데 이러한 조건은 AEO를 받기 위한 조건과 거의 동일하기 때문에 AEO기업은 신청 시 이러한 조건을 확인하지 않고 바로 과세가격 간이신고를 승인받을 수 있다(위임규칙 제71조 제2항).[58]

5. 과세가격 결정을 위한 통화전환

이미 설명했지만, 현재 EU에서 쓰이는 공용화폐는 유로화다. 하지만, 27개 회원국임에도 정치, 경제적 이유로 유로화를 쓰지 않는 국가들이 있으며 또한 유로화뿐 아니라 대표적인 기축통화인 달러도 상당히 많이 사용된다. 때문에 거래가격이 회원국에서 사용하는 통화로 표시되지 않거나 또는 유로로 표시되지 않는 경우가 많다. 따라서 이로부터 오는 혼란을 방지하기 위해 유로화와 현지화의 통

---

58 WCO news, overview of simplification on customs valuation in the European Union, 21 oct 2020

화전환을 위해 권한 있는 기관이 적용되는 환율을 인터넷에 공표 및 제공하도록 하고 있다(제53조). EU 관세법이 인정하는 환율은 다음과 같다. ① 통화가 유로인 회원국에 대해 유럽중앙은행이 발표한 환율 또는 ② 관할 당국이 공표한 환율, 또는 관할 당국이 환율 공시 목적으로 민간 은행을 지정한 경우, 통화가 유로가 아닌 회원국을 위해 해당 민간 은행이 공표한 환율이다.

제4편
관세채무와 보증

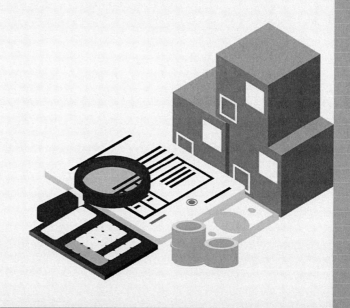

제4편 관세채무와 보증

 I 관세채무

1. 개요

EU 관세법은 관세채무를 '관세법에 따라 특정 물품에 적용되는 수출입 관세액을 납부해야 하는 개인의 의무'라고 규정하고 있다(제5조). 관세채무란 표현은 대한민국 관세법에서는 사용하지 않는 용어로, 대한민국 관세법은 납세의무자로 달리 표현하고 있다. 물론 납세의무자 역시 채권채무관계에서 관세채무를 부담하는 채무자이기 때문에 의미는 같다고 볼 수 있다. 다만, EU 관세법은 납세의무자라는 제목하에 관세채무 발생 원인과 관세채무 의무자를 한꺼번에 규정하고 있는 대한민국 관세법과 달리 관세채무가 발생하는 구체적 상황과 그 상황에서 채무를 부담하는 자를 별도로 구분하여 설명하고 있다. EU 관세법에서 상정하는 관세채무 발생 원인은 3가지로 나뉜다. 첫째, 정상적인 세관절차에서 물품에 부과되는 관세액 등 각종 세금, 둘째, 세관절차 불이행 또는 고의, 과실에 의한 잘못된 세관절차로 인한 관세채무, 그리고 마지막으로 수출입 금지 또는 제한 조치의 대상이 되는 물품으로부터 발생하는 관세채무다.

2. 정상적인 세관절차에서 발생하는 관세채무

1) 수입

먼저 수입시 발생하는 관세채무에 대해 알아보자. EU 관세법은 물품의 최종사용(End-use)을 포함한 EU 관세영역 내에서의 자유로운 유통을 위한 수입통관(세관창고, 자유무역지대로부터의 자유로운 유통을 위한 수입통관도 포함), 수입관세가 부분적으로 면제되는 임시수입(제250조), 역내가공(제256조), 역외가공(제259조) 등에서 관세채무가 발생한다고 규정하고 있다.

(1) 관세채무 발생시기

수입관세채무는 다음 세관절차 중 하나에 따라 수입관세가 부과되는 역외 물품을 반입함으로써 발생한다(제77조). 구체적으로 살펴본다면, ① 일반 수입통관은 수입신고(표준수입신고, 간이수입신고)가 세관에서 수리될 때, 관세채무가 발생한다. ② 임시수입의 경우, 물품을 국가에 포기하거나, 폐기하거나 또는 자유유통을 위해 물품을 EU 관세영역으로 수입하기 위한 신고가 세관에 수리될 때 발생한다. ③ 역내가공의 경우에는 어차피 역외물품을 가공을 위해 수입 시 관세가 감면되기 때문에 가공품의 재수출이 이루어질 경우에도 의무위반 등과 같은 원인이 없는 이상, 관세채무가 발생하지 않는다. 역내가공에서 관세채무가 발생하는 경우는, 역내가공품을 재수출하지 않고 EU 관세영역으로 수입하여 자유로운 유통상태에 놓이게 할 경우와 'No Drawback Clause'가 규정되어 있는 무역협정을 근거로 역내가공이 이루어진 경우다. 'No Drawback Clause'란 FTA 등 무역협정을 맺은 국가간 수출입거래를 할 때, 만일 수출국이 역내가공물품 수출시 역내가공에 배치되었던 물품에 대한 관세환급이 이루어진 경우, 수입국에서 동 가공물품에 적용되는 특혜관세를 배제한다는 규정이다.[1] EU와 이스라엘이 체결한 FTA에 바로 이 'No Drawback Clause'가 들어가 있다. 따라서 만일 EU가 제3국에서 A라는 물품을 들여와 이를 역내가공하여 B라는 물품을 만들어 이를 이스라엘에 수출할 때, 만일 A 물품이 애초에 EU 관세영역으로 수입될 때, 수입관세를 면제해 주거나, 또는 수출시 A 물품에 부과했던 수입관세를 환급해 주면, 이스라엘 세관은 B 물품에 대해 특혜관세 혜택을 부여하지 않는다. 'No Drawback Clause'의 적용을 받는 역내가공품의 경우, 수출신고가 세관에 수리된 때, 관세채무가 발생한다. 한편, EU 관세법은 역내가공에 대해 비EU 물품을 수입하지 않고 동등한 EU물품을 대신 사용할 수 있게 허가하고 있으나(제223조), 'No Drawback Clause'가 적용되는 물품에 대해서는 동등물품에 대한 역내가공 후 재수출을 금지[제223조 제3항 (b)]하고 있어 의미는 없다. 'No Drawback Clause'는 역내가공을 위해 수입되는 역외물품에 부과되는 수입관세와 가공된 물품이 재수출되었을 때 관세채무액이 서로 같을 경우(서로 상계되어 0이 되는 경우) 적용되지 않는다. ④ 세관창고에서

---

1 Instruction Manual on Inward Processing, Irish Tax and Customs, p. 24.

바로 자유유통을 위해 물품이 반출되는 경우, 관세채무는 자유유통을 위한 세관신고가 수리된 시점이다. 다만, 세관창고에서 역내가공, 기타 최종사용에 따른 작업이 이루어지고 나서 자유유통을 위한 반출이 진행될 경우, 관세채무 발생시기는 각각의 절차에서 관세채무가 발생하는 시기와 같다. 예를 들어 세관창고에서 역내가공이 이루어진 경우, 관세채무발생일은 역내가공품의 재수출신고가 수리된 시점이다. 자유무역지대에 배치된 물품의 경우에도 세관창고와 동일하다. 수입관세가 완전 면제되는 임시수입의 경우에는 관세면제를 받기 위한 조건을 위반하거나 불이행할 경우(제79조) 관세채무가 발생하며, 그 발생시기는 임시수입신고를 세관이 허가한 때이다. 관세가 일부면제되는 임시수입의 경우, 일반적인 경우처럼, 임시수입신고 수리시점에 관세채무가 발생한다. ⑤ 최종사용에 따른 감면의 경우, 관세채무발생은 신고수리 시가 아닌 신고제출(Lodging declaration) 시이며, ⑥ 외부운송(External Transit)의 경우, 정상적인 절차를 거치게 되면 관세채무가 발생하지 않는다. 외부운송이란 뒤에서 자세히 설명하겠지만, 비EU 물품을 관세와 기타 세금을 유보한 상태에서 EU 관세영역을 통과하는 제도이기에 관세채무가 발생할 이유가 없다. 다만, 외부통과운송 규정을 위반한 경우, 바로 제79조에 따라 관세채무가 발생한다.

(2) 채무자

각종 신고절차를 진행하는 신고인이 관세채무의 채무자가 되는 것이 원칙이다. 물론, 간접대리인(Indirect Representative)도 채무자가 된다. 단, 특별절차 중, 통과운송을 제외한 나머지 절차에서는 간접대리인을 인정하지 않는다.[2] 또한, 세관신고가 수입관세의 전부 또는 일부가 징수되지 않은 정보에 기초하여 작성된 경우, 신고서 작성에 필요한 정보를 제공한 자 그리고 그러한 정보가 거짓임을 알았거나 합리적으로 알았어야 했던 자도 채무자가 된다. 만일 어떠한 관세채무에 대해 위에서 언급한 채무자들이 여러 명 관련되어 있다고 한다면, 이들은 연대하여 관세채무를 이행할 책임이 있다(제79조 제3항).

---

2 Information Document by Customs Expert Group, 19 June 2017, EU Commission

(3) 관세채무 계산

① **일반원칙**: 관세채무는 해당 물품에 대한 관세채무가 발생한 당시, 해당 물품에 적용되었던 관세계산 규정에 기초하여 결정된다(제85조). 따라서 일반수입, 역내가공 등 각 절차마다 그 계산방법이 달라지게 된다. 만일 관세채무가 발생한 시점을 정확히 결정할 수 없는 경우, 해당 시점은 세관이 해당 물품이 관세채무가 발생한 상황에 물품이 놓여 있다고 결정하는 그 시점으로 한다. 예를 들어 수입통관과정에서 정상수입물품과 함께 밀수된 물품이 발견된 경우, 세관은 정상수입물품의 수입신고 수리일에 밀수 물품이 대한 관세채무가 발생하였다고 판단, 결정하게 된다. 물론, 세관이 이용할 수 있는 정보를 통해 관세채무가 그러한 결론에 도달한 시점 이전에 발생했음을 입증할 수 있는 경우, 관세채무는 그러한 상황이 발생한 가장 빠른 시점에 발생한 것으로 간주된다(제85조). EU관세영역에서 세관절차 또는 임시보관 중인 물품에 대한 보관 또는 일반적인 취급비용이 발생한 경우, 그러한 비용의 증가는 신고인이 만족스러운(Satisfactory) 증거를 제시하는 경우, 수입관세액 계산에 포함되지 않는다. 그러나 가공작업에 사용되는 역외물품의 과세 가격, 수량, 성질(Nature) 및 원산지는 수입관세액 계산 시 고려된다. 또한 EU 관세영역에서 일반적인 취급 형태로 인해(Handling Form) 세관절차에 놓인 물품의 품목분류가 변경되는 경우, 신고인의 요청에 따라 절차에 놓인 물품에 대해 변경전 원래의 품목분류가 적용된다(제86조 제1항, 제2항).

② **임시수입**: 먼저 수입관세의 부분면제 혜택을 받는 임시수입의 경우, 수입관세액은 해당 물품이 임시수입절차에 놓이게 되었던 날, 만일 해당 물품이 자유유통을 위해 반출되었다면 납부해야 할 수입관세액의 3%로 설정되며 물품이 수입관세의 일부 면제와 함께 임시수입절차에 들어간 기간 동안 매달 또는 한 달의 일부 규정(Fraction of a month)에 따라 지불되어야 한다(제255조). 여기서 '한 달의 일부'란 한달 안에 들어있는 기간이지만 한 달이 안 되는 기간, 예컨대, 3월 1일부터 4월 7일간이라고 하면, 3월 1일부터 31일인은 한 달이지만, 4월 1일부터 7일까지는 한달에 미치지 못하는 기간이다. 하지만 이 7일도 한 달로 보겠다는 의미다.[3] 만일 과세가격이 12,000유로 상당의 물품을 2024년 1월

---

3 EUTAXUD, Guidance on Customs Debt 1(TITLE III OF UCC) September 2022, Revision 1, page. 7

2일에 수입관세 일부면제 혜택을 받는 임시수입으로 신고하여, EU 관세영역으로 들어온 후, 2024년 3월 4일에 재수출되었을 때, 동 물품에 대한 관세채무는 제255조에 따르면 아래와 같이 계산된다. 정상적인 수입관세율을 6%라고 하면, 정상수입 시 관세채무는 12,000유로×관세율 6%=720유로이나, 제255조에서 3%로 규정되어 있기 때문에 실제 관세채무액은 720×3%=월 21.6유로가 된다. 임시수입기간이 두달하고 2일이기 때문에 먼저 두달치 관세채무(21.6×2)인 43.2유로가 계산될 것이다. 남은 2일이 문제인데, 위에서 설명한 것처럼, 한달에 미치지 못하는 기간도 한달로 본다는 한달의 일부 규정에 따라 신고인은 21.6×3=64.8유로를 세관에 납부하여야 한다.

③ **역내가공**: EU 관세영역내에서 자유로운 유통을 위한 수입신고가 수리될 때, 또는 'No Drawback Clause'이 적용될 때, 역내가공에 대한 관세채무 계산은 신고인의 요청에 따라 역외물품 수입신고 수리 당시 역내가공절차에 놓인 물품의 품목 분류, 과세가격, 수량, 물품의 성질 및 원산지를 기준으로 결정된다(제86조 제3항). 다만, 역내가공물품이 재수출 후 1년 이내에 관련 허가보유자에 의해 직접 또는 간접적으로 수입되는 경우, 또는 역내가공절차를 위한 신고가 접수된 시점에 농업 또는 상업정책조치, 잠정적 또는 확정적 반덤핑 관세, 상계관세, 보호 조치가 적용된 경우, 또는 역내가공으로 인해 EU 생산자의 본질적 이익이 침해될 명백한 증거가 없을 경우에는, 신고인의 요청 없이 관할 세관의 직권으로 수입신고 수리 당시 역내가공절차에 놓인 물품의 품목 분류, 과세 가격, 수량, 물품의 성질 및 원산지를 기준으로 관세채무가 계산된다(위임규칙 제76조). 동등물품을 사용한 역내가공의 경우, 관세채무는 원래 사용되야 할 비원산지 물품의 품목분류, 과세가격, 수량, 물품의 성질에 따라 계산된다. EU 관세법은 구체적으로 역내가공 물품에 대한 관세채무 계산을 크게 정량적 방법(Quantitative scale method)과 가액척도법(Value scale method) 나누어 설명하고 있다(위임규칙 제72조). 정량적 방법은 가공작업에서 한 종류의 가공물품만 파생되는 경우, 또는 다양한 종류의 물품이 가공작업에서 파생되고 해당 절차에 따라 배치된 물품의 모든 구성요소가 해당 가공물품에서 발견되는 경우에 사용될 수 있다. 즉, 양적으로 분리가 가능한 경우에 적용된다. 정량적 방법을 적용할 경우, 가공작업 중, 증발, 건조, 승화 또는 누출로 인해 파괴되고 손실

된 수량은 고려되지 않는다. 한편, 가치척도법에 따른 관세채무 계산은 가공물품에 존재하는 것으로 간주되는 역외물품이 가공물품에서 차지하는 비율로 결정된다. 한편, 가치척도법에서 최종 가공물품의 가치는 EU 관세영역의 공장도 가격을 기준으로 결정되며, 그러한 공장도 가격을 결정할 수 없는 경우에는 현재 판매가를 기준으로 결정된다. 동일하거나 유사한 물품에 대한 EU 관세영역 내 가격, 또는 서로 연관되어 있거나 보상 약정을 갖고 있는 것으로 보이는 당사자 간의 가격은 가격이 관계에 영향을 받지 않는다고 결정되지 않는 한 가공물품의 가치를 결정하는 데 사용될 수 없다. 만일 이러한 두가지 방식으로 관세채무를 결정할 수 없을 경우, 합리적인 방법에 따라 결정한다. 역내가공된 물품이 EU 관세영역에서 자유로운 유통을 위해 수입될 경우, "상업정책조치"가 그대로 적용된다.

④ **역외가공**: 수입관세채무는 역외에서 수행된 처리비용을 기준으로 계산되는데(제86조 제5항), 구체적으로 역외가공물품의 자유유통을 위한 수입신고 수리시 물품의 가치에서 역외가공을 위해 임시수출된 역내물품의 통계적 가치를 뺀 금액을 기준으로 계산된다. 관세채무가 물품의 수량에 의해 결정되는 경우에는 먼저 역외가공물품의 수입신고 수리시 물품의 가치에서 역외가공을 위해 임시수출된 역내물품의 통계적 가치를 뺀 금액을 계산하고, 이렇게 계산된 액수에 가공된 물품 또는 대체물품에 적용되는 관세율을 곱하고, 가공된 물품 또는 대체물품에 적용되는 과세가격으로 나눈다. 예컨대 첫 번째 사례에서 역외가공을 통해 재수입된 물품의 과세가격이 150,000유로이고, 역외가공에 제공된 임시수출된 역내물품의 통계적 가치가 100,000유로이며, 동 물품에 대한 관세율이 3%라 한다면, 수입관세채무는 $(150,000 - 100.000) \times 3\% = 1,500$유로가 된다. 한편, 관세채무가 물품의 수량에 의해 결정되는 예를 살펴보자. 조금 복잡하지만 자세히 살펴보면 의외로 간단하다. EU에 본사를 둔 젤리회사가 중국에 젤리 원재료를 임시수출하여 이를 가공하여 수입하고자 한다. 젤리 원재료의 통계적가치가 43,858유로이며, 중국에서 이를 가공하여 젤리 22,251kg으로 만들어 다시 EU 관세영역으로 재수입하기로 하였다. 재수입시 젤리의 과세가격은 56,748유로이고 관세율은 수량에 의해 결정되는데 관세율이 젤리 100kg당 151.20유로라고 했을 때, EU 젤리회사가 납부해야할 관세채무액을

계산해보면, 세단계를 거치게 된다. 먼저, 가공물품의 가격에서 원재료의 통계적 가치를 뺀 값을 계산한다. 즉, 56,748.00－43,858.00＝12,890유로가 될 것이다. 두 번째로 젤리라는 가공품에 대한 관세율이 100kg당 151.20유로라고 했으니, 총수입량인 22,251kg에 관세율 100kg당 151.20유로를 곱하면 33,643.51유로가 나온다. 이제 33,643.51유로와 첫 번째 계산값인 12,890유로를 곱하면 12,890x33.643.51＝433,664,843.90유로가 나오고 세 번째로 이를 가공품인 젤리의 과세가격으로 다시 나눌 경우, 433,664,843.90÷56,748.00＝7,641.94유로가 확정되는데, 이것이 바로 EU 젤리회사가 역외가공을 통해 수입할 22,251kg의 젤리에 대해 납부해야하는 최종 관세채무액이다.

⑤ **외부운송**: 외부운송은 다수의 회원국를 통과하기 때문에 여러 세관이 개입하게 된다. 먼저, 외부운송 출발지를 관할하는 출발지 세관을 들 수 있다. 출발지를 지나 타 EU 회원국 국경에 도착하면, 통과운송을 위한 반출지 세관(Customs Office of Exit for Transit)을 만나게 된다. 반출지 세관을 벗어나서 타 회원국 영토에 진입한 물품은 통과운송 지역을 관할하는 통과운송 관할 세관(Customs Office of Transit)에서 서류확인과 필요한 경우, 물품을 확인하게 된다. 혹시 운송수단이나 물품에 사고가 생긴 경우, 인근 지역을 관할하는 세관에 사고신고를 접수해야 한다. 사고신고를 접수하는 세관을 사고접수 세관(Customs Office of Incident Registration)이라 부른다. 이후, 물품은 최종 목적지에 도착하고, 목적지를 관할하는 목적지 세관(Customs Office of Destination)의 통제를 받는다. 관세채무가 발생한 경우, 그 관세채무 발생지를 관할하는 세관은 정확한 관세채무를 계산하기 위해 세관통제에 직간접적으로 관여하는 모든 세관(출발지 세관, 반출지 세관, 통과운송 관할 세관, 사고 접수 세관 등)으로부터 필요한 정보를 수집하여야 하며, 이러한 요청을 받은 세관도 역시 필요한 지원을 제공하여야 한다(제15조).

⑥ **자기기록신고**: 간이신고와 함께 통합관세법이 규정하고 있는 세관절차 간소화 제도가 자기기록신고다(Entry in the Declarant's Records)(제182조). 뒤에서 자세히 설명하겠지만, 자기기록신고란 세관에 연결된 인터페이스 시스템(PLDA)에 자신의 각종 세관절차 세부내용을 기록하여, 세관절차를 갈음하는 제도로 세부내용이 기록된 시점에 세관신고가 수리되어 세관절차가 완료된 것으로 간주하는 제도다. 따라서, 세관에서 세관신고가 수리될 때, 관세채무가 발생하는

원칙에 따라 자기기록신고의 경우, 물품에 대한 기록이 입력된 날짜가 바로 관세채무가 발생한 시점이다. 자기기록신고는 자유유통을 위한 수입신고, 세관창고절차, 임시수입절차, 최종사용, 역내가공, 역외가공, 재수출, 수출등 모든 세관절차에 사용될 수 있다. 따라서 관세채무 계산도 자기기록신고가 사용되는 각각의 통관절차에 따라 달라진다. 예를 들어 자유유통을 위한 수입신고는 제85조에 의거 일반적인 관세채무계산방식에 따르며, 역내가공의 경우에는 제86조 제3항에서 규정하는 특별한 관세채무계산방식, 즉 신고인의 요청에 따라 관세채무액은 역외물품 수입신고 수리 당시 역내가공절차에 놓인 물품의 품목 분류, 과세 가격, 수량, 물품의 성질 및 원산지를 기준으로 결정된다.

⑦ 다양한 품목분류 소호로 이루어진 화물에 대한 간이신고: 화물이 서로 다른 품목분류 소호에 해당하는 물품으로 구성되어 있고 세관 신고 목적으로 품목분류 소호에 따라 모든 물품을 분류함으로써 지불해야 할 수입 또는 수출 관세와 균형이 맞지 않는 작업 및 비용 부담을 수반하게 될 경우, 세관은 신고인의 신청에 따라 최고 수입 또는 수출 세율이 적용되는 물품의 품목분류 소호를 기준으로 전체 화물에 수입 또는 수출 관세를 부과할 수 있다(제177조). 관세액 계산은 종가세를 기준으로 하며, 만일 최고 세율이 적용되는 물품을 종가세가 아닌 종량세면 종가세로 환산하여 계산한다.

2) 수출

수출 관세채무는 수입과 마찬가지로 해당 물품을 수출절차 또는 역외가공절차에 놓기 위한 세관신고서를 세관이 수리할 때 발생한다.

(1) 채무자

신고인과 간접대리인이 채무자가 되며, 수출관세의 전부 또는 일부가 징수될 수 없는 세관신고가 작성된 경우, 수출신고에 필요한 정보를 제공한 자, 그러한 정보를 알았거나 합리적으로 알았어야 했던 자 또한 채무자가 된다. 만일 어떠한 관세채무에 대해 위에서 언급한 채무자들이 여러명이 관련되어 있다고 한다면, 이들은 연대하여 관세채무를 이행할 책임이 있다(제81조). 다만, 위에서 언급한 바와 같이 통과운송을 제외한 특별절차에는 간접대리인이 인정되지 않는다는 것을 알고 있어야 한다.

(2) 관세채무 계산

수출 관세채무 계산도 제85조에 의거, 해당 물품에 대한 관세채무가 발생한 당시 해당 물품에 적용되었던 관세 계산 규정에 기초하여 결정된다. 만일 관세채무가 발생한 시점을 정확히 결정할 수 없는 경우, 해당 시점은 세관이 해당 물품이 관세채무가 발생한 상황에 물품이 놓여 있다고 결정하는 그 시점으로 한다. 예를 들어 수입통관과정에서 정상수입물품과 함께 밀수된 물품이 발견된 경우, 세관은 정상수입물품의 수입신고 수리일에 밀수 물품이 대한 관세채무가 발생하였다고 판단, 결정하게 된다. 물론, 세관당국이 이용할 수 있는 정보를 통해 관세채무가 그러한 결론에 도달한 시점 이전에 발생했음을 입증할 수 있는 경우, 관세채무는 그러한 상황이 발생한 가장 빠른 시점에 발생한 것으로 간주된다.

3) 세관절차 불이행, 고의, 과실에 의한 세관절차 위반으로 인한 관세채무

(1) 수입

① 역외물품의 EU 관세영역 반입, 세관 감독의 해제, 또는 해당 영토 내에서 해당 물품의 이동, 가공, 저장, 임시 저장, 임시 반입 또는 폐기와 관련하여 EU 관세법에 규정된 의무를 위반한 경우, 또는 ② EU 관세영역 내에서의 물품의 최종사용에 관한 EU 관세법 규정을 위반한 경우, 마지막으로 ③ 세관절차에 따라 역외 물품을 배치하거나 물품의 최종 사용으로 인한 감면 조건을 위반한 경우, 관세채무가 발생한다(제79조).

① 관세채무 발생시기: EU 관세법은 관세채무 발생시기를 아래와 같이 설명하고 있다. ㉠ 일정한 EU 관세법상 의무가 이행되지 않거나 이행이 중단되는 순간에 관세채무가 발생하며. ㉡ 세관절차에 따라 물품을 배치하기 위해 세관신고가 수리된 이후, 물품의 최종사용을 위한 절차준수 또는 관세감면 조건이 실제로 충족되지 않은 시점에 관세채무가 발생한다(제79조 제2항). 구체적으로 몇 가지 상황을 살펴보자. 통과운송중의 물품이 도난이나 절도로 세관통제에서 벗어난 경우, 세관통제에서 벗어난 시점부터 관세채무가 발생한다. 최종사용에 따른 감면의 경우, 그 용도에 따라 사용하지 않는 것이 확인된 경우, 그 제한을 위반한 날부터 관세채무가 발생한다. 특정기한 내에 특별절차(역내가공

등)를 이행하여야 할 경우, 그 특정기한이 만료되고 그 다음날부터 관세채무가 발생한다. 예를 들어, 역내가공에 제공될 역외물품에 대한 절차이행증명서(Bill of Discharge)를 절차이행기간만료 후 30일 이내에 제출하지 못할 경우, 30일이 지난 그 다음날부터 관세채무가 발생한다(위임규칙 제175조). 또한 역내가공을 허가받기 위해서는 CN code 8단위를 기준으로 신청자별 및 연도별 역내가공 절차에 따라 배치될 물품의 총가치가 300,000유로를 초과하지 않아야 하는데, 만일 300,000유로를 초과할 경우, 그 초과하는 때가 규정위반으로 인해 관세채무가 발생하는 시점이다[위임규칙 제167조 제1항 (s)]. 관세면제 조건의 임시수입의 경우, 면제조건을 위반한 때, 예를 들어 비상업적 성격의 전시회를 목적으로 관세면제를 받았는데, 실제로는 상업적 성격의 전시회라면 조건을 위반한 것이고, 관세채무는 임시수입허가시점에 발생한다. ⓒ 만일 신고수리 이후에 새로운 조건을 적용해야 하는 상황이 발생하는 경우, 예컨대, 임시수입신청이 허가된 이후, 해당 물품의 품목분류가 잘못된 것을 확인하여 새로운 절차를 진행해야 한다면, 새로운 절차를 진행하기 위한 세관신고 수리시점에 관세채무가 발생한다. ② 세관 신고 없이 물품이 반출되는 경우, 반출 사실은 확인되었으나, 관세채무가 발생한 시점을 정확히 결정할 수 없는 경우, 해당 시점은 세관당국이 해당 물품이 관세채무가 발생한 상황에 물품이 놓여 있다고 결정하는 그 시점으로 한다. 세관당국이 이용할 수 있는 정보를 통해 관세채무가 그러한 결론에 도달한 시점 이전에 발생했음을 입증할 수 있는 경우, 관세채무는 그러한 상황이 발생한 가장 빠른 시점에 발생한 것으로 간주된다(제85조).

② **관세채무 계산**: 통관절차 불이행, 또는 고의, 과실에 의한 세관절차 위반으로 발생한 관세채무 계산 원칙은 해당 물품에 대한 관세채무가 발생한 당시 해당 물품에 적용되었던 관세계산 규정에 기초하여 결정된다(제85조 제1항). 예를 들어 오렌지주스(수량: 1.5리터 100병, (CIF); 단가: 1.5리터 병당 0.75유로)를 미국에서 수입하여 2016년 11월 5일에 임시보관했으나, 11월 25일 그중 10병이 분실된 경우를 살펴보자. 과실에 의한 절차위반으로 당연히 10병에 대한 관세채무가 발생하였다. 발생일자는 오렌지주스 10병이 사라진 2016년 11월 25일이 된다. 이 경우, 사라진 10병의 오렌지주스 관세채무액을 계산해 보면(보관비용은 고려하지 않음), 먼저 병당 과세가격을 산출하고(100×0.75=EUR 75, 보관비용은 고려

하지 않음), 여기에 수입 관세율(5%로 상정)을 곱하면 3.75유로가 나오는 데 이것이 바로 10병에 대한 관세채무액이 된다. 한편, 역내가공에서 농업, 상업 또는 기타 EU 법률에 의해 부과되는 관세를 회피하려는 행위를 막기 위해, 필요한 경우, 관세액은 세관의 직권으로 해당 물품과 관련된 세관신고 접수 당시 역내가공절차에 놓인 물품의 품목 분류, 과세 가격, 수량, 물품의 성질 및 원산지를 기준으로 결정된다(제86조 제4항). 만일 이미 납부한 관세가 있을 경우, 관세채무액에서 공제된다. 예를 들어 최종사용으로 인해 인하된 수입관세율로 자유유통을 위해 반출된 물품에 대하여 제79조 제1항에 따라 관세채무가 발생한 경우에는 그 물품이 자유유통을 위해 반출될 때 지불한 관세액은 관세채무에 해당하는 수입관세액에서 공제된다. A라는 물품을 최종사용용도로 수입신고하고 관세감면을 받아 1천만원의 관세를 납부한 경우, 동 물품의 최종사용용도 위반으로 3천만원의 관세채무가 발생하면, 실제 납부해야 할 금액은 1천만을 공제한 2천만원이 된다. 물품의 폐기로 인해 발생하는 폐기물 및 수입관세 부분 면제로 임시수입된 물품에 대하여서도 동일하다(제80조). '사기'적 행동에 따른 의무불이행의 경우, 회원국 관세법에 따라 형사처벌의 대상이 될 뿐 아니라, 제86조 제6항에 규정된 관세혜택도 부여받지 못한다(제86조 제6항).

③ **채무자**: 규정위반으로 인해 발생한 관세채무를 이행하여야 할 채무자로, ㉠ 해당 의무를 이행해야 하는 자, ㉡ EU 관세법에 따른 의무가 이행되지 않았다는 사실을 알고 있었거나 합리적으로 알았어야 했던 자, 그리고 의무를 이행할 의무가 있는 자를 대신하여 행동한 자, 또는 그 의무를 이행하지 못한 행위에 참여한 자, ㉢ 물품을 획득하거나 수령할 당시, 관세법에 따른 의무가 이행되지 않았음을 알았거나 합리적으로 알았어야 했던 자를 명시하고 있다. 또한 ㉣ 통관절차에 따라 신고인의 정보에 기초하여 세관 신고가 이루어지고 그 신고에 물품의 최종 사용용도에 따른 감면조건, 또는 기타 각종 승인이나 허가 조건이 기재되어 있는 경우, 이러한 조건을 준수하여야 하는 자도 채무자가 된다. 한편, ㉤ 제공한 정보가 잘못되어, 이러한 잘못된 정보로 인해 수입관세의 전부 또는 일부가 징수되지 않은 경우, 세관신고를 작성하는 데 필요한 정보를 제공한 자, 해당 정보가 거짓임을 알았거나 합리적으로 알았어야 했던 자도 채무자가 된다(제79조 제4항). 그런데 문제는 이 ㉤을 엄격히 적용할 경우,

기업의 수출입 통관업무 담당직원들의 대부분이 채무자로 전락할 부담을 가지게 된다. 수많은 수출입통관절차를 진행하다 보면 잘못된 정보를 제출할 가능성이 상존하는데, 이럴 때마다 관세채무를 부담해야 하는 채무자가 된다면, 이는 업무를 담당하는 직원들에게 매우 가혹하다 할 수밖에 없다. 심지어 기업에서도 자신의 책임을 모면하기 위해 직원에게 모든 책임을 전가할 가능성도 높다. 이에 대해 유럽사법재판소는 규정위반으로 관세채무가 발생한 경우, 만일 그러한 규정위반이 피고용인인 직원이 자신의 업무 범위에서 자신의 책임으로 이루어진 것이라면, 피고용인인 직원이 회사의 법정대리인(Statutory Representative)가 아닌 이상, 고용주가 채무자의 지위에 있다고 판시하여,[4] 직원이 채무자가 아니라 회사가 채무자가 된다고 판결한바 있다.

(2) 수출

수출의 경우, 반출에 관한 EU 관세법에 규정된 의무를 위반하거나, 수출관세를 감면받아 비EU 관세영역으로 물품을 반출하는 것이 허용되는 조건을 위반한 경우, 관세채무가 발생한다(제82조).

① 관세채무 발생시기: 수출과 관련하여 세관절차 불이행, 고의, 과실에 의한 세관절차 위반으로 인한 관세채무가 발생하는 시기는 먼저, ㉠ 세관신고 없이 물품이 실제로 EU 관세영역에서 반출되는 시점에 관세채무가 발생한다. 예를 들어 수출신고를 하지 않고 몰래 물품을 반출하려다가 세관에 적발된 때, 관세채무가 발생한다. ㉡ 수출관세 감면조건으로 비EU 관세영역으로 물품을 반출하는 것이 허용되어 지정된 최종 목적지로 향하여야 함에도 다른 목적지에 도착하는 순간 관세채무가 발생한다. 예컨대, 수출관세 부과되는 물품을 역외가공을 위해 A라는 국가로 수출하기로 하고, 이를 조건으로 관세를 면제받은 사안에서, 만일 수출자가 이 물품을 고의나 과실로 A국이 아닌 제3국으로 보내는 경우, 그 물품이 제3국에 도착하는 순간 관세채무가 발생한다(제82조 제2항).

---

4 Case C−679/15, Court of Justice of the European Union

② 채무자: 수출에 있어 채무자는 ㉠ 해당 의무를 이행해야 하는 자, ㉡ EU 관세법에 따른 의무가 이행되지 않았다는 사실을 알고 있었거나 합리적으로 알았어야 했던 자, 그리고 의무를 이행할 의무가 있는 자를 대신하여 행동한 자, ㉢ 의무 불이행으로 이어진 행위에 가담한 자로서 세관신고를 제출하지 않았으나 제출했어야 했다는 사실을 알았거나 합리적으로 알았어야 했던 자, ㉣ 수출관세의 전부 또는 일부 면제조건으로 비EU 관세영역으로 물품을 반출하는 것이 허용된 경우, 이 조건을 준수하여야 하는 자로 구성된다(제82조 제4항).

4) 수출입 금지 또는 제한 조치 대상 물품

관세채무는 그것이 모든 종류의 수출입 금지 또는 제한 조치의 대상이 되는 물품과 관련된 경우에도 발생한다. 대표적으로 금지 품목의 폐기나 처리비용이 관세채무라고 하겠다. 다만, 위조화폐를 EU 관세영역으로 불법 반입하는 행위, 또는 의학적, 과학적 목적으로 사용하기 위해 권한 있는 당국이 엄격하게 감독하는 경우를 제외하고 마약 및 향정신성 물질을 EU의 관세 영역으로 반입하는 것은 처벌의 대상이 될 뿐 관세채무의 대상이 되지 않는다. 다만, 위조화폐나 마약의 경우에도 관세범에 적용되는 처벌의 목적상, 회원국의 법률에 따라 관세채무의 존재가 처벌을 결정하는 기초를 제공하는 경우, 관세채무는 발생한 것으로 간주한다(제83조).

5) 관세채무 발생지

관세채무는 수입, 특별절차, 수출 등 각종 세관절차를 진행하기 위한 세관신고 또는 재수출신고가 접수된 장소에서 발생한다. 이외의 경우, 즉 세관신고 제출과 관련이 없는 통과운송과 같은 경우, 관세채무가 발생한 장소는 해당 사건이 발생한 장소이다. 장소를 확정할 수 없는 경우, 세관이 물품이 관세 채무가 발생하는 상황에 있다고 결론을 내리는 장소에서 관세채무가 발생한다(제87조 제1항). 한편, 물품이 종료되지 않은 통관절차에 아직 놓여 있거나 임시보관이 적절하게 종료되지 않았으며 이런 상황에서 특정한 기한 안에(Specific time limit) 관세채무가 발생한 장소를 결정할 수 없는 경우, 관세채무는 해당 절차에 따라 물품이 놓여지거나 해당 절차에 따라 EU 관세영역으로 반입되거나 임시보관된 장소에서 발생한다(제87조 제2항, 위임규칙 제77조). 물품이 종료되지 않은 통관절차에 놓여있는 가장 대표적인 경우가 바로 통과운송이라 할 수 있다. 통과운송에서 물품은 출발지에서 최종 목적지에 다다를 때까지 상당한 시간을 통과운송절차에 놓여 있게 된다. 먼거리를 운송하면서 도난, 분실 등 관세채무가 발생할 가능성도 높아지게 된다. 물론 긴 기간과 운송거리만큼 여기에 관여하는 세관도 출발지 세관, 반출지 세관, 사고접수 세관, 목적지 세관 등, 여러곳이긴 하지만, 실제 통과운송과정에서 어디서 어떻게 관세채무가 발생했는지 결정할 수 없는 경우가 많다. 정한 기한(Specific Time Limit)이라 함은 물품이 목적지 세관에 제시되어야 하는 가장 늦은 날로부터 7개월이며, 출발지 세관이 입수한 증거에 따라 관세채무가 발생한 것이 확인된 경우, 최대 1개월까지 연장된다. 만일 출발지 세관이 물품 도착을 통보받지 못했고, 통과운송절차 보유자 역시 불충분하거나 올바른 정보를 제공하지 않은 경우, 특정한 기한은 통과운송절차 종료에 필요한 정보 요청에 대해 절차 보유자의 회신 기한이 만료된 날로부터 1개월까지다. 한편, TIR 협약에 따른 통과운송의 경우, 관세채무 발생지 결정을 위한 특정한 기한은 물품이 목적지 세관에 제시되어야 하는 가장 늦은 날짜로부터 7개월까지다. TIR은 자동차 육로 운송이므로 도로나 날씨 등 여러 조건과 환경에 따라 최종 목적지까지 도착일에 변동이 발생할 수밖에 없다. 이런 이유로 목적지 세관에 제시되어야 하는 가장 늦은 날짜라는 표현을 사용한 것이다(위임규칙 제78조).

하지만, ATA 협약 또는 이스탄불 협약에 따른 통과운송의 경우(일반적으로 까르네 통관이라 한다), 운송되는 물품의 특성이나 그 목적이 TIR과 다르기 때문에 카르네 사용 기간은 정해져 있지만, 목적지 세관에 물품이 제시되는 날짜를 지정하는 것은 어렵다. 따라서 그 특정한 기한은 정해진 기간에 목적지 세관에 물품이 제시되어야 하는 날짜로부터 7개월이다(위임규칙 제79조). 통과운송 이외, 또는 임시보관 중인 물품의 경우, 관세채무 발생지를 결정하기 위한 특정한 기한은 ① 특별절차 이행을 위해 규정된 기간, ② 최종사용물품에 대한 세관 감독 종료를 위해 규정된 기간, ③ 임시보관 종료를 위해 규정된 기간, ④ 세관창고절차에 따라 배치된 물품의 세관창고간 이동을 완료하기 위해 규정된 기간 종료 후 7개월까지다(위임규칙 제80조). 세관이 입수한 정보를 통해 관세채무가 여러 장소에서 발생했음을 입증할 수 있는 경우, 관세채무는 시간적으로 그 관세채무가 처음 발생한 장소에서 발생한 것으로 간주하여 그곳을 관할하는 세관이 관세채무에 대한 업무를 진행하게 된다(제87조 제3항). 또한, 세관에서 규정위반으로 인한 관세채무가 다른 회원국에서 발생했다고 확인하고, 또한 이러한 위반 행위로 인해 발생한 관세채무액이 10,000유로 미만이면, 관세채무는 관세채무를 파악한 회원국에서 발생한 것으로 간주한다(제87조 제4항). 예를 들어 총 금액이 9,000유로인 컴퓨터가 독일에서 외부 운송절차를 시작으로 헝가리를 거쳐 스페인에서 반출된 경우, 스페인 세관이 확인한 결과 물품이 일반적인 경우보다 너무 늦게 목적지인 스페인에 도착하였으며, 특별절차인 통과운송에 제공된 보증이 잘못된 것이라고 확인하면, 관세채무는 스페인에서 발생한 것으로 간주한다.

Ⅱ 보증

1. 개요

EU 관세법에서 규정하고 있는 보증은 이미 발생한 관세채무와 앞으로 발생할 수 있는 잠재적 관세채무 모두에 적용되며, 두 개국 이상에서 사용할 수 없는 보증은 해당 회원국에서만 유효하며 최소한 수입 또는 수출 관세액을 포함해야 한다. 만일 다른 세금도 관련있을 경우, 반드시 먼저 수출입 관세채무에 충당하고 그 남은 부분이 있을 경우, 다른 세금 보전에 쓰일수 있다.[5] 세관이 보증을 요구하는 경우, 채무자 또는 채무자가 될 수 있는 자에게 보증을 요구해야 한다. 세관은 보증이 요구되지 않는 다른 자에게 보증을 제공하도록 허용할 수 있다. 보증이 요구되지 않는 자, 즉 채무자나 잠재적 채무자가 아닌 오직 보증만 제공하는 자는 채무자가 아니며 단지, 관세채무가 정해진 기간안에 납부되지 않으면 이에 대한 금전적 책임을 지는 자일 뿐이기에 관세채무로 인해 처벌의 대상이 되지 않는다(제89조).

---

[5] Guarantees for potential or existing customs debts – Title Ⅲ UCC, Guidance for Member States and Trade, 24 May 2024, p. 8

2. 보증의 종류

보증은 보증범위를 기준으로 개별보증(Individual Guarantee)과 포괄보증(Comprehensive Guarantee)으로 나뉘며, 보증 의무를 기준으로 선택보증(Optional Guarantee)과 의무보증(Compulsory Guarantee)으로 나뉜다.

1) 선택보증

세관당국이 채무자가 관세채무에 해당하는 관세액 및 기타 부과금을 지정된 기간 내에 납부할 것이 확실하지 않다고 판단하는 경우, 보증을 요구하게 된다. 이를 선택보증(Optional Guarantee)이라 한다. 주의할 것은 선택이란 뜻이 보증을 요구할 때, 세관의 재량을 인정한다는 의미가 아니다. 세관이 채무자가 관세채무를 납부할 가능성이 확실하지 않다고 판단하면, 보증을 반드시 요구하라는 의미이다.[6] 예를 들어 A라는 물품에 대한 수입신고시, 업체가 처음 수출입을 진행하는 업체일 경우, 세관의 입장에선 수입관세채무 납부 여부가 우려될수 있고, 이러한 상황에서 세관은 업체에게 보증을 요구하게 된다(제91조).

2) 의무보증

일정한 세관절차를 진행하기 위해서는 반드시 보증이 의무적으로 제공되어야 한다. 이때 제공되는 보증을 의무보증(Compulsory Guarantee)이라고 부른다. EU 관세법은 임시보관시설 허가(제148조 제2항)와 역내가공, 역외가공, 세관창고, 통과운송 등 특별절차에 해당하는 세관절차 허가조건으로 의무보증을 요구한다(제210조부터 제262조). 이외에도 관세채무 납부연기를 위해서도 의무보증이 요구된다(제110조). 의무보증은 발생할 수 있는 관세채무에 해당하는 수출입 관세액을 담보하며, 동일한 유형의 물품에 적용되는 최고 관세율이 적용된다(이행규칙 제148조 제1항). 만일 물품의 수출입과 관련하여 부과되는 기타 비용도 의무보증에 포함되는 경우, 담보액은 관세채무와 마찬가지로 동일한 유형의 물품에 적용되는 최고 요율로 계산된다(이행규칙 제148조 제2항).

---

6 Guarantees for potential or existing customs debts — Title Ⅲ UCC, Guidance for Member States and Trade, 24 May 2024, p. 6

3) 개별보증

EU 관세법은 개별보증(Individual Guarantee)을 원칙으로 한다(제89조 제4항). 즉, 세관은 특정한 물품 혹은 특정한 신고에 대해 하나의 보증만 요구한다. 특정 신고에 대해 제공된 보증은 해당 신고의 정확성 여부에 관계없이 해당 신고에 포함되거나 반출된 모든 물품에 대한 관세채무를 담보한다. 담보의 범위는 위에서 설명한 의무보증과 같다(이행규칙 제148조).

4) 포괄보증

(1) 신청자격

개별보증과 달리 둘 이상의 작업(Operations) 신고 또는 세관절차와 관련한 관세채무를 담보하는 포괄포증(Comprehensive Guarantee)은 신청인의 신청과 세관의 승인이 필요하다(제89조 제5항). 신청인은 EU 관세영역 내에 등록사무소(Registered Office), 본부(Central Headquarters) 또는 고정사업장(Permanent Business Establishment: PBE)을 두고 있는 자가[제5조 (31)], 세관 절차의 정규사용자(Regular Users)로써, 자신의 경제 활동과 관련된 심각한 범죄 기록이 없는 것을 포함하여 관세법 및 과세 규칙에 대한 심각한 침해 또는 반복적인 위반이 없을 경우, 신청할 수 있다(제95조 제2항).

(2) 포괄보증의 담보범위

보증이 필요한 시점에 그 금액이 확실하게 확정될 수 있는 수출입 관세 및 기타 부과금에 대해 포괄보증이 제공되는 경우, 담보 범위는 결정된 수입 또는 수출 관세 및 지불해야 할 기타 부가금이다. EU 관세법에서는 이를 참고금액(Reference Amount)라고 부른다(이행규칙 제155조 제1항). 만일 보증이 필요한 시점에 그 참고금액을 확실하게 알 수 없거나 시간에 따라 금액이 달라지는 경우, 포괄보증은 앞으로 지불해야 하는 관세 및 기타 부가금의 예측치일 수밖에 없다(이행규칙 제155조 제2항). 이를 감안, EU 관세법은 참고금액을 계산할 때, 보증제공자와 협의하여 최근 12개월 동안 관련 세관절차에 따라 보관되었거나 임시보관된 물품에 대한 정보와 추정액을 기초로 하여 보증액을 계산하되(이행규칙 제155조 제4항), 보증세관(포괄보증이 제공되는 세관)이 설치되어 있는 회원국내에서 동일한 유형의 상품에 적용되는 최고 수준의 관세율과 최고 수준의 기타 부가금 과세율(Hightest rates of customs duty and other charges)을 고려하도록 하고 있다(이행규칙 제155조 제3항). 필요한 정보가 제공되지 않을 경우, 세관은 각 신고에 대해 보증금액을 10,000유로로 고정한다(이행규칙 제155조 제3항).

(3) 포괄보증 감액

만일, 세관통제를 허용하는 상업기록 및 적절한 경우, 운송기록관리 시스템을 통해 자신의 운영 및 물품 흐름에 대한 높은 수준의 통제가 가능하며, 또한, 양호한 재정 상태를 가지고 있는 경우, 감액된 금액으로 포괄적인 보증을 사용하거나 보증이 면제될 수 있다. 대표적으로 AEO업체는 감액된 금액으로 포괄보증을 사용할 수 있다(제95조 제2항, 제3항, 위임규칙 제84조). 감액은 원래 보증액에 50%, 30%, 그리고 면제로 나뉘어진다. 구체적으로 그 요건을 살펴보자. 먼저 50% 감액을 받기 위해서는 ① 파산자가 아니어야 하며, ② 신청일로부터 3년 전까지 모든 세금을 납부했고, ③ 회원국에서 일반적으로 인정되는 회계원칙과 일치하는 회계시스템을 유지하여야 한다. 또한 ④ 감사기반의 세관 통제를 허용하며, ⑤ 데이터가 입력되는 순간부터 데이터 기록을 유지하고, ⑥ 사업 유형 및 규모에 상응하고 물류에 적합한 행정조직을 보유하고 있어야 한다. 이외에도 ⑦ 오류 방지 및 불법 또는 불규칙 거래를 방지하고 적발할 수 있는 내부통제 장치를 갖추고 있는 자이어야 한다(위임규칙 제84조 제1항). 다음으로 원래 보증액의 30%로 감액되는 조건을 살펴보자. 앞에서 설명한 50% 감액보다 그 조건이 조금 더 까다로운데, ① 회원국에서 일반적으로 인정되는 회계원칙과 일치하는 회계시스템을 유지하여야 하며, ② 감사 기반 세관 통제를 허용하고, ③ 데이터가 입력되는 순간부터 데이터의 기록을 유지하고, ④ 사업 유형 및 규모에 상응하고 물류에 적합한 행정 조직을 보유하고 있어야 한다. 한편 ⑤ 오류를 방지 및 정정하고 불법 또는 불규칙 거래를 방지하고 적발할 수 있는 내부 통제 장치를 갖추고 있을 뿐 아니라, ⑥ 규정 준수에 어려움이 발견될 때마다 관련 직원에게 세관에 알리는 절차가 마련되어 있어야 한다. ⑦ 당연히 파산절차의 대상이 되어서는 안 되며, ⑧ 신청일로부터 3년전까지 모든 세금을 납부했을 뿐 아니라, ⑨ 역시 신청일로부터 3년전까지 자신의 경제활동과 관련하여 자신의 의무를 이행하고 약속을 이행할 수 있는 충분한 재정 상태를 가지고 있음이 증명되고 ⑩ 순자산이 마이너스가 아닌 경우, 인정된다(위임규칙 제84조 제2항). 마지막으로 포괄보증이 아예 면제되는 경우가 있는데 아래 조건을 모두 충족하는 자가 대상이다. ① 회원국에 적용되는 일반적으로 인정되는 회계원칙과 일치하는 회계 시스템을 유지하고, 감사 기반 세관통제를 허용하고, 데이터가 입력되는 순간부터 데이터 기록을 유지하여야 한다. 또한, ② 세관이 자신의 회계시스템 및 상업 및 운송 기록에 물리적으로 접근할 수 있도록 허용하여야 한다. 이외에도, ③ 물품을 지위를 식별하고 적절한 경우 해당 위치를 표시하는 물류 시스템을 갖추고 있어야 하며, ④ 사업 유형 및 규모에 상응하고 물류에 적합한 행정 조직을 보유하고 있으며, 오류 방지 및 불법 또는 불규칙 거래를 방지하고 적발할 수 있는 내부 통제 장치를 갖추고 있을 뿐 아니라 각종 상업기록과 정보를 보관하고 정보 손실을 방지하기 위한 만족스러운 절차를 갖추고 있어야 한다. 또한 ⑤ 규정 준수에 어려움이 발견될 때마다 관련 직원에게 세관에 알리는 절차를 확립하여야 하며, ⑥ 무단 침입으로부터 신청자의 컴퓨터 시스템을 보호하고 신청자의 문서를 보호하기 위해 적절한 보안 조치를 취하고 있어야 하고, ⑦ 파산 절차의 대상이 되어서는 안되며, ⑧ 신청서 제출일로부터 3년 전까지 모든 세금을 납부해야 한다. ⑨ 신청일로부터 3년전까지 가능한 기록과 정보를 바탕으로 사업 활동의 유형과 규모와 관련하여 자신의 권리의무를 이행할 충분한 재정 상태를 가지고 있음을 증명하여야 하고 순자산이 마이너스가 아니어야 한다. 더 나아가, ⑩ 만일 신청인이 상업 정책 조치에 따라 또는 농산물 무역과 관련한 경제활동을 하는 경우, 여기에 부여된 허가 및 허가를 처리하기 위한 만족스러운 절차를 갖추고 있어야 한다. AEO 기업인 경우, AEO 인증조건에 이미 안정적인 재정상태가 포함되어 있으므로 만일 AEO기업이 면제를 신청할 경우, 안정적인 재정상태를 별도로 심사할 필요는 없다(위임규칙 제84조 제3항). 만일 포괄보증 신청자가 설립된 지 3년 미만인 경우, 신청 제출일로부터 3년전까지 모든 세금을 납부했다는 사실 및 충분한 재정 상태를 유지하고 있다는 사실은 이용 가능한 기록과 정보를 토대로 확인되어야 한다(위임규칙 제84조 제4항).

(4) 2개 회원국 이상에서 사용될수 있는 포괄보증

포괄보증은 하나의 세관절차로 인해 발생하는 관세채무를 보증하는 개별보증과 달리, 일정기간 수행되는 세관절차로 발생하는 모든 관세채무를 보증하는 것이기 때문에 위에서 언급한 것처럼 매우 중요하게 다루어야 한다. 그런데 여기서 포괄이라는 개념은 일정한 기간안에 발생하는 관세채무 모두를 보증한다는 시간적인 의미도 있지만, EU 관세법에서는 다수의 회원국에서 발생하는 관세채무를 보증하는 공간적 의미도 함께 인정하고 있다. 예를 들어 프랑스와 독일에서 수출입활동을 하는 A라는 기업이 양국에서 발생하는 관세채무를 하나의 포괄보증으로 보증문제를 해결할 수 있다(이행규칙 제154조). 그런데 이렇게 두 개국 이상에서 사용되는 포괄보증은 각 회원국에서 발생하는 관세채무에 따라 보증액을 분할되거나 조정해야 할 경우가 생길 수 있다. 위의 예에서 독일과 프랑스 양국에서 발생하는 관세채무가 1억 유로이며, 이에 대해 포괄보증이 제공된 경우, 만일 독일의 관세채무가 3천억 유로이고, 프랑스가 7천억 유로라면, 두 회원국 세관은 협의를 통해(45일간) 포괄보증액을 각각의 관세채무에 따라 3천억과 7천억으로 분리하는 작업을 진행한다(GUM 시스템의 완성 전까지). 다만, 포괄보증이 두 개 이상의 회원국에 제공되긴 했으나, 별도의 세관절차가 아니라 하나의 세관절차가 하나의 회원국에서 시작하여 연속적으로 다른 회원국으로 진행될 경우, 보증액 분리가 요구되지 않는다.[7]

(5) 포괄보증 일시적 금지

집행위원회는 임시보관절차나 특별절차 또는 대규모 사기의 대상이 된 것으로 확인된 물품에 대해 감액된 포괄보증을 일시적으로 금지할 수 있다(제96조 제1항). 임시보관절차와 특별절차는 모두 관세 및 기타 부가금이 유보된 상태이기 때문에, 관련 절차가 확실히 완료될 때까지 보증이 계속 유지되어야 한다. 그런데, 감면된 포괄보증을 사용하면, 만일의 경우, 관세채무액을 담보할 수 없는 상황이 생길 수 있다. 사기의 대상이 된 것으로 확인된 물품에 대해 제공된 보증도 마찬가지다. 사기의 대상이 된 물품에 대해 감액 포괄보증을 허용할 경우, 관세채무를 제대로 확보할 수 없게 된다. 이를 뒤집어 말하면 만일 신청인이 세관통제를 충실

---

7 Guarantees for potential or existing customs debts — Title Ⅲ UCC, Guidance for Member States and Trade, 24 May 2024, p. 59

히 따를 수 있고, 관세채무를 부담할 재정능력이 충분히 있다면 감액된 포괄보증을 인정하지 않을 이유가 없다. EU 관세법도 이 점을 분명히 하여, 적절한 세관통제를 허용하는 상업 기록 및 운송기록 관리시스템을 통해 운영 및 물류에 대한 높은 수준의 통제를 입증하는 경우, 또는 자신의 약속을 이행할 수 있는 양호한 재정 상태를 가지고 있는 경우, 위에서 언급된 경우라도 감액된 포괄보증을 사용할 수 있도록 규정하고 있다(제96조 제2항).

3. 보증이 요구되지 않는 경우

국가, 지역 및 지방 정부 기관 또는 공법이 적용되는 기타 기관은 공공 기관으로서 수행하는 활동과 관련하여 어떠한 보증도 요구하지 않는다. 이외에도 유럽 내수로 운송인 라인강, 라인강 수로, 다뉴브강 또는 다뉴브강을 따라 운송되는 물품도 보증을 요구하지 않는다. 내수로 운송의 특성상 물품에 대한 세관 통제가 용이하기 때문이다. 고정운송시설에 의해 운송되는 물품[파이프라인이나 송전선(Electronic Pipe Line)을 통해 가스, 석유등을 운반하는 경우]도 물품의 도난, 손상 가능성이 약하기 때문에 보증을 요구하지 않는다. 한편, 임시수입절차에 놓인 물품도 보증이 요구되지 않는다. EU 관세법은 임시수입절차에 놓여 보증이 필요없는 물품을 나열하고 있는데, 세관신고를 구두로 하거나 신고없이 자유반출신고로 인정하는 물품이 그것이다(위임규칙 제81조). 구체적으로 살펴보면, ① 여행자 수하물, ② 여행자의 개인용품으로 비상업적인 것, ③ EU에서 농업에 종사하는 자가 EU역내와 인접한 제3국에 위치한 토지에서 얻은 물품과 관세면제에 대한 이사회 규칙(EC) No 1186/2009[8]의 제35조~제38조에 따라 관세면제 혜택을 받는 어업, 양식업 및 사냥 활동의 물품, ④ EU 농민이 EU 역내와 인접한 토지에 사용하기 위해 수입한 토양 및 작물 처리용 종자, 비료로써 관세면제에 대한 이사회 규칙(EC) 1186/2009 제39조 및 제40조에 따라 관세면제 혜택을 받는 물품, ⑤ EU 관세영역에서 EU 물품으로 수출된 비EU 물품으로 3년 이내에 EU 관세영역으로 다시 반송되고 자유유통을 위한 반출을 신고한(제203조) 운송수단, ⑥ 휴대용 악기, ⑦ 응

---

8 정식명칭은 Council Regulation (EC) No 1186/2009 of 16 November 2009 setting up a Community system of reliefs from customs duty이다.

급 상황의 경우 영구 이식, 이식 또는 수혈에 적합한 장기 및 기타 인간이나 동물의 조직(Tissue) 또는 인간 혈액, ⑧ 팔레트, 컨테이너 및 운송수단, 컨테이너 및 운송수단의 예비부품, 부속품 및 장비, ⑨ 스포츠용 물품, ⑩ 선원 복지관련물품, ⑪ 의료, 수술 및 실험 장비, ⑫ 재해구호용품, ⑬ 의료, 수술 및 실험 장비, ⑭ 이동, 방목, 작업 또는 운송 목적의 EU 관세영역 외부에 설립된 거주자가 소유하는 동물, ⑮ 의사가 장기 이식을 기다리는 환자에게 지원을 제공하는 데 필요한 기구 및 장치, ⑯ 비EU 관세영역에 설립된 공공 또는 민간 기관이 수입하고 세관의 승인을 받은 라디오, 텔레비전 제작 및 방송 목적으로 특별히 개조된 라디오, 텔레비전 방송 장비와 차량, ⑰ 통과운송절차에 따라 EU 관세영역 항구 간 또는 EU 관세영역 공항 간에 해상 또는 항공으로 통과운송되는 물품, ⑱ 보증의 목적이 되는 수출입 관세액이 비회원국과의 대외 무역과 관련하여 공동체 통계에 관한 이사회와 유럽의회 규칙(EC) 471/2009[9] 제3(4)조에 규정된 통계적 가치 기준을 초과하지 않는 경우, 세관은 보증을 면제할 수 있다(1,000유로). ①에서 ⑰까지는 의무적 보증면제 조항이고 ⑱은 임의적 조항이다(제89조 제8항, 제9항).

4. 보증수단

보증은 ① 현금, 또는 세관이 현금과 동등하다고 인정한 기타 지불 수단을 통해 유로화 또는 보증이 요구되는 회원국의 통화로 이루어진다. 포괄보증을 회원국통화로 제공할 경우, 관세채무 발생지 회원국뿐 아니라 관세채무가 발생할 가능성이 있는 관련 회원국 세관의 승인이 필요하다(위임규칙 제83조 제3항). 현금 형태의 개별보증으로 제공되는 경우, 해당 보증은 물품이 해당 세관절차에 따라 배치되거나 보관되는 회원국 세관에 제공되어야 한다(제150조). ② 보증인의 확약(Undertaking)으로도 가능하다. 확약의 대표적인 모습은 이른바 관세채무 불이행시 '법적 효과'(Legal Effect)를 발생시키겠다는 보증인의 문서다. 확약은 보증세관의 승인이 필요하다(제89조 제3항). 승인을 하기 전, 보증세관은 보증인의 확약이 보증인

---

9 정식명칭은 Regulation (EC) No 471/2009 of the European Parliament and of the Council of 6 May 2009 on Community statistics relating to external trade with non−member countries and repealing Council Regulation (EC) No 1172/95

의 서명을 포함하여 제대로 작성되었는지 확인 후 승인을 해 주어야 한다. 확약의 형태로 보증이 제공되고 동 보증이 둘 이상의 회원국에서 사용될 수 있는 경우, 보증인은 주소를 표시하거나 보증이 사용될 수 있는 각 회원국에 대리인을 지정해야 한다. 이러한 행위는 확약형태의 보증서에 명기되어야 하며 이것이 없으면 보증을 승인하지 않는다(위임규칙 제82조 제1항, 이행규칙 제152조). 보증인 서명이 중요한 이유는 이를 위조하거나 허위의 서명을 할 가능성이 있기 때문이다. 따라서 보증인은 보증세관에 서명인의 서명견본(Specimens)을 제공해야 한다.[10] 보증세관에 제출하는 확약 문서는 그 형식이 정해져 있는데, 개별보증 형식의 확약은 이행규칙 부속서 32-01(이행규칙 제151조 제5항)(부록 1 [그림 11])에 규정된 형식을 따르며, 포괄보증 형식의 확약은 32-03(이행규칙 제151조 제6항)(부록 1 [그림 12])의 형식을 따른다. 확약은 주로 통과운송에서 많이 쓰이는데, 통과운송에 이용되는 확약은 이행규칙 부속서 32-06(부록 1 [그림 13])을 사용하며, 보증서에 의해 보증인이 책임져야 하는 보증액은 최대 10,000유로이고, 보증서 유효기간은 발행일로부터 1년이다(이행규칙 제160조 제1항). 물론, 회원국 국내법이 인정하는 한도 내에서 별도의 형식이 인정될 수 있다(이행규칙 제151조 제7항). 통과운송절차가 아직 종료되지 않았을 경우, 출발지 세관은 운송인이 물품을 목적지 세관에 제시하는 기한으로부터 9개월이내에 보증인에게 보증절차가 만료되지 않았다고 통보해야 한다. 물품이 통과운송중이지만, 기한을 넘긴 상황에서 아직 목적지 세관에 물품이 제시되지 않은 경우에 물품에 대한 보증은 계속되며, 이 사실을 모르는 보증인이 불의의 피해를 입지 않도록 출발지 세관이 보증인에게 보증절차가 아직 종료되지 않았다고 통보하는 것이다. 같은 이유로 통과운송이 종료되지 않았지만, 관세채무가 발생한 곳을 확정하지 못할 경우, 그 물품이 현재 위치하고 있는 곳을 관할하는 세관이(제87조) 통과운송신청일으로부터 3년 이내에 보증인에게 문제의 EU 통과운송과 관련하여 발생된 관세채무 납부 의무를 부담할 수 있다는 사실을 통보해야 한다. 만일 위에서 정해진 기간안에 통지를 받지 못한 경우, 보증인의 보증의무는 해제된다(위임규칙 제85조). 한편, ATA 까르네[상업용 샘플, 전문장비(업무용 도구),

---

10 Guarantees for potential or existing customs debts – Title Ⅲ UCC, Guidance for Member States and Trade, 24 May 2024, p. 59

박람회 및 전시용품(농산물, 식품, 종자, 비료, 살충제, 폭발물, 일회용품, 및 우편물은 대상이 아니다)] 또는 CPD 까르네(자동차)에 대해서는 세관의 의무 사항 중 하나를 준수하지 않는 경우 보증을 제공한 기관에 보증이행을 요구한다(위임규칙 제86조). 개별보증이 확약의 형태로 제공되는 경우, 해당 확약의 증거, 즉 문서는 보증의 유효기간 동안 보증이 제출된 세관에 보관되어야 한다(제152조 제1항). 그런데, EU 관세법은 확약의 형태로 포괄보증이 제공될 경우, 유효기간 종료일을 정하고 있지 않다(위임규칙 부속서 32-03). 따라서 보증세관은 포괄보증이 더 이상 필요없다고 판단하는 경우, 그 보증을 해제하여야 하며(제98조) 만일 보증이 더 필요하지만, 제공된 보증이 관세채무를 보장하기에 더 이상 확실하지 않거나 충분하지 않다고 판단할 경우, 보증인에게 다른 것으로 보증을 대체하도록 요구할 수 있다(제97조).

확약형태의 포괄보증도 통과운송에 대한 확약과 마찬가지로 이행규칙 부속서 32-03에서 규정한 양식을 사용한다. 또한 보증세관은 언제나 보증인의 확약을 취소할 수 있다. 확약의 취소는 보증인이 취소 결정을 통보받았거나 받은 것으로 간주되는 날의 다음날부터 16일뒤에 효력을 발생한다. 따라서 16일 기간중에 발생한 관세채무에 대한 보증은 유효하다(위임규칙 제82조 제3항). 이외에도, 관세채무에 해당하는 관세액 및 기타 부가금이 지불될 것이라는 동등한 확약(Assurance)을 제공하는 기타 다른 형태의 보증도 인정된다. 대표적으로 ① 저당권 등 부동산 권리, ② 채권양도나 채권담보, 예금통장, ③ 3자 지불보장 환어음, ④ 유로화 또는 보증이 요구되는 회원국의 통화 이외의 것으로 간주되는 현금 예금 또는 이에 상응하는 것으로 간주되는 지급 수단, ⑤ 기여금(Contribution)등이 있다. 보증인은 위에 언급한 세가지 중 하나의 보증을 선택할 수 있다(위임규칙 제83조 제1항). 그러나 세관은 해당 통관 절차의 적절한 기능과 양립할 수 없는 경우, 위의 확약의 예처럼 보증을 제공해야하는 자가 선택한 보증 형식의 수락을 거부할 수 있으며(제97조), 선택한 보증을 필요에 따라 일정기간 계속 유지하도록 요구할 수 있다(제93조). 현금 보증 또는 기타 동등한 지불 수단 형태의 보증은 회원국에서 시행 중인 규정에 따라 제공되어야 한다. 현금예치나 이에 준하는 지급수단으로 보증을 한 경우 관세당국은 이에 대한 이자를 지급하지 아니한다(제92조 제2항).

5. 보증인

보증을 제공하는 보증인(Guarantor)은 EU 관세영역에 설립된 제3자이어야 한다 (제94조). 'EU 관세영역에 설립된 자'란 EU 관세영역 내에 등록사무소(Registered Office), 본부(Central Headquarters) 또는 고정사업장(PBE: Permanent Business Establishment) 을 두고 있는 자를 의미한다[제5조 (31) (b)]. 유효한 EU법에 따라 EU에서 인가를 받은 신용기관, 금융기관 또는 보험회사가 아닌 한, 보증을 요구하는 세관의 승인 을 받아야 한다. EU에서 인증하는 신용기관 및 보험회사에 대해서는 관련 EU법 이 규율하고 있다. 신용기관(은행)의 인가에 관한 규칙은 이사회 지침[(Directive) 2013/36/EU][11]에 의해 관리되며, 보험회사의 경우, 보험 및 재보험 사업 인수 및 추진에 관한 유럽의회 및 이사회 지침[(Directive) 2009/138/EC(Solvency II)][12]에서 규 율하고 있다. 위에서 언급한 두 지침은 모두 신용기관 또는 보험회사에 대한 인가 원칙을 정하고 있으며, 지침의 특성상 회원국 법률에 따라 회원국이 그 영업허가 권을 인가하지만, 동 지침에서 정한 공통기준을 지켜야 한다. EU 단일시장의 투 명성을 높이기 위해 유럽은행감독청(EBA)은 EU 및 EEA 내에서 영업허가를 받은 신용기관 목록을 정기적으로 게시한다. EBA가 게시하는 목록은 회원국이 제공한 인증 신용기관 등록부에 근거하여 작성된다. 회원국 신용기관 등록부는 중앙은행 이나 금융감독기관(오스트리아, 폴란드, 스웨덴, 에스토니아 등)에서 관리한다. 따라서 회 원국 차원에서 유지되는 신용기관 등록부와는 달리 EBA가 게시한 내용은 법적 효력이 없으며 법적으로 어떠한 권리도 부여하지 않는다. 철자나 명칭에 오류가 있다 하더라도 그것은 회원국의 책임일 뿐이다. 승인되지 않은 기관이 실수로 등 록부에 포함된 경우에도 해당 기관의 법적 지위는 변하지 않으며(무인가 업체), 마 찬가지로 실수로 등록부에서 누락된 경우에도 해당 기관이 인가를 받았다는 사실 에는 변함이 없다.[13]

---

11 정식명칭은 Directive 2013/36/EU of the European parliament and of the Council of 26 June on access to the activity of credit institutions and the prudential supervision of credit in- stitutions and investment firms, amending Directive 2002/87/EC and repealing Directives 2006/48/EC and 2006/49/Ecu Text with EEA relevances이다.

12 정식명칭은 Directive 2009/138/EC of the European Parliament and of the Council of 25 November 2009 on the taking -up and pursuit of the business of Insurance and Reinsurance(Solvency II)이다.

13 European Banking Authority, euclid.eba.europa.eu/register/cir/disclaimer

6. 추가 또는 교체 보증

제공된 보증이 관세채무 및 기타 부과금에 해당하는 관세액을 규정된 기간 내에 지불하는 것을 보장하지 않거나 더 이상 확실하지 않거나 충분하지 않다고 세관이 확인한 경우, 세관은 보증 제공자에게 자신의 선택에 의해 추가 보증을 제공하거나 원래 보증을 새로운 보증으로의 대체를 요구할 수 있다(제97조).

7. 보증 해제

세관은 관세채무 또는 기타 부과금에 대한 책임이 소멸되거나 더 이상 발생하지 않는 경우, 즉시 보증을 해제해야 한다. 더 이상 발생하지 않는다는 것은 미래에도 관세채무가 발생하지 않을 것이라는 판단이 포함된다.[14] 주의할 것은 보증 해제는 세관의 의사표시가 있어야 이루어지는 것이며 보증기간이 끝났다고 해서 자동적으로 보증이 해제되는 것이 아니란 점이다.[15] 예를 들어 확약서 또는 예금통장 등을 보증으로 제공한 경우, 관세채무가 소멸하여 보증 세관이 보증인에게 확약서와 예금통장을 반환해야 보증이 해제된다. 관세채무 또는 기타 비용에 대한 책임이 일부 소멸되었거나 담보된 금액의 일부에 대해 발생할 수 있는 경우, 그것을 확인할 수 있다면(일부 금액이 소멸되었다는 것이 확인된 경우), 관련자의 요청에 따라 해당 보증 부분은 해제된다.

8. 보증 모니터링

보증은 동 보증이 적용되는 물품의 수출입과 관련하여 실제로 지불해야 하는 수입 또는 수출 관세 및 기타 요금의 금액이 포괄보증 기준 금액을 초과해서는 안된다. 따라서 보증액이 자신의 운영을 감당할 수 있는 수준일 경우, 보증인은 세관에 이 사실을 통보해야 한다. 세관도 보증을 모니터링하여 보증인에게 보증액이 가혹한지 아니면 보증액이 부족한지 확인을 해야 한다. 세관은 각 세관절차에 따라

---

14 Guarantees for potential or existing customs debts－Title Ⅲ UCC, Guidance for Member States and Trade, 24 May 2024, p. 11

15 Guarantees for potential or existing customs debts－Title Ⅲ UCC, Guidance for Member States and Trade, 24 May 2024, p. 10

제출되는 각종 신고에 기재된 내용을 기초로 보증액을 모니터링하여야 한다. 이러한 모니터링은 정기적이고 적절한 감사를 통해 진행되어야 한다(이행규칙 제157조).

9. 보증관리시스템

포괄보증부분에서 자세히 설명했지만, 포괄보증은 둘이상의 회원국에서 사용될수 있기에 보증관리가 무엇보다 중요하다. 특히, 보증사기와 관련해서 매우 중요하다. 예를 들어 프랑스와 독일 양국에서 발생하는 관세채무에 대해 포괄보증이 제공되었을 경우, 보증이 프랑스와 독일 모두에서 인정되는 보증인지 확인할 필요가 있다. 그리고 포괄보증의 형태가 부동산일수도 있는데, 만일 그 부동산이 프랑스에 있다면, 독일의 입장에서는 이 부동산에 어떠한 권리제한이 붙어 있는지 알 수가 없다. 따라서 독일 세관은 제공된 포괄보증에 대해 확실한 신뢰를 가질 수 없게 된다. 이를 해결하기 위해서는 포괄보증의 등록, 유효성을 즉시 또는 수시로 확인할 필요가 있다. 이를 위해 만들어진 것이 바로 보증관리시스템(GUM: Guarantee Management System)이다. GUM은 통과운송을 제외하고 포괄보증에 대한 등록, 존재 및 유효성 확인, 기준 금액 모니터링 및 보증 해제등을 관리하는 전자시스템이다. 보증이 둘 이상의 회원국에서 사용될 경우, 이를 관리하기 위한 시스템으로 보면 된다. GUM 시스템은 GUM1과 GUM2로 나뉘는데, 앞서 EU 관세법의 특징에서 살펴보았듯이, GUM1은 EU 차원의 중앙보증관리시스템이고, GUM2는 개별 회원국의 보증관리시스템이다. 현재는 GUM1만 2024년 3월부터 운영 중이고 GUM2는 2025년 6월부터 운영될 예정이다. GUM1은 개별 회원국 세관에 제공된 포괄보증에 대한 보증세관의 결정을 저장하고 관리한다. 이러한 결정에는 보증액 분할과 보증액 조정도 포함된다. 둘 이상의 회원국에서 사용되는 포괄보증은 두 개국에서 진행되는 세관절차에 따라 보증액이 분할될 수도 있고(Split), 보증액수(Reference Amount)가 조정될 수 있기 때문이다. 한편, GUM2는 개별 회원국에서 포괄보증에 대한 절차와 결정을 전자적으로 처리하기 위해 만들어진 시스템이다. 예를 들어 A회원국에서 포괄보증에 대한 결정을 내릴 경우, 이를 GUM2에 저장하고 그 내용을 GUM1에 전달하면 GUM1에서 이 자료를 모두 저상하여 포괄보증을 EU 차원에서 관리하게 된다. 개별 회원국은 GUM1에 접속, 자신이 결정한 포괄보증에 대한 과거의 기록과 타 회원국의 기록을 확인할 수 있으며, 손쉽

게 보증사기나 기타 규정위반 행위를 파악할 수 있다.[16]

Ⅲ 관세채무액 확정

1. 개요

관세채무액은 관세채무가 발생한 장소 또는 제87조에 따라 관세채무가 발생한 것으로 간주되는 장소를 관할하는 세관이 필요한 정보를 입수한 후 즉시 결정한다 (제101조 제1항). 결정 방식은 이미 관세평가부분에서 자세히 설명한 바 있다. 납부해야 할 관세액이 정수가 아닌 경우 해당 금액은 반올림될 수 있다. 다만, 유로화로 표시되는 경우 반올림은 가장 가까운 정수로 반올림하거나 내림하는 것 이상일 수 없다. 예를 들어 관세채무액이 89.4유로일 경우, 가장 가까운 정수인 89유로로, 만일 89.7유로이면, 가장 가까운 정수인 90유로로 한다. 통화가 유로가 아닌 회원국은 위에서 설명한 반올림 규칙을 그대로 준용(Mutatis Mutandis)하거나 재정적으로 큰 영향이 없을 경우, 이 반올림 규칙을 무시해도 된다(제101조 제3항). 일정한 경우에는 세관의 사후검증을 조건으로(제48조) 세관은 관세채무액을 스스로 결정하지 않고, 신고인이 결정한 납부해야 할 수출입 관세 금액을 받아들일 수 있다(제101조 제2항).

2. 관세채무 통지

대한민국 관세법에서는 신고납부가 원칙이며 일정한 경우에만 부과고지를 하도록 규정하고 있으나(관세법 제39조), EU의 경우, 부과고지가 원칙이다. 물론 EU 관세법도 신고납부를 예외적으로 인정하고 있으며(제101조 제2항), 실제로 뒤에서 자세히 다룰 간이수입신고의 경우(제166조), 신고납부방식을 사용하고 있어, 신고납부가 전혀 사용되지 않는 것은 아니다. 하지만, 이는 예외적인 경우며, 원칙은 부과고지임을 유의할 필요가 있다. 관세채무 통지의 주체는 관세채무 결정과 마찬가지로 관세채무가 발생한 장소, 또는 제87조에 따라 관세채무가 발생한 것으

---

16 taxation-customs.ec.europa.eu/online-service/online-services-and-data-bases-customs/gum-guarantee-management-system_en

로 간주되는 장소를 관할하는 세관이다(제101조 제1항). 통지가 원칙이나, ① 관세액이 최종 결정될 때까지 관세 형태를 갖춘 상업정책조치가 부과된 경우(반덤핑관세, 할당관세등), ② 납부하여야 할 관세액이 구속력 있는 관세정보에 관한 결정(BTI 결정)에 따라 결정된 금액을 초과하는 경우, ③ 관세채무를 통지하지 않거나, 통지했다하더라도 납부해야 할 수출입 관세액보다 적은 금액을 통지한 원래의(Original decision) 결정이 나중에 법원에 의해 무효화된 경우, ④ 세관이 관세법에 따라 관세채무 통지를 면제받는 경우에는 통지를 하지 않는다. 대표적으로 관세채무액이 10유로 미만인 경우, 또는 최초에 통지한 관세채무액과 새롭게 통보한 관세채무액의 차이가 10유로 미만이면, 수정된 관세채무액 통지의무가 없다(위임규칙 제88조 제1항, 제2항). 납부해야 할 관세액이 세관신고에 기재된 금액과 동일한 경우, 세관의 물품 반출허가는 채무자에게 관세채무를 통지하는 것과 동일하다(제102조 제2항). 그러나 관세채무 통지가 범죄 수사에 지장을 줄 수 있는 경우, 세관은 더 이상 범죄 수사에 지장을 주지 않을 때까지 해당 통지를 연장할 수 있다. 관세채무 납부가 보장된 경우, 즉 보증에 의해 관세채무의 납부를 확보한 때에는 세관이 정한 기간 동안 동일인에게 반출된 모든 물품과 관련된 관세액에 해당하는 관세채무를 해당 기간 말에 통지할 수 있다. 단, 기간은 31일을 초과할 수 없다. 보증이나 담보를 통해 관세채무 납부를 신고인이 보장한 경우, 신고인에게 관세채무 납부편의를 제공하는 제도다. 대한민국의 월별납부와 유사한 제도라 보면 된다. 다만, 대한민국의 월별납부는 성실납세자에 대한 제도이지만, EU 관세법에서 규정하고 있는 이 제도는 보증을 전제조건으로 한다. 실무에서는 오히려 이 방식이 일반적으로 활용되고 있다. 즉, 통관대리인인 통관사는 세관에 보증을 제공하는 조건으로 물품을 우선 반출하고, 31일을 초과하지 않는 범위에서 관세를 추후 납부하는 것이다. 이러한 실무관행을 실제 법규정으로 포섭한 것이 바로 제105조에서 규정하는 관세채무의 세관계정 입력 기한 조항이다. 관세채무 통지가 범죄 수사에 지장을 줄 수 있는 경우, 세관은 범죄 수사에 지장을 주지 않을 때까지 해당 통지를 연장할 수 있다(제102조 제3항). 예를 들어 수사기관이 관세포탈액을 수사하고 있는데, 세관이 만일 관세채무액을 통보해 버리고, 그 액수가 수사에서 밝혀진 관세포탈액보다 적을 경우, 관세채무 통지가 오히려 수사에 방해를 줄 수 있다. 따라서 이러한 경우를 대비, 관세채무 통지를 연장할 필요가 있는 것이다.

✅ EU 반덤핑 규칙[(EU) 2016/1036]

1. 반덤핑 관세조치 요건
   - ⅰ) EU로의 물품 수출 가격이 정상 가격 보다 낮은 경우
   - ⅱ) 동종 물품을 생산하는 EU 산업에 중대한 피해 존재
   - ⅲ) 덤핑수입품과 물질적 피해 사이에 인과관계 존재
   - ⅳ) 반덤핑 조치로 인한 EU의 이익 침해 요소 부존재

2. 절차
   1) 반덤핑 불만제기

      반덤핑 불만사항은 업체 또는 EU 회원국 정부를 통해 EU 집행위원회에 제출된다. 노동조합은 EU 업계와 공동으로 불만사항을 제출하고 소송 절차의 이해 당사자가 된다. 특정한 경우에는 집행위원회가 직권으로 조사를 시작할 수도 있다. 이러한 불만제기에는 덤핑으로 인한 피해, 덤핑 혐의가 있는 수입품과 피해사이의 인과관계 증거가 포함되어야 한다. 집행위원회는 조사 개시를 정당화할 충분한 근거가 있는지 결정하기 위해 불만 사항과 함께 제공된 증거의 정확성과 타당성을 조사해야 하며, 이는 불만 사항이 접수된 후 45일 이내에 이루어져야 한다.

   2) 반덤핑 조사

      집행위원회는 조사를 시작하기로 결정하면 EU 공식 저널(우리의 관보)에 게시해야 한다. 알려진 모든 제조업체와 기타 모든 이해 당사자에게 연락하여 정해진 기한까지 설문지를 작성토록 요청한다. 조사는 가능한한 1년 이내에 완료되어야 한다.

   3) 잠정조치

      생산자로부터 불만이 제기된 이후, 조사를 통해 덤핑과 그로 인한 EU 산업피해에 긍정적 결정이 내려졌으며, EU 산업의 피해를 예방할 필요가 있을 때, 잠정관세가 부과된다. 잠정관세는 절차 개시일로부터 60일 이내에 부과되어야 하며, 아무리 늦어도 절차 개시일로부터 8개월 이내에 부과되어야 한다. 잠정관세는 최대 9개월 동안 부과가 가능하다. 만일 수출자가 가격수정을 위한 자발적 약속을 제안하고 위원회가 이를 수락할 경우, 잠정관세는 부과되지 않는다.

   4) 확정적인 반덤핑조치

      반덤핑 관세의 효력은 부과된 날로부터 5년이다. 만일 조치가 만료될 경우 덤핑 및 중대한 피해가 계속되거나 재발할 가능성이 있다면, 집행위원회는 반덤핑관세 효력 종료 검토를 진행하여 반덤핑 관세의 효력을 계속 유지할 수있다. 다만, 그러한 재발 가능성이 없다고 결론을 내릴 경우, 부과한 날로부터 5년 후에 반덤핑 조치는 종료된다. 수입업자는 납부된 관세의 기초가 되는 덤핑 마진이 제거되거나 감소되었음을 입증할 수있는 경우, 납부한 관세의 전체 또는 부분 환불을 요청할 수 있다.

1) 관세채무통지 기간

관세채무가 발생한 날로부터 3년이 경과한 후에는 관세채무를 채무자에게 통지할 수 없다. 관세채무가 형사소송을 야기할 수 있었던 행위의 결과로 발생한 경우, 국내법에 따라 제1항에 규정된 3년의 기간은 최소 5년, 최대 10년으로 늘어난다. 다만 이러한 기간은 제44조에 따라 항소가 제기된 경우, 항소가 접수된 날부터 정지되며, 항소 절차가 진행되는 동안 지속된다. 또한, 제22조(6)에 따라, 채무자에게 불리한 내용의 관세채무 통지 근거를 채무자에게 전달할 경우에도 정지되는데, 그 정지기간은 통지일로부터 채무자에게 자신의 의견을 표현할 기회가 주어진 기간(30일)이 끝날 때까지 적용된다(제103조). 관세채무가 제116조 제7항(세관의 실수로 환급이나 감면신청이 승인된 경우, 관세채무 회복 규정)에 따라 회복되는 경우에도, 환급 또는 감면 신청이 제출된 날부터 환급 또는 감면 결정이 내려진 날까지(세관의 실수로 내려진 결정) 위에서 언급한 기간이 정지된 것으로 간주한다(제103조 제4항). 세관의 오류로 내려진 환급 또는 감면 결정에 대해서는 신청에서 결정까지의 기간을 관세채무액 통지기간에서 제거하여 원활한 관세채무확보를 꾀하겠다는 의미로 볼 수 있다.

2) 관세채무의 세관계정 입력

관세채무가 발생한 장소 또는 제87조에 따라 관세채무가 발생한 것으로 간주되는 장소를 관할하는 세관은 각 회원국의 국내법에 따라 결정된 납부해야 할 관세채무액을 세관 계좌에 입력해야 한다. 다만, 관세채무액 통지가 필요없는 경우에는 계정입력을 하지 않는다(제102조 제1항). 관세채무 통지 기간이 지나 더 이상 통지가 불가능한 관세채무액도 계정에 입력할 필요가 없다. 회원국은 관세채무액을 계정에 입력하기 위한 실제 절차를 결정해야 한다. 이러한 절차는 관세채무가 발생한 상황을 고려하여 세관이 해당 금액을 지불할 것이라고 만족하는지 여부에 따라 달라질 수 있다(제104조).

수입관세의 일부를 면제받는 임시수입허가 이외의 통관절차를 위한 세관신고의 수리 또는 그러한 수리와 동일한 법적 효력을 갖는 기타 행위의 결과로 관세채무가 발생한 경우, 세관은 물품 반출일로부터 14일 이내에 납부해야 할 관세액을 계좌에 입력해야 한다.[17] 하지만, 납부가 보장된 경우(제102조 제4항), 세관이 정한 기간(31일을 초과할 수 없음) 동안 동일한 자에게 반출된 모든 물품과 관련된 관세액은 해당 기간의 마지막에 한 번에 처리되어야 하며 이러한 계정입력은 해당 기간 만료일로부터 14일 이내에 이루어져야 한다(제105조 제1항). 납부할 관세액 결정 또는 징수를 규율하는 특정 조건에 따라 물품이 반출될 수 있는 경우, 납부해야할 관세액은 그 관세액이 결정되었거나 해당 관세를 납부할 의무가 확정된 날로부터 14일 이내에 입력해야 한다. 그러나 관세채무가 관세 형태의 상업정책 조치와 관련된 경우, 납부해야 할 관세액은 유럽 EU 공식 저널에 확정적인 상업정책조치를 채택, 게재된 날로부터 2개월이내에 계정에 입력되어야 한다(제105조 제2항).

기타의 경우로 관세채무가 발생할 경우, 납부해야 할 관세액은 세관이 관세액을 결정할 수 있게 되어 결정을 내린 날로부터 14일 이내에 계정에 입력되어야 한다(제105조 제3항). 납부해야 할 관세액이 계정에 입력되지 않아 이를 보전해야 할 필요가 있는 경우, 또는 실제 납부해야할 액수보다 낮은 수준으로 관세액이 결정되어 입력된 경우, 보전해야 할 관세액에 대해서도 관세액은 세관이 관세액을 결정할 수 있게 되어 결정을 내린 날로부터 14일 이내에 계정에 입력되어야 한다(제105조 제4항). 만약 예측할 수 없는 상황(Unforeseeable Circumstances)이나 불가항력(Cases of Force Majeure)의 경우에는 이러한 입력시간이 적용되지 않는다(제105조 제5항). 관세채무 통지가 범죄 수사에 지장을 줄 수 있는 경우(제102조 제3항), 세관은 더 이상 범죄 수사에 지장을 주지 않을 때까지 관세채무 통지가 더 이상 범죄수사에 지장을 주지 않을 때까지 계정입력이 연장될 수 있다(제105조 제6항). 제201조에 보면 물품의 반출은 관세채무액 납부 이후에 이루어지는 절차로 규정되어 있어, 물품 반출일로부터 14일 이내에 납부해야 할 관세액을 계좌에 입력해야 한다는 제105조의 내용과 서로 부딪치는 것으로 생각될 수 있으나, EU의 실무 관행을 보면, 통관사가 세관에 보증을 제공하는 조건으로 관세를 납부를 하지 않은 상태에서 우선적으로 물품을 반출하고, 반출 후 31일을 초과하지 않는 범위에서 관세

---

17 실무상, 관세나 기타 부가금 납부는 화주가 직접하는 것이 아니라, 통관사가 대행한다. 예를 들어 통관사는 보증제공을 조건으로 관세납부를 하지 않은 상태에서 물품을 세관으로부터 반출한다. 이후, 화주로부터 납부해야할 관세액을 받아 세관 계좌에 송금한다. 세관은 이렇게 받은 관세를 자신의 계좌에 입력하는 것이다.

를 납부하는 것을 허용하고 있기 때문에, 제201조에도 불구하고, 세관은 물품 반출 이후 14일 이내까지, 납부해야할 관세액을 계정에 입력할 수 있는 것이다. 따라서 제105조는 EU의 실무 관행을 고려한 규정임을 이해하여야 한다.

3. 관세채무 납부

1) 납부기한

채무자에게 통보된 관세채무액은 세관당국이 정한 기간 내에 채무자가 납부하여야 한다. 당사자에게 회복 불가능한 피해가 우려된다고 믿을 만한 타당한 이유가 있지 않는 한(제45조 제2항), 그 기간은 채무자에게 통지한 후 10일을 초과할 수 없다.

2) 납부기한의 정지

납부기한은 ① 환급, 감면 신청 시, ② 물품을 몰수, 파기하거나 국가에게 소유권을 넘기는 경우(Abandoned to state), ③ 규정 불이행으로 관세채무가 발생한 경우로써, 채무자가 2인 이상인 경우, 보증을 조건으로 납부기한이 정지된다(제108조 제3항). 구체적으로 하나씩 살펴보자. 먼저 환급이나 감면신청 시 납부기한이 정지되기 위해서는 애초에 물품에 결함이 있거나, 계약조건을 미준수했을 때(제118조), 관할 당국의 오류로 과다한 관세채무가 부과된 경우(제119조), 또는 형평성의 원칙상 관세채무를 발생시킨 원인(과실)을 온전히 채무자에게만 부과할 수 없을 때, 납부기간이 정지된다(위임규칙 제89조). 또한 통보된 관세채무가 과다하게 부과된 경우, 납부결정이 법원에 의해 무효화되거나, 당사자에게 회복 불가능한 피해가 우려된다고 믿을 만한 가능성이 높을 때에도 정지된다. 만일 면제를 신청한 대상물품이 자유유통을 위해 반출되고 세관의 사후통제까지 벗어났다면, 보증이 필요하다. 예를 들어 4억원의 관세를 납부해서 이미 반출된 물품이 사후 세관통제까지 끝난 상황에서 관세에 대한 일부 면제사유가 발생, 면제를 요청할 경우, 면제에 대한 결정이 최종 확정될 때까지 보증을 제공해야 한다. 다만, 보증제공이 채무자에게 심각한 경제적 또는 사회적 어려움을 야기할 가능성이 있다고 판단되는 경우 세관은 보증을 요구하지 않는다. 두 번째로 몰수, 폐기, 국가에 소유권을 포기하는 경우, 물품이 여전히 세관 감독하에 있고 세관이 몰수, 폐기 또는 국가에 소유권을 포기하는 조건이 충족될 가능성이 있을 것으로 판단할 때에는, 세관은 몰수, 폐기 또는 국가에 소유권을 포기하는 최종결정이 내려질 때까지 관세채무에 해당하는 수출입 관세액의 납부기한을 정지한다(위임규칙 제90조). 마지막으로 규정 불이행으로 인해 발생한 관세채무로써 채무자가 2인 이상인 경우, 적어도 다른 한명의 채무자가 더 확인되었을 때, 또는 관세 형태의 상업정책조치가 부과된 채무자에게 관련 관세채무가 통보된 경우, 의무이행자이긴 하지만, 그 사람에게 사기 또는 명백한 과실이 인정될 수 없다면, 역시 납부기한이 정지된다. 주의할 것은 규정 불이행으로 인한 관세채무 납부기한 정지는 보증을 제공한 자에게만 적용된다. 물론, 이미 관세채무액 전체에 대한 보증이 존재하고 보증인이 그 의무에서 면제되지 않는 경우, 또는 보증요구가 채무자에게 심각한 경제적 또는 사회적 어려움을 초래할 가능성이 있다고 입증된 경우에는 세관은 보증을 요구하지 않는다. 이러한 정지 기간은 1년으로 제한되며, 만일 정당한 사유가 있는 경우 세관에 의해 연장될 수 있다(위임규칙 제91조).

3) 납부방식

납부는 현금 또는 국내법에 따라 유사한 채무이행의(Discharge) 효과를 갖는 기타 수단으로 이루어져야 한다. 관세채무는 채무자를 대신하여 제3자가 지급을 할 수 있다. 채무자는 납부 기간이 만료전이더라도 수출입 관세 금액의 전부 또는 일부를 납부할 수 있다. 납부연기를 승인받거나 EU 관세법에서 규정하지 않는 다른 납부방식을 승인받은 경우(제110조, 제111조, 제112조), 그 기간과 조건을 지켜야 한다(제109조).

4) 납부연장

세관은 보증을 포함한 관련자의 신청에 따라 관세채무액 납부연장(Deferment)을 승인한다. 납부연장의 대상은 ① 개별 관세채무뿐 아니라, ② 세관이 지정한 일정기간동안 발생한 관세채무 전체(제105조 제1항), ③ 관세채무가 일정기간 동안 발생했지만, 하나의 계정에 기록된 관세채무[제110조 (c)]에 대해서도 가능하다. 하나의 계정에 기록된 관세채무란 동일한 물품을 예를 들어 한 달 동안 수차례 수입하여 임시보관형태로 두었다가, 한꺼번에 전체물건을 하나의 수입신고서에 의해 수입하여 세관에서 하나의 계정에 전체 관세채무를 기록하는 것을 의미한다. 개별 관세채무에 대한 연장 기간은 30일이며(제111조 제1항), 기산일은 관세채무가 채무자에게 통보된 날의 다음 날이다(제111조 제2항). 계정에 입력된 모든 관세액에 대해 납부를 연장하는 경우, 그 기간은 합산기간이 종료되는 날의 다음 날부터 시작된다. 기간은 합산기간에 해당하는 일수의 절반에 해당하는 일수만큼 단축되고 그 절반에 해당하는 기간을 최대보장기간인 30일에서 공제하여 남은 날이 최종 납부연장기간이다. 예를 들어 5월 1일부터 30일까지의 기간을 지정하여 그 기간안에 발생한 관세채무를 합산하는 경우, 합산기간인 30일의 다음 날인 5월 31일부터 납부연장 기간이 시작된다. 30일간의 합산기간이 주어졌기 때문에 30일의 반인 15일을 최대 보장기간인 30일에서 공제하면 15일이 남고, 바로 이 15일이 납부연장기간이 된다.[18] 결국 납부연장기간은 5월 31일부터 6월 14일까지다. 하나의 계정에 기록된 관세채무[제110조 (c)]에 대해 납부가 연장되는 경우, 기간은 해당 물품의 반출을 위해 정해진 기간이(30일) 끝난 다음 날부터 시작되며 기간은 반출을 위해 정해진 기간에 해당하는 절반의 해당하는 일수만큼 단축된다. ①과 ②의 경우, 납부연장 승인을 받은 경우라도 채무자가 그 합산기간보다 더 긴 연장 기간(30일)을 허락받아서는 아니 된다. ①과 ②에 언급된 기간의 일수가 홀수인 경우, 해당 항에 따라 30일 기간에서 공제되는 일수는 다음으로 가장 낮은 짝수의 절반과 동일한다. 예컨대 합산기간이 15일이면, 다음으로 작은 짝수인 14일의 반 즉, 7일이 30일에서 공제된다. 합산기간이 홀수일 때 생기는 계산의 문제점을 해결하기 위한 규정이다. 또한 ①과 ②에 언급된 기간이 주(Week)인 경우, 회원국은 납부가 연장된 수출입 관세액을 늦어도 해당 주를 넘어 네 번째 주 금요일에 납부하도록 연장해 줄 수 있다. 해당 기간이 월(Month)인 경우, 회원국은 납부가 연장된 수출입 관세액을 해당 달의 다음 달 16일까지 납부하도록 연장할 수 있다. 이외에도 세관은 물품 반출후 통제 과정에서 납부할 관세액이 결정된 경우(납부한 관세액의 수정 등), 채무자의 신청에 따라 납부 기간을 연장할 수 있다. 다만, 그러한

---

18 Guarantees for potential or existing customs debts – Title Ⅲ UCC, Guidance for Member States and Trade, 24 May 2024, p. 23

연장은 채무자가 자신의 의무를 이행하기 위해 적절한 조치를 취하는 데 필요한 시간을 초과할 수 없다(제108조 제1항).

5) 기타 납부방식

세관당국은 채무자에게 납부연장 이외에 다른 방식을 허가할 수 있다. 실무에 서표적으로 사용되는 기타 납부방식은 이른바 후불, 분할 납부 등이다. 후불이란 예를 들어 물품 반출 후 30일 이후, 관세채무를 납부하도록 하는 것이다. 분할납 부란 관세채무액을 수차례 나누어 납부하는 방식이다. 이러한 기타 납부 방식은 코로나 19로 인해 어려움을 겪었던 기업들을 위해 사용된 바 있다. 하지만, 이러 한 기타 납부방식에는 보증이 반드시 제공되어야 하며 관세채무액에 신용 이자가 더해진다. 신용이자율은 통화가 유로인 회원국의 경우 만기일이 속하는 달의 첫 번째 날, 유럽 중앙 은행이 주요 재융자 사업에 적용하는 유럽 EU 공식 저널 C 시리즈 이자율에 1퍼센트를 인상한 액수와 동일해야 한다. 통화가 유로화가 아닌 회원국의 경우 신용이자율은 중앙은행이 주요 재융자 작업을 위해 해당 달의 첫 번째 날에 적용한 이자율에 1% 포인트 인상한 액수, 또는 국립중앙은행 금리를 이용할 수 없는 회원국의 경우, 해당 회원국의 화폐 시장에서 해당 월의 첫 번째 날에 적용되는 금리에 1% 인상된 액수와 동일해야 한다. 세관은 채무자 상황에 대한 문서화된 평가에 근거하여, 심각한 경제적 또는 사회적 어려움을 야기할 것 으로 판단되는 경우, 보증이나 신용이자를 부과하지 말아야 한다(Refrain from). 세 관은 각 회수 조치 금액이 10유로 미만인 경우에도 신용이자를 부과하지 않는다 (제112조).

4. 징수

납부해야 할 수출입 관세액이 지정된 기간 내에 납부되지 않은 경우, 세관은 관련 회원국의 법률에 따라 가능한 모든 수단을 통해 해당 금액의 납부를 확보해 야 한다(Secure)(제113조). 이러한 징수는 회원국간 협력을 통해서도 이루어진다. 관 세채무액을 회수할(Recover) 권한이 있는 세관은 타 회원국 관련 세관에 관세채무 가 발생했다는 사실과 이를 회수하기 위해 채무자에 대해 취해진 조치를 알리고 관련 세관과 협력해야 한다. 물품이 통과운송 이외의 특별절차에 놓였거나 임시보관된 회원국의 세관이 관세채무를 발생시켰거나 발생시킨 것으로 간주되는 사건이 다른 회원국에서 발생했다는 증거를 획득한 경우, 즉시 해당 장소를 관할하는 세관에 이용 가능한 모든 정보를 통보해야 한다. 해당 장소를 담당하는 세관은 통보 접수를 확인하고 관세채무 회수에 대한 책임이 있는지 여부를 알려야 한다. 만일 통보 접수일로부터 90일 이내에 응답이 없을 경우, 통지를 한 세관은 즉시 보전조치를 진행한다(이행규칙 제165조 제3항). 한편, 세관절차나 임시보관절차에 놓이지 않은 물품과 관련하여 관세채무가 발생한 것으로 밝혀진 회원국의 세관은, 관세채무 통지 전에 관세채무를 발생시켰거나 발생시킨 것으로 간주되는 사건이 다른 회원국에서 발생했다는 증거를 획득한 경우, 즉시 해당 장소를 관할하는 세관에 이용 가능한 모든 정보를 통보해야 한다. 해당 장소를 담당하는 세관은 통보 접수를 확인하고 회수에 대한 책임이 있는지 여부를 알려야 한다. 만일 통보접수일로부터 90일 이내에 응답이 없을 경우, 이를 통지한 세관은 즉시보전 조치를 진행한다(이행규칙 제165조 제4항). 다만, 관세채무액이 10,000유로 미만일 경우, 관세채무 발생사실을 확인한 세관이 관세채무 회수조치를 취한다(제87조 제4항).

5. 연체이자

지정된 기간이 만료된 날부터 납부일까지 수출입 관세액에 대해 연체이자가 부과된다. 통화가 유로화인 회원국의 경우, 만기일이 속하는 달의 첫 번째 날, 유럽 중앙은행이 주요 재융자 사업에 적용하는 유럽 EU 공식 저널 C 시리즈 이자율에 2%를 인상한 액수와 동일해야 한다. 통화가 유로화가 아닌 회원국의 경우, 연체 이자율은 중앙은행이 주요 재융자 작업을 위해 해당 달의 첫 번째 날에 적용한 이자율에 2% 포인트 인상한 액수 또는 국립중앙은행 금리를 이용할 수 없는 회원국의 경우, 해당 회원국의 화폐 시장에서 해당 월의 첫 번째 날에 적용되는 금리에 2% 인상된 액수와 동일해야 한다. 예를 들어 체납액(관세채무액)이 1억이고 체납일수가 100일인 경우, 연체이자는 1억×(ECB 이자율＋2%)×100으로 계산된다. 관세채무가 규정불이행에 의해 발생하거나(제79조, 제82조) 관세채무 통지가 통관 후 통제과정으로 인해 발생한 경우, 징벌의 목적상 연체금에 대한 이자는 관세채무가 발생한 날부터 통지일까지 수출입 관세 금액을 초과하여 부과된다. 세관은 채무자 상황에 대한 문서화된 평가에 근거하여 연체금에 대한 이자를 부과하는 것이 심각한 경제적 또는 사회적 어려움을 야기할 것으로 판단되는 경우에는 연체금에 대한 이자를 부과하지 않을 수 있다. 만일 회수해야 할 관세채무 금액이 10유로 미만인 경우에도 연체금에 대한 이자를 부과하지 않는다(제114조).

 ## Ⅳ 환급 및 면제

1. 요건

① 과도한 수입 또는 수출 관세가 부과되거나, ② 결함이 있는 물품이나 계약조건을 준수하지 않는 물품에 대해 관세가 부과된 경우, 또는 ③ 관할 당국의 오류에 의해 관세가 부과된 때, ④ 기만이나 명백한 과실이 채무자에게 귀속될 수 없는 특별한 상황에서 관세채무가 발생한 경우, 형평성의 차원에서 납부한 관세채무액을 환급하거나 미납된 관세채무액은 면제한다(제116조 제1항). ⑤ 관세를 납부하였는데, 물품이 즉시 다른 세관절차를 거쳐야 한다고 세관이 인정하는 경우, 또는 특별한 상황의 결과로 신고된 세관절차에 따라 물품을 장치하는 것이 더 이상 정당하지 않다고 인정하는 경우. 신고인의 요청에 의해 세관신고는 무효가 되며 이미 납부한 관세액은 환급된다(제174조 제1항). 다만, 관할 세관이 검사 의사를 신고인에게 통보한 경우에는 검사가 이루어지기 전에는 세관신고의 무효가 인정되지 않으며, 당연히 환급도 인정되지 않는다(제174조 제1항). 당사자가 더 낮은 금액의 환급 또는 면제를 요청하는 경우를 제외하고, 세관은 관세액이 10유로 이상인 경우, 해당 금액을 환급하거나 면제해야 한다. 환급 또는 면제는 신청에 의해 이루어지는 것이 원칙이지만(위임규칙 제94조), 법령에 의해 세관이 관세액을 환급하거나 면제하여야 할 경우, 직권으로 환급하거나 면제한다. 대표적으로 보증면제 부분에서 설명한 관세면제에 대한 이사회 규칙(EC) No 1186/2009에서 정하고 있는 관세면제 대상 물품이 있다. 동 규칙에 규정된 물품에 대해서는 면제신청이 필요없으며, 세관이 직권으로 관세액을 면제한다.

구체적으로 살펴보면 ① 거주지를 제3국에서 EU로 이전하는 자의 재산(제4조)

으로 최소 12개월이상 EU에 거주해야 한다. ② 결혼 기념으로 받는 선물도 면세 대상이나 그 가치가 1,000유로를 넘어서는 안 된다(제12조), ③ 상속재산(제17조), ④ 교육자료 및 관련용품(제21조), ⑤ 가치가 150유로 미만의 물품(제23조), ⑥ 제3국에서 EU 거주 개인에게 보내는 비상업적 성격의 선물로 가치가 45유로 미만인 것(제25조), ⑦ 담배 50개비, 시가 10개, 알콜도수 22%를 초과할 경우, 또는 증류주의 경우 1리터, 스틸와인 2리터, 향수 50그램(제27조), ⑧ 제3국에서 EU 관세영역으로 수입되는 자본재 및 기타장비, 단 제3국에서 사용되던 용도와 사업분야가 EU에서도 동일해야 한다(제29조). ⑨ EU 역내에 인접한 제3국으로부터 생산된 농축산물, 양봉, 원예, 임업 물품이 EU 관세영역으로 수입되는 경우, 단 축산물의 경우, EU 관세영역에서 유래했거나 자유유통된 동물에서 파생된 물품이어야 한다(제35조). ⑩ 제3국과 인접한 EU 역내 토지에 사용하기 위해 수입한 토양 및 작물 처리용 종자, 비료 및 토양 처리 물품(제39조), ⑪ 여행자의 개인수하물(제41조), ⑫ 교육, 과학 및 문화 자료, 과학장비(제42조), ⑬ 연구용 실험동물 및 연구용 생물학적, 화학적 물질(제53조), ⑭ 인간으로부터 유래한 치료물질, 혈액형 분류 시약, 조직(Tissue) 시약, ⑮ 의학연구 및 치료를 위한 기기 및 장치(제57조), ⑯ 국제 스포츠 행사에 사용되는 의약품(제60조), ⑰ 자선단체 또는 자선단체용(장애인, 가난한 사람, 재해구호용품) 물품(제61조), ⑱ 제3국으로부터 받은 상장, 훈장, 메달 등(제81조), ⑲ 제3국을 공식방문하여 그 당국으로부터 받은 선물(제82조), ⑳ 국가원수나 군주가 사용하는 물품(제85조), ㉑ 인쇄물, 견본, 광고물 등 무역촉진 목적으로 수입되는 물품(제86조부터 제89조), ㉒ 분석장비(제95조), ㉓ 저작권이나 특허권보호를 담당하는 기관에 제출되는 상표, 디자인, 발명품(제102조), ㉔ 무료로 배포하는 관광, 스포츠, 종교 광고 문헌[제103조 (a)], ㉕ 무료로 배포하는 공식여행사 목록, 호텔목록, 홍보문헌[제103조 (b)], ㉖ 외국정부, 국제기구 출판물, 중앙은행 발행 공식 인쇄물, 국제회의에 제출되는 문건, 대회 참가를 위해 제출되는 기술도면, 디자인, 제3국에서 설립된 기관이 EU 관세영역에서 실시하는 테스트에 사용되는 서류, 운송서류 등(제104조), ㉗ 운송물 보호를 위한 재료(짚, 천, 스티로폼, 판지, 목재등, 제105조), ㉘ 운송중인 동물 사료 및 발생하는 쓰레기(제106조), ㉙ 자동차 및 특수한 용기에 존재하는 연료 및 윤활유(제107조), ㉚ 전쟁 희생자 추모비 또는 묘지 건설을 위한 자재(제112조), ㉛ 장례용품(제113조), ㉜ EU 역내와 인접한 제3국 농업활동을 위해 이전되는 가축(제115조), ㉝ 제3국에 인접한 EU 영역에서 농업을 통해 얻은 생산물의 수출(제116조), ㉞ EU 역내와 인접한 제3국 토지에 필요한 종자 수출(제119조), ㉟ 동반여행중인 동물과 함께 이동하는 사료(제121조) 등이다. 동 물품들은 관세가 면제될 뿐 아니라 뒤에서 설명할 각종 세관절차에서도 구두신고(Oral Declaration) 등, 매우 간소화된 절차를 이용할 수 있다. 주의할 것은 관세채무 통지의 원인이 된 상황이 채무자의 기망으로 인한 경우에는 어떠한 환급이나 면제도 허용되지 않는다(제116조 제5항). 한편 세관이 관세를 환급할 때에는 이자를 지급하지 않는다(제116조 제6항). 다만, 기한을 지키지 못한 것이 세관의 통제 범위를 벗어나는 경우를 제외하고, 환급결정이 내려진 날로부터 3개월 이내에 상환 결정이 이행되지 않은 경우에는 이자가 지급된다. 이자는 3개월이 경과한 날부터 환급일까지 지급되며 이자율은 제112조에 따라 정한다. 반대로 세관이 실수로 환급 또는 면제를 승인한 경우, 관세채무 시효가 만료되지 않는 한 원래의 관세채무는 회복되어야 한다. 이 경우, 지급된 이자도 세관이 징수하여야 한다(제116조 제7항).

2. 환급 또는 면제 대상

1) 과다 부과된 수입 또는 수출 관세 금액

처음에 통보된 관세채무액이 원래 지불해야 할 금액을 초과하거나 초과한 액수를 정한 최초의 결정이 나중에 법원에 의해 무효화된 경우, 또는 최초에 통지한 관세채무액과 새롭게 통보한 관세채무액의 차이가 10유로 이상(위임규칙 제88조 제1항, 제2항)인 경우, 관세액은 환급된다(제117조 제1항). 한편, 자유유통반출 신고가 수리된 당시 관세할당, 관세한도 또는 기타 특혜 관세조치로 인해 영세율 또는 수입관세 감면 조건을 바탕으로 환급 또는 면제를 신청하는 경우, 환급 또는 면제는 관세 할당량이 소진되지 않은 경우, 또는 일반적으로 납부해야 할 세율이 재설정되지 않았을 경우에만 가능하며, 필요서류와 함께 신청서를 제출해야 한다(제117조 제2항).

2) 결함이 있는 물품 또는 계약 조건을 준수하지 않는 물품

관세채무 통지가 수입자가 (자유유통을 위해) 반출하려는 당시, 수입의 조건이 되는 계약에 위배하여 결함이 있거나 계약 조건을 준수하지 않아, 거부된 물품과 관련된 경우, 수입관세액을 환급하거나 면제해야 한다(제118조 제1항). 관세를 부과하는 것은 그 물품이 과세할 가치가 있다는 사실을 전제로 하기 때문에 결함이 있거나 계약조건을 위반한 물품의 경우, 가치를 인정할 수 없고 따라서 관세 역시 부과할 수 없다. 결함물품은 (자유유통을 위해) 반출전에 손상된 상품이 포함되는 것으로 간주한다(제118조 제1항). 왜냐하면 수입자는 물품이 수출지로부터 EU 관세영역으로 들어와 자유유통을 위해 반출될 때까지 물품을 통제할 권한과 능력이 없기 때문에 세관에 이러한 결함이 수입자의 잘못이 아니라는 것을 증명할 방법이 마땅지 않고, 따라서 환급이나 면제를 받기 어렵기 때문이다. 더 나아가 EU 관세법은 물품에 결함이 있거나 계약 조건을 준수하지 않았음을 입증하는 데 필요한 초기 사용을 제외하고 물품을 사용하지 않은 채로 EU 관세영역에서 반출될 경우에도, 환급 또는 면제를 허용하고 있다. 다만, ① 자유유통을 위해 반출되기 전 검사를 위한 특별절차를 진행하였고 그 과정에서 아직 물품에 결함이 있거나 계약조건을 준수하지 않았음을 확인하지 못했지만, 이를 전적으로 신뢰할 수 없다고 하여 환급이나 면제를 신청할 수는 없다. 물품에 결함이 있는지 여부가 확실치 않다고 하여 환급을 허용할 경우, 환급이나 면제신청을 남용할 우려가 많기 때문이다. 또한, ② 물품이 관세채무 발생과 관련된 세관절차에 들어가기 전에 계약조건, 특히 가격을 작성할 때 물품의 결함이 고려되었던 경우, ③ 물품에 결함이 있거나 계약조건을 준수하지 않는다는 것이 확인된 후, 물품을 판매한 경우에도 환급이나 면제를 인정하지 아니한다(제118조 제3항). 이러한 물품들은 대부분 수출지로 반송하게 된다. 하지만, 필요에 따라서는 EU 관세영역에서 이를 폐기할 수도 있으며, 때로는 세관창고나 자유무역지대에 보관하면서 역내가공에 사용할 수도 있다. EU 관세법은 이를 감안, 비EU 관세영역으로 물품을 반출하는 대신, 관련자의 신청이 있을 경우, 물품을 폐기 또는 외부통과운송, 세관창고 또는 자유무역지대 등을 포함한 역내가공절차에 놓일수 있도록 허용하고 있다(제118조 제4항).

3) 관할 당국의 오류

당국의 오류(Error)로 처음에 통보된 관세채무액이 납부해야할 금액보다 작을 때, 채무자가 그 오류를 합리적으로 발견할 수 없었고, 채무자가 선의로 행동한 경우, 관세를 환급하거나 면제한다(제119조 제1항). 이러한 오류에 채무자가 기여하지 않았다는 것을 전제로 하는 규정이다. 또한 자유유통을 위한 세관신고에 모든 세부사항이 들어가 있으며 인하세율 또는 영세율 적용에 필요한 모든 서류가 첨부되었음에도 세관의 실수로 인해 감세율 또는 영세율을 적용하지 못한 경우, 환급이나 면제가 허용된다(제119조 제2항). 한편, EU 관세법은 비EU 관세영역 국가나 영토의 당국이 참여하는 행정적 협력 체계에 기초하여 물품에 대해 특혜대우가 부여되는 경우, 해당 당국이 발행한 문서가 부정확한 것으로 밝혀지면, 이 부정확한 문서에 대해 채무자가 그 오류를 합리적으로 발견할 수 없었던 것으로 간주한다(제119조 제3항). 타국 정부에 의해 발행된 문서에 문제가 있는 것을 채무자가 확인할 수도, 합리적으로 알 수도 없기 때문이다(제119조 제3항). 더 나아가 만일 채무자가 해당 거래 활동기간 동안 특혜를 위한 모든 조건이 충족되었는지 확인하기 위해 적절한 주의를 기울였음을 입증할 수 있는 경우에는 채무자의 선의까지 인정된다. 하지만, 타국 정부의 당국이 발행한 부정확한 증명서가 수출자가 제공한 사실에 근거한 것을 경우, 타국 정부의 발행기관이 당국이 해당 물품이 특혜 대우를 받을 수 있는 조건을 갖추지 못했다는 사실을 확인했거나 확인했어야만 했다는 명백한 증거가 없는 한, 당국의 오류를 구성하지 않는다. 집행위원회가 수혜 국가 또는 영토의 특혜 조치의 적절한 적용에 대해 의심스러운 근거가 있음을 명시하는 통지를 EU 관보에 게재한 경우, 채무자는 선의를 인정받지 못하고, 따라서 자신의 선의를 증명하기 위한 다른 증거를 제시하여야 한다(제119조 제3항).

4) 형평성

기만이나 명백한 과실이 채무자에게 귀속될 수 없는 특별한 상황에서 관세채무가 발생한 경우, 수출입관세액을 형평의 이익으로 환급하거나 면제한다. 특별한 상황이란, 채무자가 같은 사업을 영위하는 다른 경영자와 비교하여 예외적인 상황에 있다는 것이 그 사건의 상황으로 보아 명백하고, 만일 이러한 예외적 상황이 없다면 관세채무 징수로 인해 불이익을 받지 않았을 것이 확실한 경우를 말한다(제120조). 예를 들어 자신이 전혀 예상치 못한 상황에서 타인의 실수로 관세채무를 부과받은 상황에서 타인의 실수가 없었다면 관세채무를 부과받을 이유가 전혀 없을 때, 세관은 형평성을 고려, 관세채무를 면제한다.

5) 집행위원회와 회원국간 협의

만일 세관의 오류나 형평성의 차원에서 환급 또는 면제을 허용해야 한다고 판단하는 경우, 관련 회원국이 ① 이러한 환급 또는 면제의 원인이 집행위원회의 의무 불이행의 결과라고 간주하거나, ② 집행위원회가 오류를 범했다고 판단하는 경우, 또는 ③ 사건의 상황이 관세 및 농업 문제 관련 법률의 적합한 적용을 보장키 위한 회원국 행정 당국 간 상호 지원 및 회원국 행정 당국과 집행위원회 간 협력에 관한 이사회 규칙(EC) 515/97[19]에 따라 수행된 EU 조사 결과와 관련된 경우, 한편, ④ 이러한 조사권을 부여하는 EU와 제3국 또는 국가단체(Groups of Countries)와의 협정이나 법률에 의해 이루어진 조사 결과와 관련된 경우,[20] 또는 ⑤ 오류나 특별한 상황으로 인해, 하나 이상의 수출입 작업과 관련하여 해당 개인이 책임져야 할 금액이 500,000유로 이상인 경우, 회원국은 환급 또는 면제 결정을 내리기 위해 EU 집행위원회에 관련 자료를 송부해야 한다. 하지만, 이미 집행위원회가 사실과 법률의 유사한 문제와 관련된 사건에 대해 결정을 채택한 경우, 또는 집행위원회가 유사한 문제와 관련된 사건을 이미 고려하고 있는 경우에는 집행위원회에 관련 자료를 송부해서는 안 된다(제116조 제3조, 제4조). 회원국은 관련 자료를 집행위원회에게 송부하기 전, 해당인(Person concerned: 주로 신청인)에게 송부할 자료와 함께 송부의사를 통지해야 하며, 해당인이 자료를 검토하고 추가하거나 나열할 것이 없음을 명시하는 진술서에 서명할 수 있도록 30일의 시간을 주어야 한다. 만일 추가내용이 있다면 반드시 자료에 포함시켜야 한다. 해당인이 30일 이내에 해당 진술을 제공하지 않는 경우 해당인은 자료를 검토했으며 추가할 내용이 없다고 간주된다. 집행위원회에 송부될 자료에는 ① 사건 요약, ② 자료를 집행위원회에 보내야하는 조건이 충족되었음을 입증하는 자세한 정보, ③ 해당인이 진술한 것이 있다면 그 내용, ④ 만일 진술한 것이 없다면 해당인이 자료를

---

19 정식명칭은 Council Regulation (EC) No 515//97 of 13 March 1997 on mutual assistance between the administrative authorities of the Member States and cooperation between the latter and the Commisssion to ensure the correct application of the law on customs and agricultural matters이다.

20 관세 및 농업 문제에 대한 회원국간 비 사법적인 분쟁 조정 절차, 제3국과의 관계에서 회원국의 행동규칙등을 규정한 규정으로 회원국간 분쟁 발생시 집행위원회가 회원국간의 분쟁을 조정하도록 하고 있다.

검토하였고 별도로 진술한 것이 없다고 간주할 수 있는 회원국의 진술증명이 포함되어야 한다. 집행위원회는 자료를 받은 날로부터 15일 이내에 자료에 포함된 사건 요약 사본을 모든 회원국에게 제공한다. 만일, 회원국이 송부한 자료가 집행위원회가 결정을 내리는 데 충분하지 않은 경우 회원국에 추가정보를 요청할 수 있다. 만일 자료가 집행위원회의 고려를 정당화할 만한 내용이 전혀 포함되어 있지 않을 정도로 불완전하거나, 집행위원회가 유사한 문제에 대해 이미 고려하고 있고, 또는 이미 결정을 채택한 경우(제116조 제3항), 그리고 회원국이 집행위원회가 자료를 검토하는 동안 사건의 법적평가를 실질적으로 변경하는 새로운 정보를 집행위원회에 전송한 경우, 집행위원회는 자료를 회원국에 반송하고 해당 사안은 집행위원회에 제출되지 않았던 것으로 간주된다(위임규칙 제98조 제6항). 집행위원회는 자료을 송부받은 날로부터 9개월 이내에 환급 또는 면제가 정당한지 여부를 결정해야 하며,(위임규칙 제100조 제1항) 만일 추가정보를 요청할 필요가 있다고 판단한 경우, 위에서 언급한 9개월에 추가정보를 요청한 날과 그 추가정보를 받은날 사이의 날짜만큼 기간을 연장한다. 예를 들어 추가정보를 요구하고 이것을 받은 기간이 10일이면 9개월 10일로 연장된다는 의미다. 연장이 이루어질 경우, 집행위원회는 해당인에게 연장 사실을 통보해야 한다(위임규칙 제100조 제2항).

만일 집행위원회가 결정을 내리기 위해 조사를 실시하는 경우, 원래 결정기간인 9개월에서 조사를 완료하는 데 필요한 시간만큼 연장되나, 그 연장기간은 최대 9개월을 초과할 수 없으며, 따라서 총 18개월 안에 모든 조사를 끝내고 결정을 내려야 한다. 집행위원회는 조사가 시작되고 종료되는 날짜를 회원국과 해당인에게 통보해야 하며(위임규칙 제100조 제3항), 회원국으로부터 자료를 송부받은 날로부터 9개월이라는 결정기한이 만료되고 그 만료일로부터 30일 이내에 결정을 관련 회원국에 통보해야 한다(위임규칙 제101조 제1항). 통보를 받은 회원국 세관은 집행위원회 결정에 기초하여 최종결정을 내려야 하며 결정서 사본을 집행위원회에 송부한다(위임규칙 제101조 제2항). 만일, 집행위원회가 규정된 기한 내에 결정을 내리지 않거나, 해당 회원국에 결정을 통보하지 않는 경우, 관할 세관은 해당인에게 유리한 결정을 내려야 한다. 집행위원회가 해당인에게 불리한 결정을 내리려 한다면, 그 근거가 되는 모든 문서 및 정보를 참조하여 서면으로 해당인에게 통보해야 하며, 해당인에게 자료에 접근할 수 있는 권리가 있음을 알려야 한다. 해당인은 통보를 받은 날로부터 30일 이내에 집행위원회에 서면으로 자신의 견해를 표현할 기회가 주어진다(위임규칙 제99조).

3. 환급 및 면제 절차

환급 또는 면제신청은 관세채무를 납부한 자 또는 납부의무가 있는 자 또는 그 권리와 의무를 승계한 자만이 제출할 수 있다(위임규칙 제172조). 신청은 관세채무를 통지한 세관에 제출되어야 하며(위임규칙 제92조), ① 관세채무액이 과다하게 부과된 경우나 관할 당국의 오류 또는 형평성으로 인한 관세체무액은 관세채무 통지일로부터 3년 이내에, ② 결함이 있는 물품이나 계약 조건을 준수하지 않는 물품의 경우, 관세채무 통지일로부터 1년 이내에 신청해야 한다. ③ 세관신고가 무효가 되는 경우에는, 무효 관련 규정에 명시된 기간 내에 신청한다. ①과 ②에 명시된 기간은 신청자가 예측할 수 없는 상황이나 불가항력(Force Majeure)으로 인해 지정된 기간 내에 신청서를 제출할 수 없었다는 증거를 제공하는 경우 연장된다. 신청 이후, 세관의 결정 기한은 다음과 같다. ① 세관이 당국의 오류 또는 형평성에 따라 환급 또는 면제를 허용하는 경우[제116조 제3항, 제116조 제3항 (b)], 환급 또는 면제에 대한 결정을 내리는 기한은, 관련 회원국이 집행위원회의 통지를 받을 때까지, 또는 위임규정 제98조 제6항에 규정된 이유로 집행위원회로부터 자료 반송 통지를 받는 시간까지 연장된다. ② 만일 환급 또는 면제 결정이 계류 중인 행정절차 또는 법원절차 중 하나의 결과에 의해 영향을 받을 수 있는 경우, 환급 또는 면제 결정의 시한은 신청자의 동의를 받아 연장된다. 대표적으로 유럽사법재판소(Court of European Union)에 계류 중인 경우, 환급 및 면제 결정 기간은 유럽사법재판소 판결이 전달된 날로부터 30일까지(not later than 30 days) 연장될 수 있으며[위임규칙 제97조 제3항 (a)], ③ 환급 또는 면제에 대한 결정이 일반특혜관세 원산지 증명, 원산지 명세서(이행규칙 제109조, 제110조 또는 제125조)에 따라 이루어졌거나, 특혜원산지 증명에 대한 후속 검증결과에 따라 달라지는 경우, 그 기한은 일반특혜관세 및 해당 특혜협정에 언급된 검증기간 동안 연장될 수 있으나, 어떠한 경우에도 요청이 발송된 날로부터 15개월을 초과해서는 안 된다. 또한, ④ 환급 또는 면제가 BTI, BOI를 통해 결정되는 경우(이행규칙 제23조 제2항), 환급 또는 면제 결정을 내리는 기간은 집행위원회가 BTI 및 BOI 결정정지 철회를 통지한 후,

30일까지 연장될 수 있다[위임규칙 제97조 제3항 (c)]. 만일 세관이 제시된 사유에 근거하여 환급 또는 면제를 결정할 수 없는 경우, EU 관세법에 규정된 환급 또는 면제사유를 고려하여 그 신청의 타당성을 심사해야 한다. 관세채무 통지에 대해 항소가 제기된 경우, 항소가 제기된 날부터 항소기간 동안 환급 또는 면제 신청기간은 정지된다. 주의할 것은 신청인은 환급이나 면제신청 대상 물품을 세관에 제시하여 동 물품이 환급이나 면제대상 물품이라는 것을 결정 권한이 있는 세관이 확인할 수 있도록 해야 한다(이행규칙 제173조). 만일 제시가 될 수 없는 경우, 결정을 내릴 권한이 있는 세관은 문제의 물품이 환급 또는 면제를 요청한 물품임을 입증하는 증거가 있는 경우에만 환급이나 면제를 인정하는 결정을 할 수 있다. 또한 물품은 환급 또는 면제 결정이 내려질 때까지, 함부로 물품을 이동되어서는 안되며 세관의 통제하에 있어야 한다(위임규칙 제174조). 만일 환급 또는 면제를 위해 세관이 물품을 검사해야 하는 경우, 그 물품이 타 회원국 세관의 관할하에 놓여 있으면, 세관은 위임규칙 부속서 33-06에 나열된 질문으로 구성된 문서를 작성하여 회원국 세관에 협조를 요청한다[그림 14]. 물품을 관할하는 세관은 요청서를 받은 날로부터 30일 이내에 문서에 결과를 기재하고 요청 당국에 반환한다.

만일 요청에 대해 답변을 할 수 없을 경우, 요청서를 받은 날로부터 30일 이내에 그 이유를 표시하여 요청 당국에 반환한다(이행규칙 제172조). 환급 또는 면제가 특정 세관절차 완료를 동반하는 경우, 예컨대 재수출이나 역내가공물품의 수출과 같이 환급이나 면제가 동반될 때, 환급이나 면제 신청자는 현재 물품을 감시하고 있는(Monitoring) 세관에 그 세관절차를 완료했다고 통보하여야 한다. 물품감시 세관이란, 수출입 관세액의 환급 또는 면제의 대상이 되는 절차 또는 요건이 충족되는 지 확인하는 세관을 의미한다. 예를 들어 역내가공절차에 배치된 물품이라면 바로 역내가공을 관할하는 세관을 의미한다(이행규칙 제176조 제5항). 이러한 통보를 받은 물품감시 세관은 환급 및 면제 결정 권한이 있는 세관에게 이를 통보하고 환급 및 면제 결정 권한이 있는 세관은 환급 또는 면제가 정당하다고 결정한 경우, 관세를 환급하거나 면제한다(이행규칙 제176조 제3항). 환급이나 면제조치 대상 물품이 폐기, 국가에 소유권 포기, 또는 특별절차나 수출절차에 놓인 경우, 이러한 세관절차가 물품의 일부에 대해서만 완성되었다면, 환급 또는 면제되는 금액은 전체 물품에 대한 관세채무와 남아 있는 물품이 관세채무를 발생시킨 세관절차에 변경되지 않는 상태로(Unaltered) 놓였다면, 나머지 물품에 적용되었을 관세채무액과의 차액이다(이행규칙 제178조). 예를 들어, 1억원의 수입관세를 납부하고 10개의 물품을 수입했는데, 이를 모두 폐기하여 이미 납부한 관세를 환급받으려고 하는 경우, 우선 3개만 폐기하고 나머지 7개는 그대로 있다면, 환급액은 10개에 대한 수입관세 1억에서 폐기가 안 되고 남아 있는 7개가 원래상태로 수입될 때 내야할 수입관세와의 차액이 물품의 폐기로 폐기물이나 스크랩이 발생하고 이에 대해 환급이나 면제가 결정되면, 해당 폐기물이나 스크랩은 비EU 물품으로 간주된다(위임규칙 제179조). 세관 감독없이 물품이 폐기되거나 수출된 경우, 환급이나 면제를 받기 위해서는 물품이 EU 관세영역에서 수출되었다는 것을 증명하는 증거를 제시하여야 하며, 폐기의 경우, 폐기작업 인증기관의 허가를 받은 개인이나 다른 기관의 감독하에 폐기가 이루어져야 한다. 또는 해당 당국이 폐기를 인증하도록 권한을 부여한 사람의 감독 하에 상품이 폐기된 경우만 가능하다. 이외에도, 해당 물품이 EU 관세영역을 떠났을 것이라는 사실을 증명하는 어떠한 문서를 제출하거나, 해당 문서가 EU 관세영역으로 반입된 물품과 관련하여 차후에 사용될 수 없다는 것을 확인하기 위해 환급 또는 면제를 결정한 권한이 있는 당국이 필요하다고 간주하는 증거의 제시가 필요하다. EU 관세법은 이러한 문서를 구체적으로 명시하고 있는데, 수출의 경우, ① 물품반출(제267조)을 증명하는 반출증명서(Certification for Exit), ② 관세채무 발생과 관련된 세관절차신고 원본 또는 인증사본, ③ 세관신고와 함께 제출된 물품의 전체 설명을 포함하는 상업 또는 행정 문서, ④ 수출신고등이며, 폐기의 경우, ① 물품 폐기를 감독한 기관의 폐기 보고나 폐기 신고 원본 또는 그 인증 사본, ② 폐기 권한이 있는자가 작성한 폐기 권한이 표시되어 있는 증명서를 제시해야 한다. 이러한 서류들에는 물품에 대한 수출 및 폐기에 대한 자세한 설명이 기재되어 있어야 한다(이행규칙 제180조 제3항). 각 회원국은 특정 채무자에게 환급 또는 면제된 금액이 하나의 오류(Single error) 또는 특수한 상황으로 인해 50,000유로를 초과할 경우, 이러한 기록리스트를 집행위원회에 통보해야 한다. 기록리스트에는 ① 세관신고 또는 관세채무통지 번호, ② 세관신고 또는 관세채무통지 날짜, ③ 결정의 유형(면제, 환급), ④ 결정의 법적 근거, ⑤ 금액 및 통화, ⑥ 사건 세부사항(세관이 환급이나 면제 관련 조건이 충족되었다고 간주하는 이유에 대한 간략한 설명 포함)이 기재되어야 한다. 주의할 것은 환급 또는 면제와 관련, 제116조 제3항에 집행위원회에 통보해야 할 경우가 이미 규정되어 있어, 여기서 설명하는 집행위원회에 대한 통보는 제116조 제3항에 추가되는 부분이란 점이다. 이러한 통보는 환급 또는 면제하기로 결정된 모든 경우에 대해 매년 1분기 및 3분기에 이루어지며, 만일 환급이나 면제된 금액이 50,000유로로 이하인 경우, 각 회원국은 집행위원회의 결정에 따라(At disposal) 해당 기록리스트를 자체 보관해야 한다(이행규칙 제181조).

4. 환급 또는 면제의 통지

환급 또는 면제 결정은 전자데이터 처리방식으로 신청인에게 통보하는 것이 원칙이나, 만일 이것이 불가능할 경우, 서면이나 기타방식으로 당사자에게 통보될 수 있다(위임규칙 제94조).

 ## V 관세채무의 소멸

1. 요건

재판에 의해 채무자의 지급불능이 확정된 경우와 같이, 관세채무는 ① 소멸시효완성, ② 관세납부, ③ 관세면제, ④ 관세납부 의무가 있는 세관절차에 따라 신고한 물품에 대해 그 신고가 무효가 될 때, ⑤ 물품을 몰수 또는 압수하고 동시에 또는 연속적으로 몰수하는 경우, ⑥ 관세를 부과할 물품이 세관의 감독하에 폐기되거나 국가에 그 소유권을 포기한 경우, ⑦ 관세법에 따른 물품의 소멸 또는 의무 불이행이 물품의 본질적 특성에 의한 물품의 전손, 회복할 수 없는 손해, 또는 예측할 수 없는 상황 또는 불가항력으로 발생한 경우, ⑧ 세관의 지시에 따라 발생한 경우, ⑨ 규정위반으로 관세채무가 발생한 경우, 그 규정위반 행위가 임시보관 또는 세관절차의 올바른 운영에 중대한 영향을 미치지 않았으며[21] 기만의 시

---

21 규정위반으로 관세채무가 발생한 경우, 그 규정위반 행위가 임시보관 또는 통관 절차의 올바른 운영에 중대한 영향을 미치지 않았다 함은, ① 관세채무 납부연장을 신청했다면 허용되었을 기간의 연장보다 길지 않은 기간만큼 기간을 초과한 경우, ② 특별절차나, 임시보관된 물품에 대해

도를 구성하지 않았고, 위반행위 이후, 물품의 상황을 정상화하는 데 필요한 모든 조치가 연속적으로 이루어졌을 때, ⑩ 면세 또는 최종사용으로 인해 수입관세가 인하된 상태에서 자유유통을 위해 EU 관세영역으로 반출된 물품이 세관의 허가를 받아 수출된 경우, ⑪ EU가 맺은 특혜협정에 따라 원산지 증명서가 발행되거나 작성된 물품의 제조에 사용되는 비원산지 물품에 대해 'No Drawback Clause'가 취소되는 경우, ⑫ 규정위반으로 관세채무가 발생하였으나, 해당 물품이 사용 또는 소비되지 않았으며 EU 관세영역에서 반출되었다는 만족할 만한 증거가 세관에 제공된 경우에 소멸한다(제124조 제1항). 다만, 사기행위로 규정위반이 된 경우(제124조 제6항), 또는 관세범죄에 적용되는 처벌의 목적상, 회원국의 법률에 따라 관세채무의 존재가 처벌을 결정하는 기초를 제공할 경우, 물품이 몰수되거나 압수되더라도 관세채무는 소멸되지 않은 것으로 간주한다(제124조 제2항). 예를 들어 A라는 금지물품을 B라는 물품으로 위장수입신고하였는데, 수입신고시 물품신고수량을 제대로 신고하지 않아, 관세채무가 발생하고 이에 세관이 물품을 조사한 결과, 금지물품인 것이 확인되어 그 금지물품이 압수되고, 수입자가 관세범죄로 처벌을 받는 경우, 이 A라는 금지물품에서 비롯된 관세채무는 관세범죄 처벌을 결정하는 기초를 제공하였기 때문에 소멸되지 않는다. 한편, 최종사용 감면조건으로 자유유통을 위해 반출된 물품에 대해서는 물품이 반출되고 난 이후, 관세감면을 적용하기 위해 정해진 목적으로 물품이 사용된 경우, 또는 물품이 비EU의 관세영역으로 반출, 폐기되거나 국가에 소유권을 포기한 경우에 관세채무가 소멸한다(제254조 제4항). 관세채무가 소멸된 경우, 폐기된 물품 또는 물품 폐기로 인해 발생하는 폐기물은 비EU 물품으로 간주한다. 따라서 동 폐기물을 EU 관세영역에서 사용하기 위해서는 별도의 수입절차를 거쳐야 하며 관세채무도 발생할 수 있다. ⑦에서와 같이, 관세채무 소멸이 물품의 본질적 특성에 의한 물품의 전손, 회복할 수 없는 손해, 또는 예측할 수 없는 상황 또는 불가항력으로 인해 발생한 경우, 해당 물품은 누군가가 사용할 수 없게 된 상황이 발생한 시점부터 회복 불

관세 채무가 발생한 후, 해당 물품이 자유유통을 위해 반출된 경우, ③ 세관절차의 일부가 아니었지만 이후, 공식적으로 세관절차에 배치된 물품과 함께 세관통제에 놓인 경우, ④ 세관신고에 오류가 있었으나, 해당 오류는 세관절차 종료 또는 임시보관종료에 영향을 미치지 않을 경우, ⑤ 관세채무 이행 의무자가 관세채무 통지를 받기 전에 미리 관할 세관에 위반 사실을 스스로 알린 경우가 포함된다(위임규칙 제103조).

가능된 것으로 간주하며, 물품의 본질적 특성상 회복 불가능한 손실을 규정하는 기준율에 관한 규정은 실제 손해액이 해당 물품에 대한 기준율을 적용하여 계산한 금액을 초과한다는 사실을 당사자가 입증하지 못하는 경우에 적용한다(제124조 제4항). 다시 말해 손실에 대해 환급이나 면제를 신청하는 자가 스스로 그 손해액을 증명한다면 그것이 기준율을 적용하여 계산한 금액을 초과한다고 해도 그대로 인정하여 주겠다는 의미다.[22] EU 관세법에서 의미하는 기준율은 회원국의 국내법 또는 회원국이 가입한 국제협정[23]에서 정해진다. 국내법에 기준율을 정해 놓지 않은 경우(네덜란드), 손실을 판단하는 전문가와 세관의 합동 검사를 통해 기준율을 정한다.[24] 주의할 것은 실제손해액이 해당 물품에 대한 기준율을 적용하여 계산한 금액을 초과한다는 사실을 입증하지 못한다고 세관이 정한 기준율을 바로 적용할 것은 아니며, 사례를 분석하여 실제손실을 파악할 수 있다면, 실제손실액을 인정하여야 한다. 만일, 여러 명이 관세채무에 해당하는 수출입세액을 납부할 의무가 있는 상황에서 면제가 허용되는 경우, 관세채무는 면제를 받은 개인에 대해서만 소멸된다. 구체적으로, 관세채무가 규정위반으로 발생했고, 이로 인해 관세채무를 부담할 자가 다수라면, 이 중 기망의 시도와 관련되지 않은 행위를 한 자와 사기와의 싸움에 기여한 자에 대해서는 관세채무가 소멸되며, 그 외의 자들에게는 위에서 언급한 특별한 조건을 갖추지 않는 이상, 관세채무가 소멸되지 않는다(제124조 제7항).

2. 관세채무소멸과 관세범 처벌과의 관계

관세채무가 소멸되었다고 해서 규정위반의 행위마저 처벌에서 면제되는 것은 아니다. EU 관세법은 이를 명확히 하고 있다. 규정위반행위로 관세채무가 발생한 경우, 그 규정위반행위가 임시보관 또는 신고절차의 올바른 운영에 중대한 영향을 미치지 않았으며 기망의 시도를 구성하지 않았고, 위반행위 이후, 물품의 상황

---

22 Maris Juruss, Elza Seile, Application of Loss Rates for Petroleum Products Due to Natural Wastage in Customs Procedures, 16th Conference on Reliablitiy and Statistics in Transportation and Communication, RelStat 2016, 19−22 October, 2016, Riga, Latvia, p. 379
23 대표적인 국제협정으로 Agreement on International Goods Transport by Rail이 있다.
24 Maris Juruss, Elza Seile, 같은 논문, pp.379−380

을 정상화하는데 필요한 모든 조치가 연속적으로 이루어졌을 때, 관세채무는 소멸하지만[제124조 제1항 (h)], 규정위반, 즉 EU 관세법이나 국내관세법을 위반한 행위에 대해서는 관세채무소멸과 별도로 처벌대상에서 제외되지 않는다(제125조).

제5편
EU 관세영역으로의 물품 반입

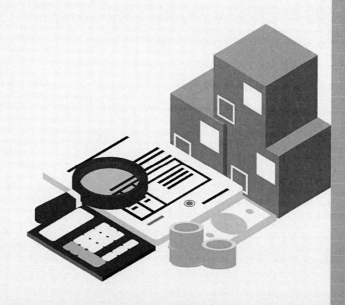

제5편 EU 관세영역으로의 물품 반입

I 반입

1. 개요

EU 관세영역으로의 물품 반입절차는 반입요약신고(Entry Summary Declaration)를 입항예정지를 관할하는 세관에 제출하면서 시작된다. 이후, 도착통보(Notification of Arrival), 적절한 장소로의 운송(Conveyance to the Appropriate Place), 세관의 물품 제시(Presentation of Goods to Customs Authority), 임시보관(Temporary Storage), 사용목적에 따른 세관절차 진행(수입신고, 세관창고, 자유무역지대, 역내가공 등)의 순으로 진행되게 된다. 이는 일반적인 반입절차상의 순서를 의미하며, EU 역시 다른 여러 국가들과 마찬가지로 사전수입신고(Pre-lodge Declaration for Importation), 간이신고(Simplified Declaration), 자가기록신고(EIR), 사전임시보관신고(Pre-Temporary Storage Declaration) 등 각종 특별한 세관절차를 인정해 주고 있다. 반입요약신고부터 구체적으로 설명해본다.

2. 반입요약신고

대한민국 관세법 제135조의 입항전 적하목록신고나 미국의 적하목록사전통보시스템(Automatic Manifest System)처럼, 물품의 EU 관세영역 반입에 앞서, 물품에 대한 위험도 분석을 위해 항공기나 선박에 선적된 물품에 대한 일정한 정보를 입항예정지를 관할하는 세관에 통보하는 제도가 바로 반입요약신고(Entry Summary Declaration)다. 관할 세관은 반입요약신고에 기재된 수입물품에 대한 정보를 바탕으로 위험도를 분석하고 위험의 정도에 따라, 선적 금지, 선적전 검사, 입항후 검사등의 조치를 취하게 된다. 이는 미국의 컨테이너 보안협정(CSI: Container Security Initiative)과 적하목록사전통보시스템을 합쳐 놓은 것과 유사하다고 보면 이해가 쉬울 것이다. 이렇게 반입요약신고를 분석하여 EU 관세영역으로 수입되는 화물에 대한 사전 위험관리를 수행하는 시스템을 EU에서는 ICS2(Import Control System 2)라 한다. IT 기반 위험관리시스템인 ICS2는 EU 관세영역으로 화물이 들어올 때, 화물에 대한 사전정보를 미리 입수, 위험관리시스템이 이를 분석하고 위험도를 측정하여 위험도에 따라 선적금지, 선적전 검사, 입항후 검사 등 다양한 위험 차단 조치를 수행한다. ICS2 시행 전까지만해도 EU는 화물에 대한 위험관리를 각 회원국이 별도로 진행하였으며, 회원국 세관간 위험정보가 공유되지 않아, EU 역내 안전에 큰 위협요소가 되었다. EU가 추구하는 내부단일시장(Internal Single Market)의 특성상, 이미 EU 관세영역으로 수입된 화물의 경우, 화물이 회원국의 국경을 넘어 이동한다 하더라도, 회원국 국경에서 이에 대한 위험관리를 전혀하지 않기 때문에 화물에 대한 위험관리를 EU 국경에서 수행하고 그 정보를 회원국 세관 간 공유하는 시스템을 마련하지 않는 한, EU 역내의 안보나, 안전, 또는 환경에 위협이 되는 물품이 EU 역내로 들어올 가능성이 높다. 바로 이러한 문제를 해결코자, ICS 2 시스템을 개발한 것이다. ICS 2는 크게 3단계(Phase)로 진행되는데, 1단계(Phase 1)는 항공우편 및 항공특송에 대한 위험관리시스템 구축으로 2021년 10월부터 시행되었고, 2단계(Phase 2)는 항공으로 운송되는 모든 화물로 확대되어 2023년 10월부터 시행에 들어갔다. 한편, 3단계는(Phase 3) 해상으로 운송되는 화물에 대해 2024년 6월 3일부터 시행되었다. 원래 EU는 2024년 1월부터 해상, 육로 및 철도 운송에 ICS 2를 적용하려 했으나, 예산 및 각국의 IT 수준 등 각종 문제로 인해 전면적 시행시기를 2025년 이후로 연기하였다. 하지만, 국제무역에서 해상운송이 차지하는 비중과 역할의 중요성으로 인해 해상, 육로, 철도운송 중, 해상운송만을 떼어내 우선적으로 2024년 6월 3일부터 시행하도록 결정한바 있다.[1]

1) 신고 제출기한

EU 역내로 화물을 수출하고자 하는 자는 각 운송수단 종류별로 아래 표에 명기된 기한을 지켜 선적된 화물에 대한 반입요약신고를 ICS 2 중앙서버인 STI (Shared Trader Interface)로 전송하여야 한다(위임규칙 제106조에서 110조). STI는 동 정보

---

[1] taxation-customs-ec.europa.eu/customs-4/customs-security/import-control-system-2-ics2-0_en

를 화물의 첫 입항지를 관할하는 세관에 자동으로 전송하고, 세관은 ICS 2 시스템을 이용, 위험도 분석을 실시, 분석 결과에 따라, 선적 금지, 선적전 검사, 입항 후 검사등의 조치를 운송인에게 통보하게 된다. 반입요약신고는 반드시 화물이 첫 반입되는 EU 관세영역 공항만을 관할하는 세관에 제출되어야 하며, 이미 반입요약신고를 제출했다하더라도, 입항 후, 다시 비EU 관세영역으로 나갔다가 EU 관세영역으로 들어오는 경우, 반입요약신고를 다시 한번 제출해야 한다.

운송	신고기한
해상	– 일반 물품의 경우 선적 24시간 전 – 벌크 물품은 EU 관세영역 내 첫 항구 도착 4시간 전
항공	– 장기 항공(비행 4시간 이상)은 EU 관세영역 내 공항 도착 4시간 전 – 4시간 미만의 단기 항공의 경우 출발 전
육상	– 도착 1시간 전
철도	– 2시간 미만의 단기 운송의 경우 물품 도착 1시간 전 – 그 외 모든 경우, 물품도착 2시간 전

※ 불가항력(Force Majeure)상황에서는 예외로 한다.

2) 신고 기재내역

반입요약신고에 기재되는 내역은 화물과 화물운송에 관련된 정보로 화물과 관련해서는 ① 화물의 CN code 6자리, ② 화물의 명칭, 총중량, 화인(Shipping Mark), ③ 포장방식 및 포장갯수, ④ 위험물 표시(UN code), ⑤ 봉인(Seal) 번호 등이며, 운송과 관련해서는 ⑥ 운송인, ⑦ 송하인, ⑧ 수하인, ⑨ 수하인의 주소, 전화번호, 이메일, ⑩ 선적항, ⑪ 하역항, ⑫ 복합운송을 경우, 각종 운송수단과 그 운송인의 이름, ⑬ B/L 등 각종운송서류 참조번호, ⑭ 수입자의 EORI, ⑮ 운송결제방식(CIF, FOB)등이다. 한편, 화학물질 등 위험도가 높은 물품들에 대해서는 CUS code(EU 화학물질 분류 코드) 등 위험물정보도 포함하여야 한다.[2]

3) 신고 의무자

원칙적으로 반입요약신고는 운송인(Carrier)이 제출한다. 하지만, 수입업자, 수

---

2 Commission Delegated Regulation (EU) 2015/2446 Annex B와 Commission Implementing Regulation (EU) 2015/2447 Annex B를 참고하기 바란다.

취인 또는 운송인이 자신의 이름으로 또는 그를 대신하여 행동하는 자, 즉 대리인도 반입요약신고를 제출할 수 있으며, 해당 물품을 제시하거나 세관에 제시할 수 있는 자도 반입요약신고를 제출할 수 있다(제127조 제4항). 그런데, 실제 수입통관 과정에서 실제 화주나 운송인보다는 통관사, 조업사 등, 통관 대리인이 세관의 물품 제시를 포함한 대부분의 업무를 처리하고 있기 때문에 반입요약신고 제출은 통관대리인(통관사)에 의해 진행되는 것이 일반적이다. 더 나아가 관할 세관은 반입요약신고에 대해 통관대리인뿐 아니라 반입요약신고에 기재되는 세부내용을 보유하고 있는 자에게도 반입요약신고를 제출하도록 허가할 수 있다. 위험관리를 위해 사용되는 반입요약신고는 당연히 정확한 정보에 기해 관할 세관에 통보되어야 한다. 그런데 해상운송이나 항공운송은 오랫동안 구축된 통일적인 시스템에 기반하여 운영되고 그 시스템에는 화물에 대한 정보를 포함한 항공, 해상운송의 필요한 대부분의 정보가 저장되어 있다. 선사나 항공사역시 운송하는 화물에 대한 모든 정보를 이러한 시스템을 통해 확인한다. 이러한 현실을 감안, EU 관세법은 항만 또는 운송 정보 시스템이 반입요약신고에 필요한 세부사항을 포함하고 또 그 세부사항이 물품이 EU 관세영역으로 들어오기전 특정된 기한 동안 확인이 가능한(Available) 경우, 각종 전자시스템에 저장된 정보를 반입요약신고의 세부내용으로 활용하는 것을 허용할 수 있다(제127조 제7항). 물론, 세관의 검사를 통해 전자시스템을 이용한 반입요약신고의 세부내용과 실제 물품이 다를 경우, 신고인이 그 책임을 지게 된다. 제127조 제8항에 보면 세관은 반입요약신고를 제출하는 대신 경제운영자 시스템에 있는 반입요약신고 세부사항에 접근하는 것을 허용할 수 있도록 하고 있으며(자가기록신고), 제130조에도 반입요약신고 제출기한이 만료되기 전에 수입신고서를 제출한 물품에 대해 반입요약신고를 제출하지 않을 수 있도록 하고 있고, 임시보관신고가 접수된 물품에 대해 반입요약신고를 제출하지 않을 수 있다고 규정하고 있으나, 이 규정은 ICS2가 시행되기 이전에 만들어진 규정으로 ICS 2가 시행된 2022년부터는 EU 집행위원회에서 반입요약신고와 수입신고 및 임시보관신고를 완전구분하여, 수입신고와 임시보관신고로 반입요약신고를 대체할 수 없도록 하고 있다.[3]

---

3 EU 집행위원회에서는 ENS 제출의무를 모니터링하고 있으며, 운송인이 ENS 제출의무를 제대로

4) 세관의 위험 분석 및 조치

화물에 대한 반입요약신고가 제출되면 STI(Shared Trader Interface)가 반입요약신고 기재 내용을 확인, 모든 것이 제대로 기재되었을 경우, 화물관리번호(MRN)이 부여되며,[4] ICS 2 시스템에 보내져서 위험분석을 진행한다. 위험분석 결과는 모든 회원국 세관에 공유되며, 분석결과, 아래와 같은 조치를 통보한다. 다만, 항공화물의 경우, 반입요약신고 신고 기한이 장거리 비행(4시간 이상)은 EU 관세영역 공항 도착 4시간 전, 4시간 미만의 단거리 비행은 항공기 출발전까지이기 때문에 선적금지와 같은 조치는 현실상 취할 수 없으며 위험성이 있다고 판단되면, 입항 후 실물검사가 진행되게 된다. ICS2에 따른 운송인과 세관과의 모든 업무진행은 ICS2 시스템에서 지정한 약어 Text를 사용하여 이루어진다.

✔ 통지내용

1. Assessment Complete: 검사결과 위험도 없을 경우
2. Request for Information: 위험도 측정을 위한 다른 세부정보가 필요한 경우
3. Request for Screening: 화물에 대한 선적 전 검사. 운송인은 화물을 재차 검사하고 그 결과(alarm, no-alarm)를 세관에 통보
4. Do Not Load: 위험도가 높은 화물에 대한 선적 금지
5. Physical Screening: 입항 후 실물 검사

---

5) 반입요약신고 수정 및 무효

신고인은 신청 시 반입요약신고가 제출된 후 하나 이상의 항목을 수정하도록 허용될 수 있다. 하지만, ① 세관이 반입요약신고를 제출한 자에게 물품을 검사할 의사가 있음을 알린 경우, ② 세관이 반입요약신고의 세부사항이 부정확하다는

이행하지 않을 경우, 벌금 등 각종 불이익이 부과될 수 있다.

4 화물관리번호(MRN)란 각 화물에 부여하는 고유번호로 화물관리번호를 통해 화물에 대한 세관의 통제가 이루어진다. 위임규칙 제1조 (22)에 따르면 MRN은 Master Reference Number의 약자로, 수출 및 수입신고 및 통과운송(Transit)에서 사용되며, 총18단위로 구성되어 있다. 처음 두단위는 연도(예를 들어 2024년에 수입신고가 이루어지면 24)이며, 다음 두자리는 EU 회원국명이다.(예를 들어 독일이면 DE). 나머지 14단위는 세관에서 자동으로 생성하는 숫자다. 유의할 점은 실무에서는 Master Reference Number가 아닌 Movement Reference Number로 불린다는 점이다. 따라서 두 MRN이 서로 다른 종류인 것으로 오해할 수 있으나, 실제는 같은 것이며, 다만 실무상 Movement Reference Number라는 용어로 사용된다고 이해하면 될 것이다.

사실을 확인한 경우, ③ 반입요약신고가 제출되지 않는 상황에서 물품이 이미 세관에 제출된 경우, 수정이 불가하다. 한편, 반입요약신고가 관할 세관에 접수되었음에도 물품이 EU 관세영역으로 반입되지 않는 경우, 신고인의 신청으로 관할 세관은 반입요약신고를 무효화한다. 또한 신고 접수후 200일까지 물품이 EU 관세영역으로 반입되지 않은 경우, 세관은 신고인의 신청 없이 자체적으로 반입요약신고를 무효화한다(제129조).

6) 반입요약신고 제출 예외

EU 역내로 수입되는 모든 화물은 ICS 2의 대상이다. 다만, 이미 반입요약신고를 제출하고 EU 관세영역으로 반입된 비EU 물품이 해상 또는 항공으로 EU 관세영역을 일시적으로 떠난 뒤, 비EU 관세영역에 머물지 않고 직항로로 다시 EU 관세영역으로 반입되는 경우, 또는 수입요약서 제출이 필요없는 EU 물품이 일시적으로 EU 관세영역을 떠난 후 해상 또는 항공으로 EU 관세영역 밖에서 머물지 않고 직항로로 다시 EU 관세영역으로 반입되는 경우, 반입요약신고 제출이 필요하지 않다(제136조). 이미 반입요약신고를 제출한 비EU 물품이 비록 EU 관세영역을 떠나긴 했지만, 비EU 관세영역에 머물지 않고 선박이나 항공기내에 원래 모습 그대로 저장되어 있기 때문에 굳이 다시 반입요약신고를 재차 제출할 필요가 없다. 비EU 관세영역에 머물지 않고 선박이나 항공기 내에 원래 모습 그대로 저장되어 있기 때문에 반입요약신고 제출이 필요 없는 것이다(제136조). 또한, 아래표에 나열된 물품에 대해서도 반입요약신고 제출이 면제된다. 물품의 성격상 EU 안보, 환경, 또는 안전을 위협할 가능성이 낮거나, 수출국에서 EU 관세영역으로 물품이 수입될 때, 수입물품에 대한 안전조치가 갖추어져 있어 반입요약신고를 제출할 필요성이 낮기 때문이다(위임규칙 제104조).

① 수입가격이 22유로를 초과하지 않는 물품
② 전기 에너지, 파이프라인을 통해 수입되는 물품(원유, 가스 등), 편지, 가재도구, 비상업적 성격의 물품
③ 여행자 개인 수하물에 포함된 상업적 성격의 물품(단, 가치가 EUR 1,000 또는 순중량이 1,000kg을 초과하지 않는 경우)

④ EU에서 농업에 종사하는 자가 EU역내와 인접한 제3국 토지에서 얻은 물품과 관세면제에 대한 이사회 규칙(EC) 1186/2009의 제35조~제38조에 따라 관세 경감 혜택을 받는 어업, 양식업 및 사냥 물품

⑤ 팔레트, 컨테이너 및 운송수단과 해당 팔레트, 컨테이너 및 운송수단의 예비부품, 부속품 및 장비

⑥ 개인용품 및 스포츠용 물품

⑦ 선원 복지관련물품

⑧ 의료, 수술 및 실험 장비

⑨ 장기 이식을 기다리는 환자에게 지원을 제공하는 데 필요한 기구 및 장치

⑩ 재해구호용품

⑪ 여행자가 임시로 수입하고 전문 장비로 사용하기 위한 휴대용 악기

⑫ 수입되고 재수출을 목적으로 하는 포장재

⑬ 비EU 관세영역에 설립된 공공 또는 민간 기관이 수입하고 세관의 승인을 받은 라디오, 텔레비전 제작 및 방송 목적으로 특별히 개조된 라디오, 텔레비전 방송 장비와 차량

⑭ 여행자 개인 수하물

⑮ NATO 양식 302 또는 EU 양식 302에 따라 NATO 군사 활동의 맥락에서 이동되거나 사용되는 물품, EU 회원국이 군수송 또는 군당국의 단독 사용을 위해 EU 관세영역으로 반입한 무기 및 군사 장비

⑯ 비엔나협약에 따른 외교물품

⑰ 선박 및 항공기에 탑재된 물품 중, 선박 및 항공기의 부품 또는 부속품으로 통합하기 위해 공급된 물품이나 선박 또는 항공기의 엔진, 기계 및 기타 장비 작동을 위한 물품, 또는 기용품 및 선용품

⑱ 세우타 및 멜리야, 지브롤터, 헬리고란트, 산마리노 공화국, 바티칸 시국 또는 리비뇨에서 EU 관세영역으로 반입된 물품

⑲ 까르네 대상물품

⑳ EU 관세영역에 설립된 자가 운영하는 해상시설로부터 직접 EU 관세영역으로 반입되는 물품 중, 건설, 수리, 유지보수 또는 전환을 목적으로 해상시설에 통합된 물품, 해상시설을 설치하거나 장비하는 데 사용된 물품

㉑ 해양시설에서 사용되거나 소비되는 물품, 해당 해상시설에서 발생하는 비유해 폐기물

㉒ EU 국적 어선이 비EU 관세영역 해양에서 획득한 물품

㉓ EU 관세영역 외부에서 수입된 개인용 동물

㉔ EU 역내에 인접한 제3국 국경지대에 설치된 개인용 장비

㉕ 제3국과 인접한 EU 역내 토지에 사용하기 위해 제3국에서 수입한 토양 및 작물 처리용 종자, 비료

3. 도착 통보

EU의 관세영역에 입항하는 항해 선박 또는 항공기의 운영자는 운송수단이 도착하는 즉시 최초 입국 세관에 도착 사실과 적하목록(Manifest)[5]을 통보(Arrival Notification)해야 한다. 문제는 입항 전 반입요약신고에 기재된 최초의 항구나 공항이 아닌 다른 항구나 공항으로 입항하는 경우다. 기상상태, 항만이나 공항 사정으로 이러한 경우가 종종 발생한다. 그런데 위에서 설명했듯이, 반입요약신고는 위험관리에 필수요소이기 때문에 만일 반입요약신고를 분석한 결과, 입항후 검사가 지정된 물품이라면, 이를 다른 항구나 공항으로 빨리 알려 위험물품이 EU 역내로 반입되는 것을 차단하여야 한다. 이러한 상황을 해결키 위해 EU 관세법은 반입요약신고를 제출후 선박 또는 항공기가 우회하여 회원국에 위치한 다른 항구나 공항에 도착할 것으로 예상되며 그 지역이 반입요약신고에 기재되지 않았을 경우, 운송인은 반입요약신고에 최초 반입 세관으로 표시된 세관에 해당 사실을 통보하고, 실제 도착할 항구나 공항을 관할하는 세관에 도착통지를 제출하도록 규정하고 있다(이행규칙 제189조 제1항). 반입요약신고에 최초 반입 세관으로 표시된 세관은 제1항에 따라 통보를 받은 후 즉시 해당 정보에 따라 실제 관할 세관에 이사실을 통보하고 반입요약신고 세부내용과 위험분석결과를 통보해야 한다(이행규칙 제189조 제2항). 다만, EU 관세영역에서 머물지 않고 EU의 관세영역의 영해 또는 영공만을 통과하는 운송수단 및 물품(제135조 제6항)과 EU 물품으로서의 관세지위를 유지하면서 일시적으로 EU 관세영역을 떠난 후 해상 또는 항공으로 비EU 관세영역에서 머물지 않고 직항로로 다시 EU 관세영역으로 반입되는 물품의 경우에는 이를 적용하지 않는다(제136조).

4. 적절한 장소로의 물품 운송

EU 관세영역으로 물품을 반입하는 자, 즉 운송인은 지체없이 물품의 관리와 통제를 위해 반입물품의 사용 목적에 따라 세관이 지정한 관할 세관 또는 해당 당국이 지정하거나 허가한 기타 장소 또는 자유지역지대로 물품을 운송해야 한다(제135조 제1항). 세관이 지정한 관할 세관 또는 해당 당국이 지정하거나 허가한 기

---

5 여객선이나 여객기의 경우, 사전승객정보(API: Advance Passenger Information)도 함께 제출한다.

타 장소는 EU 관세영역으로 반입된 물품의 하역장소를 의미한다. 문제는 지정된 하역장소로 물품을 운송할 수 없는 상황이 발생할 수 있다. 대표적으로 천재지변이나 자연재해가 대표적이다. 운송인은 예측할 수 없는 상황이나 불가항력으로 인한 전손 등, 상황이 발생한 정확한 위치를 세관에 즉시 통보하여야 한다(제137조 제1항). 통보를 받은 세관은 선박이나 항공기 및 탑재된 모든 물품에 대한 통제조치를 결정해야 하며, 적절한 경우, 해당 물품은 이후 세관이 지정하거나 승인한 기타 장소로 이송한다(제137조 제3항). EU 관세영에 머물지 않고 EU 영해 또는 영공만을 통과하는 운송수단이 천재지변이나 자연재해로 인해 EU 관세영역에 물품의 전부 또는 일부를 즉시 하역해야 하는 경우에도 동일하다(제137조).

5. 세관에 물품 제시

EU 관세영역으로 반입된 물품은 세관이 지정한 관할 세관 또는 세관이 지정하거나 허가한 기타 장소 또는 자유지역지대에 도착하는 즉시, 다시 말해 하역을 하고 나면, ① EU 관세영역으로 물품을 반입한 자, ② 물품을 반입한 자의 대리인, ③ 물품이 EU 관세영역으로 반입된 후 물품 운송에 대한 책임을 맡은 자, 즉 운송인은 관할 세관에 물품이 도착하였음을 통지하고 물품을 제시하여야 한다(제139조 제1항). 이외에도 ④ 물품을 즉시 물품의 사용목적에 따른 세관절차에 배치한 자, ⑤ 저장 시설운영인(보세창고) 또는 자유무역지대에서 활동을 하는 자(EU의 경우, 통관사, 또는 자유무역지대 운영자)도 물품 제시를 할 수 있다(제139조 제3항). 물품을 제시하는 자는 반입요약신고 제출이 면제된 경우를 제외하고는, 반입요약신고 참조번호(대표적으로 MRN)을 포함하여 세관에 물품을 제시하여야 한다(제139조 제4항).[6] 한편, 반입요약신고가 면제되는 물품에 대해서는 세관의 물품 제시의무도 면제된다(제139조 제6항). 이렇게 제시된 물품은 세관의 허가 없이 반출되어서는 안 되며

---

6 제139조 제5항을 보면, 제시된 물품이 반입요약신고에 제대로 기재되지 않는 경우(not covered), 반입요약신고 제출 의무자는 바로 세관에 제시된 물품에 대해 기재된 새로운 반입요약신고를 제출하여야 한다고 규정하고 있으나, 반입요약신고편에서 설명했듯이 이는 반입요약신고의 전면적 시행 이전 규정으로 현재는 입항후 반입요약신고 제출을 인정하지 않는다. 따라서 만일 제시된 물품이 반입요약신고에 제대로 기재되지 않는 경우에는 새로운 세관신고 또는 임시보관신고가 필요하며, 세관신고 또는 임시보관신고는 반입요약신고에 필요한 최소한의 세부사항을 포함해야 한다.

(제139조 제7항), 이 시점부터 공중도덕, 공공정책 또는 공공의 안전, 인간, 동물 또는 식물의 건강과 생명 보호, 환경 보호, 예술적 역사적 또는 고고학적 가치를 포함하는 국가 귀중품에 대한 보호, 약물 전구체, 특정 지적 재산권 및 현금을 침해하는 물품에 대한 통제, 어업 보존 및 관리 조치, 상업정책조치의 이행을 포함하는 산업적 또는 상업적 재산보호라는 근거에 의해 세관통제를 받아야 하거나 받을 수 있다. 이러한 감독에는 물품 검사, 샘플 채취, 운송수단 검사 등 세관 통제에 필요한 모든 조치가 허용되며 세관의 허가없이 물품에 대한 최종 지위를 결정하는 데 필요한 기간 동안, 그 감독을 받는 지위에서 벗어날 수 없다(제140조).

Ⅱ 임시보관

EU 관세영역에 반입된 비EU 물품은 하역절차를 마친 뒤, 임시보관절차(Temporary Storage)를 거쳐야 한다(제144조). 임시보관 이후, 물품은 그 사용목적에 따라 그에 맞는 적절한 세관절차를 통해 물품의 미래가 결정된다.

1. 신고인

① 임시보관신고는 EU 관세영역으로 물품을 반입한 자, ② 반입한 자를 자신의 이름으로 또는 그를 대신하여 행위하는 자, ③ 물품이 EU 관세영역으로 반입된 후 물품 운송에 대한 책임을 맡은 자, ④ 물품을 즉시 세관절차에 배치한 자, ⑤ 임시보관시설 허가자 등이다.

2. 신고내용

반입요약신고가 면제되는 경우를 제외하고는 임시보관신고에는 반입요약신고의 내용이 포함되어야 한다(제145조 제4항). EU 관세법의 규정을 충실히 반영하기 위해서, 위임규칙 부속서 B(Data Requirement)에는 임시보관신고에 기재되어야 하는 내역이 자세히 서술되어 있는데, 그 기재내역을 살펴보면, ① 물품품목번호(TARIC), ② 위험물인 경우, CUD 코드와 UNDG 코드, MRN, ③ 서명(Signature/

Authentication), ④ 추가정보(Additional Information), 각종 증명서(Certificates), 추가참고자료(Additional References), ⑤ 임시보관장소(Identification of Temporary Storage Premises), ⑥ 신고인(Declarant Identification), 대리인이 신고를 대신할 경우, 대리인을 확인할 수 있는 문서(Representative Identification Number, Representative Status code), ⑦ 물품의 현위치(Location of Goods), ⑧ 감독 세관(Supervising Customs Office), ⑨ 세관 물품 제시일(Date of Presentation of Goods), ⑩ 포장방식(Type of Packages), 포장개수(Number of Packages), 쉬핑마크(확인: Shipping Marks), ⑪ 운송수단(Identity of means of Transport on Arrival), 컨테이너 번호(Container Identification Number), 봉인번호(Seal Number), ⑫ 선적장소(Place of Loading), 선적국가(Country of Loading), ⑬ 운송서류(B/L, Insurance) 등으로 물품에 대한 주요 내용이 대부분 기재되어 있으며 실제로, 반입요약신고 또는 적하목록 기재 내용과 매우 유사하다. 이러한 이유로 통합관세법은 임시보관신고가 도착통보를 대신할 수 있도록 허용하고 있다(제145조 제8항). 더 나아가 도착통보 이후 이루어지는 세관 물품제시도 임시보관신고가 대신할 수 있다. 그런데, 도착통보는 임시보관신고 이후에 이루어지는 절차인데, 어떻게 임시보관신고가 도착통보를 대신할 수 있는지 의문이 들 수 있다. 이러한 의문은 제171조를 살펴보면 답을 얻을 수 있다. 제171조에 따르면 세관에 물품을 제시하기 전에 세관신고가 이루어질 수 있도록 허용하고 있다. 임시보관신고도 세관신고의 일종이기 때문에, 물품을 세관에 제시하기 전, 즉 입항 전, 미리 임시보관신고를 할 수 있는 것이다. 그런데 위에서 설명한 바와 같이 임시보관신고 세부내용과 도착통지시 제출하는 적하목록은 그 세부 기재사항이 거의 같기 때문에, 물품의 EU 반입 전에 임시보관신고를 하게 되면, 도착통보뿐 아니라, 세관 물품제시, 그리고 그 이후 단계인 물품의 임시보관까지 한꺼번에 해결할 수 있다(이행규칙 제192조). 제145조 제8항은 바로 이러한 상황을 설명하는 규정이다. 같은 이유로, EU 관세법은 임시보관신고 세부사항으로 보완한 반입요약신고 참조번호(대표적으로 MRN)와 적하목록 또는 기타 운송서류도 임시보관신고의 한 형태로 인정해 주고 있다(제145조 제5항).[7] 비록 임시보관신고와 반입요약신고, 적하목록 모두 그 용도

---

7 실무에서는 임시보관신고와 적하목록신고 세부 기재사항을 모두 포함한 데이터가 세관에 제출되어, 임시보관신고와 적하목록신고를 별도로 구분하지 않는다.

와 목적이 다르긴 하지만, 기재내용이 유사한 면이 많아 신속하고 효율적인 세관 절차 진행을 위해 EU 관세법이 허용한 일종의 예외사항이라고 볼 것이다. 또한 반입요약신고와 마찬가지로 세관은 해상운송, 항공운송에서 사용되는 상업, 항만 또는 운송정보시스템에 해당 신고에 필요한 세부 사항이 포함되어 있을 경우, 이를 이용한 임시보관신고를 허용할 수 있다(제145조 제6항). 주의할 것은 물품을 세관에 제시할 시점에 이미 EU 물품으로서의 관세 지위가 결정된 경우에는 임시보관신고를 할 필요가 없다는 점이다(제145조 제9항). 임시보관신고는 비EU 물품에만 해당하기 때문이다.

3. 신고의 수정 및 무효

신고인은 신청 시 임시보관 신고가 제출된 후 하나 이상의 세부사항을 수정할 수 있도록 허용된다. 수정신고는 원래 적용되었던 물품 이외의 물품에 대해 적용되지 않는다. 하지만, 세관이 신고를 제출한 자에게 물품을 검사할 의사가 있음을 알린 경우, 또는 세관은 신고내용이 부정확하다는 사실을 확인한 경우, 수정이 불가능하다. 한편, 임시보관신고가 관할 세관에 접수되었음에도 물품이 관할 세관에 제시되지 아니한 경우, 신고인의 신청으로 관할 세관은 임시보관신고를 무효화한다. 또한 신고서 접수 후 30일까지 관할 세관에 물품이 제시되지 않은 경우, 세관은 신고인의 신청 없이 자체적으로 반입요약신고를 무효화한다(제146조).

4. 신고에 대한 세관 검증

관할 세관이 임시보관신고를 접수하면, 신고 내용의 적법성과 진실성을 확인하기 위해 신고와 증빙 서류를 검토하며, 기타 관련 서류를 요구할 수 있다. 또한, 임시보관신고 대상 물품에 대해 샘플 채취를 포함한 물품 검사를 진행할 수 있다. 또한 세관은 임시보관물품을 다른 물품과 구별하기 위해 식별 조치(주화인, 쉬핑마크 등)를 취하여야 한다. 이러한 식별 조치는 EU 관세영역 전체에 걸쳐 동일한 법적 효력을 갖는다. 임시보관물품에 대한 포장 또는 운송 수단에 부착된 식별수단은 세관, 또는 세관의 허가를 받은 경제운영자에 의해서만 제거되거나 파기되어야 한다. 단, 예측할 수 없는 사유가 발생하는 경우, 즉 불가항력 상황이나 예기치 못한 상황으로 인해 물품이나 운송수단을 보호하기 위해서는 이러한 제한없이 식별수단을 제거하거나 파괴할 수 있다. 임시보관신고는 물품의 상태를 최종적으로 확정하는 절차가 아니기 때문에, 추후통관절차를 별도로 진행하여야 하며, 당연히 세관의 통제를 따라야 한다(제145조 제7항, 제188조부터 제190조).

5. 임시보관시설

1) 개요

임시보관물품은 세관당국의 허가를 받은 임시보관시설(Temporary Storage Facility)에만 보관되어야 하며, 정당한 경우 세관이 지정하거나 승인한 기타 장소에만 보관되어야 한다(제147조 제1항). 대한민국 관세법은 보세구역이라고 명시하고 있으나, EU 관세법은 보세구역이라는 말을 쓰지 않으며, 임시보관시설(Temporary Storage)이라는 표현을 사용한다. 임시보관시설은 세관의 허가를 받아야 하나, 세관이 직접 운영자인 경우에는 허가가 필요 없다(제148조 제1항). 임시보관시설 허가를 받으려면 EU 관세영역에 설립되고, 보증을 제공한 자만이 허가신청이 가능하다(제148조 제2항). 임시보관시설 허가신청은 EU Trader Potal 안에 있는 CDS(Customs Decision System)으로 신청한다. 허가신청자는 항만 및 공항의 임시보관창고를 운영하고자 하는 자, 또는 내륙지에서 임시보관창고를 운영하고자 하는 자이다(세관창고 운영자가 대표적이다). 신청 시 임시보관시설에 대한 도면을 제출하여야 하는데, 도면에는 울타리, CCTV, 시설내 경비시스템 등 각종 보안설비를 명시하여야 한다.

한편, 임시보관 대상 물품이 위험물일 경우, 위험물 보관을 위한 특수설비가 설치되어야 한다(위임규칙 제117조).[8] 임시보관시설은 물품이 EU 관세영역으로 들어오자마자 처음 보관되는 장소이기 때문에 주로 공항만 근처에 설치되게 된다. 만일 공항만 근처에 세관창고가 있을 경우, 세관창고에도 허가를 받아 물품을 임시보관할 수 있다.[9] 뒤에서 자세히 설명하겠으나, EU는 세관창고와 임시보관시설을

---

8 Temporary Storage Facilities Manual, Irish Revenue, p.6
9 https://www.gov.uk/guidance/temporary-storage#conditions-for-your-premises 이홈페이지는 브렉시트 이전, 즉 영국이 UCC의 적용을 받을 때 만들어진 홈페이지이다.

엄격히 구분하고 있어, 세관창고에 물품을 임시보관한다고 하더라도 세관창고에 보관된 물품과 반드시 구별하여 보관하여야 한다. 임시보관시설(Temporary Storage Facility)과 세관창고(Customs Warehouse)의 차이에 대해 혼란이 있을 수가 있는데, 엄격히 말하면 이 두 시설은 서로 그 목적이 다르다. 임시보관시설에는 아무리 길어도 90일까지 물품을 보관할 수 있으며, 90일이 지나면 반드시 물품의 사용목적에 따라 적절한 세관절차를 진행하여야 한다(제149조, 제150조). 또한 보관기간중 물품의 현상유지를 위한 조치외에는 어떠한 가공작업도 금지된다. 반면, 세관창고는 관할 세관에 허가를 받아야 하는 임시보관 이후 세관절차 중 하나로, 그 보관기간에 제한이 없으며, 가공작업도 가능하다(제241조). 또한 임시보관시설은 보관물품을 소매로 판매하는 목적으로 사용될 수 없다(위임규칙 제117조). 임시보관시설은 아직 그 물품의 지위가 확정되지 않았으며 추후 세관절차에 따라 그 지위가 확정되는 비EU 물품을 보관하는 곳이므로 물품의 지위가 이미 확정된 EU 물품은 임시보관시설에 보관할 수 없는 것이 원칙이다. 다만, 세관은 경제적 필요가 있고 세관통제에 부정적인 영향이 없을 경우, EU 물품을 임시보관시설에 보관하는 것을 허가할 수 있으며 해당 EU 물품은 임시보관 물품으로 간주되지 않는다(제148조 제6항). AEO에 대한 특혜는 임시보관시설 허가에도 적용된다. 따라서 통관 단순화를 위한 승인된 AEO 운영자, 즉 AEOC는 임시보관시설 운영조건을 충족하는 것으로 간주한다.

2) 임시보관시설 운영자의 책임

임시보관시설에 물품을 보관하는 자, 즉 운영자는 임시보관된 물품이 세관 감독 대상에서 제외되지 않도록 보장하여야 하며, 임시보관시설에 물품을 보관함으로써 발생하는 의무를 이행하여야 한다. 특히, 임시보관물품은 보관기간 중 물품의 현상유지를 위한 조치 외에는 어떠한 가공작업도 금지된다(제147조 제2항). 어떤 이유로든 물품을 임시보관할 수 없는 경우, 세관은 지체 없이 물품 상황을 정상화하는 데 필요한 모든 조치를 취해야 한다. 운영자는 세관이 승인한 형식으로 적절한 기록을 보관해야 한다. 기록에는 특히 보관된 물품의 식별, 관세지위 및 이동과 관련하여 세관이 임시보관시설의 운영을 감독할 수 있는 정보와 세부 사항이 포함되어야 하는데, 구체적인 내용은 ① 임시보관 신고에 대한 언급 및 해당 임시보관 종료에 대한 언급, ② 임시보관 물품 관련 세관 서류 및 물품 임시보관과 관련된 기타 서류를 식별하는 날짜 및 세부사항, ③ 식별 번호, 포장 수 및 종류, 물품의 수량 및 일반적인 상업적 또는 기술적 설명, 해당되는 경우, 물품을 식별하는 데 필요한 컨테이너식별 표시, ④ 물품의 위치와 물품의 이동 내역, ⑤ 물품의 통관현황, ⑥ 보관기간 중 물품의 현상유지를 위한 조치 세부사항, ⑦ 다른 회원국에 위치한 임시보관시설 간 임시보관중인 물품의 이동에 관한 정보, 목적지 임시보관시설로의 물품 도착에 관한 세부사항 등이다(제147조 제3항, 위임규칙 제116조 제1항). 세관은 물품의 세관 감독 및 통제에 부정적인 영향을 미치지 않는 경우 위에 나열한 정보 중 일부에 대해 그 기록 의무를 면제해 줄 수 있다. 다만, 임시보관시설간 물품이동의 경우에는 이 면제가 적용되지 아니한다. 한편, 통관간소화를 위한 허가받은 경제운영자는 그의 기록이 EU 관세법이 규정한 의무를 준수한 것으로 의무를 준수한 것으로 간주되어 세관은 기록을 의심할 명백한 반증이 있지 않는 한, 그 기록을 정확한 것으로 인정하여야 한다(위임규칙 제116조 제2항).

3) 두 개국 이상의 회원국에 위치한 임시보관시설 허가

임시보관시설 허가와 관련, 임시보관시설 허가는 둘 이상의 회원국에 물품을 임시보관하고자 하는 자에게도 발급된다. 예를 들어 아일랜드에 주거래은행 계좌를 갖고 있는 A라는 기업이 프랑스에도 임시보관시설을 운영하고자 한다면, 프랑스에 별도의 허가를 받을 필요가 없이 아일랜드 세관 당국(Authority)에 프랑스와 아일랜드 두 곳의 임시보관시설 허가신청을 할 수 있다. 아일랜드의 세관 당국은 프랑스의 세관 당국과 협의를 진행하여 만일 협의 시작 후 30일까지 프랑스에서 이의를 제기하지 않으면 동의한 것으로 간주, 허가가 발급되며, 만일 이의가 제기되면, 이의제기 후, 60일 이내에 합의가 이루어지지 않는 경우, 양국 모두에 적용되는 임시보관신청 허가는 거부된다. 허가발급 이후 모든 통제의 책임은 아일랜드 세관 당국이 가진다(이행규칙 제191조).[10]

---

10 Temporary Storage Facilities Manual, Irish Revenue, pp. 9−10

4) 임시보관물품의 이동

세관은 임시보관물품의 이동이 사기 위험을 증가시키지 않는다는 조건하에 여러 임시보관시설 간에 임시보관 중인 물품을 이동할 수 있는 권한을 부여할 수 있다(제148조 제5항). 임시보관시설 간 물품의 이동은 AEOC에게만 인정되며, 반드시 세관통제하에 이루어져야 한다. 관할 세관이 같은 지역의 임시보관시설간 물품의 이동은 관할 세관이 물품을 완전히 통제하고 있어 문제가 없으나, 관할 세관을 달리하는 임시보관시설간 임시보관물품의 이동은 세관통제 범위를 넘어서기 때문에 철저한 관리가 필수다. EU 관세법에는 세관통제를 확보하기 위해, 관할 세관이 다른 지역의 임시보관시설로 물품이 이동되면, 물품이 반출되는 임시보관시설 운영자는 물품의 이동을 감독하고 물품의 이동이 완료되면 자신을 관할하는 세관에 물품 이동사실을 통보하여야 하며, 또한 물품을 반출하고 나서, 물품이 옮겨진 임시보관시설의 운영자에게 물품 반출 및 이동사실을 통보하도록 규정해 놓고 있다. 한편, 물품을 받은 새로운 임시보관시설의 운영자는 물품이 도착하면, 자신의 관할 세관, 즉 물품이 옮겨진 임시보관시설을 관할하는 세관에 물품 도착을 통보하고, 출발지 임시보관시설 운영자에게 물품 도착을 통보하여야 한다. 이러한 통보에는 임시보관신고서 및 임시보관종료일에 관한 내용이 기재되어 있어야 한다. 임시보관물품의 이동에 대한 책임은 허가서에 달리 규정되어 있지 않는 한, 물품이 새로운 임시보관시설로 이동하여, 새로운 임시보관시설 허가권자에 의해 물품 반입이 기록되기전까지, 임시보관물품의 출발지 임시보관시설 운영자에게 있다(위임규칙 제118조, 이행규칙 제193조).

6. 임시보관 종료

임시보관 중인 비EU 물품은 그 사용목적에 따른 세관절차(물품의 폐기 포함)를 거치거나 90일 이내에 재수출되어야 한다. 예를 들어 역내가공을 목적으로 한다면, 역내가공허가절차를 거쳐야 하며, EU 관세영역에서 자유로운 유통을 목적으로 한다면 수입신고절차를 진행하여야 한다. 세관절차를 거치지 않을 경우, 90일이 지나면 재수출이 되어 EU 관세영역을 벗어나야 한다(제149조).

물품의 관세지위

1. 개요

임시보관된 물품은 이후, EU 관세영역으로 반입하기 위한 세관절차를 진행할 것인지, 아니면 임시보관시설에서 그대로 다시 비EU 관세영역으로 재수출을 할 것인지에 따라 각각에 맞는 세관절차를 진행하여야 한다. 왜냐하면 임시보관된 물품은 EU 물품으로서의 관세지위(Customs status of Union goods)를 가지지 못한, 비EU 물품이기 때문이다. 따라서 비EU 물품은 각 단계별 세관절차를 거쳐 EU 물품으로 그 관세지위가 변하게 되는데, 관세지위 변경단계에서 관세 및 각종 부가금, 물품에 대한 세관 검사 등 통제와 관세채무가 발생하게 된다. 즉, 물품이 EU 물품인지 아니면 비EU 물품으로써의 지위를 가지는지에 따라 세관통제의 방식이 완전히 달라지게 된다. 통관절차에서뿐 아니라, 물품의 운송에 있어서도 물품의 지위는 매우 중요하다. 제154조에는 EU 물품이 비EU 관세영역으로 운송되면 비EU 물품 지위를 가진다고 명시하고 있다. 그런데, EU는 지리적으로 회원국이 모두 국경을 맞대고 있지 않고, 바다나 다른 비회원국에 의해 지리적으로 떨어져 있는 경우도 많아, 물품이 운송될 때, 제3국을 통과하는 일이 잦을 수밖에 없다. 따라서 제154조에 따르면, 같은 EU 회원국으로 운송되는 물품이지만, 비EU 관세영역을 거쳐 이동할 경우, 비EU 물품으로 그 지위가 변하게 되고, 다시 EU 회원국으로 물품이 이동할 때, 반입요약신고 제출 등, 복잡한 절차를 거쳐야 하는 문제가 있다. 따라서, 물품의 지위를 확정하는 것은 세관절차뿐 아니라 물품의 국제적 이동에 관해서도 매우 중요한 업무중 하나라고 할 수 있다. EU 관세법은 이러한 상황을 감안하여, 물품의 지위에 대해 자세한 규정을 두고 있다. EU 관세법은 EU 관세영역 내의 모든 물품은 EU 물품이 아닌 것으로 입증되지 않는 한 EU 물품으로써의 관세지위를 갖는 것으로 추정한다(제153조). 다만, ① 관세지위를 결정하기 위해 EU 관세영역으로 반입된 물품, ② 임시보관 중인 물품, ③ 제3국 영해 이외의 수역에서(공해나 배타적경제수역) EU 국적 어선이 어획하여 EU 관세영역으로 반입되는 어획품(어획장소에서 EU 관세영역으로 직접운송되었다는 증거가 없는 한), ④ EU 국적 선박에 실린 어획품으로부터 얻은(가공포함) 물품(선박에서 EU 영역 내로 직접운송되었다는 증거가 없는 한), ⑤ EU 관세영역 에서 제3국 국기를 게양한 선박에 의해 포획되거나 포획된 어획품 및 기타물품, ⑥ 임시보관절차, 임시수입허가절차, 역내가공절차, 외부통과운송(External Transit)에 놓여있는 물품은 EU 물품으로 추정되지 않는다(위임규칙 제119조 제1항). 한편, EU 물품이더라도 비EU 관세영역으로 반출되는 경우, 최종사용절차에 따라 사용된 후, 소유권이 국가에 포기되거나 폐기되고 폐기물이 남아 있는 경우, 통관이 완료되어 물품반출 후 해당 통관절차가 무효화되는 경우, 비EU 물품으로 그 지위가 변한다(제154조).

2. 내부통과운송에서의 EU 관세지위

EU 관세법이 상정하는 통과운송제도는 외부통과(External Transit)와 내부통과(Internal Transit)로 구성된다. 실무상 외부통과는 T1, 내부통과는 T2로 불린다. 외부통과란 비EU 물품이 관세 및 각종 세금이 유보된 상태에서 EU 관세영역의 한 지점에서 다른 지점으로 이동하는 것이며, 내부통과운송이란 물품이 EU 물품으로서의 관세지위를 유지한 상태에서 EU 관세영역을 이동하는 경우와, 잠시 EU 관세영역을 벗어났다가 다시 EU 관세영역으로 들어오는 두 개의 방식 모두를 의미한다. 흔히 T2운송이라고 하면 전자를 의미하는 것이며, 후자는 T2L과 T2LF라고 부른다. 먼저 T2L은 EU 관세영역에서 제3국을 거쳐 다른 EU 관세영역으로 운송할 때, 해당 물품의 EU 관세지위가 유지되는 것을 증명하는 내부운송이며, T2LF는 EU 회원국 해외 영토 중 최외곽영토(OMR: Outermost Regions)와 관련된 내부운송을 의미하는데, EU 관세영역과 최외곽 영토 사이, 또는 최외곽영토 간 운송이 이루어질 때 만일 동 물품이 제3국을 거쳐야 할 경우, EU 관세지위를 계속 유지하기 위해 고안된 내부통과운송방식이다. 중요한 것은 T2LF에 의해 보장되는 혜택은 EU 관세영역과 최외곽영토(OMR) 사이, 또는 최외곽영토 간 운송이 이루어질 때만이며, 만일 최외곽영토가 아닌 다른 지역과의 무역거래에 대해서는 이러한 혜택이 부여되지 않고 비EU 물품에 대한 규정이 그대로 적용된다는 것을 주의해야 한다. EU 물품으로서의 관세지위는 내부통과운송과 관련하여 매우 중요시된다. EU 관세영역에서만 움직이는 정기선 해상운송, 항공운송은 EU 관세지위 결정에 어려움이 없으나, 비 EU 관세영역을 거쳐 다시 EU 관세영역으로 들어

오는 T2L, T2LF 물품에 대해서는 상황이 다르다. EU 관세법 제154조에 따르면, EU 관세영역을 벗어나는 순간 비EU 물품이 된다. 하지만 이러한 기계적인 분리 방식을 고집하게 되면 무역거래에 많은 불편을 야기할 수밖에 없다. 즉, EU 물품이 제3국을 거쳐 EU 관세영역에서 다른 EU 관세영역으로 운송될 경우, 제154조를 엄격히 적용하면 비EU 물품으로 그 지위가 변해야 하지만, 관세혜택 등 무역의 촉진을 위해 일정한 증명을 갖추면 EU 물품으로 인정할 필요가 있다. 그렇다고 제3국을 통과하는 EU 물품에 대해 모두 그 지위를 인정할 수는 없다. 자칫하다간 제3국을 거치면서 관세 포탈, 밀수등 불법행위가 자행될 수 있기 때문이다. 따라서 내부통과운송에서 EU 물품의 지위를 인정하는 것은 구체적 상황이 각각 다르고 이에 대한 통일적인 조건을 마련해야 하기 때문에 쉬운 일이 아니다. EU 관세법은 이 점을 감안하여, T2운송에 대해서는 법이 규정하는 특정 조건을 따르는 한도 내에서 EU 물품으로서의 관세지위를 유지할 수 있도록 하고 있다. EU 관세법은 현재 공동통과운송, TIR 통과운송, ATA 카르네, 라인강 통과운송, 나토 302양식에 따른 통과운송, 우편통과운송을 인정하고 있는데, 각 개별 통과운송제도에 따른 통과운송조건을 따를 경우, EU 물품으로써의 지위를 제3국을 거치더라도 계속 인정받을 수 있도록 하고 있다. 공동통과운송, TIR 통과운송, ATA 까르네, 라인강 통과운송은 각 개별 국제협정에 의해 운영되고 있어, EU 관세지위에 대해서는 각 협정에 나와있는 의무사항을 준수함으로서 인정된다. 한편, 나토 물품을 통과운송하기 위한 302 양식과 우편통과운송, 그리고 국제적 협정의 범위에 들어가지 않는 통과운송에 대해서는 EU 관세법에서 구체적으로 그 조건을 규정해놓고 있다. 국제협정에 따른 통과운송에 있어 EU 물품 지위 인정에 대해서는 다음 편에서 자세히 설명하기로 하고, 여기서는 EU 관세법에서 규정하고 있는 EU 관세지위 유지를 위한 내부통과운송 조건들을 알아보기로 한다. EU 관세지위 유지를 위한 내부통과운송에는 물품의 출발지 세관에서 발행하는 T2L, T2LF 문서가 필요하다. 종래에는 관할 세관(출발지 세관)에 신청하여 서면으로된 T2L, T2LF 문서를 받아 이를 도착지 세관에 제출하여 도착지 세관에서 그 물품의 EU 지위를 확인하였다. 종이 형태의 T2L, T2LF 문서는 90일간 유효하며, 세관은 문서 발급 전, 발급 신청인이 관세 및 각종 부가금 관련 심각하거나 반복적인 범죄를 저지르지 않았음을 확인하여야 한다. 또한 'T2L' 또는 'T2LF' 문서에는 관할 세관의 명칭 및 직인, 세관 직원의 서명, 등록 번호등이 들어가야 한다. 하지만, 해상통과운송, 항공통과운송등 대부분의 내부통과운송에서 EU 지위 인정은 2024년 3월에 구축된 관세지위인정 시스템(Pous 시스템)을 통해 전자적으로 T2L, T2LF 문서를 신청하면 모든 자료가 도착지 세관에 자동전달되어 확인절차가 매우 간소화되었다(이행규칙 제194조). EU 관세법 위임규칙과 이행규칙에는 PoUS 시스템 구축전까지 유효한 EU 물품의 관세지위 관련 내용과 절차가 규정되어 있으나, PoUS가 2024년 3월부터 시행에 들어감에 따라 이제 EU 물품지위에 관한 증명은 PoUS를 이용한다.

3. 여행자 수하물 등에 대한 EU 관세지위

여행자의 경우, 자신의 수하물에 대해 EU 관세지위를 인정받고자 하는 자는 세관에 서면으로 된 증명서를 요청하거나 EU 관세영역에 재입국 시 구두로 증명할 수 있다(이행규칙 제210조). 위에서 설명했으나 공해나 기타 제3국 영해가 아닌 곳에서 획득한 어획품의 경우, 직접운송이 인정되어야 어획물에 대한 EU 관세지위가 인정된다. 직접운송을 증명하는 주체는 어획한 선박, 어획한 선박으로부터 어획품을 환적한 EU 국적 어선, 환적된 어획품을 가공처리한 EU 국적 공장 선박, 어획품을 환적한 선박으로부터 다시 환적한 새로운 EU 국적 선박이다. 직접운송 증명에는 ① 어획장소, ② 어획품의 이름과 총량, ③ 어획품의 CN code, ④ 환적이 일어난 경우, 환적 신고서, 어업일지, 환적되는 EU 국적 선박의 이름, 기국, 등록번호 및 선장의 성명이 포함되어야 한다. EU 관세영역 내에서 제3국 국기를 게양한 선박에 의해 포획되거나 포획된 바다낚시 물품 및 기타 물품에 대한 EU 물품의 통관현황에 대한 증명은 어업일지를 인쇄(Print out)하여 제출한다. EU 관세영역 일부가 아닌 국가 또는 영토를 통해 환적 및 운송되는 경우, EU 국적 어선 또는 공장선박 어업일지 인쇄본과 어획장소, 어획품의 이름과 총량, 어획품 CN code를 제출해야 하며, 환적이 일어난 해당 국가 또는 영토 세관 승인서, 물품이 해당 국가 또는 지역에 도착하고 출발하는 날짜, 환적을 위한 운송수단. 운송수단, 환적을 승인한 세관 주소도 제출하여야 한다(이행규칙 제213조, 제214조). EU 관세영역을 일시적으로 떠났다가 재입국한 물품의 운송에 사용되는 EU 관세영역에 설립된 자의 소유인 포장, 팔레트 및 기타 유사한 장비(컨테이너 제외)의 경우, 포장, 팔레트 및 기타 유사한 장비가 해당 개인의 소유로 식별될 수 있고, EU 물품 지위를 갖고 있는 것으로 신고되었으며, 신고의 진실성에 의심의 여지가 없는 경우, EU 물품으로서의 관세지위가 입증된 것으로 간주한다(이행규칙 제209조).

4. 나토 물품에 대한 EU 관세지위

EU 관세법은 나토 물품의 이동에 관해서는 NATO 양식 302(NATO Form 302) 라는 관세 관련 전자문서(서면도 가능, 위임규칙 부속서 52-01)를 만들어 이를 통해 모든 나토 물품의 통관을 비롯한 관세업무를 처리하고 있다(위임규칙 제141조). 나토 물품에 대한 EU 물품 지위 인정 방식도 나토 302양식에 'T2L' 또는 'T2LF'를 표시 하는 방식을 선택하고 있다. 302 양식은 서면 양식과 전자 시스템 양식으로 나뉘 는데, 서면양식의 경우, 신청인은 302 양식에 'T2L' 또는 'T2LF'를 표시하여 출발 지 세관에 제출하면, 출발지 세관은 관할 공무원의 서명과 함께 출발지 세관의 스탬프로 이를 인증한다. 만일 전자시스템에 의한 302 양식의 경우, 302 양식 데 이터에 'T2L' 또는 'T2LF' 코드를 입력하여 출발지 세관에 신청하여야 한다(이행규 칙 제207조).

5. 통과운송 우편물에 대한 EU 관세지위

비EU 물품이 우편물 형태로 T1운송이 될 경우, 반드시 이행규칙 부속서 72- 01(부록 1 [그림 15])에 명시된 라벨을 부탁해야 한다(이행규칙 제288조). 우편물에 EU 물품과 비EU 물품이 모두 포함되어 있는 경우도 마찬가지다. 다만 EU 물품에 대 해서는 별도로 EU 물품지위에 대한 증명서를 우편물 목적지 운영자에게 별도로 송부하거나, 우편물에 동봉하여, 목적지 우편운영자가 이를 구분 관리할 수 있도 록 해야 한다. EU 물품지위 증명서가 해당 우편물에 동봉된 경우, 외부 포장에서 알 수 있도록 표시하여야 한다. EU 물품지위 증명서는 T2L 또는 T2LF 데이터, 물품 적하목록(Manifest), 상업송장 또는 운송서류, 선박 어업일지, 상륙신고서, 환 적신고서 및 선박 모니터링 시스템 데이터(해당되는 경우), TIR 까르네, ATA 까르 네, NATO 302 양식 등이다. 한편, EU 물품이 T2 운송형태로 특별재정지역으로 이동하거나 특별재정지역에서 EU 관세영역으로 이동하는 경우, 또는 특별재정지역 간에 이동하는 경우, 우편 및 첨부 문서에는 이행규칙 부속서 72-02(부록 1 [그림 16])에 명시된 라벨이 부착되어야 한다(제290조 제1항). 한편, EU 물품이 뒤에서 설명한 공동통과운송 회원국을 거쳐 다시 EU 관세영역으로 통과운송되는 경우, 물품지위에 대한 증명서를 첨부해야 하며, EU 관세영역으로 재반입시 관할 세관에 제출되어야 한다(이행규칙 제290조 제2항).

Ⅳ 세관신고

1. 개요

EU 관세영역에 반입된 비EU 물품은 하역절차에 이어, 임시보관절차를 거쳐야 한다(제144조). 임시보관 이후, 물품은 그 사용목적에 따라 그에 맞는 적절한 세관절차와 세관신고(Customs declaration)를 통해 물품의 미래가 결정된다. 예를 들어, 물품을 EU 관세영역에서 자유로운 유통을 위해 사용하고자 한다면, 수입신고를 진행해야 할 것이며, 세관창고절차를 진행할 것이라면 세관창고신고를 진행할 것이다. 이러한 각각의 세관절차는 신고인의 신고와 관할 세관의 승인, 또는 허가를 통해 완성된다. EU 관세법 역시 이를 명확히 하고 있다. 제158조는 자유무역지대절차를 제외하고 임시보관 후 세관절차를 거치게 될 모든 물품은 각자의 사용목적에 따른 세관절차와 세관신고를 하도록 하였다(제158조 제1항). EU 관세법은 모든 세관절차에 공통적으로 적용되는 일반원칙을 나열하고, 이후, 특별절차(Special Procedure)라고 해서 EU 관세법이 지정한 특별한 세관신고절차를 거쳐야 하는 분야에 대해 따로 규정을 두고 있다. 따라서 일반원칙에서 규정하고 있는 세관절차와 세관신고는 특별절차를 제외하고 수입뿐 아니라 수출, 재수출 등 모든 세관절차에 그대로 적용된다. 다만, 본서에서는 수입분야가 가장 중요하고 그 규정도 많아, 수입을 기준으로 설명을 진행하기로 한다.

2. 신고방식

세관신고는 전자시스템을 이용하여 진행하는 것을 원칙으로 하나(제6조 제1항), 회원국의 요청에 따라 다른 수단을 사용하여 세관신고를 제출할 수 있다(제6조 제4항, 제158조 제2항). 세관절차에 놓인 모든 물품은 세관통제의 대상이 된다. 특히, 수출, EU 내부통과운송, 또는 역외가공을 위해 신고된 EU 물품은 그 신고가 접수된 때부터 EU 관세영역에서 반출되거나 국가에 소유권을 포기하거나, 세관신고가 무효화되는 시점까지 세관 감독(Supervision)을 받아야 한다(제158조 제3항). 세관신고를 위해 각 회원국은 EU 법률이 달리 규정하는 경우를 제외하고, 자국 영토에 위치한 세관의 위치와 권한을 결정해야 하며, 국제무역의 흐름이 방해받지 않도록 적절한 업무시간을 정하여 세관절차와 세관신고의 원활한 처리가 가능하도록 조치하여야 한다(제159조).

1) 표준세관신고와 간이세관신고

EU 관세법은 신고 시 제출하는 신고 내역의 양에 따라 표준세관신고(Standard Customs Declaration)과 간이세관신고(Simplified Customs Declaration)으로 나누고 있다(제162조, 제166조). 표준세관신고란 세관신고 시 각 세관절차마다 EU 관세법이 요구하는 모든 세부정보(All the Particulars necessary for Application) 관할 세관에 제출해야하는 세관절차를 의미한다(제162조 제1항). 반면, 간이세관신고(제166조)는 표준세관신고에 비해 적은 양의 정보를 기재하여 세관신고를 진행하는 신고절차다. 예를 들어 비EU 물품을 EU 관세영역으로 수입하여 자유로운 유통을 하고자 하면 관할 세관에 수입신고를 하게 되며 이때 신고인은 EU 관세법이 요구하는 모든 데이터를 제출하게 된다. 표준수입신고서에 기재되는 내용은 그 내용이 방대하다. 하지만, 간이수입신고의 경우, 물품명세. 포장명세, 포장개수, 물건의 크기, 수량, 절차 보유자(간이신고절차 보유자) 이름, 수출자의 이름, 주소, 국적, 도시, 운송인의 이름, 주소, 국적, 우편번호, 신고인의 이름, 주소, 연락처, 이메일, 대리인이 있을 경우, 대리인의 성명, 전화번호, 이메일, 추가 관여자가 있으면 그 역할, 운송결제 방식(CIF, FOB), 도착지, 수출지, 현재 물건의 위치 정도만 간이수입신고 시 기재하면 된다. 앞에서 설명한 사전신고와 간이신고는 실무에서 함께 활용되는데, 주로 간이수입신고를 사전신고의 형태로 진행하는 것이 일반적이다. 간이수입신고를 사전신고의 형태로 진행할 경우, 그 기한은 물품이 세관에 제시되기 30일 전까지다. 간이사전수입신고의 장점은 수입신고시 기재사항이 적은 것뿐 아니라, 세관의 물리적 물품 검사의 비율을 낮추어 신속한 통관을 보장해 준다는 데 있다. 물론 필요한 경우, 세관의 물리적 검사는 당연히 이루어지지만, 만일 신청인이 AEO 기업의 경우, 물품검사를 사전에 통보받을 수 있어 기업의 입장에서 미리 대비하여 신속한 통관이 가능하도록 조치할 수 있다.

2) 간이세관신고

(1) 요건

특별한 제한이 없는 표준세관신고와 달리 간이세관신고는 아무나 할 수 있는 것은 아니며, ① AEO 기업과 신청자 중, ② 경제 활동과 관련된 심각한 범죄 기록이 없는 것을 포함하여 관세법 및 각종 관련 법령에 대한 심각한 침해 또는 반복적인 위반이 없어야 하며, ③ 세관의 조치나 통제절차를 만족할 수준에서 수행할 수 있는 자격을 갖춘 업체로 한정된다(위임규칙 제145조). AEO 기업은 상시로 간이신고제도를 사용할 수 있으나, 그 외 신청자는 간이신고 자격을 신청하고 세관의 결정에 따라 간이신고 자격을 취득할 수 있다(위임규칙 제145조). AEO 기업이 아닌 이상 취득한 자격은 당해 물품의 통관에만 적용되며, 다른 물품의 통관을 위해서는 별도의 간이신고 자격을 획득해야 한다.

(2) 보완신고

간이세관신고의 또다른 특징은 보완신고(Supplementary Declaration)를 해야 한다는 점이다. 보완신고란 간이세관신고시 제출하지 않았던 세부정보들을 세관통제의 목적상 관할 세관에 제출하는 것이다. 보완신고는 물품 반출 후 10일 이내에 관할 세관에 제출하도록 한다. 만일 관세나 각종 세금이 부과되지 않는 물품의 경우, 물품 반출일로부터 30일까지로 연장된다. 세관은 정당한 사유가 있는 경우, 보충신고서 제출기한 연장을 허용해야 하나, 물품 반출일로부터 120일을 초과할 수 없다. 다만, 정당한 예외적인 상황이 있는 경우, 해당 기한은 물품 반출일로부터 2년까지 연장된다(위임규칙 제146조). 예를 들어 간이수입신고를 통해 물품을 반출한 자는, 관할 세관의 통제 목적상 필요한 정보를 보완신고라는 이름으로 관할 세관에 제출한다. 세관은 보완신고 정보를 간이신고와 비교하고 특히 품목분류와 관련, TARIC을 참조, 제대로 품목분류가 이루어졌는지 재차 확인한다. 간이신고 및 보완신고 역시 특별한 규정이 없는 한, 일반적인 규정에 따라 3년간 보관되어야 한다. 다만, 간이신고 대상 물품이 세관창고절차에 놓이거나, 간이수입신고 내용이 세관통제에 충분한 경우, 또는 수입신고량이 통계기준치 미만인 경우, 보충신고제출을 면제할 수 있다(제167조 제3항).

3) 사전신고

원칙적으로 세관신고는 EU 관세영역으로 반입된 이후에 진행되나, EU 관세법은 신속한 절차 진행을 위해 사전신고제도(Pre-lodge Declaration)를 운영하고 있다. 예를 들어 물품이 아직 EU 영역에 도착하기 전에 미리 입항지 항구나 공항을 관할하는 세관에 수입신고를 제출하는 경우를 생각해 볼 수 있다. 사전수입신고는 물품이 세관에 제시되기 30일 전까지 가능한데, EU 관세법에 따르면, EU 관세영역으로 반입된 물품이 세관이 지정한 관할 세관 또는 세관이 지정하거나 허가한 기타 장소 또는 자유지역지대에 도착하는 즉시, 물품을 세관에 제시하여야 한다고 되어 있어(제139조), 30일 전까지라 함은 물품이 세관이 지정한 관할 세관 또는 세관이 지정하거나 허가한 기타 장소 또는 자유지역지대에 도착하는 날로부터 30일 전까지를 의미한다.[11] 입항 전 반입요약신고를 제출해야 하기 때문에 사전수입신고가 먼저 이루어지면 안 된다고 생각할 수 있으나, ICS 2는 물품의 위험관리의 목적상 화물의 안전성 여부를 사전에 확인하는 제도고, 수입신고는 물품의 지위를 확정하기 위한 통관단계의 행위임으로 같은 차원에서 볼 것은 아니다. AEO 기업이 사전수입신고를 활용할 경우, 물품이 검사대상으로 지정되면, 미리 검사대상으로 지정되었다는 사실을 통보받을 수 있어 기업의 입장에서는 이에 대비할 수 다는 장점이 있다.

---

11 실무에서는 전자시스템의 미비, 또는 세관의 물품 통제 약화라는 이유로 사전신고를 세관에서 허용하지 않는 경우가 많다. 예를 들어, 네덜란드와 벨기에 항만 세관은 사전신고에 대해 엄격하게 다루고 있으며, 입항 6시간 전 사전신고 정도만 허용해 주고 있다. 하지만 공항세관은 EU 관세법 규정대로 30일 전까지 사전신고를 인정하고 있다.

4) 자기기록신고

  간이세관신고와 함께 통합관세법이 규정하고 있는 간소화된 세관신고제도가 있는데 그것이 바로 자기기록신고다(Entry in the Declarant's Records)(제182조 제1항). 자기기록신고라 함은 세관과 연결된 시스템을 통해, 기업이 진행하는 각종 세관 절차의 세부내용을 입력하고, 시스템에 세부내용이 기재된 시점에 세관신고가 수리된 것으로 간주하는 제도다. 여기서 말하는 시스템이란, 수출입업무를 하기 위해 세관과 연결된 일종의 인터페이스(PLDA)로 이 시스템을 통해 수입과 수출신고 내용이 세관에 자동으로 전달되게 된다.[12] 이렇게 전달된 세부내용은 세관의 검증절차를 거치지 않고 그 내용이 입력된 때, 수리가 된 것으로 인정된다. 일반 세관신고의 경우, 검증 및 물품 검사 등 여러 단계를 거쳐 최종적으로 관할 세관의 결정에 따라 세관신고 수리여부가 확정되는 불안전한 상태를 유지할 수밖에 없다.[13] 물론, 자기기록신고도 세관의 검증 권한을 완전히 없앤 것은 아니며, 정말 문제가 있다고 세관이 판단할 경우, 세관은 물품을 검사할 수 있으며 검사결과가 나올 때까지 물품이 반출되지 않으나(이행규칙 제235조), 이는 실무상 매우 예외적인 경우이며, 대부분 시스템에 기록한 그 시점에 세관신고가 자동수리 되기 때문에 기업입장에서는 매우 편리한 제도가 아닐수 없다. 실무에서는 기업뿐 아니라, 대리인 역할을 수행하는 포워더나 통관사들도 자기기록신고를 이용하고 있다. 자기기록신고도 간이신고와 마찬가지로, 반출 이후 10일 이내에 관할 세관에 보완신고를 제출한다. 보완신고에 대해서는 간이신고와 그 절차가 동일하다(위임규칙 제146조). 대표적으로 수입신고를 자기기록신고의 형태로 진행한다고 가정해 보자. 먼저 자기기록신고 자격 보유업체는 물품을 EU 역내로 반입 후, 임시보관단계부

---

12 세관과 연결된 시스템으로 웹 애플리케이션 또는 EDI 메시지를 통해 세관에 각종신고를 보내는 일종의 인터페이스로 보면된다. AEO기업 또는 연간 수입 신고 500건 또는 수출신고 500건 이상을 기록한 업체만이(벨기에 세관 기준) 신청이 가능하며, 이 PLDA를 통해 기업은 자신의 수출수입에 관한 모든 기록을 세관에 전달하게 된다. 대한민국도 AEO 기업의 경우, 세관과 ERP 시스템을 연결시켜 각종 신고업무를 처리하고 있다. PLDA에 대한 자세한 내용은 finance.belgium. be/en/customs_excises/enterprises/applications－ce/plda/reports－plda를 참고하기 바란다.
13 대한민국 관세청도 이른바, P/L(Papreless) 신고라고 해서 신속통관제도를 가지고 있으나, 관할 세관의 수리가 필요하기 때문에 자기기록신고와는 다른 제도다.

터 자기기록신고를 사용할 수 있다. 만일 자기기록신고 자격 보유 업체가 공항만에서 떨어져 있는 내륙지에 있다면, 이 업체는 별도의 세관신고 없이 T1 운송을 통해 물품을 내륙지에 있는 자신의 업체로 바로 가져갈 수 있다. 즉, 자기기록신고 보유업체는 모든 신고절차를 세관과 연결된 인터페이스 시스템에 기록하기만 하면 세관의 개입 없이 모든 수입절차를 완료할 수 있다. 하지만, 자기기록신고가 불가능한 수입자는 내륙지 세관까지의 T1 운송 허가신청, 내륙지 세관에 수입신고제출 등 여러 번잡한 절차를 거쳐야 한다. 하지만, 자기기록신고 보유업체는 모든 신고절차를 세관과 연결된 통관시스템에기록하기만 하면 된다.

(1) 요건

자기기록신고 자격은 매우 엄격하다. 시스템에 기록된 내용만을 통해 관할 세관으로 하여금 물품을 실제로 확인하지 않고 시스템에서 확인한 즉시, 물품 반출이 자동적으로 이루어지는 혁신적인 제도이기에 당연히 그 자격조건이 까다로울 수밖에 없다. 자기기록신고 자격을 획득하기 위해서는 ① AEOC 기업을 전제로,[14] ② 기업이 수입하는 물품의 성질과 그 물류 흐름에 대해 세관이 이를 보장(Warrant)할 수 있고, ③ 필요한 경우, 세관통제를 위해 기업의 수출입 활동과 관련된 모든 시스템에 접근할 수 있는 경우에만 가능하다. 또한 포괄보증이 의무적으로 요구된다.[15] 관할 세관 역시 자기기록신고 기업에 대한 관리계획을 수립하여야 한다. 만일 자기기록신고 업체에 심각한 재정적 위험 또는 특정상황이 발생하면 세관은 자기기록신고를 중단하고 자기기록신고업체에 물품을 세관에 인도하는 날짜를 명시하여 물품을 세관에 인도하도록 요구한다(제182조 제3항). 혜택이 큰 만큼, 이 제도를 활용할 수 있는 범위가 제한되어 있다. 위생 관련 검사가 필수적

---

14 네덜란드에서는 AEO 기업의 등급을 5등급(Level)로 나누며, 그중 5등급이 가장 높은 등급인데, 네덜란드에서 자기기록신고 권한을 가지려는 AEO 기업은 5등급에 해당한다고 한다. E.G.Bakker LL.M, Prof. dr. W.de Wit, Erasmus School of Law, M.C.A.M. Koolen MSC, L. Vocks MSc, Fontys University of Applied Science, Self−Assessment and customs supervision, January 2020, p. 13. 한편, 벨기에의 경우, AEO 업체뿐 아니라 연간수입 신고가 500건 이상, 또는 수출 신고가 500건 이상인 기업에게 인정된다. finance.belgium.be/en/customs_excises/enterprises/applications−ce/plda/reports−plda#q1

15 E.G.Bakker LL.M, Prof. dr. W.de Wit, Erasmus School of Law, M.C.A.M. Koolen MSC, L. Vocks MSc, Fontys University of Applied Science, 앞의 책 p. 13

인 고기, 우유, 생선, 살아있거나 죽은 물고기, 새, 식물, 멸종위기종(CITES), 총기나 무기, 폭죽, 폭발물, 불법품, 의약품등은 자가기록신고 대상이 될 수 없다. 만일 이러한 물품이 발견될 경우, 신고인은 반드시 이러한 물품에 대한 정보를 세관에 제공하여야 한다.[16]

5) 다양한 품목분류 소호로 이루어진 물품에 대한 세관신고

종류별로 세율이 다른 물품을 일괄하여 한번에 세관신고를 진행할 경우, 물품을 그 종류별로 일일이 분리하여 거기에 맞는 세율을 적용하는 것은 많은 시간과 비용이 수반된다. 따라서 이러한 경우, 신고인의 신청에 따라 물품에 부과될 세율 중 가장 높은 세율을 적용할 필요가 있는데, EU 관세법은 이러한 상황을 감안, '화물이 서로 다른 품목분류 소호에 해당하는 물품으로 구성되어 있고 세관 신고서 작성을 목적으로 품목분류 소호에 따라 모든 물품을 분류함으로써 지불해야 할 수입 또는 수출 관세와 균형이 맞지 않는 작업 및 비용 부담을 수반하게 될 경우, 세관은 신고인의 신청에 따라 최고 수입 또는 수출 세율이 적용되는 물품의 품목분류 소호를 기준으로 전체 화물에 수입 또는 수출 관세를 부과하는 데 동의할 수 있다'고 규정함으로써 합의에 의한 세율을 인정하고 있다(제177조 제1항). 하지만 세관이 금지나 제한 물품, 또는 소비세 대상 물품에 대해 일정 조치를 적용하기 위한 정확한 세율 분류가 필요한 경우, 합의에 의한 세율을 적용하지 않는다(제177조 제2항).

6) 중앙집중신고

EU 역내 수입자가 제3국으로부터 물품을 수입하여 EU 여러 회원국에서 특정한 세관절차를 진행할 경우, 수입자가 설립된 장소의 관할 세관에 주된 세관신고를 하고 그 물품에 대한 통제는 물품이 실제로 수입되는 각 회원국 관할 세관에서 수행되는 것을 중앙집중신고(Centralised Clearance)이라 한다. 27개 회원국으로 이루어진 특성상, 현실적인 필요성이 인정되는 이러한 제도는 EU처럼 관세에 있어 모든 국가가 통일된 규칙을 가지고 있을 경우, 가능한 제도다. EU는 관세동맹

---

16 revenue.ie/en/customs/businesses/prohibitions−restrictions/prohibitions−restrictions/index.aspx

의 형태로 세관절차가 EU 관세법이란 하나의 법에 의해 규율되고 있기 때문에 이러한 제도가 현실화될 수 있는 것이다. 중앙집중신고제도는 AEO 기업만이 신청자격이 있다. 수입통관을 예로 들어보자, 예컨대, 프랑스 기업이 한국에서 물건을 수입하여 독일과 이태리, 그리고 스페인에 팔려하면 굳이 물건을 모두 프랑스로 수입한 뒤 다시 각 회원국으로 운송을 할 이유가 없다. 그만큼 비용과 시간이 들기 때문이다. 물품을 바로 독일, 이태리, 스페인으로 물건을 분산 수입하면 훨씬 효과적인데, 이때 사용하는 것이 중앙집중수입신고(Centralised Clearance for Import)다. 수입신고는 프랑스 관할 세관에 하고, 실제 물품에 대한 통제는 독일, 이태리 스페인 항구나 공항을 관할하는 세관이 진행한다. 이러한 수입통관에 여러 국가가 함께 개입하고 복잡한 절차를 거쳐야 하기 때문에 중앙집중수입통관제도는 모두 CCI Phase 1로 불리는 EU 전자시스템을 사용하여 모든 관련 세관절차를 진행하도록 하고 있다. 동 시스템은 2024년 7월 1일부터 본격적으로 가동을 시작했으며, 현재 불가리아, 에스토니아, 스페인, 룩셈부르크, 라트비아, 리투아니아, 폴란드, 루마니아 등 8개 회원국이 실제 운용 중이다. 다른 19개 회원국은 내년까지 동 시스템을 도입하여 운용할 계획이다. 중앙집중수입신고를 활용한 수입신고절차를 알아보자.[17]

(1) 중앙집중신고를 활용한 표준수입신고

프랑스에 주사무소를 둔 AEOC 자격을 갖춘 수입업체는 프랑스 관할 세관[수퍼바이징(Supervising 세관)에 중앙집중수입신고(Authorisation for Centralised Clearance for Import)를 제출한다. 방식은 간이수입신고, 표준수입신고 등 상관없다. 관할 세관은 제출된 서류를 독일, 이태리, 스페인 관할 세관[프레젠테이션(Presentation) 세관]에 보내(수입신고접수통보: Customs Declaration Notification), 모든 수입 관련 자료를 공유한다. 수퍼바이징 세관은 수입신고의 유효성 여부를 검토(Validate)하고, 위험도 검사를 진행하며, 그 결과를 신고인 및 프레젠테이션 세관에 통보한다. 한편, 프레젠테이션 세관은 수퍼바이징 세관으로부터 받은 자료를 바탕으로 수입금지품목 여부, CN code 적정성

---

17 위임규칙 제149조에서는 중앙집중신고라는 표현을 사용, ① 자유유통을 위한 반출, ② 세관창고 보관, ③ 임시수입, ④ 최종사용, ⑤ 역내가공, ⑥ 역외가공, ⑦ 수출 및 재수출에도 사용될 수 있다고 규정하고 있다. 실제로 뒤에서 설명한 최종사용, 역내가공, 역외가공에서는 중앙집중신고를 활용하는 사례를 살펴볼 것이다.

여부, 그 외, 물품검사, 방사능 검사 등 자체적인 위험도 검사를 진행하여, 그 결과를 만족(Satisfactory)과 불만족(Unsatisfactory) 둘 중 하나로 표시, 수퍼바이징 세관에 통보하면, 수퍼바이징 세관은 물품 통관에 대한 최종 결정을 내리게 된다. 물론, 물품이 실제로 반입되는 프레젠테이션 세관은 반입요약신고를 통해 이미 물품에 대한 1차적 위험관리를 끝낸 상황이기 때문에 물품에 대한 정보를 이미 가지고 있고, 다만 수입신고 내용과 반입요약신고의 내용을 비교하여 물품의 동일성을 확인, 문제가 있을 경우, 보다 강화된 검사를 진행하게 된다. 수입신고가 수리되면, 수퍼바이징 세관은 신고인과 프레젠테이션 세관에 반출결정을 통보하고 신고인은 수퍼바이징 세관에 관세, 프레젠테이션 세관에는 부가세를 납부하고 물품을 반출한다. 프레젠테이션 세관이 물품에 위험성을 포함한 기타 문제가 있다고 수퍼바이징 세관에 통보하면 수퍼바이징 세관은 반출거부결정(Rejection)하고 이를 신고인에게 통보한다. 거부결정을 받은 신고인은 필요한 경우, 추가 보충서류 등을 수퍼바이징 세관에 제시하고 수퍼바이징 세관은 이것을 다시 프레젠테이션 세관에 보내 프레젠테이션 세관으로 하여금 물품의 반출여부를 결정하도록 한다. 프레젠테이션 세관이 만족 통보를 수퍼바이징 세관에 보내면, 수퍼바이징 세관은 반출 결정을 내린다.[18]

(2) 중앙집중신고를 활용한 사전수입신고

중앙집중신고 역시 사전수입신고로 사용될 수 있다. AEO기업의 경우, 사전수입신고를 할 수 있고 또한 세관 검사가 지정될 경우, 이를 사전에 통보받을 수 있어, 기업의 입장에서는 수입통관절차를 보다 조속히 진행할 수 있는 장점이 있다.

(3) 중앙집중신고를 활용한 간이수입신고

간이수입신고와 중앙집중신고를 결합할 수도 있다. 이미 언급했지만, 간이수입신고는 대부분 AEO 기업에 의한 간이사전수입신고와 함께 이루어지는 것이 일반적이며, 중앙집중신고에서도 마찬가지다. 수퍼바이징 세관은 간이사전수입신고 접수 후 수입신고접수통보(Customs Declaration Notification)와 함께 신고인이 제출한 서류를 프레젠테이션 세관에 보내고 모든 수입 관련 자료를 공유한다. 프레젠

---

18 customs – taxation.learning.europa.eu/course/view.php?id = 562&section = 1

테이션 세관은 관세 및 각종 부가금을 위해 CN code 확인 등 일정한 세관 통제 절차를 진행한다. 프레젠테이션 세관에 30일 이내에 물품이 제시되면, 신고인은 수퍼바이징 세관에 물건이 프레젠테이션 세관 제시되었다는 것을 알리고 (Presentation notification)하고 수퍼바이징 세관은 이 사실을 프레젠테이션 세관에 통보한다. 만일 30일 이내에 물품이 프레젠테이션 세관에 제시되는 않는 경우, 간이 사전수입신고는 거부되고 무효처리된다. 이후의 절차는 일반적인 간이사전수입 신고절차와 동일하게 진행된다. 통관이 완료되고 나면 프레젠테이션 세관은 관련 통계를 작성하여 자국 정부에 보고하여야 한다.

3. 세관신고 수정

세관은 세관신고가 관할 세관에 접수된 이후, 신청인의 신청을 조건으로, 세관신고 세부사항 중 하나 이상을 수정하도록 허용할 수 있다. 주의할 것은 수정신고는 기존 세관신고 대상 물품에 대한 수정이지 새로운 물품을 세관신고에 포함시키는 의미의 수정이 아니다. 따라서 물품을 새로 추가하고자 하는 경우, 수정신고가 아닌 새로운 세관신고절차를 밟아야 한다(제173조 제1항). 세관신고 수정은 무조건 허용되는 것이 아니며, ① 세관이 신고인에게 물품을 검사할 계획임을 알린 경우, ② 세관이 세관신고의 내용이 부정확하다고 확인한 경우, ③ 세관에 의해 물품반출이 결정된 경우에는 수정이 불가능하다. 검사계획이 있거나, 세관에서 신고내용이 부정확하다고 확인했다는 것은 물품에 문제가 있다는 것이고, 따라서 이런 경우에 수정을 허용하게 되면, 불법적 행위를 용인할 수 있기 때문이다. 물품반출이 결정된 경우에도 수정이 불가하다. 물품 반출허가는 기존 세관신고에 기초하여 결정된 것인데, 만일 수정을 허용하면 반출결정 조건이 달라질 수 있기 때문이다(제173조 제2항). 다만, 신고인이 해당 세관절차에서 요구하는 의무를 준수할 수 있도록 하기 위해 세관신고 접수일로부터 3년 이내의 기한으로 물품반출 후 세관신고 수정이 허용될 수는 있다(제173조 제3항). 세관절차에 따라 관세채무 납부 등 각종의 의무가 생기게 되고 이를 준수해야만 의도한 세관절차가 완료되며, 관할 세관으로부터 처벌이나 각종 불이익을 당하지 않기 때문에 수정을 인정하고 있는 것이다.

4. 세관신고 무효

　관할 세관은 신청인의 요청에 의하여, ① 물품이 즉시 다른 통관절차를 거쳐야 한다고 세관이 인정하는 경우, ② 신고된 세관절차에 물품을 배치하는 것이 더 이상 정당하지 않다고 인정하는 경우(Unjustified), 예를 들어 역내가공절차를 신청하였으나 그 역내가공절차에 물품을 배치하는 것이 정당하지 않다고 판단하는 경우, 당해 세관신고를 무효로 한다(제174조 제1항). 다만, 세관신고 수정에서 이미 살펴본바와 같이, 세관이 물품검사 의사를 신고인에게 통보한 경우에는 검사가 이루어지기 전에는 세관신고가 무효로 되지 않으며, 물품이 반출된 경우도 마찬가지다(제174조 제1항, 제2항). 하지만, 만일 오류로 이루어진 세관신고로 인해 관세채무가 발생한 경우, 즉 수입관세나 기타 부가금이 결정된 상황이라면, 신청인은 세관신고 접수후 90일 이내에 무효를 요청하고 세관은 이를 무효화한다(위임규칙 제148조 제1항). 한편, 대상이 아닌 다른 물품을 세관신고하여 관세채무가 발생한 경우, 잘못 신고된 물품이 사용되지 않았고 원상으로 회복가능하다는 조건하에 세관신고 접수후 90일 이내에 신청인의 요청에 의해 무효가 된다. 하지만 원래 세관신고 대상 물품과 잘못 신청된 물품의 관할 세관이 다르거나, 물품의 특성으로 세관절차가 달라질 경우, 세관신고를 무효화할 수 없다(위임규칙 제148조 제2항). 반출된 물품의 세관신고에 대한 무효는 반출된 물품이 아직 EU 관세영역 내에 있어야 한다는 점을 기억해야 한다. 무효가 되면 물품은 다시 세관의 통제하에 놓여 새로운 절차를 진행해야 하므로 만일 관세영역을 벗어났다면 관할 세관이 물품을 확보할 수 없기 때문에 무효처리가 불가능해진다(위임규칙 제148조 제4항). 비EU 물품에 적용되는 세관절차가 오류로 인해 EU 물품에 적용된 경우, 즉, T2 운송을 해야 함에도 T1 운송으로 진행된 때에는, 물품이 EU 관세영역 내 위치하고 있다는 것을 전제로, 신청인의 신청에 의해 물품의 반출 이후, 수입신고 무효처리가 가능하다(위임규칙 제148조 제4항). e-commerce 상품의 경우, 문제발생 시 판매자에게 반환할 수 있는 조건이 인정되는 경우에만 수입신고 접수일로 90일 이내 신청인의 요청으로 무효가 된다(위임규칙 제148조 제3항). 또한 1개의 물품에 대해 여러 건의 수입신고가 이루어진 경우, 나머지 수입신고 역시 무효화 된다. 이 두 가지 사례 모두 물품이 아직 EU 관세영역에 있어야 가능하다는 점을 유의해야 한다(위임규칙 제148조 제4항).

5. 자체평가

세관은 간이신고 자격 보유자(AEO 기업)에 대해 세관이 수행해야 하는 특정 통관절차 및 납부해야 할 수출입 관세액을 직접 결정(Self-Assessment)하며, 세관 감독하에 특정 통제를 수행하도록 권한을 부여할 수 있다(제185조). 실무에서는 자기기록신고 자격 보유업체가 주로 사용하는 방식인데, 매월 정기적으로 납부해야 할 모든 관세를 요약하여 관할 세관에 제출하고 제출 이후 10일 내에 관세와 부가세를 납부하여야 한다. 이 요약서에는 해당 월에 EU 관세영역으로 반입되어 자유유통을 위해 수입통관된 모든 물품이 포함된다(이행규칙 제237조)(부록 1[그림 17]).[19] 실무적으로는 관세요약서를 PLDA로 전송후 바로 관세를 납부하고 있다(벨기에).

임시보관시설에서의 물품 반출

1. 개요

세관신고서 접수 이후, 세관은 물품검사, 상업정책조치 상 수입금지 여부 확인 등 각종 검증절차를 거치고, 신고에 따른 관세 및 각종 부가금을 징수한 뒤, 물품이 금지대상이 아니며 세관절차에 따른 각종 조건을 구비한 것으로 판단되면, 세관은 세관신고를 수리하며, 이후 즉시 임시보관시설로부터 물품이 반출된다(Release)(제194조). 반출이란 개념에 대해 수입신고 수리 후 물품반출로 오해하기 쉬우나, 제194조가 의미하는 반출은 물품이 EU 관세영역으로 들어와 임시보관이 된 이후, 각 세관절차에 따라 물품을 배치하기 위한 임시보관시설로부터의 반출임을 기억해야 한다. 따라서 수입신고수리 이후의 물품반출도 포함되지만, 모든 세관절차에 배치되기 위한 반출도 포함된다. 예를 들어 임시보관된 물품을 반출하여 세관창고절차에 배치하는 것도 반출의 한 형태다. EU 관세법은 일부 물품의 경우, 구두로 반출을 허용하거나(위임규칙 제135조),[20] 세관신고 제출이나 별도의 행

---

19 E.G.Bakker LL.M, Prof. dr. W.de Wit, Erasmus School of Law, M.C.A.M. Koolen MSC, L. Vocks MSc, Fontys University of Applied Science, 앞의 책, p. 12
20 ① 비상업적 성격의 상품, ② 여행자의 개인 수하물에 포함된 상업적 성격의 물품(단, 가치가

위를 하지 않더라도 반출행위만 있으면 정상적인 통관절차를 통해 물품이 반출되는 것으로 간주하고 있다(위임규칙 제138조).[21] 현재까지의 검증결과, 더 이상 물품을 세관이 통제할 필요가 없을 경우에도 물품은 즉시 반출된다(제194조 제1항). 하지만, 관할 세관이 검사를 진행하고 있는 경우, 검사 결과가 나올 때까지 물품은 반출될 수 없다(이행규칙 제245조 제2항). 동일한 신고에 포함된 모든 물품은 동시에 반출된다(제194조 제2항). 관세 및 각종 부가금에 대한 납부 대신 보증으로도 반출이 가능하다(제195조 제1항). EU 관세법은 보증을 조건으로 반출되는 구체적 사례를 명시하고 있는데, 세관신고를 기준으로 계산한 관세채무액과 세관이 결정한 관세채무액이 차이가 날 경우, 보증을 요구하도록 하고 있다(이행규칙 제245조 제1항). 다만, 뒤에서 설명할 임시수입의 경우에는 예외로 한다(제195조 제1항). 관세할당량에 대한 추천요청 대상물품에 대한 반출은 보증을 조건으로 하지 않아도 된다(제195조 제2항). 할당관세란 한시적으로 수입하는 물품의 일정 물량에 대해 관세를 0%로 하여 수급안정에 기여하는 정책으로 EU 기능조약(TFEU) 제31조에 근거한다.[22] 유효기간 동안 제한된 수량에 대해 수입품에 적용되는 일반관세의 완전

EUR 1,000 또는 순중량이 1,000kg을 초과하지 않는 경우), ③ EU 영역과 인접한 제3국 토지에서 얻은 물품과 관세면제에 대한 이사회 규칙(EC) 1186/2009의 제35조~제38조에 따라 관세 경감 혜택을 받는 어업, 양어 및 사냥 활동을 통해 얻은 물품, ④ 제3국 농업 생산자가 해당 국가에 인접한 EU 토지에 사용하기 위해 수입한 토양 및 작물 처리용 종자, 비료, ⑤ 비EU 관세영역에서 반품된 물품으로 수입관세 면제혜택을 받는 경우

21 ① 수하물, ② 여행자 개인 용품으로 비상업적인 것, ③ EU 농민이 EU 역내와 인접한 제3국 토지에서 얻은 물품과 관세면제에 대한 이사회 규칙(EC) 1186/2009 제35조~제38조에 따라 관세 감면 혜택을 받는 어업, 양어 및 사냥 활동으로 얻은 물품, ④ 제3국의 농업 생산자가 해당 국가에 인접한 EU 토지에 사용하기 위해 수입한 토양 및 작물 처리용 종자, 비료. ⑤ 반출조건으로 수입 관세면제혜택을 받는 운송수단. ⑥ 휴대용 악기, ⑦ 응급 상황의 경우 영구 이식, 또는 수혈에 적합한 장기 및 기타 인간이나 동물 조직 또는 인간 혈액, ⑧ 팔레트, 컨테이너 및 운송수단과 해당 팔레트, 컨테이너 및 운송수단의 예비부품, 부속품 및 장비, ⑨ 개인용품 및 스포츠용 물품, ⑩ 국제해상교통에 종사하는 선박에서 사용되는 선원 복지관련물품, ⑪ 의료, 수술 및 실험 장비, ⑫ 재해구호용품, ⑬ 여행자가 임시로 수입하고 전문 장비로 사용하기 위한 휴대용 악기, ⑭ NATO 양식 302의 군사물품, ⑮ 선박에서 발생하는 폐기물 등이다. 실무에서는 공항이나 항만 통관현장에서는 녹색 또는 '신고할 사항 없음'이라고 표시되어 있는 선을 따라 공항이나 항만을 빠져나갈 때, 또는 육로 차량이용시 차량에 '신고할 물품이 없음'이란 스티커를 붙이고 육로로 비EU 관세영역으로 나가면 수출로 인정하도록 하고 있다(위임규칙 제141조 제1항). 실제로 EU 공항에 보면 세관구역에 녹색선과 붉은선이 표시되어 있는 것을 흔히 볼수 있는데, 이것이 바로 EU 관세법에서 말하는 그 녹색선이다.

22 Treaty on the Functioning of the European Union, Article 31 'Common Customs Tariff du–

또는 부분적 정지를 허용하도록 하고 있다. 특혜할당관세는 일반적인 제3국에 부여되는 관세보다 더욱 유리한 관세율로 혜택을 받을 수 있으며, 관세할당 혜택을 받는 자는 원산지 증명서를 제출해야 한다. 일반적으로 EU에서 생산할 수 없는 원자재, 반제품 등에 활용된다. 할당관세에 대해서는 이사회 규칙 (EU) 2021/2283 부속서에 자세히 규정하고 있다.[23] 주로 농산물(콩, 버섯) 또는 공산품 중 EU 관세영역에서 생산하지 못하는 물품들로 구성되어 있으며, 할당관세 품목은 매년 1월과 7월 회원국의 요청으로 수정되고 이에 대한 관리는 이행규칙 제49에서 제54조에 자세히 규정되어 있다. 이미 포괄보증이 이미 시행중인 물품에 대해서는 반출의 조건으로 다시 보증을 요구할 수 없다(제195조 제3항). 반출된 물품은 물품의 사용목적에 따라 각각의 세관절차에 놓이게 된다.

2. 세관의 몰수, 매각, 폐기 조치

세관은 ① 비EU 물품의 EU 관세영역으로의 반입을 규율하는 EU 관세법에서 규정하는 의무 중 하나를 이행하지 않았거나, 물품이 세관 감독에 의해 보류된 경우, ② 신고인의 귀책사유로 인해 세관이 정한 기간 내에 물품 검사를 수행하거나 계속하는 것이 불가능한 경우, ③ 요청된 세관절차를 위해 제출해야 하는 서류가 제공되지 않은 경우, ④ 관세와 관련하여 관세납부 또는 보증이 규정된 기간 내에 이루어지지 않은 경우, ⑤ 해당 물품이 금지 또는 제한 대상인 경우, ⑥ 문제가 있는 물품이 반출된 후 합리적인 기간 내에 제거되지 않은 경우, ⑦ 물품이 반출된 후 해당 반출조건을 충족하지 않은 것으로 밝혀진 경우, ⑧ 제199조에 따라 국가에 소유권을 포기한 경우, 몰수(Confiscation), 매각(Sale), 폐기(Destruction) 등 필요한 조치를 취하여야 한다(제198조 제1항). 다만, ②에서 ⑤의 경우, 세관은 신고인에게 합리적인 기한을 주어 문제를 해결할 기회를 줄 수 있다(이행규칙 제12조). 이외에도 세관은 합당한 근거가 있는 경우, 세관에 제출된 물품을 폐기하도록 요구할 수 있으며 물품 소지자에게 이를 통보해야 한다(제197조). 세관은 폐기시 폐

ties shall be fixed by the Council on a proposal from the Commission'
23 정식명칭은 Council Regulation (EU) 2021/2283 of 20 December 2021 opening and provid－ing for the management of autonomous tariff quotas of the Union for certain agricultural and industrial products, and repealing Regulation (EU) No 1388/2013이다.

기물이나 스크랩에 적용되는 관세 및 기타 부가금을 결정하기 위해 폐기로 인해 발생하는 폐기물이나 스크랩의 유형과 수량을 설정해야 한다(이행규칙 제248조). 국가에 소유권을 포기하거나 압수 또는 몰수된 비EU 물품은 세관창고절차에 들어간 것으로 간주된다. 세관창고운영자는 이러한 내용을 기록해야 하며, 만일 이 물품을 세관이 보관하는 경우에는 세관이 기록한다. 수입신고 물품에 폐기, 몰수 대상 물품이 포함되어 있을 경우, 세관은 해당 세관신고를 무효화한다(제198조 제2항). 세관의 몰수, 매각, 폐기 처분에 의해 발생하는 비용은 ①의 경우, EU 관세법상의 의무를 이행해야 하거나 세관으로부터 물품을 몰수, 매각, 폐기 조치를 당한자가 부담하며, ②에서 ⑥까지는 수입 신고인이 결정한다. ⑦의 경우, 물품 반출에 적용되는 조건을 준수해야 하는 자가 비용을 부담하며, ⑧ 국가에 물품을 포기한 자가 그 비용을 부담한다(제198조 제3항).

3. 물품의 포기

비EU 물품과 최종사용절차가 진행 중인 물품은 세관의 사전 허가를 받아 해당 절차 보유자 또는 물품 보유자가 국가에 그 소유권을 포기(Abandonment)할 수 있다(제199조). EU 관세법에서는 세관이 물품 소유자에게 요구(Appeal)를 하고 90일이 지나도 의무를 이행하지 않을 경우, 물품을 포기한 것으로 보고 국고에 귀속시키도록 하고 있다.[24] 국제화물운송협회연맹(FIATA)는 화물의 포기(Abandoned freight)를 수하인(수입자)이 합리적인 기간이 지난 후에도 화물을 인도받을 의사가 없다는 의사표시를 하는 것으로 정의하고 있다.[25] EU 역시 압류되거나 몰수된 물품에 대해 소유권을 포기할 수 있도록 하고 있다. 하지만, 세관은 물품이 EU 관세 영역에서 판매될 수 없거나 판매 비용이 물품의 가치에 비해 불균형할 경우, 또는 물품이 이미 폐기 예정인 경우, 물품의 포기 신청을 거부할 수 있다(이행규칙 제249조). 물품이 국가에 포기되거나 몰수되면 물품의 소유권은 세관이 가지게 된다. 하지

---

24 인도와 같은 일부 지역에서는 수입업자가 30일 이내에 화물을 통관하지 않으면 화물이 버려진 것으로 간주된다. 중국에서는 이 기간이 60일까지 연장된다. EU와 호주에서는 기간이 90일이다. 미국의 경우 수입일로부터 6개월이지만 부패하기 쉬운 물건, 위험물 등 특정 품목의 경우 '합리적 기간'이 더 짧다.

25 물품의 포기에 대해서는 Jens Roemer, Abandoned Cargo: Challenges for freight forwarders, TT Club webinar, 30 Sep 2021을 참고하기 바란다.

만, EU 관세법은 이에 대한 예외를 두어, 세관은 구매자가 물품을 세관절차에 따르거나 재수출하기 위한 절차를 즉시 수행한다는 조건하에 국가에 포기되거나 몰수된 물품을 공매할 수 있으며, 만일 관세 및 각종 부가금을 포함한 가격으로 판매될 경우, 세관은 이를 국고에 입금하고, 해당 물품은 수입통관절차를 완료하고 EU 관세영역에서 자유로운 유통을 위해 반출된 것으로 간주하여, 소유권을 다시 회복할 수 있도록 하였다(이행규칙 제249조).

4. 자유로운 유통 목적의 수입통관

1) 개요

자유로운 유통(Release for Free Circulation)이란, 물품을 EU 관세영역으로 수입하여 EU 시장에 출시되거나 EU 관세영역에서 개인적으로 사용 또는 소비하는 것을 말한다. 이러한 자유로운 유통을 위해서는 수입신고를 통해 EU 관세영역으로 물품이 반출되어야 한다. 또한 수입신고와 함께, 관세 및 기타 부가금을 납부하고, 상업정책조치의 적용을 받으며, 수입신고 시 필요한 요건을 준수하여야 한다. 상업정책조치란 앞에서 살펴보았듯이, EU 내부시장과 소비자의 이익을 보호하거나 특정지역과의 발전을 촉진하기 위해 또는 제한하기 위한 모든 조치로 관세할당, 특정물품의 수출입 금지, 상계관세 등의 조치를 의미한다. 이렇게 반출된 물품은 EU 물품으로써의 관세지위를 부여받아 EU 관세영역에서 자유롭게 유통(판매, 소유, 사용, 처분)될 수 있다. 역내가공편에서 자세히 설명하겠지만, 역내가공을 통해 얻은 가공물품이 자유유통을 위해 반출되고 수입관세액이 계산되는 경우, 적용되는 상업정책조치는 역내가공에 투입된 물품의 자유유통을 위한 반출에 적용되는 상업정책조치이다(제202조 제1항, 제3항). EU 내부시장과 소비자의 이익을 위해 취해지는 것이 상업정책조치임을 감안할 때, 상업정책조치의 대상이 역내가공에 투입되는 비EU 물품임은 당연한 이치다. 다만, 폐기물 및 스크랩에는 이러한 상업정책조치를 적용하지 않으며(제202조 제2항), 또한, EU 원산지로 인정받는 역외가공 물품으로써, 그 역외가공이 수리 목적 또는 추가가공 목적인 경우에는 상업정책조치에 적용을 받지 않는다. 비EU 물품에 대해 부과되는 상업정책조치의 특성을 감안한 규정이다(제202조 제4항).

2) 관세면제

(1) 반품된 물품에 대한 관세면제

자유로운 유통을 위한 수입신고시 관세 및 기타 부가금 납부는 필수요소다. 그런데 EU 관세법은 특정한 상황에서 자유로운 유통을 위한 수입신고시 관세 및 기타 부가금을 면제(Relief)해 주도록 규정하고 있다(제203조 제1항). EU 관세영역에서 EU 물품이 비EU 관세영역으로 수출되어 3년 이내의 기간 동안 비EU 관세영역에 있다가 다시 EU 관세영역으로 수입되어 수입신고가 이루어진 경우, 신청에 따라 수입관세를 면제받는다(제203조 제2항). EU 관세영역으로 재수입된 물품이 물품의 일부인 경우에도 신청에 따라 그 부분에 비례하여 수입관세를 면제받을 수 있다. 기간은 세관의 판단에 따라 특별한 경우, 3년을 초과할 수 있다. 주의할 것은 EU 관세영역에서 수출되었다가 재수입된 물품이 용도사용 조건으로 관세감면 혜택을 받아, 자유유통을 위해 반출되었던 이력을 가지고 있는 경우, 관세면제를 위해서는 동일한 용도내 사용 조건으로 수입신고가 이루어져야 한다. 만일 최종용도가 더 이상 동일하지 않은 경우, 해당 물품이 처음 자유 유통을 위해 반출되었을 때 부과된 금액을 제외한 나머지 수입관세를 부과한다(제203조 제3항). 문제는, 최초에 납부했던 관세액이 재수입시 부과된 관세액보다 큰 경우다. EU 관세법은 이런 경우, 그 차액을 환급하지 않는다고 규정하고 있다(제203조 제3항). 예를 들어 비EU 물품이 EU 관세영역에 A라는 용도로 수입, EU 물품으로써의 지위를 획득하고, 관세면제 혜택을 받아 통관되어 자유유통이 되고 있었는데, 이 물품이 다시 비EU 영역으로 수출되었다가 3년 이내에 EU 관세영역으로 재수입되어 수입통관 절차를 진행하고 있다고 가정해 보자. 만일 수입신고에 기재된 용도가 A가 아닌 B로 신고할 경우, A 용도로 사용하여 감면받고 납부한 관세가 3유로이고, B의 용도로 수입신고할 경우, 그 관세가 10유로라면, 7유로라는 차액을 신고인이 납부해야 하며, 반대의 경우, 7유로란 차액을 환급받을 수 없다. 최종용도의 동일성은 사용의 동일성뿐 아니라 물품 상태의 동일성도 포함한다. EU 관세법은 물품이 수출된 이후, 물품의 상태를 좋게 유지하기 위한 수리나, 복원 이외에 좋은 상태를 유지하기 위한 수리, 복원에 필요한 것 이외의 처리나 취급이 이루어져서는 안되며, 만일 그러한 처리나 취급이 이루어졌을 경우, 물품의 용도와 아무런 관계가 없어야 한다고 규정하고 있다(위임규칙 제158조 제1항, 제2항). 한편, 역외가공절차에 투입된 물품의 경우, 비EU 관세영역에서의 취급이나 처리가 예비부품의 합체(Incorporation)를 포함하여 수출될 때와 동일한 방식으로 물품을 사용하는 데 엄격히 필요한 수준을 초과하지 않아야 한다(위임규칙 제158조 제3항). 관세면제 혜택을 받기 위해서는 면제조건이 충족되었음을 입증하는 정보를 세관에 제시하여야 하는데, 대표적으로 물품 수출 시 세관이 인증한 신고서 인쇄본, 각종 증명서 등이 이에 해당한다(이행규칙 제253조 제1항, 제2항). 증명서를 제출하지 않아도 관할 세관에서 면제조건을 갖추었다는 것을 인정하는 경우(Establish), 증명서 제출이 요구되지 않는다(이행규칙 제253조 제3항). 수출신고를 제출하지 않고 구두 또는 기타 행위로 물품을 수출한 경우도 증명문서가 없기 때문에 입증정보를 세관에 제출하지 않아도 된다(이행규칙 제253조 제4항). 다만, 관세 또는 기타 부가금이 부과되는 물품에 대해 위임규칙 제135조 또는 137조에 따라 구두로 세관신고를 하는 경우, 관할 세관이 영수증을 발행할 수 있기 때문에 영수증이 증명서류가 될 수는 있을 것이다(이행규칙 제217조). 특별한 경우를 제외하고는 비 EU 관세영역으로의 수출과 관련하여 공동농업정책에 따라 혜택을 받은 물품에 대해서는 이러한 면제 혜택이 부여되지 않는다(제204조). EU는 1960년대부터 공동농업정책(CAP)를 수행해 왔는데, 주로 농가보조금 등 재정적 지원이 주된 정책이며 그 외에도 농가 경쟁력 상승을 위한 식품 안정성, 위생, 라벨링등, 다양한 지원책을 활용하고 있다. 이러한 농업정책으로 혜택을 받은 농산물의 재수입에 대해서는 수입 관세 면제혜택을 부여하지 않겠다는 의미다. 다만, ① 이러한 지원금을 환불했거나, ② 정부가 이미 회수한 경우, ③ 수하인에게 인도되기 전에 발생한 손상으로 인해 재수입된 경우, ④ 무역 박람회나 이와 유사한 행사에서 소비 또는 판매할 목적으로 수출되었으나 그렇게 소비되거나 판매되지 않은 경우, ⑤ 계약 문제로 물품이 수출자에게 인도되지 못해 재수입된 경우, ⑥ 천재지변 등, 수출자의 통제를 벗어난 상황으로 인해 다시 재수입된 경우, ⑦ 물품 수출과 관련된 세관절차가 완료된 날로부터 12개월 이내에, 또는 재수입 회원국의 세관이 정당하게 허용하는 경우에는 재수입시 관세면제가 가능하다(위임규칙 제159조). 역내가공절차 이후, EU 관세영역에서 원래 재수출된 가공물품도 다시 EU 관세영역으로 재수입될 경우, 역내가공절차에 투입된 물품의 품목 분류, 과세 가격, 수량, 물품의 성질 및 원산지를 기준으로 (제86조 제3항) 신청인의 신청에 의해 수입 관세가 면제된다. 다만, 역내가공 절차의 경우, 대체물품을 수입하기 전에 EU 관세영역내의 동등한 물품(Euivalent Goods)을 사용하여 제작한 물품을 수출하고 다시 이를 재수입할 경우, 역내가공에 비EU 물품이 투입되지 않았다고 증명되지 않는 한, 수입관세 면제가 부여되지 않는다(제205조 제3항).

(2) 어획품 등에 대한 관세면제

EU 회원국 등록선박으로 회원국의 국기를 게양한 선박에 의해 비EU 관세영역 국가 또는 영토의 영해에서 획득한 어획품 및 기타 물품, 또한, EU 국적 선박으로 회원국의 국기를 게양한 공장 선박에서 어획품이나 기타 물품을 가공하여 만들어진 물품 역시, EU 관세영역으로 자유유통을 위한 수입신고 시 관세가 면제된다(제208조). 다만, 항박일지(Logbook), 하역신고서(Landing Declaration), 환적신고서(Transhipment Declaration)등에 어획품의 명칭과 종류, 그리고 총량(kg), 물품을 환적한 선박 명칭, 기국, 등록 번호 및 선장 성명 등을 기재하여, 이러한 물품들이 EU 물품으로써의 지위를 갖고 있다는 것을 증명해야 한다. 증명방법에는 서면방식과 전자적 방식이 있는데, 어선의 길이가 10미터 이상 15미터 이하인 경우, 서면에 의해 작성될수 있다. 현대 선박들은 항박일지 및 각종 관련 신고서를 모두 전자적으로 처리하기 때문에 전자시스템에 의해 이러한 서류들을 세관에 제출할 수 있다. 다만, 소규모 어선의 경우, 이러한 시스템이 갖추기 어렵다는 것을 감안, 이러한 예외 규정을 둔 것이다(위임규칙 제130조). 한편, EU 물품지위를 자동적으로 획득하지 못하는 공해나 배타적 경제수역에서 획득한 어획품 및 이를 공장선박에서 가공한 물품이 제3국을 거쳐 환적 또는 운송되는 경우, EU 물품지위를 인정받아 수입관세를 면제받고 싶을 경우, 신고인은 환적국가나 제3국 세관의 승인, 물품이 환적국 또는 제3국에 도착하고 출발하는 날짜, 운송 수단, 승인 세관의 주소등이 표시된 항박일지 및 환적신고서 인쇄본을 제출하여야 한다(위임규칙 제133조). 공해나 배타적 수역에서 획득한 어획품이 EU 물품으로서의 관세지위를 인정받기 위해서는 직접운송이라는 조건이 필요한 데, 거리상 공해에서 직접운송이 되기가 어렵기 때문에 3국을 거치는 경우가 대부분이고 따라서 이러한 증명방식을 도입한 것이다. 다만, 관할 세관이 해당 물품이 EU 관세지위를 갖고 있다고 명백하게 인정하는 경우, 또는 어선의 길이가 10미터 미만인 경우, 이러한 증명조치가 필요없다(이행규칙 제213조).

제6편
특별절차

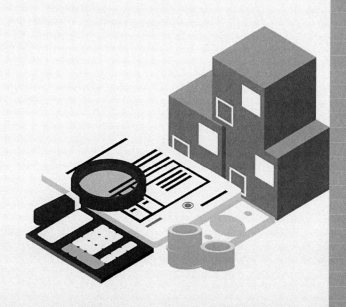

제6편　특별절차

I　일반원칙

1. 요건

EU 관세법은 통과운송과, 임시수입, 최종사용, 역내가공, 역외가공, 세관창고와 자유무역지대에 대한 허가를 특별절차(Special Procedure)라 하여 세관의 허가와 보증 제공이 있어야 이용이 가능하도록 규정해 놓고 있다. 이러한 배경에는 특별절차의 대상이 관세 및 각종 부가금의 감면과 관련이 있다는 점이다. 임시수입절차는 관세 및 각종 부가금을 유보한 상태에서 물품을 EU 관세영역으로 일시 반입하는 것을 의미하고, 역내가공과 역외가공 역시 가공에 제공되는 물품에 대한 면세 혜택이 주어진다. 세관창고도 마찬가지며, 최종사용도 물품의 사용용도에 따라 감면혜택을 주는 것이기 때문에 일반적인 세관절차에 비해 보다 엄격한 조건과 통제가 이루어진다. 따라서 그 허가조건도 까다롭다.

특별절차에 대한 허가는 달리 정한 경우를 제외하고는 아래 조건을 모두 충족하는 자에게만 부여된다. 먼저, ① 신청자가 EU 관세영역에 설립되어야 한다. 다만, 세관이 타당하다고 판단하는 경우 최종용도사용 및 역내가공절차에 대한 허가를 EU의 관세영역 외에 설립된 자에게도 부여할 수 있다(위임규칙 제161조). ② 각각의 특별절차를 수행하는 데 필요한 능력을 갖추었음을 증명해야 한다. EU 관세법은 AEOC 기업의 경우, 이 조건을 갖추었다고 간주한다. ③ 보증을 제공하여야 하며, ④ 세관이 과도한(Dispropriate) 행정조치를 취하지 않고도 특별절차에 대한 세관통제를 행사할 수 있어야 한다. 또한 ⑤ 세관의 특별절차의 허가로 인해 EU 생산자의 본질적 이익이 부정적인 영향을 받아서는 안 된다. 하지만 이 ⑤ 에 명시된 조건을 남용할 경우, 특별절차 허가의 취지가 사라질 수 있다. 대표적을 역내가공과 역외가공의 경우, 그 취지 자체가 EU 관세영역에서 제대로된 가공을 할 수 없어 만들어진 제도이기 때문에 ⑥ 의 조건을 엄격히 적용해서는 안 된다. EU 관세법도 이 점을 감안하여, 역내가공의 경우, EU 생산자의 본질적 이익이 부정적인 영향을 받는다는 명백한 증거가 존재하며, 공동농업정책, 또는 공동상업정책의 적용을 받는 물품에 한해, 역내가공을 제한하고 있으며, 역외가공의 경우에도 위임규칙 부속서 71-02에 나열된 물품(쇠고기, 돼지고기, 양고기, 계란, 가금육, 곡물, 설탕, 유물품, 와인, 올리브 등으로 주로 농수축산물)을 생산하는 EU 생산자의 본질적이익이 부정적인 영향을 받는다는 증거가 존재할 경우에만 역외가공을 제한하도록 규정하고 있다(위임규칙 제166조). 이외에도 EU 관세법은 반대되는 증거가 존재하거나 경제적조건이 충족된 것으로 인정되는 경우를 제외하고, EU 생산자의 본질적 이익이 부정적인 영향을 받지 않는다고 하고 있으며, EU 생산자의 본질적이익이 부정적인 영향을 받는다는 명백한 사유가 있을 경우에만, EU 차원의 조사를 할 수 있도록 규정하고 있다(제211조 제5항, 제6항). 만일 본질적 이익에 부정적인 영향이 있다는 증거가 세관에 제공되는 경우, 해당 세관은 집행위원회에 그 사실을 알려야 한다. 집행위원회는 이러한 사실에 대해 집행위원회에 조언을 제공하는 회원국 대표로 구성된 전문가 그룹을 설립하여야 하며, 조사결과, 본질적 이익에 부정적 영향이 있다는 것이 인정될 경우, 관할 세관은 관련 허가를 취소한다(이행규칙 제259조). 임시수입이나 역내가공의 경우, 직접 물품을 수입하거나, 가공하는 자이외에도, 물품의 임시수입을 주선하거나 가공을 주선하는 자도 특별절차를 신청할 수 있다.

2. 효력

1) 유효기간

특별절차에 대한 허가가 결정된 경우, 허가 유효기간은 5년을 초과할 수 없으며, 만일 위임규칙 부속서 71-02에 나열된 물품과 관련된 특별절차의 경우, 3년을 초과할 수 없다(위임규칙 제173조). 다만, 특별절차에 배치된 물품이 아직 그 절차를 완료하지 못할 경우, 특별절차 허가보유자의 요청에 따라 종료기간은 원래 설정된 기간보다 연장될수 있다(위임규칙 제174조 제1항). 더 나아가 관할 세관은 역내 또는 역외가공 절차, 임시수입 또는 최종사용의 경우에는 원래 설정된 기간안에

절차가 완료되지 못할 경우, 자동으로 그 기간이 연장되도록 허가할 수 있다(위임 규칙 제174조 제2항).

2) 소급효

특별절차는 소급효(Retroactive Effect)가 가능하다. 세관은 ① 소급효를 부여할 경제적 필요성이 있고 신청이 사기와 같은 위법한 시도와 관련이 없으며, ② 각종 시스템을 통해 특별절차의 목적이 되는 물품에 대한 통제가 가능함이 증명될 경우, 그리고, ③ 신청이 접수된 날로부터 3년 이내에 신청자에게 소급 효력이 있는 허가가 부여되지 않아야 하고, ④ 신청이 동일한 종류의 운영 및 물품에 대한 허가 갱신과 관련된 경우를 제외하고, 경제상황에 대한 조사가 필요하지 않으며, ⑤ 신청이 세관창고 운영과 관련되지 않은 경우, 또한 ⑥ 동일한 종류의 운영 및 물품에 대한 허가 갱신의 경우, 신청서가 허가 만료된 후 3년 이내에 제출된다는 것을 조건으로 특별절차에 대한 허가에 소급효를 부여할 수 있다(제211조 제2항). 주의할 것은 ①에서 ⑥까지의 조건을 모두 동시에 충족해야 한다는 것이다. 더 나아가 세관은 특별절차에 놓인 물품이 허가가 부여된 시점에 더 이상 존재하지 않는(Available) 경우에도 소급 효력이 있는 승인을 부여할 수 있다. 세관이 특별절차에 소급효가 있는 허가를 부여할 경우, 허가는 신청 접수일로부터 소급하여 효과가 부여되며, 위에서 설명한 부속서 71−02에 해당하는 물품의 경우 허가일로부터 3개월 전, 최대 1년까지 소급효가 부여될 수 있다. 동일한 종류의 영업 및 물품에 대한 허가 갱신에 관한 신청인 경우, 원래 허가가 만료된 날짜부터 소급하여 허가가 부여될 수 있다(위임규칙 제172조). 다만, 소급효의 경우, 기업의 입장에서는 관세환급과 같은 혜택을 받을 수 있으나, 이미 제출한 세관신고를 다시 제출해야 하는 불편함이 있을 수 있으며, 세관의 입장에서는 이미 징수한 관세를 돌려주어야 하는 상황에 놓이게 될 수 있어(최종사용의 경우), 실무에서는 매우 소급효 부여에 대해 매우 엄격하게 심사를 하고 있다.

3) 특별절차 허가 보유자의 기록 의무

통과절차 또는 달리 규정된 경우를 제외하고, 허가 보유자 및 물품보관, 작업 또는 처리, 물품판매, 자유무역지대에서 구매와 관련된 활동을 수행하는 모든 사람은 세관이 승인한 형식으로 적절한 기록을 보관해야 한다. 기록에는 특히 해당 절차에 따라 배치된 물품의 식별, 해당 물품의 관세지위 및 이동과 관련하여 세관이 해당 절차를 감독할 수 있도록 관련 정보와 세부 사항이 포함되어야 한다. AEO 기업은 자신의 기록이 관련 특별절차의 목적에 적합한 한 기록의무를 준수한 것으로 간주한다(제214조).

4) 중앙집중신고를 활용한 특별절차

EU 관세법은 특별절차에도(세관창고절차, 임시수입, 최종사용, 역내가공, 역외가공) 중앙집중신고를 활용할 수 있도록 허용하고 있다(위임규칙 제149조). 대표적으로 역외가공의 경우, 가공의 수준이나 기술에 따라 둘 이상의 비EU 영역에서 가공이 필요한 경우가 있다. 예를 들어 프랑스에서 독일로 역외가공허가를 받은 자가, 독일 외에 네덜란드에도 역외가공허가를 신청하면, 프랑스 세관[1]은 네덜란드 세관과 협의를 거쳐(이행규칙 제60조), 이를 허가해 줄 수 있다. 허가권자인 프랑스 세관은 이러한 두 개국 이상에서의 역외가공에 대한 통제책임을 가진다. 구체적 절차를 살펴보자. 앞에서 허가권을 가진 프랑스 세관은 허가신청서 접수일로부터 늦어도 30일 이내에 해당 신청서와 의견서를 네덜란드 세관에 전달한다. 네덜란드 세관은 의견서를 받은 날로부터 30일 이내에 이의를 제시하거나 동의의 의사표시를 해야 한다. 만일 이의를 제기하고 의견서가 전달된 날로부터 60일 이내에 합의에 도달하지 못한 경우, 허가가 부여되지 않는다. 만일 네덜란드 세관이 의견서를 전달받은 날로부터 30일 이내에 이의를 전달하지 않은 경우, 네덜란드 세관이 동의한 것으로 간주된다(이행규칙 제260조). 다만, 단순한 허가의 갱신, 사소한 허가내용의 수정, 허가의 무효, 허가의 정지, 허가의 취소, 2개 이상의 관련 회원국이 동의한 경우, 타 회원국 세관의 의견을 듣지 않아도 관할 세관은 신청에 대한 그 결정의 사유를 포함하여 결정을 내릴수 있다(이행규칙 제261조 제1항). 임시수입도 중앙집중신고를 활용하도록 되어 있으나, EU 관세법은 허가결정권한을 가진 관할 세관이 독자적으로 결정할 수 있도록 허용하고 있다[이행규칙 제261조 제1항 (d)]. 한편,

---

1 세관 당국이라는 표현을 쓴 것은 물품을 통제하는 각 지역 관할 세관이 아닌 세관 본부, 즉 관세청을 의미한다. 회원국 간 협의는 관세청에서 진행하기 때문이다.

특별절차 중에도 통과운송의 경우에는 중앙집중신고가 사용될 가능성이 없다. 따라서 ATA 또는 CPD 까르네를 활용한 통과운송의 경우, 여러 국가의 세관이 관여되어 있다 하더라도 관할 세관이 독자적으로 모든 것을 결정할 수 있으며, 결정의 사유도 표시할 필요가 없다(이행규칙 제261조 제2항).

5) 특별절차의 종료

특별절차에 따라 배치된 물품 또는 이미 처리된 물품이 후속 절차에 따라 EU 관세영역에서 반출되거나, 폐기물이 전혀 남지 않고 폐기되었거나, 국가에 그 소유권을 포기한 경우(제199조), 특별절차는 종료된다. 절차의 종료는 달리 규정되지 않는 한 특정 기한 내에 이루어져야 한다(제215조 제4항). 예를 들어 통과운송절차는 출발지 세관에서 이용 가능한 데이터와 목적지 세관에서 이용 가능한 데이터를 비교하여 세관이 통과운송절차가 올바르게 끝났다는 것을 확인할 수 있을 때 종료된다. 만일 특별절차에 규정된 조건에 따라 절차가 진행되지 않는 물품이 있을 경우, 세관은 특별절차에 따라 절차가 진행될 수 있도록 해야 한다(제215조 제3항).

 특별절차의 종류

1. 통과운송

1) 개요

특별절차 중 하나인 EU 관세법이 상정하는 통과운송제도(Transit)는 앞에서 자세히 설명했듯이 외부통과운송과 내부통과운송으로 구성된다. 통과운송제도는 일반적인 통관절차에서 요구되는 물품의 임시보관, 물품의 하역, 하역된 물품에 대한 검사 규정이 적용되지 않는다. 이외에도 통과운송제도는 크게 두 부분에서 중요한데, 첫째는 통과운송 중인 물품에 대한 통제, 다른 하나는 물품의 관세지위다. 물품에 대한 통제는 외부통과, 즉 T1과 관련하여 그 중요성이 두드러지는데, 이미 설명한바와 같이 T1은 EU 관세영역으로 들어온 물품이 관세 및 각종 부가금을 유보한 상태로 EU 관세영역을 이동하는 것이기 때문에 물품이 이동 중에 분실, 도난, 또는 밀수로 이용될 경우, 재정적 피해뿐 아니라 EU 내부시장의 혼란을 야기할 수 있어, 이동 중인 물품에 대한 통제가 필수적으로 요구된다. 한편, T2의 경우, 잠시 EU 관세영역을 벗어났다가 다시 EU 관세영역으로 들어가는 물품에 대해서도 EU 물품의 관세지위를 계속 유지시켜 줌으로써, 신속한 무역거래 및 관세등에 있어 혜택을 받을 수 있도록 할 필요가 있다. EU는 27개 회원국으로 이루어져 있는 광대한 영역을 가지고 있어, 통과운송제도가 어느 국가보다 중요성을 가지고 있다. 더욱이 EU는 회원국이 모두 국경을 맞대고 있지 않고, 바다나 다른 비회원국에 의해 지리적으로 떨어져 있는 경우도 많아, 물품이 운송될 때, 제3국을 통과하는 일이 잦을 수밖에 없다. 예를 들어, EU 회원국인 아일랜드의 경우, 유럽대륙과 떨어져 비회원국인 영국과 국경을 맞대고 있어, 아일랜드에서 생산한 EU 물품, 또는 아일랜드가 수입한 비EU 물품이 다른 EU 회원국으로 이동할 때, 영국이라는 비회원국을 거쳐가야 하는 일이 많을 수밖에 없다. 이런 이유로 EU는 주변의 비EU 국가들과 협정을 통해 통과운송제도를 EU뿐 아니라 주변국으로 확대, 원활한 물품의 이동을 통한 무역거래의 확대와 발전을 이루어 왔다. 이렇게 확대된 통과운송제도를 공동통과운송(Common Transit)이라고 부르며, 공동통과운송은 EU와 주변국가가 체결한 공동통과운송협약(Common Transit Convention)을 근거로 운영된다. 공동통과운송 도입은 유럽의 무역량 확대에 따라 1970년대부터 거론되기 시작했으며, 1974년 1월 1일, EU 전신인 EEC와 오스트리아, 스위스 간 공동통과운송협정이 발표되면서, 유럽지역에 공동통과운송이 최초로 등장하게 되었다. 이후, 소규모의 양자 또는 다자간 협정을 거쳐, 드디어 EC(European Community)와 EFTA 간 공동통과운송협약이 체결되게 되어, 공동통과운송의 지리적 범위가 확대되었고, 동협정은 계속 확대 발전되어 현재, EU, EFTA(노르웨이, 스위스, 아이슬란드), 영국, 터키, 마케도니아, 세르비아, 우크리아나 등 유럽 전역을 포함하는 국제협정으로 자리잡게 되었다. EU 관세법에 규정된 T1, T2 운송은 공동통과운송협약을 통해 현실에서 구현된다.

2) 통과운송시스템

위에서 설명한 바와 같이, 통과운송은 이동물품에 대한 세관통제와 물품의 관세지위 유지란 측면에서 그 중요성을 가진다. 특히, 공동통과협정처럼 무려 30여

개가 넘는 국가들이 참여하는 경우, 모든 국가가 공통된 통제 매뉴얼을 가지고 있지 않을 경우, 물품의 안정적인 통과운송은 기대하기 어렵다. 이러한 목적으로 EU는 전자시스템을 기반으로 하여 공동통과운송협약 체결국이 공통으로 사용할 수 있는 통제감시시스템을 구축했는데, 이것을 NCTS(New Computerized Transit System)라 부른다. 동 시스템을 통해 공동통과운송협약 체결국은 공통된 매뉴얼에 따라 이동 중인 물품에 대한 통제를 수행한다. NCTS는 공동통과운송협정 체결국의 증가 및 IT 기술수준의 발전에 따라 고도화를 진행, 2024년 현재 NCTS 5단계 (Phase 5)가 시행 중이며 장기적으로는 6단계(Phase 6)까지 확대할 예정이다. NCTS의 핵심은 이동 중인 물품이 관세 및 각종 부가금을 유보한 상태로 도난이나 밀수, 또는 훼손 등이 없이 최종 목적지까지 이동하는 것을 관련국들이 전자시스템을 활용하여 감시 보장하는 것이다.

3) 통과운송시스템을 이용한 통과운송절차[2]

통과운송은 신청인이 NCTS 시스템에 통과운송을 신청하면서부터 시작된다. 신청인은 출발지 세관(Customs Office of Departure)에 NCTS 시스템을 이용, 통과운송을 신청한다. 출발지 세관은 공동통과운송을 시작을 관할하는 첫 번째 세관이다. 신청인은 신청 시 통과운송의 형태가 T1인지 T2인지를 구별하여 신청하여야 한다. 통과운송을 신청하기 위해서는 먼저, 물품에 대한 수량, 중량, 가격 및 식별을 위한 기타 관련 데이터 등 운송되는 물품에 대한 자세한 정보를 NCTS에 제공하여야 한다. 또한 물품의 운송경로, 선적 및 하역위치도 명확히 지정되어야 한다. 또한 물품에 적용되는 운송 조건 및 보안 조치에 대한 정보가 반드시 포함된다. 신청이 완료되고 신청에 문제가 없을 경우, MRN(Movement Reference Number)가 할당되고 TAD(Transit Accompanying Document)가 발급된다. TAD는 통과운송이 T1 또는 T2(T2L, T2LF)인지 확인하는 문서다. 흔히 T1 문서, T2 문서라고 부르는 것이 바로 TAD다. MRN은 통과운송 중인 물품에 대한 고유번호로 모든 통과운송절차에서 사용되는 중요한 번호다. 한편, 통과운송은 관세 및 각종 부가금을 유보

---

2 자세한 내용은 Transit Manual, European Commission 14 April 2020과 Customs & Tax EU Learning Portal(NCTS)을 참고하기 바란다. 포털사이트는 다음과 같다. customs−taxation. earning.europa.eu/course/view.php?id=806&section=1

한 상태로 운송되기 때문에 이를 담보하기 위해 신청인은 NCTS를 통해 보증을 제공하여야 한다. 출발지 세관으로부터 발급받은 TAD서류는 운송인이 소지하고 통과운송을 시작한다. TAD에는 MRN이 바코드 형식으로 기재되어 있는데(부록 1 [그림 18])[3] 통과운송을 시작하면서 만나게 되는 세관에서(특히, 영국, EU 등) 이 바코드를 통해 물품을 빠르게 확인할 수 있는 장점이 있다. 출발지를 지나 국경에 도착하면, 통과운송을 위한 반출지 세관(Customs Office of Exit for Transit)을 만나게 된다. 반출지 세관은 국경에 위치한 세관으로 여기를 벗어나면 통과운송되고 있는 물품의 통제권한이 타 회원국으로 넘어가게 된다. 반출지 세관은 출발지 세관으로부터 통과화물에 대한 정보를 통보받게 되며, 필요하다고 판단되는 경우, TAD에 명시된 조건 준수 여부를 확인하기 위해 검사를 수행할 수 있으며, 서류도 확인할 수 있다. 반출지 세관을 벗어나서 타 회원국 영토에 진입한 물품은 통과운송 지역을 관할하는 통과운송 관할 세관(Customs Office of Transit)에서 서류확인과 필요한 경우 물품을 확인하게 된다. 혹시 운송수단이나 물품에 사고가 생긴 경우, 인근 지역을 관할하는 세관에 사고신고를 접수해야 한다. 사고신고를 접수하는 세관을 NCTS에서는 사고접수 세관(Customs Office of Incident Registration)이라 부른다. 이후, 물품은 최종 목적지를 관할하는 목적지 세관(Customs Office of Destination)에 도착하고 운송인이 TAD를 목적지 세관에 제출하면서, 통과운송은 종료하게 된다. 현재 NCTS가 공동통과운송협정국 모두에 설치되어 있는 것은 아니다. 따라서, NCTS가 이용되지 못하는 스위스, 노르웨이, 이이슬란드 터키, 북 마케도니아 공화국과의 통과운송에 대해서는 NCTS를 활용한 TAD 문서를 사용할 수 없다. 따라서 이들 국가들과의 통과운송에 관해서는 단일행정문서(SAD: Single Administrative Document)라는 별도의 서류를 이용하는데, 표현만 다르게 되어 있을 뿐, SAD 역시 TAD의 기재사항이 그대로 들어가 있으며, 통과운송 중간에 관할 세관에 동 서류를 제출하고 최종 목적지 세관에 SAD를 제출함으로써 통과운송이 종료되는 방식 역시 NCTS와 유사해 실질적으로는 큰 차이는 없다(부록 1 [그림 19]).[4]

---

3 Guidelines for the Printout of the Transit Accompanying Document and Transit List of Items, European Commission, 15 Dec 2023, p.2

4) 기타 통과운송제도

(1) TIR 협정에 따른 통과운송

① 개요: TIR 협정(The Customs Convention on the International Transport of Goods under Cover of TIR Carnet)은 1959년부터 시작되어 현재 66개 이상의 국가가 가입한 국제적인 도로통과운송 협정이다. EU는 1975년에 가입하였고, 대한민국도 2021년에 가입하였다. TIR은 안전한 차량이나 컨테이너의 사용, 국제보증, TIR 카르네, 세관통제에 대한 상호 인정 등을 주요 내용으로 하고 있다. TIR을 이용하려면 TIR Carnet로 불리우는 허가증을 받아야 한다. 그 대상은 담배와 주류를 제외한 모든 물품이며, 물품의 종류에 따라 까르네에 CITES 허가증, 위생증명서, 문화재 관련 증명서 등이 포함될 수 있다. 각국마다 TIR Carnet 를 발급하는 기관이 다르며, 네덜란드의 경우, 국제국내도로면허발급기관(NIWO: National and International Road Haulage Organisation)라는 기관에서, 룩셈부르크와 벨기에는 벨기에 도로운송 및 물류제공업체 연맹(FEBETRA)에서 발급한다. 보통 까르네 증서는 2장을 하나의 세트로 해서 여러부가 발급된다(부록 1 [그림 20]).[5] 이러한 이유는 까르네를 제출하는 세관이 여러 곳이기 때문이다. 보통 통과운 송을 관할하는 세관은 출발지 세관, 통과지역 세관, 그리고 도착지 세관으로 구성되어 있고 각 세관마다 까르네를 제출해야 한다. 특히 통과지역이 여러국 가일 경우, 까르네가 여러부 필요하다. 예를 들어 로테르담 항구를 출발하여 폴란드, 러시아, 우즈베키스탄까지 가는 TIR 통과운송의 경우를 살펴보자. TIR을 이용하려는 자는 먼저 네덜란드 발급기관에 까르네를 신청하고 발급받 은 까르네를 EU 관세영역을 벗어나기 전 마지막 세관, 즉, 출발지 세관에 제 시하여야 한다. EU 관세법은 TIR을 적용함에 있어 EU를 하나의 단일지역으 로 보고 있기 때문에(제228조) EU를 떠나는 마지막 지점인 폴란드 관할 세관이 출발지 세관으로 지정된다. 이후, 러시아로 들어가 물품은 다시 러시아를 통 과하여야 하고, 통과지역 세관인 러시아 세관에 다시 까르네를 제시한다. 이 후, 우즈베키스탄에 들어간 이후에는 도착지인 우즈베키스탄 세관에 또 까르

---

4 https://taxation−customs.ec.europa.eu/single−administrative−document−sad_en
5 TIR Handbook, TIR Convention 1975, UN, p. 343

네를 제공해야 한다. 따라서 최소 3세트 이상의 까르네가 필요하다. 도착지 세관에서는 운송인이 제출한 까르네에 스탬프를 찍어 운송인에게 돌려주며, 운송인은 이를 까르네 발급자에게 반환해야 한다. 까르네의 유효기간은 일반적으로 45일이다. 또한 TIR 차량은 반드시 TIR이 표시된 플레이트를 장착해야 한다.[6]

② EU 관세법 규정 내용: 컨테이너 트레일러에 의해 도로로 운반되는 물량이 워낙 많다 보니 EU 내부시장에 미치는 영향도 커서 공동통과운송 못지않게 TIR에 대해 매우 중요하게 다루고 있다. 먼저, TIR 통과운송 역시 위에서 설명한 NCTS에 의해 통제된다. 따라서 TIR 통과운송관련 모든 절차는 NCTS상의 전자시스템으로 수행된다(제6조). TIR 까르네 소지자는 출발지 세관에 물품을 이동하고 세관에 운송수단, TIR 운송기간 설정에 영향을 미칠 수 있는 운송 관련 각종 관련 정보를 제공하여야 한다. 회원국 세관이 TIR 협약 제38조[7]에 따라 특정 개인을 TIR 업무에서 제외하기로 결정한 경우, 해당 결정은 EU 관세영역 전체에 적용되며 해당 개인이 제출한 TIR 까르네는 어느 세관에서도 수리되지 않는다. 회원국은 제1항에 언급된 결정과 그 적용 날짜를 다른 회원국 및 위원회에 전달해야 한다. 출발지 세관은 이후 TIR 통과운송이 될 물품에 대한 MRN을 부여하고, TIR 까르네 소지자의 요청에 따라 출발지 세관은 통과운송을 증명하는 TDA나 SAD를 발급해 주어야 한다(위임규칙 부속서 B-02에서 B-05). TIR 통과운송도 NCTS에 의해 통제되기 때문에 TDA나 SAD가 활용되는 것이다. 만일 운송 중 사고가 발생한 경우, 운송인은 사고 발생 후 지체 없이 가장 가까운 세관에 MRN과 함께 사고 사실을 알리고 차량, 컨테이너, 컨테이너에 실린 물품, TIR 까르네를 세관에 제시하여야 한다. 사고를 접수한 세관은 사고 기록을 NCTS에 기록하고 필요하다고 판단되는 모든 조치를 취해야 한다(이행규칙 제277조). 목적지에 도착하면 운송인은 목적지 세관에 차량, 컨테이너, 물품, TIR 까르네, MRN, 기타 목적지 세관이 요구하는 정보를 제공

---

6 플레이트: 25cm/40cm, 글자크기 높이 10cm/너비 20cm, TIR Handbook, Appendix 1, Model No. Ⅰ, TIR Convention 1975, UN
7 체약 당사국은 국제화물운송에 적용될 수 있는 세관 관련 법령에 대한 중대하거나 반복된 위반을 저지르는 자에게 협약의 적용을 배제할 수 있다.

또는 제시하여야 한다(이행규칙 제278조). 만일 위에서 언급한 정보를 제공하는 시간이 목적지 세관 업무시간 외라 하면, 목적지 세관은 당사자의 요청에 따라 다른 장소에 제출을 허용할 수 있다(이행규칙 제278조 제1항). 만일 TIR 까르네에 표시된 기간을 지나 목적지 세관에 물품이 제시된 경우, 운송인이 지연이 자신의 탓이 아니라는 점을 충분히 입증하는 경우, 기한을 준수한 것으로 간주한다(이행규칙 제278조 제2항). 목적지 세관은 차량, 컨테이너, 물품, TIR 까르네를 제시받은 날에 출발지 세관에 동 사실을 통보하여야 하며 물품이 제시된 날로부터 늦어도 3일 이내, 예외적인 경우에는 최대 6일이내 통제결과를 출발지 세관에 통보하여야 한다(이행규칙 제279조). 만일 물품도착 통지를 받은 날부터 6일 이내에 출발지 세관이 통제결과를 받지 못한 경우, 출발지 세관은 목적지 세관에 즉시 통제 결과를 요청해야 하며, 목적지 세관은 출국지 세관의 요청을 받은 즉시, 통제결과를 송부하여야 한다. 이외에도 출발지 세관은 물품 도착통지 또는 통제결과가 잘못 전송되었음을 알게 된 경우, 목적지 세관에 정확한 정보를 재전송해달라고 요청할 수 있다(이행규칙 제280조). NCTS의 문제로 TIR 까르네 데이터의 교환 없이 TIR 운송이 허가된 경우(이행규칙 제274조), 출발지 세관은 까르네가 발급된 국가 세관에 관련 정보를 요청하고 해당 세관은 해당 요청이 발송된 날로부터 28일 이내에 해당 요청에 응답해야 한다. 그러나 해당 기간이 만료되기 전에 출발지 회원국의 세관이 TIR 작업이 올바르게 종료되지 않았다는 정보를 받거나 그러한 것으로 의심되는 경우, 지체없이 조사 절차를 시작해야 한다(이행규칙 제280조 제6항). TIR 통과운송 종료에 대한 증거가 위조되었다는 정보가 입수되어 조사 절차가 필요한 경우, 조사 절차는 출발지 세관에 의해 시작된다(이행규칙 제280조 제6항). TIR 종료는 NCTS 시스템에 TIR 운송이 종료되었음을 기재함으로써 종료된다. 하지만, 위에서 언급한 것처럼, NCTS에 문제가 발생한 경우, 또는 NCTS를 이용하지 않고 서면이나 기타 방법으로 TIR 통과운송이 진행된 경우, 종료시점을 정확히 알 수 없다. 물론, 목적지 세관이 출발지 세관에 물품이 세관에 제시되었다는 통보를 해야하기 때문에, 이것으로 TIR 통과운송이 종료되었다고 볼 수도 있겠으나, EU 관세법은 이것만으로는 통과운송 종료를 인정하지 않으며, ㉠ 물품이 세관에 제시되었거나, 물품이 수취인에게 정상적으로 배달되었음을 확인하는 목적지 세관의 확인, ⓛ 물품이 EU 관세영역을 물리적으로 벗어났음을 입증하는 관할 세관의 공식문서(사본 포함), ⓒ 물품이 제3국에 도착하여 통관 절차를 밟고 있다는 것을 증명하는 제3국에서 발행된 통관서류(사본 포함), ⓔ 제3국에서 통관이 이미 끝나서 자유유통되었다는 것을 인정하는 문서가 있을 경우(사본 포함)에만, TIR 통과운송이 종료되었다고 간주하도록 규정하고 있다(이행규칙 제281조). TIR 통과운송을 통해 물품을 최종 전달받은 수취인은 물품을 인도받은 즉시, 목적지 세관에 통보하고, 세관의 허가를 얻어 하역을 진행한다. 목적지 세관은 물품이 수취인에게 인도되었다는 통보를 수취인으로부터 받으면 바로, 출발지 세관에 통보한다. 수취인이 하역에서 문제점을 발견한 경우, 하역허가를 받은 날로부터 3일 이내에 목적지 세관에 통보하며, 목적지 세관은 수취인의 검사결과를 통보받고, 물품이 수취인에게 인도된 날로부터 6일 이내에 출발지 세관에 통보하여야 한다(이행규칙 제282조). TIR 까르네 보유자의 요청에 따라 수취인은 물품이 도착했다는 사실을 증명하는 영수증을 발행해야 한다. 하지만, 동 영수증은 TIR이 종료되었다는 증거로 간주되지 않는다(이행규칙 제282조 제4항). 차량과 물품이 적재된 컨테이너가 수취인에게 그대로 제시된 경우 TIR 까르네 보유자는 TIR 협약 제1조 (o)항에 따라 자신의 의무를 이행한 것으로 간주된다(이행규칙 제282조 제6항). 목적지 세관은 운송인이 제출한 까르네 부본(Counterfoil No.2)에 서명하고 이를 보관한다. 까르네 원본(Counterfoil No.1)은 스탬프를 찍어 까르네 보유자에게 돌려준다. 이후, NCTS에 TIR 종료를 기록한다. 만일 NCTS가 아닌 서면이나 기타 방식으로 TIR 까르네가 승인된 경우라면, TIR 까르네 부본을 TIR이 종료된 날로부터 늦어도 8일이내에 출발지 세관에 전달해야 한다(이행규칙 제279조 제4항, 제5항).

(2) ATA 카르네

① 개요: ATA 카르네 역시 EU 관세법에서 인정하고 있는 통과운송제도다. 법적 근거는 ATA 협약과 이스탄불 협약이다(정식명칭은 임시수입 협약으로 1990년 이스탄불에서 체결되었다). ATA 협약은 카르네에 대한 일반적인 내용이 들어있으며, 이스탄불 협약은 이러한 ATA 까르네를 협약 당사국 세관에서 어떻게 다루어야 하는지, 그 절차와 방식을 규정한 협약으로 공인된 까르네 서류 양식도 이스

탄불 협약에서 확인할 수 있다. 이 두 가지 협약이 바로 ATA 까르네를 움직이는 장치다. ATA 까르네가 사용되는 대상은 상업용 샘플, 전문장비(항공우주장비 및 장치, 항공기, 농업장비, 골동품, 미술작품, 경주용 자동차, 훈련이나 쇼를 위한 말, 서커스 동물, 소품, 세트, 의상 및 장비, 컴퓨터 장비, 건설 및 광산 장비, 국방 및 군사 품목, 진단 장치, 전자물품, 영화 및 비디오 장비, 카메라, 음향 장비, 조명, 마이크 등, 보석류, 노트북 컴퓨터, 연극 장비, 박람회 상품, 사진이나 영화 촬영을 위한 샘플, 악기 등) 전시용품 등이다. 다만, 농산물, 식품, 종자, 비료, 살충제, 폭발물, 일회용품, 및 우편물은 대상이 아니다(위임규칙 제86조). ATA 까르네가 가장 많이 사용되는 경우는 박람회, 공연, 연주회 등이다. ATA 까르네의 원래 목적은 박람회, 또는 전시회, 공연 등에 사용되는 장비들을 무관세로 제3국에 일시 수입했다가 기간 종료 후 동일한 상태로 다시 제3국에서 수출할 때 사용되는 일종의 간이 통관절차를 진행하는 것이다. 이미 설명한 바와 같이, EU는 27개 회원국으로 이루어져 있을 뿐더러 국경을 맞대고 있지 않고, 바다나 다른 비회원국에 의해 지리적으로 떨어져 있는 경우도 많아, 제3국을 통과하는 일이 잦을 수밖에 없다. 예를 들어, 오스트리아의 오케스트라가 스위스와 독일에서 공연이 있다고 할 경우, 단원들이 사용하는 모든 악기를 먼저 스위스로 가지고 가서 연주회가 끝나면 이를 다시 독일로 가지고 와야 한다. 그런데 스위스는 EU가 아니기 때문에 악기들에 대한 일반적인 수입통관절차를 거쳐야 한다. 또한 다시 독일로 갈 때, 스위스에서 다시 악기들의 수출절차를 거쳐, 독일로 가지고 가야한다. 그런데 독일에서는 EU 관세법에 따라 비EU 관세영역 국가에서 수입된 물품이므로 이를 EU 물품으로 인정하지 않는다(제154조). 즉, 물품의 관세지위 문제가 발생하게 된다. 물론 이를 해결하기 위해 위에서 이미 설명한 공동통과운송제도, TIR 제도등이 있으나, 연주회와 같은 단기 이동의 경우를 해결해 주는 제도가 필요한 데 그것을 충족시켜 주는 것이 바로 ATA 까르네다. ATA 까르네를 받게 되면 스위스로 물품이 이동될 때도 T2, 즉 EU 물품으로써의 지위를 그대로 인정받으면서, 무관세로 수입이 될 수 있고, 다시 독일로 들어갈 때도 비록 비EU 관세영역을 거쳐 들어왔으나, EU 물품으로써의 관세지위를 유지할 수 있는 장점이 있다. ATA 까르네는 ATA 협약 또는 이스탄불 협약의 회원국 체약 당사자에서 발행되어야 하며, EU에서 설립되고 EU가 인정하는 보증협회에 의해 보증된 경우에만 인정된다. 일반적으로 ATA 까르네는 각국 상공회의소에서 발행하는데, 이 상공회의소는 국제보증조직(IBBC)에 가입되어 있어 EU 관세법의 규정을 준수하는데는 큰 문제가 없다. 현재 ATA 까르네는 종이기반으로 발급되며 일반적으로 까르네 증서 1부(녹색), 수출국 세관 확인용지 1부(노란색), 수입국 세관 확인용지 1부(흰색), 수출국 세관 제출용 신고용지 1부(노란색), 수입국 세관 제출용 신고용지 1부(흰색), 재수출 세관 제출용 신고용지 1부(흰색), 재수입 세관 제출용신고용지 1부(노란색), 까르네 이용 및 보증기관 안내(녹색) 등으로 구성되며, 통과하는 국가가 많을 경우, 세트의 개수도 늘어난다.[8] 이렇게 발행된 ATA 까르네는 수입지 세관에 제출될 때 별도의 신고절차 없이 까르네 제출행위가 세관신고로 간주된다. ATA 까르네는 관세나 기타 부가금이 유보된 상태이므로 관세환급을 위해 사용될 수 없으며, 당연히 관세 환급 대상 물품을 ATA 까르네로 수입해서는 안 된다.

② EU 관세법 규정 내용: EU 관세법에서는 TIR과 마찬가지로 관세 및 각종 부가금이 유보된 상태로 통과운송을 진행하는 것에 초점을 맞추어 ATA 까르네를 이용한 물품의 이동에 대한 통제 및 물품의 관세지위에 대해 자세한 규정을 두고 있다. 여기서 말하는 통제란 관세나 각종 부가금이 유보된 상태에서 이동중인 ATA 까르네 물품이 제대로 그 조건을 이행하고 있는지를 확인하여, 만일 이행조건을 어길 경우, 보증기관에 관세와 각종 부가금에 해당하는 금액을 납부하도록 하는 관할 세관의 조치를 의미한다. ATA 까르네 물품이 수입되는 EU 회원국 세관은 ATA 까르네와 관련된 의무나 조건을 준수하지 않을 경우, 부과될 관세나 각종 세금을 관세채무로 간주하고(제79조) 이를 담당하는 이른바 조정 세관(Coordination Customs Office)을 지정하여야 한다(이행규칙 제166조). 이 조정 세관은 ATA 까르네 만료일 1년 이내에 ATA 까르네 보유자 및 보증기관에 해당 조건 위반행위를 통보해야 한다(이행규칙 제283조). 각 회원국은 조정 세관을 집행위원회에 전달하고 집행위원회를 이 정보를 웹사이트에 공개해야 한다. 조정 세관은 ATA 까르네 적용 물품에 대해 관세채무가 발생했음

---

8 Le Carnet ATA, Le passeport pour vos marchandises, Federation des Chambres de Commerce belges

을 확인한 경우 지체 없이 보증기관에 청구를 제기해야 한다. 보증협회는 청구일로부터 6개월 이내에 물품이 위반사항이 없이 물품이 재수출되었다는 증거를 제공하여야 하며, 이러한 증거를 제공하지 못하는 경우, 조정 세관이 요구한 금액을 납부하여야 한다. 조정 세관은 보증기관에 관세채무 납부요구와 함께 만일, 물품이 이동 중인 다른 곳에서 또 다른 위반 행위가 있었다는 증거를 확보한 경우, 그 지역을 관할하는 세관에 이를 통보하고 이러한 사실을 통보받은 관할 세관은 혐의 조사를 위한 절차를 개시해야 하며 즉시 조정 세관에 통보해야 한다. 조사결과 필요한 경우, 보증협회로부터 관세와 기타 부가금을 징수하여야 한다(이행규칙 제169조, 제171조). 한편, 물품의 관세지위에 관해서는 만일 까르네가 EU 관세영역에서 발급된 경우, 까르네를 출국세관에 제출하기 전, 까르네 보유자는 물품이 EU 관세지위를 가지는 'T2L' 또는 'T2LF'라는 사실을 세관 공무원의 서명과 세관 스탬프로 수출국 세관 확인용지에 확인을 받아야 한다. 이렇게 확인된 물품은 EU 관세영역을 벗어나서 다시 EU 관세영역으로 들어올 경우, EU 물품으로서의 관세지위가 그대로 유지된다. 물품이 다시 재수출될 되는 경우, 재수출 관할 세관이 까르네 보유자가 서명한 재수출 세관 제출용 신고용지에 확인 스탬프를 찍고 이를 보관한 뒤, 동 물품이 다시 원 수출국으로 다시 재수입될 때 재수입 세관에 재수입 세관 제출용 신고용지를 제출하고, 바로 이어, 까르네 증서(원본)를 발급기관에 반납하면서 종료된다. 종이기반의 ATA 까르네(위임규칙 제127조)는 현재 벨기에, 캐나다, 중국, 노르웨이, 스위스, 영국에서 전자 ATA 까르네 시스템(eATA)로 변경을 위한 시범운영이 실시중이며[9] EU 관세법은 이스탄불 협약 제21a조에 따라 발행된 eATA 까르네와 관련된 정보의 처리, 교환 및 저장을 위한 eATA 시스템 사용을 규정함으로써 전자 까르네의 법적근거를 마련해 놓고 있다(이행규칙 제270조).

(3) NATO 302 문서에 따른 통과운송

EU와 NATO(북대서양조약기구)는 불가분의 밀접한 관계가 있지만, EU 회원국이더라도 나토에 가입하지 않은 국가가 있으며, EU 회원국이 아니더라도 나토 회원

---

9 iccwbo.org/business−solution/ata−carnet/eata−carnet/#block−accordion−2

국인 경우도 있어, 나토 물품이 EU 관세영역과 비EU 관세영역을 통과할 경우, 이를 위한 통과운송제도가 필요하다. EU 관세법은 나토 물품의 이동에 관해서는 위에서 언급한 바와 같이 NATO 양식 302(NATO Form 302)라는 관세 관련 전자문서를 만들어 이를 통해 모든 나토 물품의 통과운송을 비롯한 모든 관세업무를 처리하고 있다.

(4) 라인강 통과운송

라인강 통과운송은 라인강 및 그 관련 지류에서 국경을 넘어 물품의 이동을 촉진하기 위해 확립된 유럽의 오래된 제도다. 그 근거는 이미 1868년 10월 17일 만하임협약부터 시작되었고, 1963년 11월 22일 중앙라인항법위원회(Central Rhine Navigation Commission)가 채택한 의정서에 의해 보충되고 있다. 라인강 통과운송에 관여하는 국가는 네덜란드, 독일, 벨기에, 프랑스, 스위스이며, 라인강 통과운송에 있어 이들 국가들의 영토는 단일 영토로 인정되어 EU 물품의 지위가 그대로 인정된다.

(5) 간이통과운송절차

간이신고절차는 통과운송에도 적용된다. 간이통과운송절차는 크게 두가지로 나뉘는데, 첫째는 통과운송을 시작하는 출발지 세관에 세관검사를 위해 세관에 제시할 필요없이 전자적 서류제출을 통해 바로 통과운송에 배치하고 통과운송에서 사용되는 봉인(Seal)도 세관에서 지정하는 형태의 봉인이 아닌 특수제작한 자체 봉인을 사용할 수 있도록 허용하는 형태다. 둘째는 목적지에서 물품을 수령할 경우에도 물품도착 통지 외에 별도로 목적지 세관에 물품을 제시할 필요가 없는 형태의 간이통과운송이다. 물론, 통과운송 시 관할 세관에 제출해야 하는 기재사항의 축소는 모든 형태의 간이통과운송절차에서 인정된다(제233조 제4항). 통과운송은 물품에 대한 관세 및 기타 부가금을 유보한 상태에서의 운송이기 때문에 다른 어떤 세관절차보다 그 관리와 통제가 중요하다. 그럼에도 이러한 혜택을 부여받는다는 것은 예외적이며 따라서 그 혜택을 받기 위한 조건이 엄격하다. 일반적인 통과운송절차에서는 통과운송절차를 진행하는 운송인만 통과운송절차 허가를 받으면 되나, 간이통과운송에서는 간이통과운송을 위탁하는 자(Consignor)와, 간이통과운송 물품을 목적지에서 수령하는 수취인(Consignee)도 관할 세관의 허가를 받아야 위에서 설명한 두가지 형태의 간이통과운송절차 이용이 가능하다. 허가조건도 엄격하다. 먼저 위탁자와 수취인 공통 허가요건으로 ① EU 관세영역 내에 설립되어 있어야 하고, ② 정기적으로 EU 통과운송을 사용하여야 하며, 또한 ③ 경제활동과 관련된 심각한 범죄 기록이 없는 것을 포함하여 관세법 및 세금 관련 법령에 대한 심각한 침해 또는 반복적인 위반이 없으며, ④ 적절한 세관통제를 허용하는 상업기록 및 적절한 경우, 운송기록관리 시스템을 통해 물품 흐름에 대한 높은 수준의 통제를 신청자가 입증할 수 있어야 하고, ⑤ 양호한 재정 상태를 가지고 있어야 한다. 마지막으로, ⑥ 관할 세관이 원활한 통제를 수행할 수 있다고 인정하는 경우에만 위탁자와 수탁자에게 간이통과운송절차를 진행할 허가가 부여된다(위임규칙 제191조). 여기에 더해 위탁자에게는 포괄보증이 필수적으로 요구된다(위임규칙 제193조). 위탁자는 출발지 관할 세관에, 수취인은 목적지 관할 세관에 허가를 신청한다(위임규칙 제194조). 주의할 것은 위탁자만이 허가를 받을 경우, 간이통과운송절차는 이를 허가한 회원국에서 시작되는 통과운송절차에만 적용된다. 따라서 목적지가 타 회원국일 경우, 목적지에서 간이통과운송을 이용할 수 없다. 목적지에서도 간이통과운송절차를 이용하려면 수취인도 목적지 관할 세관으로부터 허가를 받아야 한다(이행규칙 제313조). 위탁자에게 부여된 자체 봉인(Seal) 사용에 대해서도 EU 관세법은 자세한 기준을 정해 놓고 있다. 먼저 ① 봉인의 본질적 특성(Essential Characteristics)을 갖추어야 한다. 또한 ② 정상적인 사용 시 손상되지 않고 안전하게 고정되어 있어야 한다. ③ 쉽게 식별하능해야 하며, ④ 파손, 변조 또는 제거 시 육안으로 흔적이 남을 수 있도록 제작되어야 한다. 이외에도 ⑤ 영구적이고 쉽게 읽을 수 있으며 고유한 번호가 있어야 하며, ⑥ 위조나 복제가 어려워야 한다. ⑦ 내구성도 요구된다. ISO 국제 표준 No 17712:2013 '화물 컨테이너(Freight containers) — 기계적 봉인(Mechanical Seals)' 규정에 따라 해당 기관에서 인증한 경우, 위 7가지 조건을 갖춘 것으로 간주한다. 봉인에는 EU 공식 언어 중 하나로 표현된 '관세(Customs)'라는 단어 또는 이에 상응하는 약어가 표시되어야 하며, 봉인을 부착한 회원국을 식별하는 ISO — alpha — 2 국가 코드 형식의 국가 코드도 들어가야 한다. 자체봉인을 사용할 수 있도록 허가받은 위탁자의 이름도 필수로 들어가야 한다(이행규칙 제301조, 제317조). 세관 지정 봉인이 아닌 자체사용 봉인은 그 관리와 통제가 확실히 이루어져야 한다. 따라서 관할 세관은 만일 이러한 자체 봉인을 불규칙성 또는 기술적 결함으로 인해 자체 봉인을 허가하지 않기로 결정하면 이를 타 회원국 세관에 통보하여 예기치 못한 피해를 사전에 예방할 필요가 있다(위임규칙 제318조).

2. 물품의 보관

비EU 물품은 수입관세 및 각종 부가금, 그리고 EU 관세영역으로 물품이 반입 또는 반출되는 것을 금지하지 않는 상업정책조치에 적용을 받지 않고 세관창고 및 자유무역지대에 보관될 수 있다.

1) 세관창고

EU 관세법은 대한민국 관세법과 같이 특허보세구역(보세창고·보세공장·보세전시장·보세건설장 및 보세판매장), 지정보세구역, 종합보세구역으로 나누지 않고 단지 특별절차로 세관의 허가를 얻어 자신의 화물을 보관할 수 있는 개인세관창고(Private Customs Warehouse)와 타인의 물건을 보관하는 것을 목적으로 하는, 즉 창고업을 영위하는 자가 운영하는 공공세관창고(Public Customs Warehouse)로만 간단히 구분하고 있다. 공공세관창고라고 해서 세관이 운영하는 창고라고 오해해서는 안 된다. 우리나라의 경우, 자가보세창고는 자신의 화물뿐 아니라, 요금을 받고 타인의 화물도 보관하지만, EU의 경우, 개인세관창고는 자신의 물품만을 보관하는 곳이며, 타인의 물품을 영리적 목적으로 보관하고자 하는 자는 공공세관창고허가를 받아야 한다. 공공세관창고는 다시 유형1과 유형2로 나누어진다. 유형1은 세관 통제와 관련된 책임이 허가 보유자(창고업자)와 창고에 물품을 보관하는 자, 즉 절차보유자(화주, 운송인) 모두에게 미치는 경우이며, 유형 2는 오직 절차보유자(화주, 운송인)만이 책임을 지는 경우를 말한다(위임규칙 제203조).

(1) 세관통제

세관창고절차는 관세를 비롯한 각종 부가금이 부과가 유보된 상황에서의 물품의 보관이므로 세관의 통제가 반드시 요구된다. 세관창고 허가보유자 또는 물품을 창고에 보관하고자 하는 절차 보유자는 보관 물품에 대한 세관통제가 이루어질 수 있도록 조치하여야 하며, 물품 보관으로 인해 세관이 지시하는 모든 의무를 이행하여야 한다. 물품 지위에 대한 구별도 확실히 요구된다. 즉, 과세가 보류된 비EU 물품만이 보관될 수 있는 것이 원칙이다, 하지만, EU 관세법은 특정분야에 적용되는 EU 법률에 따라, 또는 수입관세의 환급 또는 면제를 인정하는 결정으로부터 이익을 얻기 위한 경제적 필요가 있고, 세관의 통제에 문제가 없을 경우, EU 물품을 세관창고에 보관할 수 있도록 하고 있으며, 그 대상에는 제한이 없다(제237조). 다만, 이렇게 장치된 EU 물품은 비EU 물품과 구별될 수 있도록 물리적 조치와 함께 회계적으로도 분리될 수 있도록 해야 한다(위임규칙 제177조). 물품이 위험을 초래하거나 다른 물품을 손상시킬 가능성이 있거나 다른 이유로 특수시설이 필요한 경우, 세관창고 허가서에는 해당 물품을 특수장비를 갖춘 보관시설에만 보관할 수 있다고 명시 할 수 있다(위임규칙 제202조). 보세구역에 물품을 보관할 수 있는 기간이 정해져 있는 대한민국 관세법과 달리 EU 관세법은 보관기간에 제한을 두지 않는다(제238조 제1항). 다만, 물품의 종류와 특성이 장기 보관의 경우 인간, 동물, 식물의 건강이나 환경에 위협이 될 수 있다고 판단되는 경우, 세관은 보관 기간을 정할 수 있다(제238조 제2항). 또한 허가서에 명시되어있는 경우, 동등물품(Equivalent Goods)의 보관도 허락된다. 동등물품은 위에서 언급한 바와 같이 동일한 8자리 CN code, 동일한 상업 품질 및 동일한 기술 특성을 공유해야 한다. 만일, 비EU 물품이 관세 양허 중단으로 인한 상계관세, 반덤핑 관세의 대상이 된 경우, 동등물품의 보관은 인정되지 아니한다(위임규칙 제177조). 이미 상계관세나 반덤핑관세의 대상이 된 경우, 그 물품은 특별한 취급을 받는 물품이 되므로 동일한 품질 및 기술특성을 공유한다 하더라도 동동물품으로 인정할 수 없기 때문이다. 또한 비EU 물품이 위임규칙 부속서 71−02에 해당하는 경우도 동등물품의 보관이 인정되지 않는다. 한편, 세관창고는 ① 수입관세가 면제된 여행자 소지 물품, ② 수입관세가 면제된 국제기구 직원의 물품, ③ 수입관세가 면제된 NATO 군대 및 군인 물품, ④ 외교협약에 의해 수입관세가 면제된 외교관 물품, ⑤ 인터넷 구매 물품을 제외하고 보관물품에 대한 소매판매를 할 수 없다(위임규칙 제201조).

(2) 보관물품의 이동

세관창고에 보관된 물품은 창고 수리 등, 여러 이유로 인해 일시적으로 세관 창고에서 반출되어 다른 창고로 반입될 수 있다. 다만, 이러한 이동은 물품이 세관창고에서 반출된 후 30일 이내에 종료되어야 하나, 절차보유자(운송인, 또는 화주) 등의 요청에 의해 30일이 더 연장될 수 있다. 이러한 이동은 천재지변, 화재와 같은 불가항력인 경우를 제외하고 세관의 사전 허가를 받아야 한다. 물품이 세관 창고에서 수출을 위해 반출세관으로 이동한 경우, 세관창고에서 물품이 반출된 날로부터 100일 이내에 물품 반출에 관한 정보가 반출세관에 제공되어야 하며, 절차보유자의 요청이 있는 경우, 100일이 더 연장될 수 있다(위임규칙 제179조).

(3) 가공

세관창고에 배치된 물품은 물품 보존, 외관 또는 시장성 개선, 유통 또는 재판 매 준비를 위한 일반적인 형태의 취급을 거칠 수 있다(제220조). 물품 보존, 외관 또는 시장성 개선, 유통 또는 재판매 준비를 위한 일반적인 형태의 취급이란, ① 환기, 펼침, 건조, 먼지 제거, 간단한 청소 작업, 포장 수리, 운송 또는 보관 중 발생한 손상의 기본 수리, 간단한 작업, 운송용 보호 코팅의 도포 및 제거, ② 운 송 후 물품의 재구성, ③ 물품 재고 조사, 샘플링, 분류, 선별, 기계적 필터링 및 계량, ④ 손상되거나 오염된 구성 요소의 제거, ⑤ 저온 살균, 멸균, 방사선 조사 또는 방부제 첨가를 통한 보존, ⑥ 기생충 제거, ⑦ 녹 방지 처리, ⑧ 일반적인 처리(Treatment), ⑨ 정전기 처리, 정전기 제거 또는 섬유 다림질, ⑩ 과일의 가지 치기, 말린 과일 또는 채소의 절단 및 분해, 과일의 재수화, 과일의 탈수, ⑪ 가죽 의 담수화, 세척 및 버팅, ⑫ 원래 물품의 특성을 변경하거나 성능을 개선하지 않 는 한도내에서의 물품의 추가 또는 액세서리 구성 요소의 추가 또는 교체, ⑬ 추 가 처리 또는 증류 과정 없이 유체를 희석하거나 농축하는 경우, ⑭ 물품의 성질 을 변경하지 않고 일정한 품질 또는 고객이 요청한 품질을 얻기 위해 동일한 종 류의 물품을 다른 품질과 혼합하는 경우, ⑮ 바이오디젤을 함유하지 않은 가스 또는 연료유와 CN code 제27장(Chapter 27)에 분류된 바이오디젤을 함유한 가스 또는 연료유를 혼합하는 경우, ⑯ 가스 또는 연료유와 바이오디젤을 혼합하여 얻 은 혼합물에 바이오디젤이 부피 기준으로 0.5% 미만으로 함유되도록 하는 경우 및 바이오디젤과 가스 또는 연료유를 혼합하여 얻은 혼합물에 가스 또는 연료유가 부피 기준으로 0.5% 미만으로 함유되도록 하는 경우, ⑰ 단순 작업만 수반되는 경우 물품의 분할 또는 크기 절단, ⑱ 포장, 포장 풀기, 포장 변경, 디캔팅 및 용기로의 단순 이송, ⑲ 기계, 장치 및 차량의 테스트, 조정, 조절 및 작동 순서, 특히 기술 표준 준수 여부를 제어하기 위해 단순 작업만 수반되는 경우, ⑳ 특정 시장용 물품을 준비하기 위해 파이프 피팅을 둔화시키거나 변성하는 행위, ㉑ 수입 물품의 외관이나 시장성 있는 품질을 개선하거나 유통 또는 재판매를 준비하기 위한 취급을 의미한다(위임규칙 부속서 71-03). 이뿐만이 아니라, 세관당국은 경제적 필요가 있고 세관감독이 불리한 영향을 받지 않는 경우, 역내가공 또는 최종용도에 따라 물품가공절차가 세관창고에서 이루어지도록 허가할 수 있다(제241조). 원래 수출을 전제로 비EU 물품을 무관세로 수입하여 EU 역내에서 가공 후, 최종 가공물품을 다시 비EU 영역으로 수출하는 역내가공은 관세와 각종 부가금이 유보되는 세관창고에서 관세가 유보된 물품을 수입하여 물품을 가공, 수출하는 것과 같다고 할 수 있다. 더욱이 세관창고는 대부분 항만이나 공항 근처에 자리잡고 있어, 운송비용 등에서도 큰 이점이 있다. 최종사용에 맞도록 물품을 가공하는 것도 마찬가지다. 특히, 대규모 물품을 전 세계를 상대로 판매하는 회사의 경우, 물품 생산 공장에서 모든 수입국들이 요구하는 포장이나 라벨링 작업을 할 수 없다. 가장 합리적인 방법은 포장이나 기타 라벨링이 안된 표준화된 물품을 각나라로 운송, 우선 세관창고에 보관한 뒤, 각 시장에서 요구하는 포장이나 라벨링 작업을 통해 최종사용형태로 시장에 내놓는 것이다. 특히 EU는 27개국으로 언어와 문화가 다르기 때문에 이러한 작업이 필수적이다. 대표적으로 물품의 선별, 분류, 용기변경, 포장, 상표부착, 조립, 검품, 수선 등이 여기에 속한다.

2) 자유무역지대

(1) 개요

세관창고와 더불어 관세 및 각종 부가금이 유보된 상태로 비EU 물품을 보관할 수 있는 곳이 바로 자유무역지대다(Free Zone). 자유무역지대는 그 규모가 매우 크며, 정부에 의해 운영되고, 공항, 항만, 유통단지 및 화물터미널 인근에 설치, 제조업 기업 및 물류기업을 유치하여 통관 간소화, 관세 및 부가금 면제, 행정절차 간소화 등 여러 혜택을 부여, 입주 기업들이 보다 활발한 기업활동을 펼칠 수 있도록 지원해 주는 역할을 하고 있다. 하지만, 관세 및 세금을 면제해 준다는 사실에서 알 수 있듯이 자유무역지대를 제대로 관리하지 않을 경우, 밀수나 기타 세금 포탈의 문제가 벌어질 수 있다. 뒤에서 자세히 설명하겠지만, 같은 보관의 역할을 수행하는 세관창고의 경우, 물품의 반출입에 대해 철저한 세관통제가 이루어지나, 자유무역지대는 이러한 세관통제가 세관창고에 비해 상당히 완화되어 있어, 밀수나 세금 포탈의 위험성은 세관창고보다 높다고 할 수 있다. 실제로 유럽의회는 보고서를 통해 자유무역지대에서 벌어지는 탈세 및 자금 세탁 활동과 관련된 위험에 대해 우려를 제기한바 있다.[10] 따라서 자유무역지대에 대한 세관의 통제가 요구되고 있지만, 회원국의 경제정책에 따라 자유무역지대에 대한 세관통제 수준은 일률적이지 않은 것이 사실이다. 세계관세기구(WCO: World Customs Organization)의 2020년 연구보고서에 따르면,[11] 자유무역지대를 바라보는 시각은 국가별로 크게 자유무역지대를 관세영역에서 벗어난 별도의 지역으로 간주하는 경우와, 관세영역의 일부로 보는 경우로 나뉜다. 자유무역지대를 관세영역을 벗어난 별도의 지역으로 보는 국가들의 경우, 관세법이 아닌 별도의 법에 의해 자유무역지대를 규율하도록 하는 것이 일반적인데, 세관의 영향력이 큰 국가, 예컨대 미국의 경우, 자유무역지대를 규율하는 별도의 법이 있긴 하지만, 관세법에서 규정하는 세관 통제를 그대로 반영하고 있는 것이 특징이다. 하지만, 세관의 영향력이 크지 않은 국가들의 경우, 자유무역지대에 대한 세관통제가 약화되는 것이 일반적인 모습이기도 하다. WCO 연구보고서에 따르면 설문에 응답한 세관의 40%가 자유무역지대에 대한 세관 통제의 약화로 어려움을 겪고 있다고 답변한 바 있다.[12] 대한민국도 자유무역지대를 관세영역을 벗어난 별도의 지역으로 보고 있으며, 따라서 관세법이 아닌 자유무역지역의 지정 및 운영에 관한 법률을 통해 자유무역지대를 규율하도록 하고 있다. 한편, 자유무역지대를 관세영역의 일부로 보는 국가들은 자국 관세법에서 규정하고 있는 세관의 통제를 그대로 자유무역지대

---

10 Money Laundering and Tax evasion risks in free port, European Parliament, oct 2018
11 Practical Guidance on Free Zones, WCO, Dec 2020, pp. 23−25
12 Practical Guidance on Free Zones, WCO, Dec 2020, p.26

에 적용하는 것이 일반적이다. EU는 자유무역지대를 관세영역의 일부로 보아 다른 국가나 지역에 비해 세관통제의 정도가 강하다. EU 관세법에 따르면, EU 회원국은 EU 관세영역에 자유무역지대를 둘 수 있도록 규정하고 있다(제243조). 관세영역이란 세관통제의 영역이며 따라서 EU 내에 설치되는 자유무역지대로 출입하는 사람, 물품, 운송수단은 세관통제를 받아야 한다(제243조).

(2) EU 자유무역지대 현황

EU 관세법은 자유무역지대에 대한 간단한 규정만을 두고 있으며, 그 구체적인 집행은 각 회원국에 맡겨 놓았다(제243조). 회원국들은 저마다 각자의 상황에 맞게 관세법(프랑스, 사이프러스, 에스토니아) 또는 별도의 법(아일랜드, 몰타, 폴란드 등)을 통해 자유무역지대를 운영하고 있으며,[13] 2024년 현재 EU에 설치된 자유무역지대는 60여 개 정도에 이른다. 자유무역지대를 지칭하는 명칭도 각국마다 매우 다양하다. 일반적으로 자유지역(Free Zone: 프랑스, 몰타, 에스토니아)을 사용하나, 자유무역항(Free Port: 아일랜드, 독일), 특별경제구역(Special Economic Zone: 폴란드)이라는 명칭도 널리 사용되고 있다. 다만, 오스트리아, 네덜란드, 벨기에, 핀란드 등은 자유무역지대를 운영하지 않고 있다.[14]

(3) 자유무역지대 설치

회원국은 EU 관세영역 일부를 자유무역지역으로 지정할 수 있다(제243조). 자유무역지대에 건물을 지으려면 세관당국의 사전 허가가 필요하다(제244조 제1항). 신청인은 신청서를 제출하고 세관으로부터 허가를 받아야 한다. 신청서에는 신청자의 이름, EORI 번호, 주소 또는 등록 코드 및 주소, 자유무역지대 설치의 경제적 이유와 운영 계획, 자유무역지대 배치도, 만일 건물을 임대할 경우, 건물주 또는 합법적 소유자의 서면 동의서등이 기재되어야 한다(에스토니아 관세법 제54조의 4).[15] 마치 세관창고 허가와 같은 이러한 방식은 자유무역지대를 관세영역의 일부로 본다는 것을 반증하는 내용이다. 자유무역지대를 관세영역을 벗어난 별도의 지역으

---

13 자세한 내용은 worldfzo.org/#를 참고하기 바란다.
14 Free zones which are in operation in the customs territory of the Union, as communicated by the Member States to the Commission, 17 Aug 2022
15 Article 54−4, Customs Act

로 보는 대한민국의 경우, 자유무역지대에 공장을 건설할 때, 세관의 허가가 필요 없다. 자유무역지역에 대해 회원국은 해당 지역을 결정하고 진입점과 진출점을 정의해야 하며, 회원국은 운영 중인 자유무역지역에 대한 정보를 집행위원회에 전달해야 한다(제243조 제1항). 세관창고와 마찬가지로 자유무역지대 역시 관세와 기타 부가금이 유보되는 곳이기에 세관통제를 따라야 하며, 따라서 자유무역지역은 외부와 구분되어야 한다(Enclose)(제243조 제3항). EU 관세법은 자유무역지대에 대해 구분을 하지 않고 있으나, EU 회원국들은 자국법에 자유무역지대를 크게 2가지로 분류하여 각기 다르게 다루고 있다. 먼저 카테고리 1(Category 1)의 경우, 일반적인 의미의 자유무역지대를 의미하며, 카테고리 2(Category 2)의 경우, 자유무역지대지만 실제는 세관창고와 같은 방식으로 운영되는 형태이다. 따라서 모든 회원국에서는 카테고리 2의 방식대로 사용되는 자유무역지대는 세관창고에 준하여 규율하고 있다.[16]

(4) 자유무역지대에서의 기업활동

자유무역지대에서 이루어지는 모든 산업, 상업 또는 서비스 활동은[17] EU 관세법 및 회원국 관세법 또는 별도의 해당 법률에 따라 허용되지만, 세관통제의 목적상 사전에 각 회원국 세관에 통보되어야 한다(제244조 제2항). 세관은 해당 물품의 성격, 보안 및 안전 요건을 고려하여 일정한 활동을 금지하거나 제한할 수 있다. 예를 들어 세관은 형사 범죄와 관련이 있거나, 그러한 범죄가 될 수 있는 활동, 공익, 공중도덕, 공공정책 또는 공공안전, 인간, 동물 또는 식물의 건강과 생명의 보호, 위험하거나 다른 상품을 손상시킬 가능성이 있는 경우, 활동을 금지할 수 있고, 만일 특별한 시설을 필요로 하는 물품의 경우, 별도의 시설을 갖추도록 요구할 수 있다(몰타 자유무역지대법 제11조).[18] 세관 통제에 필요한 여러 의무를 제대로 이행하지 않는 자에 대해서는 자유무역지역에서 활동을 수행하는 것을 금

---

16 대표적으로 독일에서 볼 수 있는 방식이다. tetraconsultant.com/jurisdictions/register-company-n-germany/germany-free-trade-zones/

17 현재 폴란드에서는 일반적인 물류업뿐 아니라 플라스틱 및 금속 제조, 의약품 등 각종 제조활동이 활발하게 이루어지고 있으며(https://www.healyconsultants.com/poland-company-registration/pecial-economic-zones/), 독일의 경우, 조선, 선박 수리업 등이 자유무역지대에서 활동하고 있다. (https://www.atozserwisplus.de/blog/Free-Trade-Zones-in-Germany)

18 Article 11, Malta Free Zones Act

지할 수 있다(제244조). 에스토니아 관세법은 신청일 이전 1년 동안, 이 법에 규정된 경범죄로 반복적으로 처벌을 받은 경우, 그 처벌이 자연인의 경우 100유로를 초과하는 벌금, 법인의 경우 2,000유로를 초과하는 벌금인 경우, 또는 형법 제391조－제393조에 규정된 범죄를 범한 경우, 자유무역지대에서의 활동을 금지할 수 있도록 규정하고 있다(에스토니아 관세법 제54조의 5).[19]

(5) 자유무역지대의 물품 반입

제155조에 따라 자유무역지대로의 물품반입은 일반적인 수입절차와는 달리 세관신고가 필요없다. 다만, ① 비 EU 관세영역에서 직접 자유무역지역으로 반입되는 경우, ② 일정한 세관절차가 진행 중이던 물품이 자유무역지역 절차로 바뀌는 경우(자유무역지대로 이동하는 경우), ③ 수입관세의 환급 또는 면제를 승인하는 결정으로부터 혜택을 받기 위해 자유무역지역 절차에 따라 배치되는 경우(임시수입), 또는 ④ 관세법 이외의 법률이 규정하는 경우, 세관에 물품을 제시하여 확인을 받아야 한다(세관의 물품 검사). 세관절차를 거치지 않고 바로 자유무역지대에 반입된 물품이나 후속 세관절차가 진행되지 않고 자유무역지대로 반입됨으로써 통과운송절차가 종료된 물품도 동일하다. 하지만, 자유무역지대에 배치된 비EU 물품이 자유유통을 위해 반출되거나 해당 절차에 대해 규정된 조건에 따라 역내가공, 임시수입 또는 최종용도 절차가 진행되는 경우, 자유무역지대 절차에 따른 것으로 간주되지 않으며, 각 절차에 맞는 세관신고가 이루어져야 한다(제247조 제1항). 하지만, 식량 비축품 또는 공급에 관한 규정을 침해하지 않고, 관련 절차가 그렇게 규정하는 경우, 일반적인 농업 또는 상업정책이 규정하는 규제조치나 수입관세를 따르지 않는 임시수입 물품 및 자유유통반출 물품은 임시수입신고, 자유유통반출신고를 할 필요없이, 자유무역지대에서 사용이나 소비가 가능하다. EU 관세법에 따르면, 자유무역지대에 놓인 비EU 물품은 엄격한 세관통제를 따라야 하나, 관세나 기타 부가금, 또는 농업, 상업정책상의 규제(할당관세, 상계관세, 덤핑관세 등)와 아무 관계없는 식료품 등 소비물품의 경우, 세관의 엄격한 통제를 받을 경제적 필요성이 적기 때문에 이러한 예외를 인정하고 있다. 다만, 해당 물품에 관세 할당량 또는 한도가 적용되는 경우에는 세관통제가 부과된다. 관세 할당량이

---

19 Article 54[5], Customs Act

나 한도가 부과된다는 것은 EU 내부시장의 안정과 이익을 위해 취해진 조치이기 때문에 세관통제의 필요성이 인정되기 때문이다(제247조 제2항). EU 물품도 자유무역지대에 반입되어 보관, 이동, 사용, 가공 또는 소비될 수 있다. 하지만, 이러한 EU 물품은 자유무역지대 절차를 따르지 않는다. 따라서 자유무역지대에 반입되었지만, 세관창고에서와 마찬가지로 세관통제의 대상이 된다. 따라서, 자유무역지대에 반입된 EU 물품은 비EU 물품과 구별될 수 있도록 조치를 취해야 한다(제246조). 물품의 지위역시 여전히 EU 물품이며 따라서 세관은 이러한 EU 물품이 자유무역지대에서 가공이 되었다하더라도 EU 물품으로 인정해야 하고, 이러한 물품이 자유무역지대안에서 자유로운 유통이 이루어진다 해도 EU 물품의 지위를 유지한다.

(6) 자유무역지대에서의 물품 반출

관세 이외의 분야의 법을 침해하지 않고 자유무역지대 물품은 EU 관세영역에서 수출 또는 재수출되거나 EU 관세영역 내 다른 지역으로 반입될 수 있다. 이 경우, 제134조 내지 제149조가 적용되는데, 동 조는 일반적인 통관절차에 대한 규정이므로, 자유무역지대에서 EU 관세영역의 다른 지역으로 반출된 물품은 반입요약신고 제출을 제외하고 임시보관, 세관검사, 각종 신고 등 일반적인 통관절차를 거쳐야 한다. 물품이 자유무역지역에서 EU 관세영역 내 다른 지역으로 반출되거나 통관절차를 거치는 경우, EU 물품으로서의 관세 지위가 입증되지 않는 한, 그 물품은 비EU 물품으로 간주된다. 그러나 일반 농업 또는 상업정책에 따라 규정된 수출관세, 수출허가 또는 수출통제 조치를 적용할 목적상 필요한 경우, EU 물품의 관세 지위를 갖고 있지 않다는 것이 입증되지 않는 한 EU 물품으로 간주된다. 수출통제나 수출허가는 물품에 심각한 영향을 미치는 무역조치이기 때문에 물품에 대한 통제력을 확보해야 하기 때문이다(제249조).

3. 임시수입

임시수입(Temporary Admission) 역시 특별절차의 하나로 세관의 허가가 있어야 가능하다. 임시수입이란, 재수출을 목적으로 하는 비EU 물품을 수입관세나 기타 부가금을 감면하여 일시적으로 EU 관세영역으로 수입하고 일정기간 동안 EU 관세영역 내에서 특정 용도로 사용될 수 있는 제도를 의미한다(제250조).

1) 요건

임시수입절차가 허용되기 위해서는 ① 일반적인 감가상각을 제외하고는 물품이 변화의 과정을 거쳐서는 안 된다. 다만, 물품을 보존하거나 절차에 따라 사용하기 위해, 정밀 검사, 조정 또는 조치를 포함한 수리 및 유지 관리는 허용된다(위임규칙 제204조). 또한, 임시수입은 관세나 기타 부가금을 유보한 상태로 EU 관세영역에 반입되는 것이므로, ② 임시수입물품과 기타 물품이 식별될 수 있도록 보장이 이루어져야 한다. 다만, 물품의 성격이나 의도된 사용의 관점에서 식별 수단의 부재가 절차의 남용을 초래할 가능성이 없는 경우, 동등한 물품(제223조)에 관해 정한 조건을 충족하였음이 확인할 수 있는 경우는 그러하지 아니하다. 또한 ③ 임시수입허가 신청자는 달리 규정된 경우를 제외하고, 절차 보유자가 비EU 관세영역에 설립되어야 하며, 마지막으로 ④ EU 관세법에 규정된 관세 감면의 요건을 충족해야 한다.

2) 대상물품

EU 관세법은 임시수입대상 물품을 구체적으로 명시하고 있는데, 먼저 ① 부속품 및 장비를 포함한 운송 수단, 운송수단에 수반되는 일반 예비부품, 부속품, 팔레트 및 컨테이너, 팔레트용 예비부품, 액세서리 및 장비, 컨테이너용 예비부품, 액세서리 및 장비, ② 개인용품 및 스포츠용 물품, ③ 선원 복지 관련 물품, ④ 재해구호용품, ⑤ 의료, 수술 및 실험실 장비, ⑥ 비EU 관세영역에 거주하는 개인이 소유한 동물, ⑦ EU 역내에 인접한 제3국 국경지대에 설립된 개인이 소유하고 사용하는 장비, ⑧ 공공 당국의 책임하에 EU 국경지역에 기반 시설을 건설, 수리 또는 유지 관리하는 프로젝트에 사용되는 물품, ⑨ 무료로 제공되는 사운드, 이미지 또는 데이터를 포함하는 미디어로서 상용화 전 시연, 사운드 트랙 제작, 더빙 또는 재생산의 목적으로 사용되는 물품(이러한 물품을 운송하는 특별한 운송 수단도 포함), ⑩ 비EU 관세영역에 거주하는 개인이 소유하고, 공동제작의 경우를 제외하고 수입업자 또는 수입업자의 감독하에 사용되는 전문장비, ⑪ 여행자의 휴대용 악기, ⑫ 비EU 관세영역에 설립된 개인이 소유하는 전문장비로 물품의 제조, 산업용 물품 포장, 건물 수리 관리, 천연자원 채굴, 토목공사에 사용되는 전문장비[간단한 수공구(Hand Tool)은 제외], ⑬ 비EU 관세영역에 설립된 개인이 소유하고 비영리 공공 또는 민간 과학, 교육 또는 직업 훈련 기관에서 수입하고 수입 기관의 책임하에 교육, 직업 훈련 또는 과학 연구에만 사용되는 교육용 재료 및 과학 장비, ⑭ 재수출용 포장재, 금형(몰드), 다이스(나사 절삭기구), 블록, 도면, 스케치, 측정, 검사 및 테스트 장비, 테스트를 하는 물품과 테스트 대상인 물품, ⑮ 비EU 관세영역 거주 개인의 소유인 특수장비(Tool or Instrument)로 물품 제조를 위해 EU 관세영역 내에 설립된 개인에게 제공되며, 제조물품의 50% 이상이 수출되는 경우, ⑯ 견본, 유사 물품의 배송 또는 수리를 기다리는 동안 공급자 또는 수리업체가 일시적으로 고객에게 제공하는 대체물품, ⑰ 이벤트용 물품, ⑱ 판매, 또는 전시 목적으로 수입된 예술작품, 수집가용 품목 및 골동품, 경매를 통해 판매할 목적으로 수입된 물품으로 새로 제조된 물품이 아닌 것, ⑲ NATO 302 형식으로 수입되는 군사물품, 그리고 ⑳ 이렇게 임시수입된 물품의 예비부품, 액세서리 및 장비는 임시수입 대상으로 관세가 감면된다. 명시되지 않은 물품의 경우도, 수입되고 나서 3개월을 초과하지 않을 경우, 임시수입허가를 받을 수 있으며, 수입된 물품이 EU 경제적 영향을 미치지 않는 특정한 상황에서 수입되고 다시 재수출될 경우, 역시 임시수입대상이 될수 있다(위임규칙 제207조에서 제236조).

3) 신청

임시수입허가를 신청하고자 하는 자는 해당 물품이 처음 사용되는 장소의 관할 세관에 제출해야 한다. 다만, ① 팔레트, 컨테이너 및 운송수단과 해당 팔레트, 컨테이너 및 운송수단의 예비부품, 부속품 및 장비, ② 개인용품 및 스포츠용 물품, ③ 선원 복지관련물품, ④ 의료, 수술 및 실험 장비, ⑤ 비EU 관세영역에 거주하는 개인이 소유한 동물, ⑥ EU 역내에 인접한 제3국 국경지대에 설립된 개인이 소유하고 사용하는 장비, ⑦ 공공 당국의 책임하에 EU 국경지역에 기반 시설을 건설, 수리 또는 유지 관리하는 프로젝트에 사용되는 물품, ⑧ 장기 이식을 기다리는 환자에게 지원을 제공하는 데 필요한 기구 및 장치, ⑨ 재해구호용품, ⑩ 휴대용 악기, ⑪ 재수출용 포장재, ⑫ 비EU 관세영역에 설립된 공공 또는 민간 기관이 수입하고 세관의 승인을 받은 라디오, 텔레비전 제작 및 방송 목적으로 특별히 개조된 라디오, 텔레비전 방송 장비와 차량, ⑬ 기타 세관이 승인한 기타 물품에 대해서는 동 물품이 최초로 사용되는 지역을 관할하는 세관에서 임시수입신고(위임규칙 부속서71−01)(부록 1 [그림 21])[20]를 작성하여, 구두신고가 가능하며, 이 중 팔레트, 컨테이너 및 운송수단과 운송수단의 예비부품, 부속품 및 장비, 개인용품 및 스포츠용 물품, 선원 복지관련 물품, 의료, 수술 및 실험 장비, 재해구호용품, NATO 302 형식으로 수입되는 군사물품은 별다른 신고 없이 동 물품이 최초로 사용되는 지역을 관할하는 세관을 통과하면 임시수입신고를 했다고 간주한다(위임규칙 제139조, 제141조). 한편, 방송 장비등은 일반적으로 ATA 까르네를 사용하게 되는데, ATA 까르네는 물품이 임시수입을 위해 제시된 장소(세관)에 제출되어야 한다(위임규칙 제205조).

4) 면제대상

위에서 언급한 물품들은 대부분 모두 수입관세에 대한 면제혜택을 받는다. 다만, 면제혜택을 위해 지켜야 할 기준이 있는데, 컨테이너의 경우, 소유자 또는 운영자가 부여한 컨테이너의 식별 표시 및 번호, 영구적으로 고정된 모든 장비를 포함한 컨테이너의 자체 중량이 컨테이너에 표시되어야 하며, 해상운송용 컨테이너 식별표시는 표준 ISO 6346 및 그 부속서에 규정된 국제기준을 준수하여야 한다(위임규칙 제210조). 특히 운송수단에 대해서는 수입관세 면제조건이 까다로운데, 운송수단(운송수단에 수반되는 일반 예비부품, 부속품 및 장비가 포함)에 대한 수입관세 전액 면제 혜택을 받기 위해서는 먼저 ① 운송장비가 비EU 관세영역에서 설립된 사람의 이름으로 비EU 관세영역에서 등록되었거나, 운송수단이 등록되지 않은 경우, 비EU 관세영역에서 설립된 사람의 소유이어야 하며 혹은 ② 이러한 운송수단을 비EU 관세영역에 설립된 제3자가 개인적으로 사용하는 경우, 그 사람이 허가 보유자에 의해 서면으로 정당하게 승인을 받은 경우만이 가능하다(위임규칙 제212조). 위 요건 충족 시, 도로, 철도, 항공, 해상 및 내륙 수로 운송 수단등 모든 운송수단에 임시수입시 관세가 면제된다. 주목할 것은 임시수입은 비EU 관세영역에 설립된 신청자의 신청에 의해 가능한 제도인데, EU 관세법은 운송수단에 대해서는 EU 관세영역에 설립된 자도 임시수입을 신청할 수 있도록 하고 있다. 먼저, 철도 운송의 경우, 운송계약에 의해 계약 상대방의 철도차량을 자신의 처분에 따라 사

---

20 세관보관용과 신고인용 한 세트로 구성되어 있다.

용할 수 있는 경우에 가능하며, 도로운송의 경우, 트레일러(운반용구)가 운송수단에 연결되면 가능하다. 긴급상황(Emergency)에 운송수단이 사용되는 경우도 인정되며, 운송수단이 재수출 목적을 위해 전문고용회사(Professional Hire Firm)에 의해 운용되는 경우에도 가능하다(위임규칙 제214조). EU 관세영역에 상거소(Habitual Residence)를 가지고 있는 자도 운송수단 임시수입시 관세면제 혜택을 받을 수 있는데, 운송수단을 사용할 당시 운송수단 등록자가 EU 관세영역에 있어야 하며, 운송등록자의 요청이 있어야 한다. 이외에도 운송수단 등록자와의 서면계약에 따라 그 운송수단을 개인적으로 사용하여 EU 관세영역으로 돌아오거나, EU 관세영역을 벗어날 경우, 또는 비EU 관세영역에 설립된 운송수단의 소유자, 임차인에게 고용되어 상업적으로 또는 개인적으로 그 운송수단을 사용하는 경우, 그리고 전문 자동차 대여업체와 체결한 서면계약에 따라 개인적으로 사용하는 도로운송수단의 경우, 수입관세가 전액 면제된다(위임규칙 제215조).

5) 감액대상

위에서 설명한 것처럼, 모든 임시수입 물품이 수입관세를 전부 면제받는 것은 아니다. 이러한 이유로 EU 관세법은 수입관세 부분 면세 물품에 대해 임시수입허가시 허가보유자가 납부해야할 관세액을 규정해 놓았는데, 임시수입절차에 놓인 물품에 대한 수입관세액은 해당 물품이 임시수입 절차에 놓이게 되었던 날 만일 해당 물품이 자유 유통을 위해 반출되었다면 납부해야 할 수입관세액의 3%로 설정된다. 해당 금액은 물품이 수입관세의 일부 면제와 함께 임시수입절차에 들어간 기간 동안 매달 또는 한 달의 일부 규정에 따라 지불되어야 한다. 수입관세 금액은 해당 물품이 임시수입절차를 밟은 날짜에 자유 유통을 위해 반출된 경우 지불했어야 했던 금액을 초과할 수 없다. 일반적인 소비재(Consumable goods)는 감액 대상 임시수입신고를 받을 수 없다(제252조).

6) 허가기간

세관은 임시수입 절차를 밟은 물품이 재수출되거나 후속 통관 절차를 거쳐야 하는 기간을 결정한다(제251조). 그 기간은 허가된 사용 목적이 달성될 만큼 충분히 길어야 한다. 기간은 관할 세관이 결정한다. 다만, EU 관세법은 운송수단에 대해서는 별도로 임시수입기간을 정해 놓고 있다. ① 철도운송 수단의 경우, 12개월, ② 철도운송 이외의 상업적으로 사용되는 운송 수단의 경우, 운송 작업을 수행하는 데 필요한 시간, ③ 개인적으로 사용하는 도로운송의 경우, 개인적으로 사용하는 기간으로 학생의 경우, 학업에 필요한 체류기간, 방송촬영 등 특정 업무의 경우에는 그 특정업무를 수행하는 기간, 기타 운송 수단은 6개월이다. ④ 자가용 항공기는 6개월, ⑤ 용기, 장비 및 부속품은 12개월, ⑥ 개인목적의 항해나 내수로 운항 선박은 18개월로 지정되어 있다(위임규칙 제217조). 만일 운송수단의 임시수입이 전문고용회사(Professional hire firm)에 의해 운용되는 경우, 별도의 기간이 적용되어, 임시수입허가기간은 운송수단이 EU 관세영역에 반입된 날로부터 6개월이다. 전문고용회사가 다른 임시수입자에게 고용된 경우에도 기간은 마찬가지로 6개월이다(위임규칙 218조). 동일한 목적으로 연속해서 임시수입절차를 진행할 경우에도 제한규정이 적용된다. 달리 규정하지 않는 한, 동일한 목적 및 동일한 허가 보유자의 책임하에 물품이 임시수입절차에 남아 있을 수 있는 기간은 물품이 임수수입절차에 배치되고, 그 기간이 종료되고 나서, 다시 다른 임시수입절차를 시작한다 하더라도 최대 24개월이다. 동일한 물품을 중복하여 계속 임시수입상태에 놓지 못한다는 의미다. 예외적인 상황에서 세관은 허가 보유자의 정당한 신청에 따라 해당 기간의 합리적인 연장을 허가할 수 있다. 다만 연장이 되더라도 물품이 임시수입상태에 남아 있을 수 있는 전체 기간은 예측할 수 없는 사건의 경우를 제외하고는 10년을 초과할 수 없다(제251조).

4. 최종사용

1) 요건

최종사용(End-use) 역시 EU 관세법이 지정하는 특별절차 중 하나로 최종사용이란 특정용도에 따라 관세가 감면된 상태에서 EU 영역으로 반출되어 자유유통되는 물품에 적용되는 절차를 의미한다(제254조). 대한민국 관세법 제103조에 규정된 용도 사용물품 감면제도와 유사하다. 이렇게 반출된 물품은 지정된 용도로 사용되어야 하며, 세관은 그 경제적인 목적이 무엇인지에 따라 물품이 관세 면제 또는 감면 목적용으로 사용될 수 있는 조건을 허가서에 적시해야 한다. 특별절차이기 때문에 당연히 신청자는 특별절차의 조건을 갖추어서 허가신청을 해야 한다. 신청자의 신청이 접수된 날로부터 30일이내에 관할 세관은 허가 여부를 통보해야 하며, 기간이 더 필요하다고 결정할 경우 최대 30일이 더 연장될 수 있다(제22조). 허가신청자는 반드시 보증을 제공해야 한다(제211조 제3항).

2) 대상물품

EU에서 감면혜택을 받는 최종사용 대상 물품은 다음과 같다. ① 이사회 규칙 (EU) 1344/2011에 규정된 물품,[21] ② 이사회 규칙(EU) 3050/95에 규정된 물품,[22] ③ CN code Part 1, Section 2에 규정된 항공기, 선박, 드릴링 플랫폼에 사용되는 물품, ④ 이사회 규칙(EC) 150/2003[23]에 규정된 군사물품으로 CN code 4단위로 2804, 2825, 3601, 3602, 3603, 3604, 3606, 3701, 3702, 3703, 3705, 3707, 3824, 3926, 4202, 4911, 5608, 6116, 6210, 6211, 6217, 6305, 6307, 6506, 7308, 7311, 7314, 7326, 7610, 8413, 8527, 8528, 8531, 8535, 8536, 8539, 8414, 8415, 8418, 8419, 8421, 8424, 8427, 8472, 8479, 8502, 8516, 8518, 8521, 8525, 8526, 8543, 8544, 8701, 8703, 8704, 8705, 8709, 8710, 8711, 8716, 8801, 8802, 8804, 8805, 8901, 8903, 8906, 8907, 9004, 9005, 9006, 9008, 9013, 9015, 9020, 9022, 9025, 9027, 9030, 9031, 9302, 9303, 9304, 9306, 9307, 9404, 9406 등이다.

3) 보증

최종사용도 특별절차이기 때문에 보증이 제공되어야 한다.[24] 최종사용에 대한 보증은 물품이 최종사용용도에 사용되지 않을 경우를 대비한 것이므로, 보증액을

---

21 정식명칭은 Council Regulation (EU) No 1344/2011 of 19 December 2011 suspending the autonomous Common Customs Tariff duties on certain agricultural, fishery and industrial products and repealing Regulation No 1255/96이다.

22 정식명칭은 Council Regulation No 3050/95 of 22 December 1995 temporarily suspending the autonomous Common customs Tariff duties on a number of products intended for the constructions, maintenance and repair of aircraft이다.

23 정식명칭은 Council Regulation (EC) No 150/2003 of 21 January 2003 suspending import duties on certain weapons and military equipment이다.

24 Intsruction Manual on End-Use Procedure, Irish Tax and Customs, p.6

계산함에 있어 감면이나 면제 전 관세율을 사용한다. 예를 들어 CN code 8531인 화재경보기의 경우, 만일 이 화재경보기가 민간항공기에 사용되는 화재경보기(CN code 8531.1095.10)로 최종사용하기 위해 수입될 경우, 앞에서 설명한 최종사용에 따른 관세 면제 혜택을 받을 수 있게 되어 0% 관세로 수입할 수 있다. 하지만, 어떤 이유에서 민간항공기에 사용된다는 최종사용허가를 받지 않는 경우, 수입신고시 기타 화재경보기로 구분되는 CN code 8531로 분류되어 2.2%의 관세를 부과받게 된다. 바로 이 2.2%가 보증금 계산의 기준이 된다. 이외에도 최종사용에 대한 보증액 계산에서 필요한 또 다른 기준을 살펴보면 최종사용 허가기간 동안 최종사용에 배치될 물품의 총가치와 특정 시점에 최종사용 중일 수 있는 물품의 최대가치다. 최종사용에 대한 보증은 개별보증과 포괄보증 모두 가능하다. 하지만, 최종사용의 경우, 그 기간이 일반적으로 장기간이고 그 기간동안 동종의 물품이 지속 수입되는 경우가 대부분이기 때문에 포괄보증을 제공하는 것이 여러모로 편리하다. 위에서 예시로 들은 민간항공기에 사용되는 화재경보기의 경우(CN code 8531.1095.10), 만일 이 화재경보기를 3년간 계속하여 관세면제 혜택이 있는 최종사용용도로 수입할 경우, 3년의 기간동안 화재경보기의 총가치가 600,000유로이며, 관세혜택을 받지 못할 경우의 관세율이 2.2%이고, 3년 기간 중 화재경보기의 가치가 가장 높을 때의 가치가 50,000유로라 한다면, 화재경보기의 최종사용 허가자가 제공해야 하는 포괄보증액은 50,000유로×2.2%로 1,100유로가 된다(제211조 제3항 c).[25]

4) 중앙집중신고를 통한 임시수입

수입편에서 살펴보았지만, 중앙집중신고는 수입뿐 아니라, 최종사용에도 사용될 수 있다(위임규칙 제149조). 최종사용에 대한 허가는 최종사용에 대한 허가 권한이 있는 정부가 다른 회원국 정부와 협의를 거쳐 다른 회원국에서도 그 효력을 그대로 유지할 수 있다. 예를 들어 프랑스에서 최종사용에 허가를 득한 자가 독일에도 동일한 물품을 수입하면서 최종사용에 따른 혜택을 받고자 할 경우, 프랑스 세관에 신청하면, 프랑스 세관은 독일 세관과의 협의를 거쳐독일에서도 동일한 혜택을 받을 수 있다. 협의 절차는 중앙집중신고에서 설명한 방식과 같다.

---

25 Intruction Manual on End-Use Procedure, Irish Tax and Customs, pp. 7-8

5) 소급효 및 간이신청

최종사용도 특별절차이기 때문에 제211조 제2항에 의거 소급효가 가능하며 그 기간은 소급효 신청이 수락된 날로부터 최대 1년을 초과할 수 없다. 소급효 신청이 허가될 경우, 이미 해당 물품은 정상적인 관세를 이미 납부한 상태일 것이기 때문에 신고인은 수입신고서를 수정하여야 하고, 관할 세관은 소급효를 바탕으로 관세를 환급해 주게 된다.[26] 최종용도 절차를 위해 일회성으로 물품을 수입하는 기업의 경우, 간이신청 방식으로 최종사용허가를 신청할 수 있다. 간이신청 시 최종사용 물품이 자유로운 유통을 위한 수입통관 시 납부해야 할 관세액을 담보로 제공하여야 한다.[27]

6) 세관통제

최종사용은 그 용도에 맞게 사용한다는 조건으로 물품에 대한 수입관세를 면제 또는 감면해 주는 것이기 때문에 물품이 반출되어 자유로운 유통상태에 놓이게 된다 하더라도, 그 용도에 맞게 사용되고 있는지 확인할 필요가 있다. 이러한 이유로 EU 관세법은 적절하다고 판단하는 경우, 관세감면 목적을 위해 물품이 사용된 첫날부터 2년을 초과하지 않는 기간동안 세관통제를 유지하도록 하고(제254조 제3항), 만일 ① 관세감면을 적용하기 위해 정해진 목적으로 물품이 사용되었다고 판단된 경우, 또는 ② 물품이 비EU 관세영역으로 반출, 폐기되거나 국가에 소유권을 포기한 경우, ③ 관세감면 적용을 위해 규정된 목적 이외의 목적으로 물품이 사용되었으며 이에 해당 관세가 납부된 경우에는 세관 통제가 종료된다(제254조 제4항). 항공기 또는 해상선박의 수리, 유지, 보수 등에 사용되는 물품의 경우, 작업보고서 확인, 물품의 유통이력 조사가 대표적인 세관통제의 예다. 일부 물품의 경우, 세관창고에 반입되어 최종사용에 따른 물품의 작업 또는 가공을 할 수도 있다. 이때 최종사용에 따른 작업이나 가공중에 발생하는 폐기물 및 스크랩과 자연적 폐기물로 인한 손실은 규정된 최종사용에 포함된 것으로 간주하며 발생한 폐기물 및 스크랩은 세관창고절차에 따라 보관된 것으로 간주한다(제254조 제6항, 제7항).

---

26 Intruction Manual on End-Use Procedure, Irish Tax and Customs, p. 12
27 Intruction Manual on End-Use Procedure, Irish Tax and Customs, p. 13

5. 역내가공

　EU 관세법이 특별절차의 하나로 보고 있는 역내가공이란 원래 수출을 전제로 비EU 물품을 무관세로 수입하여 EU 관세영역에서 가공 후, 최종 가공물품을 다시 비EU 관세영역으로 수출하는 제도를 의미한다. 수입된 비EU 물품은 수입관세, 기타 부가금, 또는 관세 관련 상업조치에 영향을 받지 않고 EU 관세영역에서 하나 이상의 가공작업에 사용된다(제256조 제1항). 원칙은 수출을 목적으로 하는 제도이나, EU 관세법은 수입통관을 거쳐 EU 관세영역에서 자유로운 유통이 될 수 있도록 하고 있다(제85조 제1항). 물론, 수입신고절차를 거칠 경우, 면제된 수입관세 및 세금을 납부하여야 하며, 관세 관련 상업정책 적용대상이 된다. 또한 가공물품을 보세창고나 자유무역지대에 보관하는 것도 가능하다. EU 집행위원회에 따르면, 2011년 1,600억 유로 상당의 EU 자동차 수출 중 거의 43%(690억 유로)가 역내가공으로 생산된 자동차란 사실에서 보듯이,[28] 역내가공절차는 EU에서 매우 중요한 제도라 하겠다. 위에서 언급했듯이 역내가공절차는 특별절차이므로 세관의 허가가 필요하며 보증제공도 필요하다.

1) 대상물품

　역내가공은 해당 절차에 따라 배치된 물품이 가공이 완료된 물품에서 식별될 수 있는 경우에만 사용이 가능하다. 다만 파괴나 수리의 경우, 식별의 의미가 없기 때문에 이 조건이 적용되지 않는다(제256조 제2항). 이외에도 역내가공 절차도 특별절차이기 때문에 역내가공으로 인해 EU 생산자의 본질적 이익에 부정적인 영향을 미쳐서는 안 된다는 원칙이 적용된다. 이를 위해 EU 관세법은 구체적으로 역내가공이 가능한 조건을 나열하고 있는데, 구체적 내용은 다음과 같다. ① 위임규칙 부속서 71-02에 등재되지 않은 물품을 가공하는 것이다. 부속서71-02에 해당하는 물품을 살펴보면, 농축산물에 대한 공동시장조직(Common Organization of the Market) 규칙 1308/2013이 정하는 쇠고기, 송아지, 돼지고기, 양고기, 염소고기, 계란, 가금류, 양봉물품, 곡물, 쌀, 설탕, 올리브오일, 우유 및 유물품, 와인

28　taxation-customs-ec.europa.eu/customs-4/customs-procedures-import-and-export-0/what-importation/inward-processing_en

등이다.[29] 이외에도 제조되지 않은 담배, 수산품에 대한 공동시장조직규칙 1379/ 2013)에서 규정하는 수산품도 포함된다.[30] 이러한 것을 제외한 물품에 대한 역내가공은 본질적 이익에 부정적 영향이 없다고 인정된다. 다만, 부속서71−02에 규정된 물품이더라도 EU 관세영역에서 생산이 불가능하면서 EU 관세영역 물품과 동일한 8단위 CN code를 가지고 있으며 동일한 상업적 품질 및 기술적 특성을 공유하는 물품을 수입하여 가공하는 경우, 그리고 가격차이라는 경제적 이유로 인해 EU 관세영역에서 생산된 물품을 사용할 수 없을 때, 또는 제3국 구매자의 계약 요구사항을 준수하기 위해 역외물품을 사용할 수밖에 없는 경우, 마지막으로 8단위 CN code 기준으로 역내가공 신청자 및 연도별로 역내가공절차에 따라 배치될 물품의 총 가치가 150,000유로를 초과하지 않을 경우, 본질적 이익에 부정적 영향이 없다고 간주된다.

> ✅ **공동시장조직(Common organization of the market)**
> EU 공동농축산정책 및 공동수산정책을 총괄하는 단체로 공동농축산정책을 위한 공동시장조직과 공동수산정책을 위한 공동시작조직으로 구분되어 있다. 그 목적은 회원국 농축산어업인들의 수익개선, 시장 안정화, 마케팅 증진등이다. 대표적으로 농축산 공동시장조직의 경우, 와인의 인증제도, 각종 농축산물의 인증등 농축산물 시장에 대한 안전망을 구축하고 특정 물품의 마케팅 표준을 정하는 업무를 수행하고 있다. 수산공동시장조직은 적정 어획량유지를 위한 계획 수립, 위기어종의 보호, 수산품 마케팅 증진계획 수립등의 업무를 수행한다.

② 단순한 물품의 수리 역시 본질적 이익에 부정적 영향이 없다고 인정된다. 이외에도 ③ 일반적으로 처리 비용만을 지불하고 비EU 관세영역에 설립된 개인을 대신하여 기술 설명서(Specification)에 따라 수행되는 물품의 처리, ④ 듀럼밀을 파스타로 가공하는 것, ⑤ 농산물에 대한 역내가공 관련 규칙 510/2014 제18조에

---

29 정식명칭은 Regulation (EU) No 1308/2013 of the European Parliament and of The Council of 17 December 2013 establishing a common organization of the markets in agricultural products and repealing Council Regulation (EEC) No 922/72, (EEC) No 234/79, (EC) No 1037/2001 and (EC) No 1234/2007이다.

30 정식명칭은 Regulation (EU) No 1379/2013 of the European Parliament and of the Council of 11 December 2013 on the common organisation fo the markets in fishery and aqua−culture products, amending Council Regulations (EC) No 1184/2006 and (EC) No 1244/2009 and repealing Council Regulation (EC) No 104/2000이다.

따라 역내가공증명서가 발급된 농산물에 대한 역내가공,[31] ⑥ 최종사용을 위한 기술요구사항 준수를 보장하기 위한 물품 처리, ⑦ 비상업적 목적의 물품 처리, ⑧ 이전(Previous) 허가에 따라 진행되는 물품가공, ⑨ 팜유, 코코넛 오일, 코코넛 오일의 유동체, 팜핵유, 팜핵유의 유동체, 바바수유 또는 피마자유 고체 및 유동체를 식품용이 아닌 물품으로 가공하는 행위, ⑩ 특정물품을 항공기에 통합되거나 사용될 물품으로 가공하는 행위, ⑪ 특정무기 및 군사장비에 대한 수입관세를 중단하는 규칙 150/2003에 따라 특정무기 및 군사장비에 대한 수입관세의 자율적 유예 혜택을 받는 물품으로의 가공, ⑫ 물품을 샘플로 가공하는 경우, ⑬ 전자부품 또는 재료를 정보기술물품으로 가공하는 경우, ⑭ CN code 2707 또는 2710에 해당하는 물품을 CN code 2707, 2710 또는 2902에 해당하는 물품으로 가공하는 경우, ⑮ 폐기물 및 스크랩 감소, 부품 또는 부품의 파괴(폐기물이 남지 않아야 한다) 및 회수 ⑯ 변성(Denaturing), ⑰ 세관창고에 보관된 물품을 보존, 또는 외관의 개선 또는 재판매 준비를 위한 일반적인 형태의 취급 역시 본질적 이익에 부정적 영향이 없다고 간주한다(위임규칙 제167조). 한편, 역내가공품을 EU 관세영역으로 수입신고를 통해 반출할 때 부과되는 관세 및 각종 부가금은 가공작업에 투여된 비EU 물품의 품목분류와 거래가격을 기준으로 신청자의 요청에 의해 결정된다(제86조 제3항). 하지만, 역내가공으로 인해 발생한 폐기물이나 스크랩을 반출할 경우, 이는 역내가공품에 포함되지 않으며, 별도로 세관이 폐기물이나 스크랩에 적용되는 관세 및 기타 부가금을 정한다. 특히 역내가공품은 비EU 물품의 지위를 가지기 때문에 EU 상업정책조치에 따른 규제가 적용된다(제202조 제1항, 제3항). 한편, 정책적 필요성에 의해 허가되어, EU 관세지위가 인정되는 역외가공 물품의 경우, 상업정책조치에 의한 규제 대상에서 제외된다.

2) 동등물품의 사용

역내가공 역시 특별절차에서 허용하는 것처럼, 허가 보유자가 비EU 물품 대

---

31 정식명칭은 Regulation (EU) No 510/2014 of the European Parliament and of the Council of 16 April 2014 laying down the trade arrangements applicable to certain goods resulting from the processing of agricultural products and repealing Council Regulations (EC) No 1216/2009 and (EC) No 614/2009이다.

신 동등한 EU 물품을 사용할 수 있다(제256조). 동등한 물품은 대체되는 물품과 최소한 동일한 8자리 CN code, 동일한 상업 품질 및 동일한 기술적 특성을 가져야 하며, 물품 수리의 경우, 오히려 더 나은 기술적 특성도 보유하는 물품도 동등성이 인정된다. 주의할 것은 비EU 물품이 관세 양허 중단으로 인한 상계관세, 반덤핑 관세의 대상이 된 경우, 동등물품 사용이 불가하다는 점이다(위임규칙 제177조). 또한 비EU 물품이 위임규칙 부속서 71-02에 해당하는 경우도 동등물품 사용이 불가능하며, 'No Drawback Clause'에 해당하는 동등물품도 역내가공에 사용이 불가하다.

3) 종료

관할 세관은 특별절차의 종료원칙에 따라 역내가공허가시 역내가공절차가 종료되는 기간을 명시해야 한다(제215조). 해당 기간은 비EU 물품이 절차에 따라 배치된 날짜부터 시작되며 처리 작업을 수행하고 절차를 완료하는 데 필요한 시간을 고려한다. 일반적으로 EU 회원국 세관은 6개월을 1차적으로 부여하며, 허가 보유자의 정당한 신청에 따라 합리적인 기간 연장을 허가할 수 있다. 허가에는 한 달, 분기 또는 반기(Semester) 중에 시작되는 기간이 각각 다음 달, 분기 또는 반기의 마지막 날에 끝나도록 명시할 수 있다(제257조 제2항). 대체 물품을 수입하기 전에 동등물품을 사용하여 제작한 물품을 수출하는 경우[제223조 제2항 (c) 허가서에 명시되어 있어야 함], EU 관세영역으로의 물품의 조달과 운송을 위해 필요한 시간을 고려하여 비EU 물품을 신고해야 하는 기간이 명시하여야 하며, 그 기간은 월 단위로 하되, 역시 6개월을 초과할 수 없다(제257조 제3항). 이는 해당 동등 물품에서 얻은 가공물품에 관한 수출신고가 수리된 날부터 기산된다. 허가 보유자의 요청에 따라 제3항에 언급된 6개월의 기간은 만료 후에도 연장될 수 있다. 단, 총 기간은 12개월을 초과할 수 없다. 역내가공절차가 종료되고 물품이 비EU 관세영역으로 수출되기 위해 반출 세관으로 이동하는 것은 재수출절차로 진행된다(제257조 제4항).

4) 소급효 및 간이신고

역내가공절차 역시 제211조 제2항에 의거, 소급효가 가능하며 그 기간은 소급효 신청이 이루어진 날로부터 최대 1년을 초과할 수 없다. 역내가공 역시 간이신고가 가능하다. 다만, 위임규칙 71-02와 관련된 물품의 경우나 검사가 요구되는 물품의 경우, 또는 동등물품을 사용하는 경우에는 간이신고가 인정되지 않는다.[32]

5) 추가가공을 위한 임시 재수출

신청 시, 세관은 다음 규정에 따라 역내가공 절차에 놓인 물품 또는 가공된 물품의 일부 또는 전부를 역외가공절차에 따라 추가가공을 목적으로 비EU 관세영역으로 재수출하도록 허가할 수 있다(제258조).

6) 수율

수율(Rate of Yield)이란 수입된 물품 수량과 이것으로 제조/가공된 물품 수량과의 비율을 의미한다. 예를 들어 10개의 수입된 물품을 가공하여 3개의 가공물품을 만들었다면 수율은 30퍼센트다. 특정 분야를 관장하는 EU법에 수율이 명시되어 있는 경우를 제외하고, 세관은 가공 작업의 산출율 또는 평균 산출율을 설정하거나 적절한 경우, 그러한 비율을 결정하는 방법을 설정해야 한다. 수율 또는 평균 수율은 가공 작업이 수행되거나 수행될 실제 상황을 토대로 결정되며, 물품 가공에 두 종류 이상의 가공공정이 이루어지는 경우, 각 공정마다 수율이 설정되어야 한다. 수율이 중요한 이유는 수입된 물품이 용도에 맞게 최대한 제대로 사용되었는지를 확인하는 주요 지표이기 때문이다. 특히, 역내가공의 경우, 관세나 기타 부가금이 면제된 상태에서 비EU 물품이 수입되는 것이기 때문에 비EU 물품에 대한 통제가 필요하며 수율이 바로 좋은 통제수단이 된다. 만일 수율이 너무 낮으면 수입된 물품이 원래의 용도대로 제대로 활용되지 않았다는 의미이며 이는 다른 용도로 부정하게 전용되었다는 증거가 될 수 있다(제255조).

6. 역외가공

1) 개요

역외가공(Outward Processing)이란 역내가공(Inward Processing)과 대비되는 개념

---

32 Inward processing guidelines for traders, Ireland Tax and Customs, p. 12

으로, 물품을 역외지역으로 수출, 일정 가공 과정을 거쳐 재수입하는 것을 뜻하며, 재수입시 가공된 물품은 관세 및 각종 부가금 감면 혜택을 받게 된다. EU 관세법에서도 이러한 역외가공에 대해 자세히 규정하고 있다(제259조). 우리가 아는 일반적인 역외가공이란 EU 원재료를 비 EU 관세영역으로 보내 이를 가공하고 가공된 물품을 다시 수입하는 것을 의미한다. 이 경우, 재수입 물품에 대한 관세는 역외에서 수행된 가공작업의 비용을 기준으로 계산된다(제86조 제4항). 원래 EU 물품지위에 놓였던 부분에는 관세가 부과되지 않으며, 역외에서 가공작업에 투입된 물품에 대해 관세를 부과한다. 역외가공의 다른 개념은 물품이 계약상의 의무 또는 제조 또는 재료 결함으로 인해 무료로 수리되기 위해 수출된 경우, 또는 국제협정에 따라 해당 물품이 EU와 국제협정을 체결한 비EU 관세영역 국가나 영토에서 수리되거나 변경된 경우를 의미한다. 이 경우, 새로운 비EU 물품이 EU 물품에 가공되지 않기 때문에 물품의 재수입시 관세 및 각종 부가금의 완전면제가 부여된다(제260조, 제260조 a). 역외가공절차도 특별절차이기 때문에 특별절차의 일반원칙대로 보증이 제공되어야 한다[제211조 제3항 (c)].

2) 요건

역외가공절차 역시 관할 세관으로부터 허가를 받아야 한다. EU 관세법은 역외가공절차가 허용되지 않는 경우를 명시하고 있는데, ① 수출로 인해 수입관세의 환급 또는 면제가 발생하는 물품은 역외가공대상이 될 수 없다. 역외가공의 특징이 관세를 감면해 주는 것인데, 여기에 환급이 발생하는 물품까지 역외가공을 인정한다면 그 혜택을 거듭 부여하는 것이기에 허용되지 않는다. 또한 같은 이유로, ② 수출 전에 최종사용용도에 따라 감면된 관세율로 자유유통을 위해 반출된 물품도 역외가공에 대상이 될 수 없다. 다만, 수리작업을 거치지 않는다면 최종사용 목적이 달성되지 않은 경우에는 역외가공이 인정된다. 역외가공을 인정하지 않을 시, 물품의 상품성이 사라질수 있기 때문이다. ③ 수출환급 물품도 마찬가지다. ④ 관세나 기타 부가금 이외의 금전적 이익이 부여된 물품에 대해서도 역외가공은 인정되지 아니한다(제259조 제3항).

3) 추가가공을 위한 일시 재수출

역내가공품도 역외가공절차에 따라 비EU 관세영역으로 추가 가공을 목적으로 일시적으로 재수출이 가능하다. 역내가공으로는 물품의 최종사용 목적을 달성할 수 없는 경우에 필요한 것으로 EU 관세법도 이를 인정하고 있다. 다만, 이것이 가능하기 위해서는 역내가공허가와 역외가공허가 모두를 함께 받아야 한다.[33]

4) 표준교환시스템

역외가공중 하나의 방식이지만, 결함이 있는 문제의 물품을 수리나 기타 공정을 위해 비 EU 관세영역으로 수출하고 다시 이를 수입하는 방식은, 시간과 비용 면에서 부담이 될 수 있다. 물품을 수출하고 수입하는 절차를 거쳐야 하기 때문이다. 따라서 차라리 결함이 있는 물품을 대체할 물품을 수입하여 교체하는 것이 경제적으로 합리적인 방안이 될 수 있다. EU 관세법도 이러한 상황을 감안하여, 물품의 제조 또는 재료 결함으로 인해 수리되기 위해 비 EU 관세영역으로 수출되는 대신, 아예 비EU 관세영역에서 대체품을 수입하여 결함이 있는 물품을 교체하는 제도를 인정하고 있으며 이를 표준교환시스템(Standard Exchange System)이라 명명하고 있다(제261조). 다만, 이러한 표준교환시스템은 역외가공의 예외적인 경우이기 때문에, EU 관세법에서는 수입되는 대체품에 대해 엄격한 기준을 정하고 있다. 즉, 세관의 허가를 받은 자만이 표준교환시스템을 사용할 수 있다. 또한, 공동 농업 정책에 따라 규정된 조치나 농산물 가공 생산품 관련 특정 협정에 규율되는 물품에 대해서는 표준교환시스템을 허가하지 않는다. 한편, 표준교환시스템이 허가된 물품이라 하더라도 수입되는 대체품은 비EU 관세영역으로 수출되어 수리가 필요한 물품과 동등물품(Equivalent) 즉, 동일한 CN code 8단위이여야 하며, 동일한 상업 품질 및 기술 특성을 가지고 있어야 한다(제261조 제3항). 더 나아가 결함이 있는 물품이 중고물품이면, 수입되는 대체품도 중고품이어야 한다(제261조 제4항). 만일 대체품이 새것일 경우, 가공품의 가치변화로 인한 관세부과액역시 변화하기 때문이다. 다만, 보증으로 인해 발생하는 계약상 또는 법적 의무나 재료 또는 제조상의 결함으로 인해 교체 물품이 무료로 공급된 경우에는 관할 세

---

33 Instruction Manual on Outward Processing, Irish Tax and Customs, p.15

관이 이를 요구하지 않을 수 있다(제261조 제4항). EU 관세법상 역외가공에 관련된 모든 조항은 대체품에도 적용된다. 대체품이 수입된 경우, 결함이 있는 물품은 세관이 대체물품의 수입신고를 수리한 날로부터 2개월 이내에 수출되어야 하며, 이러한 대체품을 수입 시, 허가보유자는 만일 교체물품이 수출되지 않을 경우, 납부하여야할 관세에 대한 보증을 제공하여야 한다(제262조). 예외적인 상황에서 결함이 있는 물품이 제2항에 언급된 기간 내에 수출될 수 없는 경우, 세관은 허가 보유자의 정당한 신청에 따라 합리적인 기간 연장을 허가할 수 있다. 표준교환시스템은 꼭 결함이 있는 물품의 대체에만 사용되는 것은 아니라 EU 원재료를 비EU 관세영역으로 보내 이를 역외가공하고 가공물품을 다시 수입하는 일반적 의미의 역외가공에도 표준교환시스템이 사용될 수 있다. 예를 들어, A라는 EU 원재료를 비EU 관세영역으로 수출, 비EU 재료와의 가공을 통해 C라는 물품을 만들어 다시 수입해도 되지만, 아예 C라는 물품을 직접 수입하는 것도 가능하다. 다만, A 원재료는 6개월이내에 비EU 영역으로 바로 수출되어야 한다.[34]

5) 소급효 및 간이신고

역내가공절차역시 제211조 제2항에 의거, 소급효가 가능하며 그 기간은 소급효 신청이 이루어진 날로부터 최대 1년을 초과할 수 없으며 특정 민감물품(Sensitive)의 경우, 3개월을 초과할 수 없다.[35] 역외가공도 역내가공과 마찬가지로, 간이신고를 활용할 수 있다. 다만, 위에서 언급한 사전대체품 사용(제262조)의 경우, 간이신고이 인정되지 아니한다.[36]

6) 삼각역외가공

예를 들어 프랑스에서 역외가공으로 비EU 관세영역으로 수출한 물품을 프랑스로 재수입하지 않고 다른 회원국(독일)로 재수입하는 경우를 의미하며, 역외가공허가에 명시될 경우, 이를 인정한다. 다만 이러한 삼각역외가공(Triangulation)을 허가받기 위해서는 허가를 받고 물품을 비EU 관세영역으로 수출하기 전에 INF

---

34 Instruction Manual on Outward Processing, Irish Tax and Customs, p. 14
35 Instruction Manual on Outward Processing, Irish Tax and Customs, p. 6
36 Instruction Manual on Outward Processing, Irish Tax and Customs, p. 8

(Standard Exchange Information) 시스템에 등록해야 한다.[37]

> ✅ INF(Standard Exchange Information)
>
> 역외가공, 역내가공에 대한 각종 정보를 회원국 간 교환할 수 있는 전자데이터 시스템으로 원래는 종이기반의 문서로 회원국 간 정보를 교환하였으나, 2020년 6월 1일 이후 전자데이터시스템으로 교체되었다. 이 시스템은 UUM & DS를 통해 접속할 수 있으며, 접속을 위해서는 EORI 번호가 필수적으로 요구된다.

7) 종료

역외가공절차는 역외가공된 물품이 EU 관세영역으로 재수입될 때 종료된다. 관할 세관은 수출된 물품이 가공품의 형태로 EU 관세영역으로 재수입되어 관세 감면 혜택하에 자유유통을 위해 반출되어야 하는 기간을 허가서에 명시하여야 한다. 다만, 그 기간은 역외가공허가 보유자의 정당한 신청에 따라 합리적인 기간 연장을 허용할 수 있다(제259조 제3항).

---

[37] Instruction Manual on Outward Processing, Irish Tax and Customs, p. 11

제7편
EU 관세영역으로부터의
물품 반출

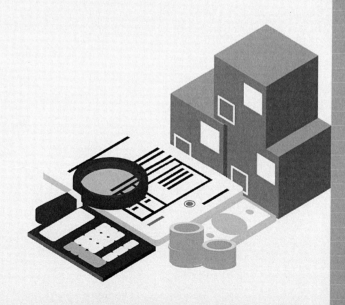

제7편 EU 관세영역으로부터의 물품 반출

I 개요

EU 관세영역에서 반출되는 물품은 EU 관세영역에서 물품을 반출(Exit)하기 전 특정 기한 내에 관할 세관에 반출신고(Pre-departure)를 제출해야 한다(제263조 제1항). EU 관세법에는 반출이라는 용어가 자주 등장하는데, 비EU 관세영역으로의 반출은 'Exit'라는 용어를 사용하고, 그 반대의 경우, 즉 EU 관세영역으로 반입된 물품을 수입통관하여 자유유통을 위해 반출하거나, 역내가공, 자유무역지대, 세관창고와 같이 특정한 세관절차에 배치하기 위한 반출에는 'Release'라는 표현을 사용하고 있어 주의를 요한다. 비EU 관세영역으로의 반출은 다시, 수출(Export)와 재수출(Re-Export)로 나뉜다. '수출'이란 EU 물품을 비EU 관세영역으로 내보내는 것을 의미하며. 재수출이란 임시수입절차나 기타 세관절차에 따라 보관된 비EU 물품을 다시 EU 관세영역 밖으로 내보내는 것을 의미한다. EU 관세법은 이러한 수출과 재수출의 경우, 반출전 신고(Pre-departure)를 하도록 의무화하고 있는 것이다.

II 반출전 신고

1. 수출/재수출 신고

반출은 수출과 재수출로 나뉘어지기 때문에 반출전 신고도 수출신고와 재수출신고로 나뉘어진다. 다만, 재수출이라고 해도, 임시보관절차, 자유무역지대절차에 따라 보관된 물품이 비EU 관세영역으로 이동할 경우, 신고가 아닌 재수출통지(Notification of Re-export)라는 형식이 활용된다는 점을 유의해야 한다(제270조 제3항, 제

274조).[1] 비EU 관세영역으로 반출되는 EU 물품은 수출절차에 따라 처리된다(제269 조 제1항). 따라서 수출신고가 필수적으로 이루어진다. 그런데 물품을 비EU 관세영역으로 반출하는 것을 수출이라고 한다면, 그 범위에는 우리가 일반적으로 생각하는 EU 물품의 비EU 영역으로의 판매 외에도 ① 역외가공 목적의 물품 반출, ② 선용품이나 기용품의 반출, ③ 통과운송 중 물품이 EU 관세영역을 벗어나는 경우, ④ EU 물품으로써의 관세지위를 유지한 채로 EU 관세영역 밖으로 일시적으로 이동(TIR 통과운송, ATA 까르네 통과운송, 라인강 통과운송, 나토 302 양식에 따른 통과운송, 국제우편연합에 따라 이동하는 물품)된 경우도 수출에 들어간다. 모두 EU 관세영역을 벗어나기 때문이다. 하지만, EU 관세법은 ①부터 ④에 언급된 내용에 대해서는 수출로 보지 않으며, 각기 정해진 별도의 반출절차를 진행하도록 하고 있다(제269조 제2항). 예를 들어 역외가공목적의 물품 반출은 역외가공허가 신청을 통해(제259조), 통과운송 물품의 경우, 통과운송을 규정하는 EU 관세법 또는 국제협정에 따라 반출절차가 진행된다. 물론, 별도의 절차가 진행된다고 하더라도 현행 규정에 따라 요구되는 각종 제한이나, 안전, 위생, 환경보호, 재산권, 상업정책조치와 관련된 세관통제 등, 필수적으로 요구되는 세관절차는 그대로 적용된다[제267조 제3항 (d), (e), 제269조 제3항]. 한편, EU 관세영역에서 반출되는 비EU 물품은 관할 세관에 재수출신고를 제출해야 한다(제270조 제1항). 예를 들어 임시수입절차에 배치된 비EU 물품을 비EU 관세영역으로 반출시킬 경우, 재수출신고의 대상이 된다. 재수출신고 대상물품은 재수출이 완료될 때까지 EU 관세영역에서 이루어지는 모든 세관절차와 세관통제를 따라야 한다(제270조 제2항). 임시보관절차, 자유무역지대절차에 따라 보관된 물품이 비EU 관세영역으로 이동할 경우, 신고가 아닌 재수출통지라는 형식이 활용된다는 점은 이미 설명한바와 같다. 수입편에서 자세히 설명했지만, 수출/재수출신고에 대해서도 간이신고(제166조), 중앙집중신고(제179조, 위임규칙 제149조), 자기기록신고(제182조) 모두 허용된다.

---

[1] T1 통과운송절차(외부통과운송)에 배치된 비EU 물품은 애초부터 EU 물품이 아니기 때문에 재수출의 개념에 들어가지 않는다.

1) 제출기한

수출 및 재수출신고는 컨테이너해상운송의 경우, 물품이 EU 관세영역을 떠날 선박에 적재되기 24시간 전까지 신고를 해야 한다. 다만, EU 관세영역과 그란란드(Greenland), 페로 제도(Faeroe Islands) 또는 발트해, 북해, 흑해 또는 지중해의 항구, 모로코의 모든 항구, 북아일랜드의 모든 항구, 영국의 모든 항구 사이의 컨테이너 운송의 경우, 선박이 출항하기 2시간전까지 제출하면 된다. 프랑스 해외영토, 아조레스 제도(the Azores), 마데이라(Madeira), 카나리 제도(Canary Islands)와 비EU 관세영역 영토 간 컨테이너 해상운송의 경우, 운송기간이 24시간 미만이면, 선박 출항 2시간 전에 제출해야 한다. 컨테이너선 이외의 해상운송의 경우, EU 관세영역 항구에서 선박 출항 2시간 전까지 제출해야 한다. 한편 항공운송의 경우, 항공기 출발 30분 전이며, 도로운송의 경우, 운송수단의 출발 1시간 전까지 신고가 제출되어야 한다. 철도운송의 경우, 운송시간이 2시간 미만이면 물품이 반출 세관이 관할하는 철송장에 도착하기 1시간 전까지 신고가 제출되어야 하며, 기타의 경우, 철도운송수단이 EU 관세영역을 떠나기 2시간 전까지 제출하여야 한다. 만일 수출품이 관세환급과 관련된 물품인 경우, 신고뿐 아니라 물품을 세관에 제출하여 세관이 물품을 확인할 수 있도록 조치하여야 한다. 복합운송의 경우, 신고 제출기한은 EU 관세영역을 떠나는 운송수단에 적용되는 기한이 그대로 정해진다. 예를 들어 자동차로 물품이 운송되서 철도운송으로 EU 관세영역을 떠나는 경우라면 철도운송에 적용되는 기한, 즉 철도운송의 경우, 운송시간이 2시간 미만이면 물품이 반출 세관이 관할하는 철송장에 도착하기 1시간 전까지 신고가 제출되어야 하며, 기타의 경우, 철도운송수단이 EU 관세영역을 떠나기 2시간 전까지 제출하여야 한다. 주의할 것은 불가항력적인 상황에서는 이러한 기한이 적용되지 않는다는 점이다(위임규칙 제244조).

2) 면제대상 물품

수출신고는 반출 전 신고가 원칙이나, 물품의 특성상 사전에 신고 제출이 어려운 경우가 있다. 또는 국제협정이나 기타 협정에 의해 사전수출신고가 면제되기도 한다. EU 관세법이 인정하는 수출신고 면제대상 물품은 ① 전기에너지, ② 파이프라인으로 수출되는 물품, ③ 서신, ④ 국제우편연합협약에 따라 이동하는 물품, ⑤ 가재도구, ⑥ 여행자 개인수하물, ⑦ 비상업적 성격의 상품, ⑧ 가치가 1,000유로를 초과하지 않거나 순중량이 1,000kg을 초과하지 않는 상업적 성격의 상품, ⑨ EU 관세영역에 등록되어 재수입될 운송수단과 해당 운송수단의 예비부품, 부속품 및 장비, ⑩ NATO 양식 302가 적용되는 물품, ⑪ 팔레트, 예비부품, 액세서리 및 팔레트용 장비, ⑫ 컨테이너, 예비부품, 액세서리 및 컨테이너 장비, ⑬ 운송 수단, 운송 수단용 예비부품, 액세서리 및 장비, ⑭ ATA 및 CPD 까르네가 적용되는 물품, ⑮ 비EU 관세영역 항구에 입항하지 않고 EU 관세영역 항구 사이를 이동하는 선박으로 운송되는 물품, ⑯ 비 EU 관세영역 공항에 입항하지 않고 EU 관세영역 공항 사이를 이동하는 항공기로 운송되는 물품, ⑰ 회원국의 국방을 담당하는 당국이 군사적 목적의 수송 또는 군 당국의 단독 사용을 위해 운영하는 수송을 통해 EU 관세영역에서 반출한 무기 및 군사장비, EU 관세영역에서 EU 관세영역에 설립된 자가 운영하는 해상시설로 직접 반출되는 다음 물품으로 ⑱ 해양 시설의 건설, 수리, 유지, 보수 또는 개조에 사용되는 물품, ⑲ 해양 시설을 설치하거나 정비하는 데 사용되는 물품, ⑳ 해양 시설에서 사용되거나 소비되는 물품, ㉑ 1961년 4월 18일 외교 관계에 관한 비엔나 협약, 1963년 4월 24일 영사 관계에 관한 비엔나 협약, 기타 영사 협약 또는 특수 임무에 관한 1969년 12월 16일 뉴욕 협약에 따라 면세가 되는 물품, ㉒ 선박 또는 항공기의 일부 또는 부속품으로 포함되거나 선박 또는 항공기의 엔진, 기계 및 기타 장비의 작동을 위해 공급되는 물품과 선상에서 소비되거나 판매되는 식품 및 기타 품목(단, 수출통제 여부를 확인해야 한다), ㉓ EU 관세영역에서 세우타와 멜리야, 지브롤터, 헬리고란트, 산마리노 공화국, 바티칸 시국 또는 리비뇨 지방자치단체로 수출되는 물품 등이다(위임규칙 제245조 제1항).

3) 면제대상 상황

EU 관세법은 물품뿐 아니라 아래와 같은 일정한 상황에서 수출신고의 사전제출을 면제하고 있다. ① EU 관세영역 항구 간에 물품을 운송하는 선박이 비EU 관세영역 항구에 정박하였지만, 물품이 비EU 관세영역 항구에 있는 동안 선박에 선적된 상태로 있는 경우, ② EU 관세영역 공항간에 물품을 운송하는 항공기가 비EU 관세영역 공항에 기항하고 물품은 비EU 관세영역 공항에 있는 동안, 항공기에 선적된 상태로 있는 경우, ③ 항구나 공항에서 물품을 EU 관세영역으로 운송하고 비EU 관세영역으로 반출하게 될 운송수단으로부터 물품이 하역되지 않은 경우, ④ 물품이 EU 관세영역 이전 항구나 공항에서 출발 전 신고가 제출되었거나, 출발전 신고가 면제된 선박이나 항공기에 물품이 선적되었으나 여전히 선적된 상태로 남아 있는 경우, ⑤ 임시보관 중이거나 자유무역지대 절차에 따라 배치된 물품을 동일한 세관의 감독하에 해당 임시보관시설 또는 자유무역지대로 가져온 운송수단에서 해당 물품을 운반할 선박, 비행기 또는 철도로 환적하는 경우(환적은 세관에 물품 제시 후 14일 이내에 이루어지거나, 예외적인 상황에서 14일의 기간이 해당 물품을 처리하기에 충분하지 않은 경우, 연장되며, 물품의 목적지와 수취인이 변경되지 않아야 한다), ⑥ 물품이 EU 관세영역으로 반입되었으나 관할 세관당국에 의해 거부되어 즉시 수출국으로 반송된 경우, 수출신고 사전제출을 면제하고 있다(위임규칙 제245조 제2항).

4) 수출/재수출신고 세관과 반출 세관

EU 관세법상 물품의 반출절차를 제대로 이해하기 위해서는 수출/재수출신고 세관(Customs Office of Declaration)과 반출 세관(Customs Office of Exit)의 개념을 먼저 숙지하여야 한다. 수출/재수출신고 세관이란 수출/재수출신고가 제출되는 세관이며, 반출 세관은 이렇게 신고된 물품이 EU 관세영역을 벗어나기 위해 이동하는 항구나 공항을 관할하는 세관을 의미한다. 상황에 따라 이 두 가지 세관이 동일한 세관일 수도 있고, 다른 세관일 수도 있다. 예를 들어 독일남부 지역에 공장을 운영하는 기업이 자신의 물품을 수출하고자 하면, 수출신고는 자신의 기업이 있는 남부지역 관할 세관에 수출신고를 하고, 수출 대상 물품은 함부르크 항구로 이동하여 함부르크 항을 관할하는 함부르크 세관에 물품을 제시하고 함부르크 항구를 통해 물품이 비EU 관세영역으로 반출된다. 수출/재수출신고 세관과 반출 세관의 업무가 다르기 때문에, 신고인은 각 세관에 필요한 절차를 잘 확인하여 물품 수출에 차질이 발생하지 않도록 주의할 필요가 있다.

5) 수출/재수출 신고 절차

수출/재수출절차는 수출/재수출신고 세관과 반출 세관에서 각기 이루어진다. 위에서 설명했지만, 두 세관이 동일하다면 한 번 절차가 이루어질 것이다. 구체적으로 살펴보자. 비EU의 관세영역으로 물품을 반출하는 자, 또는 그의 대리인, 그리고, EU 관세영역을 떠나기 전까지 물품운송에 대한 책임을 맡은 자가 중 한 명이 수출/재수출 신고를 제출하면, 수출/재수출신고를 접수한 세관, 즉 수출/재수출신고 세관은 물품에 대한 수출/재수출신고를 접수(Acception)하고 MRN를 부여한다. 적절한 경우, 세관은 물품이 EU 관세영역에서 반출될 때 사용할 경로와 준수할 시한을 결정할 수 있다(제267조 제1항). 수출/재수출신고 세관은 제출된 신고(반출요약신고 포함)를 바탕으로 ① 수입관세의 환급 또는 감면, ② 수출환급금 지급, ③ 필요 시 수출관세 징수, ④ 기타 부과되는 부가금과 관련하여 현행 규정에 따라 요구되는 절차를 확인하는 한편, ⑤ 공중도덕, 공공정책 또는 공공안전, 인간, 동물 또는 식물의 건강과 생명 보호, 환경 보호, 예술적 가치가 있는 보물, 역사적 또는 고고학적 가치, 약물 전구체, 특정 지적 재산권 및 현금을 침해하는 물품에 대한 통제, 어업 보존 및 관리 조치, 상업정책조치와 관련된 정당한 금지와 제한이 있을 경우, 이를 집행하고, ⑥ 수출통제조치(Export control)[2]에 따른 금지와 제한이 있는지를 확인하여 필요한 조치를 취한다. 이러한 조치를 하기 위한 선행조건이 바로 위험도 분석이다. 관할 세관은 수출/재수출 신고를 토대로 특정 기한 내에 보안 및 안전 관련 위험 분석을 하여야 하며 분석결과에 따라 필요한 조치를 취하여야 한다(제264조). 특히, 위험도 분석은 뒤에서 자세히 설명할 반출요약신고와 밀접한 관련이 있다. 이러한 조치에는 수출/재수출신고서에 기재된

---

2 수출통제조치는 특정 민감한 상품, 소프트웨어 및 기술(이하 품목)의 국제 거래에 대한 제한으로 특정 통제 목록에 명시된 품목의 국가 간 이동에 대한 허가 요건 또는 금지가 포함된다. EU의 수출통제는 수출통제 관련 규칙(Regulation 2021/821, Regulation 2023/66)에 근거한 EU 차원의 통제와 회원국별 통제로 나누어지며 회원국별 통제는 회원국에 따라 약간의 차이가 있다. EU의 수출통제 제도는 (1) 이중용도 수출통제(상업적 또는 민간용으로 사용될 수 있지만 군사적 목적으로도 사용될 수 있는 품목), (2) 일반적으로 군용으로 특별히 설계 또는 개조된 목록 품목과 관련된 군사수출통제다. EU는 EU와 회원국이 가입한 국제 프레임워크(예: 바세나르 협약, 호주 그룹(화학무기), 핵공급국 그룹, 화학무기 협약 및 미사일 기술 통제 체제)에 따라 합의된 품목에 대한 수출통제를 시행한다. EU의 수출통제 관련 규칙의 정식명칭은 다음과 같다. Regulation (EU) 2021/821 of the European Parliament and of the Council of 20 May 2021 setting up a Union Regime for the control of exports, brokering, technical assistance, transit and transfer of dual-use items. Commission Delegated Regulation (EU) 2023/66 of 21 October 2022 amending Regulation (EU) 2021/821 of the of the European Parliament and of the Council as regards the list of dual-use items

내용을 검토하는 서류심사와 기재내용과 실제 물품의 비교를 위한 물품 개장검사 등 물리적 검사가 포함된다. 세관 검사를 통과하여, 수출을 위한 반출결정(Release for Export)을 수출/재수출신고 세관으로부터 얻게되면, 물품은 수출/재수출신고 세관을 떠나 반출 세관으로 이동한다. 물품이 반출 세관에 도착하면, 비EU 관세영역으로 물품을 반출하는 자, 또는 그의 대리인, 그리고, EU 관세영역을 떠나기 전까지 물품운송에 대한 책임을 맡은 자 중 한명이 반출 세관에 물품을 제시하여야 한다(제267조 제2항). 물품 제시인은 반출 세관에 MRN을 포함한 물품 도착통보(Arrival at Exit)를 하고, 만일 수출/재수출신고에 기재된 물품과 실제 반출을 위해 반출세관에 제시된 물품 사이의 불일치(Discrepancies and Additional Information)가 있다면 이를 세관에 통보해야 한다(이행규칙 제331조 제1항). 이 경우, 반출 세관은 초과량에 대해서는 선적을 허가해 주지 않는다. 따라서 물품제시인은 초과분에 대한 수출신고와 반출신고를 반출 세관에 별도로 다시 제출해야 한다(이행규칙 제332조 제3항). 컨테이너에 물품이 실린 경우, 컨테이너 식별 번호도 도착통보시 함께 반출 세관에 통보하여야 한다(이행규칙 제331조 제1항). 예외적인 상황에서 수출/재수출신고가 된 이후, 물품이 수출/재수출신고에 기재된 반출 세관이 아닌 다른 세관에 제시될 수 있다. 이런 경우, 실제 물품이 제시된 세관은 수출/재수출신고 세관에 신고 세부사항을 요청해야 한다(이행규칙 제331조 제2항). 만일 고정운송시설(파이프)에 의해 운송된 물품이 해당 시설을 통해 비EU 관세영역으로 반출되는 경우, 해당 물품은 고정운송시설에 장치될 때 반출 세관에 제시된 것으로 간주된다(이행규칙 제331조 제3항). 물품 제시 이후, 반출 세관은 수출/재수출신고 세관이 했던 세관통제를 다시 한번 진행한다. 물론, 관세환급, 징수와 관련된 절차는 이미 수출/재수출신고 세관에서 확인이 된 사항이므로 반출 세관에서는 주로 ① 공중도덕, 공공정책 또는 공공안전, 인간, 동물 또는 식물의 건강과 생명 보호, 환경 보호, 예술적 가치가 있는 보물, 역사적 또는 고고학적 가치, 약물 전구체, 특정 지적 재산권 및 현금을 침해하는 물품에 대한 통제, 어업 보존 및 관리 조치, 상업정책조치와 관련된 정당한 금지와 제한, ② 수출통제에 따른 금지와 제한, 그리고 ③ 수출/재수출신고와 실제반출시 물품의 동일성 여부를 다시 한번 살펴본다. 만일 수출/재수출 신고 물품이 실제 검사 결과 신고한 물품의 양을 초과한 경우, 물품의 제시를 받은 세관은 절차 진행을 거부하고 수출/재수출신고서 제출세관에 동 사실을 거부한 날로부터 다음 근무일까지 통보해야 한다(이행규칙 제332조 제3항, 제333조 제3항). 물품이 반출 세관의 검사를 통해 반출에 문제가 없다고 판단되면, 물품은 반출되고 물품이 EU 관세영역에서 반출되면, 운송인은 바로 반출 세관에 반출완료통보(Exit Notification)를 제출하고 반출 세관은 반출통보를 받은 날로부터 다음 근무일까지 수출/재수출신고 세관에 반출사실을 통보한다. 만일 하나의 수출/재수출 신고에 포함된 물품이 반출 세관으로 이동된 후 예상치 못한 상황으로 인해 두 개 이상의 물품으로 나뉘어져 EU 관세영역을 떠나는 경우, 운송인은 물품 반출이 완료된 다음, 반출 세관에 반출완료통보를 하고, 반출 세관은 수출/재수출신고서 제출세관에 이를 통보한다(이행규칙 제333조 제4항). 하지만 예상치 못한 것이 아니라 의도적으로 두 개 이상의 물품으로 나뉘어 EU 관세영역을 떠날 경우, 반출이 불허되며, 각 물품은 각기 다른 수출/재수출신고를 통해 반출되여야 한다(이행규칙 제336조). 예상치 못한 상황에서 물품이 반출 세관으로 이동된 후, 둘 이상의 반출 세관을 통해 EU 관세영역을 떠나는 경우, 물품을 반출 세관에 제시한 자는 원래 반출 세관에게 물품이 반출될 다른 세관에 이 사실을 통보해 달라고 요청할 수 있다. 각각의 반출 세관은 EU 관세영역을 떠나는 물품의 물리적 반출을 감독하며 두 번째 반출 세관은 EU 관세영역을 떠난 물품에 대해 원래 반출 세관에 통보해야 한다. 한편 두곳의 반출 세관은 해당 정보를 서로 교환하여야 하다(이행규칙 제334조 제5항). 한편, 물품을 세관에 제시하는 자는 이러한 세부 내용을 세관뿐 아니라 운송인에게도 통보해야 한다. 실제 반출행위는 운송인에 의해 행하여지는 것이 대부분이기 때문에 운송인이 불의의 피해를 받지 않도록 조치할 필요가 있기 때문이다. 실제로 EU 관세법은 운송인에게 해당 물품 MRN, 단일운송계약서 사본, 운송서류참조번호, 상품 포장개수, 컨테이너로 제시된 경우에는 컨테이너 숫자와 컨테이너 식별 번호를 제공하도록 규정하고 있다(이행규칙 제332조 제5항).

6) 수출/재수출 완료 후 절차

수출/재수출신고 세관은 반출사실을 반출 세관으로부터 통보받은 경우, 또는 반출 세관으로부터 반출사실을 통보받지 못했다 하더라도 물품이 반출된 증거가 충분하다고 간주하는 경우, 신고인 또는 수출자에게 반출증명을 해 주어야 한다. 물품이 반출된 날로부터 90일 이후에도 수출/재수출신고 세관에 물품반출 사실이 통보되지 않은 경우, 수출/재수출신고 세관은 신고인에게 물품반출 날짜와 반출 세관 정보를 요청할 수 있으며, 신고인은 요청에 의하거나, 요청이 없이도 물품의 반출 날짜와 반출 세관을 수출/재수출신고서 제출 세관에 통보할 수 있다(이행규칙 제335조 제1항, 제2항). 신고인이 수출/재수출신고 세관에 위에 언급한 정보를 제공한 경우, 신고인은 수출/재수출신고 세관에 반출증명을 요구할 수 있다. 반출증명 발급을 위해 수출/재수출신고 세관은 물품반출에 관한 정보를 반출 세관에 요청해야 하며, 반출 세관은 10일 이내에 응답해야 한다. 기한 내에 반출 세관이 응답하지 않는 경우, 수출/재수출신고 세관은 이를 신고인에게 통보해야 한다(이행규칙 제335조 제3항). 만일 수출/재수출신고 세관이 신고인에게 반출 세관이 기한 내에 응답하지 않았다는 사실을 통보한 경우, 신고인은 ① 비EU 관세영역에서 수하인이 서명하거나 인증한 인도증명서 사본, ② 비용지불 증명서, ③ 송장, ④ 배송 메모, ⑤ 비EU 관세영역으로 물품을 반출한 경제운영자가 서명하거나 인증한 문서, ⑥ 해당 국가 또는 국가에 적용되는 규칙 및 절차에 따라 회원국 또는 제3국 세관이 처리한 문서, ⑦ 선박, 항공기 또는 해양 시설에 공급된 물품에 대한 경제운영자의 기록중 하나 또는 여러개를 반출의 증거로 수출/재수출신고 세관에 제출할 수 있다(이행규칙 제335조 제4항).

7) 소급효

수출/재수출신고는 사전신고가 원칙이며 그것이 안 될 경우, 반출요약신고를 제출해야 한다. 그러나 EU 관세법은 예외적 상황에서 소급수출/재수출신고를 인정해주고 있다(이행규칙 제337조). EU 관세법이 소급수출/재수출신고를 허용하는 경우는 크게 두 가지다. 첫째, 수출/재수출신고가 필요했으나, 신고 없이 물품이 반출된 경우, 수출자는 소급 수출/재수출신고(Retrospective Export or Re-export Declaration)를 수출자 소재지를 관할하는 세관에 제출해야 한다. 수출/재수출신고 세관은 이러한 소급신고를 접수한 후, 물품이 EU 관세영역을 떠나기 전에 만일 수출/재수출신고가 제출되었다면 물품반출이 문제 없이 결정될 수 있으며, 물품도 EU 관세영역에서 이미 반출되었다는 증거가 있는 경우, 수출자에게 반출증명을 발급한다. 둘째, 재수입할 의도(Intended to be Re-import)가 있었던 EU 물품이 EU 관세영역을 떠났으나 더 이상 재수입할 의도가 없고, 재수입할 의도가 없었다면 수출/재수출신고를 했을 것이라고 인정되는 경우, 수출자는 수출세관에 원래 신고서 대신 소급수출/재수출신고를 제출할 수 있고, 수출/재수출신고 세관은 반출증명을 발급하여야 한다. 다만, EU 물품이 ATA 까르네에 따라 EU 관세영역을 떠난 경우, 수출/재수출신고 세관은 재수입 용지를 무효화 한 경우에만, 반출증명을 해 줄 수 있다. ATA 까르네는 소지한 까르네 문서에 따라 그 물품의 지위가 결정되는 바, 만일 재수입 용지를 무효화시키지 않으면 언제든 다시 물품을 EU 관세영역으로 들여올수 있고, 이렇게 되면 이미 발급된 반출증명과 모순되는 상황이 발생하기 때문이다.

8) 구두로 수출신고가 인정되는 물품

EU 관세법은 일정한 물품의 경우, 구두로 수출신고를 갈음할 수 있도록 허용하고 있다(위임규칙 제137조). EU 관세법이 규정하고 있는 대상은 아래와 같다. ① 비상업적 성격의 물품, ② 가치가 1,000유로 또는 순중량이 1,000kg을 초과하지 않는 상업적 성격의 물품, ③ EU 관세영역에 등록되어 재수입될 운송수단과 해당 운송수단의 예비부품, 부속품 및 장비, ④ EU 관세영역에서 제3국으로 이전할 때 관세면제 혜택을 받는 가축, ⑤ 관세면제에 대한 이사회 규칙(EC) 1186/2009 제116조, 제117조, 제118조에 따라 관세면제 혜택을 받고 수출되는 농업 및 목축물품(Agricultural and Stock farming product), ⑥ 관세면제에 대한 이사회 규칙(EC) 1186/2009 제119조 및 제120조에 따라 제3국에 위치한 토지에 사용하기 위해 관세면제 혜택을 받고 수출한 종자, ⑦ 관세면제에 대한 이사회 규칙(EC) 1186/2009 제121조에 따라 동물과 함께 이동하면서 관세면제 혜택을 받고 수출되는 사료 등이다.

9) 구두로 재수출신고가 인정되는 물품

구두로 수출신고가 가능한 물품과 별도로, EU 관세법은 구두로 재수출신고가 가능한 물품을 따로 규정해 놓고 있다(위임규칙 제136조). 그 내용을 살펴보면, ① 팔레트, 컨테이너 및 운송수단과 해당 팔레트, 컨테이너 및 운송수단의 예비부품, 부속품 및 장비, ② 개인용품 및 스포츠용 물품, ③ 선원 복지관련물품, ④ 의료, 수술 및 실험장비, ⑤ 이동, 방목, 작업 또는 운송을 목적으로 하는 비EU 관세영역에 설립된 개인이 소유한 동물, ⑥ EU 역내에 인접한 제3국 국경지대에 설립된 개인이 소유하고 사용하는 장비, ⑦ 공공 당국의 책임하에 EU 국경지역에 기반 시설을 건설, 수리 또는 유지 관리하는 프로젝트에 사용되는 물품. ⑧ 장기 이식 을 기다리는 환자에게 지원을 제공하는 데 필요한 기구 및 장치, ⑨ 재해구호용 품, ⑩ 여행자 휴대용 악기, ⑪ 재수출용 포장재, ⑫ 비EU 관세영역에 설립된 공 공 또는 민간 기관이 수입하고 세관의 승인을 받은 라디오, 텔레비전 제작 및 방 송 목적으로 특별히 개조된 라디오, 텔레비전 방송 장비와 차량, ⑬ 기타 세관이 승인한 물품 등이다.

10) 별도의 수출/재수출신고 행위가 없어도 수출로 인정하는 물품

구두로 수출신고가 인정되는 물품 중, ①부터 ⑦까지의 물품, 그리고 ⑧ 여행 자의 휴대용 악기, ⑨ 서신(편지), ⑩ 가치가 1,000유로를 초과하지 않고 수출관세 가 부과되지 않는 항공우편 또는 항공특송 물품, ⑪ 응급 상황의 경우 영구 이식, 이식 또는 수혈에 적합한 장기 및 기타 인간이나 동물 조직 또는 인간 혈액, ⑫ NATO 양식 302, ⑬ 팔레트, 컨테이너 및 운송수단과 해당 팔레트, 컨테이너 및 운송수단 예비부품, 부속품 및 장비, ⑭ 개인용품 및 스포츠용 물품, ⑮ 선원 복지 관련물품, ⑯ 재해구호용품, ⑰ 선박 폐기물은 별도의 수출신고 없이도 물품을 비 EU 관세영역으로 반출할 때 수출로 인정한다. 다만, 가액이 1,000유로를 초과하 지 않는 항공특송 물품으로 수출관세가 부과되지 않을 경우, 물품을 반출 세관에 제시하여야 수출로 간주하며(위임규칙 제141조 제4a항), NATO 양식 302에 따른 물품 도 군사활동의 맥락에서 이동되거나 사용되는 물품은 세관에 물품을 제시하여야 수출된 것으로 간주한다(위임규칙 제141조 제7항). 선박에서 발생한 폐기물의 경우에 도 미리 사전에 관할당국에 보고가 이루어져야 별도의 수출신고 없이 비EU 관세 영역으로 반출될수 있다(위임규칙 제141조 제8항). 이외에도 특수한 경우로, 물품이 헬리고란트로 발송되는 경우에도 별도의 수출신고행위가 없어도 반출시 수출로 인정한다(위임규칙 제140조 제2항). 수입편에서 설명한 것처럼, 실무에서는 공항이나 항만 통관현장에서는 녹색 또는 '신고할 사항 없음'이라고 표시되어 있는 선을 따 라 공항이나 항만을 빠져나갈 때, 또는 육로 차량이용시 차량에 '신고할 물품이 없음'이란 스티커를 붙이고 육로로 EU 영역 밖으로 나가면 수출로 인정하도록 하고 있다(위임규칙 제141조 제1항).

11) 수출/재수출 시 구두신고가 불가능하며 정식신고절차가 필요한 물품

① 공동농업정책에 따라 환급이 이루어졌거나 기타 재정적이익을 받은 물품, ② 관세 또는 기타 세금을 환급받은 물품은 환급이나 재정적이익을 받은 이후에도 세관통제가 필요하기 때문에 구두로 수출신고가 불가능하다. 이외에도 EU법에 규정된 기타 특별한 형식과 요건이 적용되는 물품, 예를 들어 수출통제 해당 물품은 구두로 수출신고가 불가능하다(제142조).

 ## 재수출통지(Notification of Re-Export)

1. 개요

EU 관세법은 자유무역지내에서 환적되거나 직접 재수출되는 물품과 임시보관시설에서 직접 재수출되는 임시보관물품으로 반입요약신고를 제출할 필요가 없는 물품은 재수출신고를 하지 않고 재수출통지(Re-export Notification)라는 별도의 절차를 이용하도록 규정하고 있다(제274조). EU 관세법은 반입요약신고와 마찬가지로 세관으로 하여금 재수출통지를 위해 상업, 항만 또는 운송 정보 시스템을 사용할 수 있도록 허가하고 있다(제274조 제3항). 단, 이러한 시스템에는 해당 신고에 필요한 세부사항이 포함되어 있고 세부사항이 해당 국가영역에서 반출되기 전에 확인 가능해야 한다. 또한 AEO 기업인 경우, 자기기록신고(Entry in the Declarant's Records)를 통해 재수출통지를 할 수 있도록 허용하고 있다(제274조 제4항).

2. 통지 의무자

비EU 관세영역으로 물품을 반출하는 자, 또는 그의 대리인, 그리고, EU의 관세영역을 떠나기 전에 물품 운송에 대한 책임을 맡은 자 중 한명이 재수출통지를 반출 세관에 제출하여야 한다(제274조 제2항). 실무에서는 물품 운송에 대한 책임을 맡은 자, 즉 운송인이 통지의무를 이행하는 것이 보통이다. 반출 세관은 운송인이

외에도 자유무역지대 보관시설 운영자도 재수출통지를 할 수 있도록 허가할 수 있다.[3] 재수출통지에는 자유무역지대 절차해제 또는 임시보관 종료에 필요한 세부사항이 포함되어야 하는데(제274조 제3항), 일반적으로 재수출신고자 성명, 주소 등 재수출신고자의 신원을 파악할 수 있는 정보, 임시보관된 물품의 경우, 임시보관신고 내용, 자유무역지대의 경우, 자유무역지대 보관 또는 환적 관련 정보, 선적장소, 운송수단, 재수출 목적지 및 하역장소 등이다.[4]

3. 통지 절차

통지인에 의해 통지가 접수되고 통지에 문제가 없으면 바로 MRN이 부여되고, 반출 세관이 통지인에게 알린다(Re-export Notification Registration)(이행규칙 제343조). 반출 세관은 위험도 검사를 통해 위험을 측정하고, 위험이 있다고 판단될 경우, 검사를 지정하고 이를 통보한다(Exit control Decision Notification). 재수출통지에 문제가 없을 경우, 반출결정이 통지인에게 통보된다. 재수출 통지인은 반출 세관에 재수출통지수정(Re-export Notification Amendment Request)을 요청할 수 있으며, 반출 세관은 수정에 문제없다고 판단하면 이를 인정하는 수정접수통보(Re-export Notification Amendment Acceptance)를 통지인에게 보낸다. 만일 반출 세관이 신고를 제출한 사람에게 물품을 검사할 의사가 있음을 알린 경우, 또는 반출 세관이 신고의 하나 이상의 세부사항이 부정확하거나 불완전하다는 사실을 확인한 경우, 또는 이미 물품 반출을 승인한 경우, 수정이 불가능하다(제275조 제1항). 반출 세관으로부터 반출 결정이 통보되면(Exit Release Notification) 물품은 즉시 반출된다. 만일, 반출 세관으로부터 반출결정 통보를 받은 날로부터 150일이 지나도 물품이 반출되지 않으면 모든 절차는 무효로 된다. 통지인의 요청에 의한 무효도 가능하다(제275조 제2항). 재수출통지가 반출 세관에 제출된 뒤, 물품을 반출하지 않을 경우, 통지인은 반출 세관에 물품이 반출되지 않을 것이라는 사실과 물품의 MRN, 물품의 포장개수,

---

3 Export and Exit out of The EU, "Guidance document for MSs and Trade, EU Commission, 26 Oct 2023, p. 40
4 Export and Exit out of The EU, "Guidance document for MSs and Trade, EU Commission, 26 Oct 2023, p. 42

만일 컨테이너로 포장된 경우, 컨테이너 식별번호, 운송서류 참조 번호 등을 반출 세관에 알려야 한다(이행규칙 제344조).[5]

 반출요약신고

1. 개요

지금까지 반출전 신고의 대표적인 형태인 수출/재수출신고와 재수출통지에 대해 알아보았다. 그런데 EU 관세법은 이외에도 특별히 반출요약신고(Exit Summary Declaration)라는 제도를 규정하고 있다. 수출/재수출신고라는 반출 전 신고형식이 이미 존재하고 있음에도 반출요약신고라는 새로운 신고형식을 다시 만든 이유는 무엇일까? EU 관세법은 물품이 EU의 관세영역 밖으로 반출될 때 수출/재수출신고가 반출 전 신고로 제출되지 않은 경우, 반출요약신고는 반출 세관에 제출되어야 한다고 규정하고 있다(제271조 제1항). 이 규정만 보면 반출요약신고는 수출/재수출신고가 제출되지 않은 경우, 행하여지는 보충적 성격의 세관신고로 오해할 수 있지만, 반출요약신고와 수출/재수출신고는 그 성격이 다르다. 반출요약신고는 물품의 EU 관세영역 반입에 앞서 가장 먼저 거쳐야 할 절차인 반입요약신고(Entry Summary Declaration)과 마찬가지로 물품에 대한 위험도분석을 위해 항공기나 선박에 선적될 물품에 대한 일정한 정보를 관할 세관에 제출하는 제도다. 반입요약신고는 수입 시 수행되지만, 반출요약신고는 수출 때 수행된다는 차이만 있을 뿐이다. 수출/재수출신고도 보안 및 안전 목적을 위한 위험분석에 필요한 세부 사항이 포함되어야 하고 이를 바탕으로 관할 세관은 위험분석을 수행하며, 그 결과에 따라 필요한 조치를 취하여야 하기 때문에(제263조 제4항, 제264조), 두 제도가 서로 같은 것이 아닌가 하는 의문이 들 수 있으나, 반입요약신고는 반출요약신고와 마찬가지로 비EU 관세영역으로 이동하는 물품에 대한 안전, 보안목적의 위험도를 측정하는데 초점이 맞추어져 있는 반면, 수출/재수출신고는 비EU 관세영역으로 반출되는 물품에 대한 전반적인 세관통제를 위한 제도다. 따라서 수출/재수출

---

5 Export and Exit out of The EU, "Guidance document for MSs and Trade, EU Commission, 26 Oct 2023, p.42

신고에는 보안과 안전목적의 위험분석 관련 자료가 포함되어 있을수도 있지만, 그 자료가 없을 수도 있다. 하지만 반출요약신고는 무조건 보안과 안전목적을 위한 위험분석 관련 사항이 필수적으로 요구된다. 반출요약신고와 수출/재수출신고가 서로 다른 제도임을 전제로 '수출/재수출신고가 반출 전 신고로 제출되지 않은 경우, 반출요약신고가 관할 세관에 제출되어야 한다'라는 제271조 제1항의 규정은 두가지로 해석된다. 첫째, 수출/재수출신고가 원칙이긴 하지만, 만일 이러한 신고에 위험도 분석을 위한 세부사항이 포함되지 않을 경우, 반출요약신고로 대체한다는 의미다. 실무에서는 반출요약신고와 수출/재수출신고를 별도로 진행하지 않고, 수출/재수출신고 시 반출요약신고가 요구하는 위험도 분석에 필수적인 사항을 포함하여 수출 및 재수출신고 세관에 제출하고 있다.[6] 둘째, 수출/재수출신고, 또는 재수출통지가 필요없는 경우라도 물품이 비EU 관세영역으로 반출될 경우, 보안 및 안전 목적의 위험도 측정이 필요하다면, 반출요약신고를 제출해야 한다.[7] 대표적인 예로 EU 회원국 간에 해상, 항공, 육로로 물품을 이동하는 경우, 제3국에서의 환적이 일어나는 경우다. 즉, 물품이 A 회원국에서 반출되고 제3국에서 다른 선박으로 환적되어 B 회원국으로 입항하는 경우, 반출요약신고가 필수적으로 요구된다. EU 관세영역에서 다른 EU 관세영역으로의 이동이기 때문에 수출/재수출신고는 필요없으나, 제3국에서 다른 선박으로 환적될 경우, 환적 시 물품을 위험물품으로 바꿀수 있고, 따라서 보안 및 안전목적의 통제가 필수적이기 때문에 반출요약신고가 필요하다. 운송계약에 따라 대금을 지불하지 않고, 운송인 소유의 컨테이너에 물품을 적재하여 반출하는 경우에도 반출요약신고가 요구된다. 임시보관이나 자유무역지대에 보관된 물품이 비EU 관세영역으로 반출될 때는 재수출통지로 가능하나, 특정 상황에서는 반출요약신고가 필요하다(제274조 제1항). 즉, 14일 이상 임시보관된 물품이나, 임시보관된 기간이 14일 미만이더라도 그 물품의 반출 후 목적지나 수하인이 변경된 경우에는 반출요약신고가 필요하며 자유무역지대에서 반출되는 물품 역시 반출요약신고가 필요하다.[8]

---

6 legalguide.ie/export−procedures/#customs−export−procedure, Irish Legal Guide
7 Export and Exit out of The EU, "Guidance document for MSs and Trade, EU Commission, 26 Oct 2023, p. 15
8 Export and Exit out of The EU, "Guidance document for MSs and Trade, EU Commission, 26 Oct 2023, p. 16

2. 신고 면제

현재 EU는 안도라, 노르웨이 및 스위스와 보안협정(Security Agreement)을 체결하여, EU와 이 세국가는 사실상 EU와 동일한 세관보안구역으로 운영된다. 따라서 EU와 이 세국가와의 무역거래에는 반출요약신고가 면제된다. 하지만, 제3국이 개입될 경우, 반입요약신고의 적용을 받게 된다.[9]

3. 신고인

반출요약신고는 운송인이 하는 것이 원칙이나, 운송인의 대리인, 수출자, 송하인, 반출 물품을 세관에 제시할 수 있는 자(EU 관세영역을 떠나기 전에 물품 운송에 대한 책임을 맡은 자)도 반출요약신고서 제출이 가능하다(제271조 제2항). 여러 운송수단을 이용하는 복합운송의 경우, 전체 운송을 책임지는 운송인, 즉 전체 운송단계를 포함하는 선하증권이나 항공운송장을 발행한 자가 바로 운송인이 된다. 예컨대, 프랑스에서 중국을 거쳐 한국으로 물품이 운송되면서 항공기와 선박을 함께 이용할 경우, 일반적으로 한명의 포워더가 전체 운송단계를 책임지게 되고, 그 운송인이 마스터 B/L이나 마스터 항공운송장을 발행하게 될 터인데, 바로 이 포워더가 반출요약신고 의무자가 된다는 뜻이다. 재수출통지와 마찬가지로 반출 세관은 운송인이외에도 자유무역지대 보관시설 소유자도 재수출통지를 할 수 있도록 허가할 수 있다.[10]

4. 신고 기재사항

반출요약신고에 기재되는 내용은 ① CN code, ② 운송서류 참조번호, ③ 운송인, ④ 수하인, ⑤ 반출 세관, ⑥ 물품의 위치, ⑦ 물품 명세, ⑧ 포장방식, ⑨ 포장개수, ⑩ 화인(Shipping Mark), ⑪ 물품 총중량, ⑫ 봉인번호, ⑬ 운송결제방식(CIF, FOB), ⑭ 반출요약신고일, ⑮ 수하인 등이다.[11]

---

9 Export and Exit out of The EU, "Guidance document for MSs and Trade, EU Commission, 26 Oct 2023, p. 17

10 Export and Exit out of The EU, "Guidance document for MSs and Trade, EU Commission, 26 Oct 2023, p. 19

11 Annex 9, Commission Delegated Regulation (EU) 2016/341 of 17 December 2015 supple—

5. 신고절차

수출/재수출신고 시 반출요약신고에 필요한 내용이 들어가지 않은 경우, 신고인은 반출요약신고를 반출 세관에 제출하여야 한다(제271조 제1항). 이외에도 수출/재수출신고가 필요없으나, 보안 및 안전 목적의 위험도 분석이 필요한 경우, 또는 재수출통지가 원칙이지만, 보안 및 안전 목적으로 반출요약신고가 대신 사용되는 경우, 공히 반출 세관에 제출하게 된다. 반출 세관은 반출요약신고서를 제출하기 위해 상업, 항만 또는 운송 정보 시스템을 이용할 수 있도록 허용할 수 있다. 단, 이러한 시스템에는 신고에 필요한 세부사항이 포함되어 있고 이러한 세부사항은 물품이 EU 관세영역에서 반출되기 전 특정한 기간 안에 확인될 수 있어야 한다(제271조 제3항). 수입편에서 자세히 설명했으나, 해상운송이나 항공운송은 오랫동안 구축된 통일적인 시스템에 기반하여 운영되고 그 시스템에는 화물에 대한 정보를 포함한 항공, 해상운송의 필요한 대부분의 정보가 저장되어 있어, 포워더나 항공사 또는 선사들은 운송하는 화물에 대한 모든 정보를 이러한 시스템을 통해 확인한다. 이러한 현실을 감안한 규정이다. 자기기록신고 형식으로 반출요약신고를 갈음할 수도 있다(제271조 제4조). 반출요약신고 절차를 구체적으로 살펴보자. 먼저 반출 세관에 반출요약신고를 한다. 반출 세관은 반출요약신고를 접수한 뒤, 제대로 접수되었는지를 확인 후, MRN을 할당하고 반출요약신고접수를 신고인에게 통보한다(Exit Summary Declaration Acknowledgement). 신고인은 예외적인 상황에 따라 다른 세관에 반출요약신고를 할 수도 있다(제271조 제1항). 이 경우, 반출요약신고를 받은 다른 세관은 원래 반출 세관이 하는 방식과 똑같이 반출요약신고를 접수한 뒤, 제대로 접수되었는지를 확인 후, MRN을 부여하고 반출요약신고접수를 통보한다. 이후, 모든 정보를 원래 반출 세관에 전달한다. 접수 후 반출 세관의 위험도 검사가 이루어지고, 위험도 검사결과, 문제가 없으면 바로 반출결정(Exit Release Notification)이 신고인에게 통지되고, 물품은 반출된다.

---

menting Regulation (EU) No 952/2013 of the European Parliament and of the Council as regards transitional rules for certain provisions of the Union customs Code where the rele-vant electronic systems are not yet operational and amending Delegated Regulation (EU) 2015/2446

6. 수정 및 무효

신고인은 반출 세관에 반출요약신고 수정을 요청할 수 있다(Exit Summary Declaration Amendment). 다만, 반출세관이 신고인에게 물품을 검사할 의사가 있음을 알린 경우, 또는 세관이 반출요약신고의 하나 이상의 세부 사항이 부정확하거나 불완전하다는 사실을 확인한 경우, 이미 물건 반출을 결정한 경우, 수정신고 자체가 불가능하다(제272조 제1항). 한편, 반출요약신고는 신고인의 신청(Exit Summary Declaration Invalidation Request)에 의해 무효가 될 수 있으며, 신고인이 반출결정 통보일로부터 150일이 지나도 물품을 반출되지 않는 경우, 반출 세관의 직권으로 반출요약신고는 무효가 된다(제272조 제2항).

✅ 수출 실무

EU 관세법에서 규정하는 모든 수출절차는 수출신고부터 최종 반출까지 모두 전자시스템으로 진행된다. 여기에 사용되는 전자시스템을 자동수출시스템(AES: Automated Export System Phase I)이라 한다. 실무에서 이루어지는 실제상황을 AEO 기업의 예를 들어 시나리오로 구성해 보자.

시나리오 1: 포르투갈 리스본에 위치한 수출자가 표준수출신고를 통해 스페인 바르셀로나 항구를 통해 이집트로 수출하는 경우

수출자(포르투갈)는 수출 세관(Customs Office of Export: 리스본 세관)에 AES로 수출신고(Exort Declaration IE515)를 한다. AES는 제출된 신고서류가 규정에 맞는지 확인하고, 문제가 없을 시, 수출신고를 접수(Acception)하고 자동적으로 MRN을 생성, 수출자에게 전송(IE528)한다. 리스본 세관 AES의 위험도 분석(Risk Analysis)은 크게 두 가지로 나뉘어지는데, 하나는 Safety(위험없음)와 또하나는 Security(위험있음)로 나누어진다. 만일 Safety로 결정되면 AES가 수출자에게 수출결정(Release for Exports: IE529) 전송하고 Security로 결정 시 수출자에게 수출유보결정(Export no Release: IE551)을 전송하게 된다. 수출유보결정이 내려졌다 하더라도 수출이 완전히 거부된 것은 아니며, 이후, 세관통제(Export control Decision Notification: IE560) 조치에 따라 수출물품에 대한 세관검사가 진행되며 이 조치에 따라 수출 여부가 확정된다. 수출결정(Release for Exports: IE529)을 받은 물품은 반출 세관(Customs Office of Exit: 바르셀로나 세관)으로 T2 통과운송을 통해 이동하고 수출신고를 제출받은 리스본 세관은 반출 세관에 예상수출기록(AER: Anticipated Exports Record IE501)을 송부한다. 반출 세관에 화물이 도착하면 포워더등(운송인)은 반출 세관에 도착신고(Arrival at Ext: IE507)를 전송한다.

만일 운송인이 물품에 문제가 있음을 발견한 경우, 예를 들어 실제 물품의 양이 리스본 세관에 수출신고 시보다 많을 경우, 바로 반출 세관에 도착신고와 함께 추가정보를 신고

(Discrepancies and Additional Information)하여야 한다. 반출 세관은 초과량에 대해서는 선적을 허가해 주지 않는다. 운송인은 초과분에 대한 수출신고와 반출신고를 반출 세관에 별도로 다시 해야 한다. 반출 세관은 AER을 받은 후, 다시 한번 위험도 분석을 하고 반출여부를 결정한다. 반출 세관은 분석결과 위험도가 없으면 반출결정(Exit Release: IE525)을 운송인에게 통지하고, AER을 리스본 세관으로부터 받은 날로부터 90일 안에 반출결과서(Exit Results: IE518)를 리스본 세관에 전달한다. 만일 반출 세관이 위험도 분석을 통해 반출을 거부할 경우, AER을 리스본 세관으로부터 받은 날로부터 90일 안에 반출결과서와 반출거부통보(Invalidation acknowledgment: IE591), 또는 선적허가를 위한 추가서류가 필요한 경우, 보충서류요구(Alternative Evidenc: IE588)를 리스본 세관에 송부한다. 물품이 EU 관세영역에서 반출되면, 운송인은 바로 반출 세관에 반출통보(Exit Notification: IE590)를 제출한다.

시나리오 2: 포르투갈 리스본에 위치한 수출자가 간이수출신고를 통해 스페인 바르셀로나 항구를 통해 이집트로 수출하는 경우

수출자(포르투갈)는 물품반출 예정일로부터 10일 이내에 수출 세관(Customs office of Export: 리스본 세관)에 AES로 간이수출신고를 제출한다. 이후 절차는 표준절차와 동일하다. AES는 제출된 신고서류가 각종 절차가 규정에 맞는지 확인하고, 문제가 없을 시, 수출신고를 접수(Acception)하고 자동적으로 MRN을 생성, 수출자에게 전송(IE528)한다. 위험분석결과, 만일 Safety로 결정되면 AES가 수출자에게 수출결정(Release for Exports: IE529)을 전송하고 Security로 결정시 수출자에게 수출유보(Export no Release: IE551) 결정을 전송하게 된다. 이후, 세관통제(Export control Decision Notification: IE560)조치에 따라 수출물품에 대한 세관검사가 진행되며 이 조치에 따라 수출 여부가 확정된다. 하지만, 간이수출신고의 특성상 수출물품에 대한 Security(위험있음)가 내려지는 경우는 드물고, 대부분 Safety(위험없음)로 결정되어 신속히 반출절차가 진행된다. 물품의 반출이후, 보충세관신고(Supplementary Customs Delaration)절차가 별도로 진행된다. 원래 보충세관신고는 리스본 세관이 AER을 반출 세관(바르셀로나 세관)에 전송하고 물품이 반출 세관으로 T2 운송을 하는 날로부터 10일 이내에 제출하는 것이 원칙이나, 연장이 필요할 경우, 리스본 세관은 보충세관신고기간통보(Expiry of Timer for Supplementary Declaration Notification: IE531)를 통해 기간을 최대 2년까지 연장해 줄 수 있다. 보충세관신고가 제출되면 간이신고와 보충세관신고는 MRN에 의해 하나로 통합관리된다.

시나리오 3: 포르투갈 리스본에 위치한 수출자가 사전간이수출신고를 통해 스페인 바르셀로나 항구를 통해 이집트로 수출하는 경우

리스본에 있는 수출자는 AES를 통해 리스본 세관에 사전수출신고(Pre-lodge Customs Declaration: IE515)를 제출한다. 제출 이후 30일 이내에 물품을 세관에 제시(Export Presentation Notification: IE511)하여야 하며, 만일, 30일이 지나면 그 수출신고는 무효가 된다. 리스본 세관에 물품이 제시된 이후, AES는 자동적으로 MRN을 신고인에게 전송한다. 리스본 세관은 위험도 검사를 통해 위험도를 확인하고 Security가 나오면 세관검사대상으로 지정되어 추후 세관에 화물이 제시되었을 때 검사를 진행하게 된다. 수출자가 AEO 기업인 경우, 리스본 세관은 수출검사결정(Export Control Decision: IE560)을 미리 수출자에게 통보하여 기업으로 하여금 검사를 대비할 수 있도록 한다(위임규칙 제24조 제3항). 검사결과 문제없거나 아예 처음부터 Safety로 결정될 경우, 수출결정(Release for Exports: IE529)이 이루어지고, 물품은 반출 세관(바르셀로나 세관)으로 T2 운송으로 이동하며 이후, 절차는 일반 수출절차와 같다. 위에서 이미 설명한 바와 같이 간이신고는 이미 보안 등 모든 면에서 수준이 인정된 AEO 기업에게만 허용되는 제도이므로 수출물품에 대한 Security(위험있음)가 내려지는 경우는 드물며, 대부분 Safety(위험없음)로 결정되어 신속히 반출절차가 진행된다.

시나리오 4: 내부통과운송(T2) 운송을 통한 수출신고
포르투갈 리스본을 출발하여, 프랑스, 스위스(비EU), 루마니아를 거쳐 벨라루스(비EU)로 수출되는 경우
수출지인 리스본 세관에 수출신고를 하는 것으로 내부통과운송이 시작된다. 리스본을 떠나 비EU 관세영역을 벗어나기 전 마지막 EU 관세영역인 프랑스 세관을 출발지(Departure) 세관이라 부른다. 리스본 세관은 수출신고에 문제가 없다고 판단하면, 프랑스 세관에 AER을 송부하고 신고인에게 수출결정(Relesae for Export: IE529)을 통보한다. 운송인은 프랑스 세관 NCTS(New Computerized Transit System)에 접속하여 내부통과운송신고(Declaration Data: IE015)를 하고 프랑스 세관은 이를 접수한 뒤, 프랑스 AES에 통과운송제출통지(Transit Presentation Notification: IE190)를 보낸다. 통과운송제출통지(Transit Presentation Notification)에는 동 운송이 내부운송(Internal Transit: T2)임을 명확히 표시하여야 한다. 통과운송제출통지(Transit Presentation Notification)를 받은 출발지 세관 AES는 물품 검사 후, 문제가 없다고 판단되면, 문제가 없다는 표시(Positively)와 함께 통과운송제출확인통지(Transit Presentation Notification Response: IE190)를 출발지 세관 NCTS에 전송한다. 이후, 프랑스 세관 NCTS는 MRN(Movement Reference Number)을 운송인에게 알려준다(MRN Allocated: IE028). 만일 통과운송제출통지(Transit Presentation Notification)를 받은 프랑스 세관 AES가 물품 검사 후, 문제가 있다는 표시(Negatively)로 통과운송제출확인통지(Transit Presentation Notification response: IE190)를 통보하면 프랑스 세관 NCTS는 운송인에게 내부통과운송불허(Declaration Rejected: IE056)를 통지한다. 문제가 없는 것으로 확인된 물품은 내부통과운송이 허가되어 스위스를 지나 다시 EU 국가인 루마니아를 거쳐 벨라루스로 운송되게 된다. 물품이 프랑스를 떠나 루마니아에 도착하면 루마니아 세관은 프랑스 세관 NCTS에 목적지통제결과표(Destination control results: IE018)를 보내야 한다. 루마니아로부터 목적지통제결과표(Destination control results: IE018)를 받은 프랑스 세관 NCTS는 프랑스 세관 AES에게 루마니아가 보낸 결과표를 분석한 별도의 목적지통제결과통보(Destination Control Results to AES: IE042)를 보낸다. 만일 목적지통제결과통보(Destination Control Results to AES: IE042)에 마지막 EU 국가인 루마니아 세관이 통제를 하지 않았거나 혹은 통제가 적절하지 못했다는 정보가 포함되어 있을 경우(Customs officer at border or control is inapropriate), 수출 세관인 리스본 세관은 루마니아 세관에 통제가 제대로 되었다는 별도의 증거(Alternative Evidence)를 요구한다. 통제가 제대로 이루어졌다고 판단하면, 리스본 세관은 신고인에게 수출허가 완료 통지(Export Notification: IE599)를 보내면서 내부통관운송절차는 종료된다.

부 록

부록 1

⬡ 그림 1

APPLICATION TO THE REVENUE COMMISSIONERS FOR BINDING ORIGIN INFORMATION (BOI) UNDER REGULATION (EU) NO 952/2013 OF THE EUROPEAN PARLIAMENT AND COUNCIL AND COMMISSION REGULATIONS (EU) NO. 2015/2446 AND 2015/2447
(please read notes overleaf before completing)

1. Applicant: (Name & Address (include Eircode) in full)	2. Designated Holder of the BOI: (Name & Address in full) (Only if different from Box 1)

3. Legal framework: (preferential/non-preferential)

4. (a) Description of Goods	4. (b) Tariff Classification:

5. Composition of Goods: *	6. Ex-work price: *

7. Country of Origin envisaged by applicant:

8. Rule considered to be satisfied: (see notes overleaf) *

Principal Materials Used	Country of Origin	HS Heading/CN Number	Value

9. Enclosures being submitted to assist with BOI of the goods: (tick✓)*

Samples ☐   Photographs ☐   Diagrams ☐   Brochures ☐   Other ☐

* Indicate any particulars in respect of which confidentiality is being sought

10. Have you previous applied for BOI for identical or similar goods either here or in any other Member State?

Yes ☐   No ☐ (tick✓)

If yes, please give details ....

11. Are you aware of the existence within any other Member State of BOI or BTI for these or similar goods?

Yes ☐   No ☐ (tick✓)

If yes, please give details ....

I declare that the information provided in this application is true and complete to the best of my knowledge. I agree to supply a translation of any document if so requested, and I accepted that the information supplied, save for those particulars indicated as being confidential, may be stored on a database of the Commission of the European Communities and used for the purpose of Regulations No. 952/2013, 2015/2446 and 2015/2447.

Name: _____ Signature: _____ Date: _____
(BLOCK CAPITALS)

Telephone: _____ Fax: _____ Email Address: _____

RPC012069_EN_WB_L_2

EUROPEAN UNION — BINDING ORIGIN INFORMATION DECISION   BOI

1. Decision taking customs authority	2. BOI decision reference number
	☐☐ ☐☐☐☐☐☐☐☐☐☐☐☐☐
	National reference number (if any):

3. Holder (full name and details)   (confidential)

EORI No ☐☐ ☐☐☐☐☐☐☐☐☐☐☐☐

4. Period of validity

	year	month	day
Start date of the decision:	☐☐☐☐	☐☐	☐☐
End of extended use:	☐☐☐☐	☐☐	☐☐

General remarks

Without prejudice to the provisions of Article 34 (4) and (5) of Regulation (EU) No 952/2013 of the European Parliament and the Council this BOI remains valid for 3 years as from the start date of the decision.

The holder of the BOI must be able to prove that the goods concerned and the circumstances determining their origin conform in every respect to the goods and the circumstances described in the decision.

5. Date and registration number of the application

	year	month	day
Date:	☐☐☐☐	☐☐	☐☐

Registration number (if any): ☐☐ ☐☐☐☐☐☐☐☐☐☐☐☐

6. Commodity code

(This classification is only of an indicative nature, and is not binding on the administration, except in case of a BTI mentioned in box 17)

7. Description of goods

and, (when required) their composition and the methods used to examine them; commercial denomination   (confidential)

8. Country of origin and legal framework   (non preferential/preferential; reference to the agreement, convention, decision, regulation; type of transaction; "non-originating" where preferential origin cannot be determined; other)

Type of transaction: IMPORT ☐   or   EXPORT ☐

9. Justification of assessment of the origin by the customs authority (goods wholly obtained, last substantial transformation, sufficient working or processing, cumulation of origin, other)

Place

Date:

year	month	day
☐☐☐☐	☐☐	☐☐

Signature   Stamp

Authorised Economic Operator(AEO)

Self-Assessment Questionnaire

This self-assessment questionnaire is designed to help you ensure that you are confident your business can meet the relevant qualifying conditions and criteria before you submit an application for an AEO certificate. This is a Community-wide questionnaire and is used in all 27 Member States. Notes for completion of this questionnaire are available at EU notes.

You should not submit an application for AEO status until all your relevant procedures are documented and available for inspection. In this regard you should create a tabulated folder of your procedures cross-referencing it with the relevant questions in this self-assessment questionnaire. It may be the case that some of your responses will simply be cross-references to sections in your procedures.

As well as studying the accompanying explanatory notes in advance of completing this self-assessment questionnaire we also recommend that you familiarise yourself with the EU AEO guidelines. Please note, the references (in italics) under headings in Sections 1 to 5 in the questionnaire, are taken directly from the EU guidelines.

When you have completed this self-assessment questionnaire and compiled your documentation you should submit the application form via the eAEO EU portal to be found here-AEO application. The self-assessment questionnaire and documentation should also be submitted at this stage as an attachment to the electronic application form. Your Revenue official will visit your premises to verify the information in your questionnaire and to conduct a physical inspection.

If you have any questions or queries on the process or on this questionnaire you can contact your Revenue official or contact the central AEO Section in Nenagh -contact details below.

Summary of application procedure
1. Familiarise yourself with the EU AEO guidelines.
2. Complete the AEO self-assessment questionnaire, create a tabulated folder of your relevant document procedures and retain it in your premises.
3. Complete the application form, compile the accompanying annexes and submit to the AEO section in Nenagh along with the self-assessment questionnaire via the eAEO system.
4. Following acceptance of your application you will be contacted by your Revenue official who will request your documented procedures.
5. Your Revenue official will visit you to review your procedures and conduct a physical examination of your premises.

Applicants should note that an application will automatically be rejected before examination of any other criteria if:
- The applicant has been convicted of a serious criminal offence linked to the economic activity of the applicant or is subject to bankruptcy proceedings.
- The applicant has a legal representative in customs matters who has been convicted of a serious criminal offence related to an infringement of customs rules and linked to his activity as legal representative.
- The application is submitted within 3 years of the revocation of an AEO certificate.

The conditions and criteria for AEO authorisation will apply to all businesses regardless of their size. However, the means to achieve compliance may vary and be in direct relation to the size and complexity of the business and the type of goods handled.

The five main blocks of qualifying criteria are as follows:

Customs compliance	Section 2
Accounting and logistical system	Section 3
Financial solvency	Section 4
Practical standards of competence	Section 5
Safety and security	Section 6

There are three types of AEO certificates and these are outlined in section 1 of the EU guidelines. While applicants are free to choose whichever type of certificate best suits their business, Revenue is recommending that if you can meet the qualifying criteria you should apply for the full AEO simplifications or security and safety certificate. This type of certificate entitles the holder to all of the benefits of being an AEO and will have a wider international standing.

Any person who is aggrieved by a written decision by the Revenue Commissioners or a Revenue official in relation to a customs matter covered by EU customs legislation may appeal such decision (the appeals page on our Revenue website refers).

3. Contact Details

Tel:	+353 067 63235 / 63103
Email:	aeo@revenue.ie
Address:	AEO Section
	Customs Division
	Revenue Commissioners
	Nenagh
	Co. Tipperary

AEO SELF-ASSESSMENT (IE)

Annex 1a
to TAXUD/B2/047/2011-REV6

AEO Guidelines

0.1	Please note, it is recommended that you read the European Commission's Authorised Economic Operator Guidelines (TAXUD/B2/047/2011-REV6) before applying for AEO This is available via the European Commission's Europa website.
Response:	

0.2	Which departments including management, have you involved in the process to prepare your company for the AEO application? Have you involved customs or third parties in the process (consultants etc.)?
Response:	

1.	Company information
1.1.	General company information

1.1.1.	Please state the name, address, date of establishment and legal form of the organisation of the applying company. Include the URL of your company's website if applicable. If your company is part of a group, please provide a brief description of the group and indicate if any other entities in the group: a) already have an AEO authorisation; or b) have applied for AEO status and are currently undergoing an AEO audit by a national customs authority. If you are submitting an application covering PBEs, please indicate their full names, addresses and VAT identification numbers. If the company is established for less than three years, please specify whether the reason is due to an internal reorganisation of a previously existing company (e.g. incorporation or sale of a business unit). In this case please give details regarding the reorganisation.

	Response:

1.1.2.	Please give the following details (if they apply to the legal form of your company: a) Full details of the owners or main shareholders including percentage shareholding held b) Full details of the board members and/or managers c) Full details of advisory board if any and board of directors d) Full details of the person in charge of your company or exercising control over your company's management. Details should include full name and address, date of birth and National Identification Number (e.g. national ID Card number or National Insurance Number).
Response:	

1.1.3.	Please give full details of the person in charge of your customs matters. Details should include full name and address, date of birth and National Identification Number (e.g. national ID Card number or National Insurance Number)
Response:	

1.1.4.	Please describe briefly your commercial activity and state your role in the international supply chain (manufacturer of goods, importer, exporter, customs broker, carrier, freight forwarder, consolidator, terminal operator, warehouse keeper, etc.). If you have more than one position, include all.
Response:	

1.1.5.	Please specify the locations involved in customs activities, list the addresses, the name, the telephone numbers and the email of contact points and give a brief description of the business conducted in the following (including other MS and third countries): a) the individual locations of your company as a legal entity (please indicate approximate number of employees in each department), b) the sites where a third party executes outsourced activities for your company
Response:	

1.1.6.	Do you buy from/sell to businesses with which you are associated? Yes/No
Response:	

1.1.7.	Describe the internal organisational structure of your company and the tasks/ responsibilities of each department.
Response:	

1.1.8.	Please give the names of senior management (Directors, heads of departments, head of accounting, head of customs department etc.) of the company and briefly describe the stand-in rules.
Response:	

1.1.9.	How many people are employed by your enterprise?
	
	Please indicate one of these options
	
	    • Micro
	    • Small
	    • Medium
	    • Large

Response:	

1.1.10.	If you agree to the publication of the information in the AEO authorisation in the list of authorised economic operators on the TAXUD website, please give your consent in Annex 1 to this SAQ If you can give your consent to the exchange of the information in the AEO authorisation in order to ensure the implementation of international agreements with third countries on mutual recognition of the status of authorised economic operators and measures related to security, please fill in Annex 1 to this SAQ.
Response:	

1.2.	Volume of business

1.2.1.	a) Give the annual turnover figure for the last three sets of completed annual accounts. If a new business, state N/A. b) Provide the annual net profit or loss figure for the last three sets of completed annual accounts. If a new business, state N/A.

Response:	

1.2.2.	If you use storage facilities which are not owned by you, please indicate who you rent/lease the storage facilities from.
Response:	

1.2.3.	For each of the following give an estimate of the number and value of the declarations you have made in each of the last three years. If a new business, state N/A. • Import • Export/Re-export • Special procedures
Response:	

1.2.4.	Please give an estimate of the amount paid in each of the last three years for the following: • Customs duty • Excise duty • Import VAT If you are a new business operating for less than three years, provide details from the period you are operating. If you are a completely new business, state N/A.
Response:	

1.2.5.	a) Do you foresee any structural changes in your company in the next 2 years? If yes, please describe briefly the changes. b) Do you foresee any major changes in the supply chain your company is presently involved in, during the next 2 years? If yes, please describe briefly the changes.
Response:	

1.3.	Information and Statistics on customs matters

1.3.1.	a) Do you perform customs formalities in your own name and for your own account? b) Are you being represented by someone regarding customs formalities, if yes by whom and how (directly or indirectly)? Please include the name, address and EORI number of the representative. c) Do you represent other persons in customs formalities? If yes, who and how (directly or indirectly)? (Name the most significant clients

Response:	

1.3.2.	a) How, and by whom, is the tariff classification of goods decided?
	b) What quality assurance measures do you take to ensure that tariff classifications are correct (e.g. checks, plausibility checks, internal working instructions, regular training)?
	c) Do you keep notes on these quality assurance measures?
	d) Do you regularly monitor the effectiveness of your quality assurance measures?
	e) What resources do you use for tariff classification (e.g. database of standing data on goods)?
Response:	

1.3.3.	a) How and by whom is the customs value established?
	b) What quality assurance measures do you take to ensure that the customs value is correctly established (e.g. checks, plausibility checks, internal working instructions, regular training, other means)?
	c) Do you regularly monitor the effectiveness of your quality assurance measures?
	d) Do you keep notes on these quality assurance measures?
Response:	

1.3.4.	a) Give an overview of the preferential or non-preferential origin of the imported goods.
	b) What internal actions have you implemented to verify that the country of origin of the imported goods is declared correctly?
	c) Describe your approach in the issuing of proof of preferences and certificates of origin for exportation.
Response:	

1.3.5.	Do you deal in goods subject to anti-dumping duties or counter-vailing duties?
	If yes, provide details of the manufacturer(s) or countries outside the EU whose goods are subject to the above duties.
Response:	

2.	Compliance record *(Article 39 (a) UCC; Article 24 UCC IA ; AEO Guidelines Part 2, Section I)*
2.1.	Have breaches of customs and taxation rules been detected within your company or by the customs and/or fiscal authorities in the last three years? If so, briefly describe the breaches. a) How did you notify breaches to the relevant governmental authorities? b) What quality assurance measures were introduced to avoid such breaches in the future? c) Do you keep notes on these quality assurance measures? Has your company been condemned for any serious infringement of criminal laws related to your economic activity? If yes, describe the infringement and when it has been committed. Please also make reference to the sentence of the court.
Response:	

2.2.	a) Do you plan to apply or have you already applied for any other customs authorisation? Yes/No If yes, please provide details b) Have any applications for authorisations/certifications been refused, or existing authorisations been suspended or revoked because of breaches of customs rules in the last three years? Yes/No. If yes, how many times and what were the reasons?
Response:	

3.	Accounting and logistical system *(Article 39 (b) UCC, Article 25 UCC IA; AEO Guidelines Part 2, Section II)*
3.1.	Audit trail

3.1.1.	Does your accounting system facilitate a full audit trail of your customs activities or tax relevant movement of goods or accounting entries? If yes, please describe the essential features of this audit trail.
Response:	

3.2.	Accounting and logistical system

3.2.1.	What computer system (hardware/software) do you use for your business in general, and for customs matters in particular? Are those two systems integrated? Provide information on the following: −separation of functions between development, testing and operation −separation of functions between users −access controls (which ones/to whom) −traceability between business system and declaration system.
Response:	

3.2.2.	Are your logistical systems capable of distinguishing between Union and non−Union goods and indicating their location? Yes/No If yes, give details. If you do not deal with non−Union goods, please indicate N/A.
Response:	

3.2.3.	a) At what location are your computer activities undertaken? b) Have computer applications been outsourced? If yes, provide details (name address, vat no.) of company or companies where the applications are outsourced and how do you manage access controls for the outsourced applications?
Response:	

3.3.	Internal control system

3.3.1.	Do you have in house guidelines for the internal control system in the accounts department, buying department, sales department, customs department, production, material− and merchandise management and logistics? Yes/No. If yes please describe them briefly and how they are updated. For example, actions like job instructions, employee training, instructions for checking faults and mechanism for proof−reading.
Response:	

3.3.2.	Have your internal control processes been subject to any internal/external audit? Yes/No Does this include audit of your customs routines? Yes/No. If yes, please provide a copy of your most recent audit report.
Response:	

3.3.3.	Describe in brief the procedures for checking your computer files (standing data or master files)? How do these procedures cover the following risks from your perspective: a) Incorrect and/or incomplete recording of transactions in the accounting system. b) Use of incorrect permanent or out-of-date data such as number of articles and tariff codes. c) Inadequate control of the company processes within the applicant's business.
Response:	

3.4.	**Flow of goods**

3.4.1.	Describe briefly the registration procedure (physically and in the records) for the flow of goods starting from their arrival, the storage up to manufacture and shipment. Who keeps records and where are they kept?
Response:	

3.4.2.	Briefly describe the procedures in place for checking stock levels, including the frequency of those checks and how are discrepancies handled (e.g. stocktaking and inventory)?
Response:	

3.5.	**Customs routines**

3.5.1.	Do you have documented procedures for verifying the accuracy of customs declarations, including those submitted on your behalf by, e.g., a customs agent or a freight forwarder? Yes/No. If yes please describe briefly the procedures. If no, do you verify the accuracy of customs declaration? Yes/No. If Yes in what way?

Response:	

3.5.2.	a) Does your company have instructions or guidelines on the notification of irregularities to the competent authorities (e.g. suspicion of theft, burglary or smuggling in connection with customs-related goods)? Are these instructions documented (e.g. work instructions, manuals, other guidance documents)? b) Over the last year, have you detected any irregularities (or presumed irregularities) and notified them to the competent authorities? Yes /No
Response:	

3.5.3.	Do you trade in goods that are subject to economic trade licences e.g. textiles, agricultural goods? Yes/No If yes, please describe briefly your procedures for administering the licences related to the import and/or export of such goods.
Response:	

3.5.4.	a) Are you dealing with goods subject to import and export licenses connected to prohibitions and restrictions? b) Are you dealing with goods subject to other import and export licenses? c) If yes, please specify which type of goods and if you have procedures in place for the handling those licenses.
Response:	

3.5.5.	Are you dealing with goods falling under the Dual Use Regulation (Council Regulation No 428/2009/EC)? Yes/No If yes, have you implemented Internal Compliance Programmes (ICP)? Yes/No. If yes please describe them briefly and how they are updated.
Response:	

3.6.	**Procedures for back-up, recovery and fall back and archiving**

3.6.1.	Describe briefly your procedures for back-up, recovery, fall back, archiving and retrieval of your business records
Response:	

3.6.2.	How long is the data saved in the production system and how long is this data archived?
Response:	

3.6.3.	Does the company have a contingency plan for system disruption/failure? Yes/No
Response:	

3.7.	Protection of computer systems

3.7.1.	a) Describe briefly the actions you have taken in order to protect your computer system from unauthorised intrusion (e.g. Firewall, antivirus– programme, password protection). b) Has any intrusion testing been carried out, and if so what were the results and were any corrective measures necessary and taken? c) Have you experienced any IT security incidents in the last year?
Response:	

3.7.2.	a) Describe briefly how access rights for the computer systems are issued. b) Who is responsible for the running and protection of the computer system? c) Do you have guidelines or internal instructions for IT security for your personnel? d) How do you monitor that IT security measures are followed inside your company?
Response:	

3.7.3.	a) Please provide details on where your main server is located? b) Give details of how your main server is secured.
Response:	

3.8.	Documentation security

3.8.1.	Describe briefly what actions have been taken in order to protect (e.g. constricted access rights, creation of electronic backup) information/documents from unauthorised access, abuse, intended destruction and loss?
Response:	

3.8.2.	Have there been any cases of unauthorised access to documents in the last year, and if so what measures have been taken to prevent this from happening again?
Response:	

3.8.3.	Please briefly answer the following questions: a) Which categories of employees have access to detailed data about the flow of materials and goods? b) Which categories of employees are authorised to change this data? Are changes comprehensively documented?
Response:	

3.8.4.	Describe briefly what requirements regarding security & safety you require from your trade partners and other contact persons in order to avoid abuse of information (e.g. endangering of the supply chain through unauthorised transfer of shipping details)?
Response:	

4.	**Financial solvency** *(Article 39 (c) UCC, Article 26 UCC IA, AEO Guidelines Part 2 Section III)*

4.1.	Have any bankruptcy or insolvency proceedings been initiated in respect of your company's assets in the last three years? Yes/No. If Yes please provide details.
Response:	

4.2.	Has your company a consistently good financial standing within the meaning of Article 26 of the UCC IA, sufficient to meet its financial commitments, over the last 3 years? If yes, please provide evidence such as a letter from your auditors or an audited report, a copy of your finalised accounts (including your management accounts)–if your accounts have not been audited,–evidence from your bank or financial institution. If no, please supply full details.
Response:	

4.3.	If you are a newly established business provide all records and information in relation to your financial status e.g. latest cash flow, balance sheet and profit and loss forecasts, approved by the directors/partners/sole proprietor.
Response:	

4.4.	Is there anything you are aware of that could impact on your financial solvency in the foreseeable future? Yes/No. If yes, give details.
Response:	

5.	Practical standards of competence or professional qualifications (Article 39 (d) UCC, Article 27 UCC IA, AEO Guidelines Part 2 Section IV)
5.1.	Practical standards of competence

5.1.1.	Do you or the person in charge of your customs matters have practical experience of a minimum of three years in customs matters? Yes/No If yes, please provide details proving this experience.
Response:	

5.1.2.	Do you or the person in charge of your customs matters comply with a quality standard concerning customs matters adopted by a European Standardisation body, when available? Yes/No If yes, please provide details on this quality standard
Response:	

5.2	Professional qualifications

5.2.1.	Have you or the person in charge of your customs matters successfully completed training covering customs legislation consistent with and relevant to the extent of your involvement in customs related activities, provided by any of the following (i) a customs authority of a Member State; (ii) an educational establishment recognised, for the purposes of providing such qualification, by the customs authorities or a body of a Member State responsible for professional training; (iii) a professional or trade association recognised by the customs authorities of a Member State or accredited in the Union, for the purposes of providing such qualification? Yes/No If yes, please provide details regarding the training you or the person in charge of your customs matters have successfully completed.
Response:	

6.	Safety and security requirements *(Article 39 (e) UCC, Article 28 UCC IA, AEO Guidelines Part 2 Section V)*
6.1.	General information on safety and security

6.1.1	Please give the name and the position of the person competent for safety and security related questions.
Response:	

6.1.2.	a) Have you carried out a risk and threat assessment for your business? Yes/No b) Is there a security plan in place for each site (where appropriate)? Yes/No How often are those documents reviewed and updated?
Response:	

6.1.3.	Describe briefly what security risks (within the company or in your business dealings with customers, suppliers and external service providers) you have identified in relation to the AEO security criteria?
Response:	

6.1.4.	How are security measures implemented and coordinated in your company and who is responsible for them?
Response:	

6.1.5.	If you have several premises in your company, is the implementation of the security measures harmonised in all of these locations? Yes/No
Response:	

6.1.6.	a) Do you have any security instructions? How are they communicated to your staff and people visiting your company premises? b) How are they documented (manual, work guidelines, information sheet, etc.)?
Response:	

6.1.7.	a) Have you had any security incidents over the last year? Yes/No. If yes, please give a brief description of the incidents and what measures you have introduced to prevent them from re-occurring? b) Do you keep records of security incidents and the measures taken? Yes/No
Response:	

6.1.8.	a) Have you already been certified/authorised/approved by another public agency or authority for (transport, civil aviation, etc.) security purposes? Yes/No. If yes, please provide a copy of the certificate/authorisation/approval and give details of the premises/sites, which are covered by the relevant certificate/authorisation/approval. b) Provide a list of any independently accredited standards/licences/authorisations to which you adhere and specify what control/audits these standards are subject to. c) Have you planned to apply or have you already applied for any other certification/authorisation/approval for security purposes (e.g. regulated agent, known consignor, etc.? Yes/No If yes, please provide details.
Response:	

6.1.9.	Are there particular security and safety requirements for the goods you are importing/exporting?
Response:	

6.1.10.	a) Do you use the services of a security company? If so, which company do you use? b) Has this company made a threat assessment of your company? If so, describe briefly what security risks they have identified in relation to the AEO security criteria.
Response:	

6.1.11.	Do your customers or insurance company impose any safety and security requirements on you? Yes/No If yes, provide details.
Response:	

6.2.	Building security
	(AEO Guidelines Part 2 Section V, Subsection 2)

6.2.1.	a) Give a brief description of how the external boundary of your company's premises is secured. How is compliance with these procedures checked? b) How, by whom and at what intervals are checks carried out on the fences and buildings? How are these checks and their results recorded? c) How are security incidents reported and dealt with?
Response:	

6.2.2.	a) What types of access are there to your business premises? b) How are these managed? c) Are access points restricted to time/day?
Response:	

6.2.3.	Are the premises adequately illuminated (e.g. continuous light, movement sensors, twilight switch)?
Response:	

6.2.4.	How is the administration of keys handled in your company (e.g. location, access, logging)? Does written documentation exist for this? Yes/No
Response:	

6.2.5.	a) Is the parking of private vehicles permitted on the premises? b) If yes, for which persons? c) Who gives the approval? d) Are the vehicles checked (at the entrance to the premises or at the car park entrance)? e) Do you have written instructions? Yes/No
Response:	

6.3.	Access to premises
	(AEO Guidelines Part 2 Section V, Subsection 3)

6.3.1.	a) Describe briefly how the process of access to your premises (buildings, production areas, warehouses etc.) is regulated for staff, visitors, other persons, vehicles and goods? b) Who checks that the prescribed procedures are complied with?
Response:	

6.3.2.	a) Describe the procedures that are to be followed if an un-authorised person/vehicle is discovered on company premises (grounds or buildings)? b) How are these procedures communicated to the staff (e.g. action plan, manual, working guidelines, training)?
Response:	

6.3.3.	Present a site plan for each location of your company that is involved in customs related activities (e.g. layout plan, draft) from which the frontiers, access routes and the location of the buildings can be identified, if available.
Response:	

6.3.4.	If applicable provide details of any other companies that are co-located on the same premises.
Response:	

6.4.	Cargo units (as containers, swap bodies, transport boxes) *(AEO Guidelines Part 2 Section V, Subsection 4)*

6.4.1.	Is access to cargo units subject to rules/restrictions? Yes/No If yes, how are such restrictions enforced?
Response:	

6.4.2.	Describe briefly what measures are in place to prevent un-authorised access to and tampering with cargo units (particularly in open storage areas) (e.g. constant supervision, training staff and making them aware of risks, seals, instructions on procedures to follow in the case of unauthorised entry)?
Response:	

6.4.3.	a) Do you use seals to prevent unauthorised tampering with goods? If you do, what kind? Do these seals satisfy any specific standards (e.g. ISO)? b) How do you ensure that goods are not tampered with if seals are not used?
Response:	

6.4.4.	What control measures do you use for checking cargo units (e.g. seven-point inspection process: front wall, left side, right side, floor, covering/roof, inside/outside of doors, outside/undercarriage)?
Response:	

6.4.5.	Please answer the following questions: a) Who is the owner/operator of the cargo units? b) Who maintains/repairs the cargo units? c) Are there regular maintenance plans? d) Are external maintenance works checked?
Response:	

6.5.	Logistical processes *(AEO Guidelines Part 2 Section V)*

6.5.1.	a) Which means of transport are normally used by your company? b) Does your company carry out all its own transport, or does it also use external service providers (e.g. freight forwarders/carriers)? c) How do you establish whether the freight forwarder/carrier meets the required security standards (e.g. by means of a security certificate, declarations or agreements)? d) Do you take other measures for outsourced transport activities with a view to meeting security standards? If appropriate please outline the nature and scope of your measures in this respect.
Response:	

6.6.	Incoming goods *(AEO Guidelines Part 2 Section V)*

6.6.1.	a) Describe briefly the procedure for ensuring the security and safety of incoming goods? b) Describe briefly how the compliance with these procedures is checked?
Response:	

6.6.2.	Are your employees informed about security arrangements with suppliers, and how is compliance ensured?
Response:	

6.6.3.	a) Describe briefly how checks on the integrity of the seals on incoming goods are conducted? b) Are incoming goods sealed if appropriate? Yes/No c) Does your company deal with specific types of goods requiring specific security measures (e.g. air cargo/air mail)? If Yes, what routines/measures are in place?
Response:	

6.6.4.	Are the incoming goods marked and if yes, how?
Response:	

6.6.5.	Describe briefly the process for counting and weighing incoming goods?
Response:	

6.6.6.	Describe briefly how, when and by whom incoming goods are checked against the accompanying documents and entered in your records?
Response:	

6.6.7.	a) Are the sections responsible for the purchase of goods, the receipt of goods and general administration clearly separated? Yes/No b) Do integrated internal control mechanisms exist between the sections? Yes/No. If yes, how are they executed?
Response:	

6.7.	**Storage of goods** *(AEO Guidelines Part 2 Section V)*

6.7.1.	Please describe at which locations you have set aside areas for the storage of goods?
Response:	

6.7.2.	a) Please describe briefly the routine for allocating a storage position for incoming goods. b) Do you have outdoor storage locations? Yes/No. If yes, please describe them briefly.
Response:	

6.7.3.	Do you have documented procedures for stock-taking and dealing with irregularities detected during stock-taking? Yes/No If yes, please describe your arrangements in brief.
Response:	

6.7.4.	Are goods of different risk levels stored separately? Yes/No a) Please describe the criteria for any separate storage (e.g. hazardous goods, high-value goods, chemicals, weapons, air cargo/air mail)? b) Please describe how you ensure that the goods are immediately recorded in the logistical accounts/stock records?
Response:	

6.7.5.	a) Describe briefly how goods are protected against unauthorised access to the warehousing premises? b) Describe briefly how compliance with these procedures is checked?
Response:	

6.7.6	If storage of goods is outsourced to a third party please describe briefly how and where the goods are stored and your control measures you use to supervise the handling of goods.
Response:	

6.8.	Production of goods *(AEO Guidelines Part 2 Section V)*

6.8.1.	a) Describe briefly what locations/areas are designated for the production of goods? b) If production is carried out by an external partner (e.g. job processing, drop shipments), describe briefly how the integrity of the goods is ensured (e.g. contractual agreements)?
Response:	

6.8.2.	Are there any security measures protecting goods against unauthorised access to the production zone? Yes/No. If Yes, describe briefly what these measures are and whether they exist in written form. Describe briefly how compliance with these procedures is checked?
Response:	

6.8.3.	Describe briefly the procedures for packing products and whether they exist in written form.
Response:	

6.8.4.	If final product packaging is outsourced to a third party, describe briefly how the integrity of the goods is guaranteed?
Response:	

6.9.	Loading of goods (AEO Guidelines Part 2 Section V)
6.9.1.	a) Describe briefly how loading of goods is managed in your com-pany (e.g. allocation of responsibilities, checks on goods, and means of transport, recording of results, provision of information, etc.)? b) Are there any written instructions on how the process should be organised? Yes/No
Response:	

6.9.2.	a) Are outgoing goods or vehicles sealed? Yes/No? If yes, how, by whom and what sort of seals do you use? b) Are any seal numbers mentioned in the documents accom-panying the goods? Yes/No c) How do you keep a record of your seals?
Response:	

6.9.3.	Describe briefly how compliance with customers' security require-ments for loading is guaranteed?
Response:	

6.9.4.	Describe briefly the arrangements that are in place which ensure that goods to be loaded and the loading process itself are not left unsupervised
Response:	

6.9.5.	Are the outgoing goods checked for completeness (e.g. counted, weighed)? Yes/No If yes, how and by whom?
Response:	

6.9.6.	Describe briefly how, when and by whom departing goods are checked against orders and loading lists and recorded out of the stock records?
Response:	

6.9.7.	Describe briefly what control mechanisms you have in place for detecting irregularities concerning the loading of goods?
Response:	

6.10.	**Security requirements for business partners** *(AEO Guidelines Part 2 Section V)*
6.10.1.	Describe briefly how your company verifies the identity of trade partners in order to secure the supply chain (information search before accepting orders or placing orders).
Response:	

6.10.2.	a) Which measures have you taken to confirm that your business partners ensure the security of their part of the international supply chain (e.g. security declarations, contractual require-ments, trade partners with own AEO-status)? b) Describe briefly how compliance with these procedures is checked?
Response:	

6.10.3.	Over the last year, have you detected any breaches of the security agreements you have with partners? Yes/No. If Yes, what measures have you taken?
Response:	

6.11.	**Personnel security** *(AEO Guidelines Part 2 Section V)*
6.11.1.	a) Describe briefly how your employment policy deals with security and safety requirements? Who is responsible for this area? b) Are the security procedures recorded in writing? Yes/No. c) Describe briefly how compliance with these procedures is checked?
Response:	

6.11.2.	To what extent are the following types of employees subjected to security checks (e.g. police checks to confirm that he/she has no criminal record): a) new employees who will be working in security-sensitive fields b) existing employees who are to be transferred into security-sensitive fields. How is it ensured that when staffs leave, they no longer have any physical or electronic access to company premises or data?
Response:	

6.11.3.	Is security and safety training provided for employees? Yes/No. If Yes: a) What is the frequency of security and safety training? b) Do you have yearly refresher training? Yes/No. c) Is this training internal or provided by an external supplier? d) Are there written records on this training? Yes/No.
Response:	

6.11.4.	Please answer the following questions: a) Specify the areas where temporary employees are used? b) Are these employees checked regularly according to security standards? If yes, how and by whom? Are there also security instructions for these employees?
Response:	

6.12.	**External Services** *(AEO Guidelines Part 2 Section V; Annex 2 to the AEO Guidelines, point 4.13)*

6.12.1.	Do you use any "external services" under contract, such as trans-portation, security guards, cleaning, supplies, maintenance etc.? Yes/No. If Yes: a) Describe briefly what services they provide and to what extent (for the ones that have not been described in the previous sec-tions). b) Are there written agreements with the external service pro-viders containing security requirements? Yes/No. c) Describe briefly how compliance with the procedures included in these agreements is checked?
Response:	

Annex 1

Consent to disclose the AEO details on the TAXUD website

I hereby give my consent to the publication of the information in the AEO authorisation in the list of authorised economic operators.

Signature·······································
Capacity of Signatory···························
(The completed questionnaire should be signed by a Director/Managing Partner/Sole Proprietor as appropriate but for this case it is recommended that consent is given by an authorised signatory)
Date:··

Consent to the exchange of the information in the AEO authorisation in order to ensure the implementation of international agreements with third countries on mutual recognition of the status of authorised economic operators and measures related to security

---

I hereby give my consent to the exchange of the information in the AEO authorisation in order to ensure the implementation of international agreements with third countries on mutual recognition of the status of authorised economic operators and measures related to security:

Signature·······································
Capacity of Signatory···························
(The completed questionnaire should be signed by a Director/Managing Partner/Sole Proprietor as appropriate but for this case it is recommended that consent is given by an authorised signatory)
Date:··

If you have provided your consent for mutual recognition please also provide the following information:

Transliterated name:·······························
Transliterated street and number:·················
Transliterated postal code and city:·············

Only Latin characters should be used as codified in
http://www.unicode.org/charts/PDF/U0000.pdf

그림 4

1 Consignor	CERTIFICATE OF ORIGIN for imports of products subject to special non-preferential import arrangements into the European Union No ORIGINAL
2 Consignee (optional)	3 ISSUING AUTHORITY
	4 Country of origin
NOTES A. The certificate must be completed in typescript or by means of a mechanical data-processing system, or similar procedure. B. The original of the certificate must be lodged together with the declaration of release for free circulation with the relevant customs office in the European Union.	5 Remarks

6 Item number — Markings and numbers — Number and kind of packages — DESCRIPTION OF GOODS	7 Gross and net mass (kg)

8 THIS IS TO CERTIFY THAT THE ABOVE PRODUCTS ORIGINATE IN THE COUNTRY INDICATED IN BOX 4 AND THAT THE INDICATIONS IN BOX 5 ARE CORRECT.

Place and date of issue   Signature   Issuing authority's stamp

9 RESERVED FOR THE CUSTOMS AUTHORITIES IN THE EUROPEAN UNION

그림 5

Supplier's declaration for products having preferential origin status

The supplier's declaration, the text of which is given below, must be made out in accordance with the footnotes. However, the footnotes do not have to be reproduced.

DECLARATION

I, the undersigned, declare that the goods listed on this document .... (^{1}) originate in .... (^{2}) and satisfy the rules of origin governing preferential trade with .... (^{3}):

I declare that (^{4}):

☐   Cumulation applied with .... (name of the country/countries)

☐   No cumulation applied

I undertake to make available to the customs authorities any further supporting documents they require:

.... (^{5})

.... (^{6})

.... (^{7})

—————

(^{1}) If only some of the goods listed on the document are concerned, they shall be clearly indicated or marked and this marking entered in the declaration as follows:

'................ listed on this document and marked .... originate in ....'.

(^{2}) The European Union, country, group of countries or territory, from which the goods originate.

▶(^{1})(^{3}) Country, group of countries or territory concerned. When the preferential origin of a product from a country, group of countries or territory can be acquired in accordance with more than one rule of origin, the suppliers shall specify the legal framework used to determine the origin of the goods (namely the PEM Convention and/or the transitional rules of origin).

Where a country, group of countries or territory is a Contracting Party to the PEM Convention, and where a legal framework is not specified, by default, the supplier's declaration shall be considered as stating that the PEM Convention has been used to determine the origin of the goods. ◀

(^{4}) To be completed, where necessary, only for goods having preferential origin status in the context of preferential trade relations with one of the countries, with which pan-Euro-Mediterranean cumulation of origin is applicable.

(^{5}) Place and date.

(^{6}) Name and position in the company.

(^{7}) Signature.

◇ 그림 6

Supplier's declaration for products not having preferential origin status

The supplier's declaration, the text of which is given below, must be made out in accordance with the footnotes. However, the footnotes do not have to be reproduced.

DECLARATION

I, the undersigned, supplier of the goods covered by the annexed document, declare that:

1. The following materials which do not have a preferential originating status have been used in the European Union to produce these goods:

Description of goods supplied (^{1})	Description of non originating materials used	HS heading of non originating materials used (^{2})	Value of non originating materials used (^{3})
			Total:

2. All the other materials used in the European Union to produce these goods originate in .... (^{4}) and satisfy the rules of origin governing preferential trade with .... (^{5}), and

I declare that: (^{6})

☐ Cumulation applied with .... (name of the country/countries)

☐ No cumulation applied

I undertake to make available to the customs authorities any further supporting documents they require

.... (^{7})

.... (^{8})

.... (^{9})

―――――

(^{1}) When the invoice, delivery note or other commercial document to which the declaration is annexed relates to a variety of goods, or goods not incorporating the same proportion of non originating materials, the supplier must clearly differentiate between them.

Example:

The document covers different models of electric motor of heading 8501 to be used in the manufacture of washing machines of heading 8450. The nature and value of the non originating materials used in the manufacture of the motors vary from one model to another. The models must be listed separately in column 1 and the information in the other columns must be given for each, so that the manufacturer of the washing machines can correctly assess the originating status of each of his products depending on the type of motor it incorporates.

(^{2}) To be completed only where relevant.

Example:

The rule for garments of ex Chapter 62 allows the use of non-originating yarn. Thus if a French garment manufacturer uses fabric woven in Portugal from non-originating yarn, the Portuguese supplier need only enter 'yarn' as non originating materials in column 2 of his declaration — the HS heading and value of the yarn are irrelevant.

A firm manufacturing wire of HS heading 7217 from non-originating iron bars must enter 'iron bars' in column 2. If the wire is to be incorporated in a machine for which the rule of origin sets a percentage limit on the value of non-originating materials used, the value of the bars must be entered in column 4.

(^{3}) 'Value' means the customs value of the materials at the time of import or, if this is not known and cannot be ascertained, the first ascertainable price paid for the materials in the European Union.

For each type of non-originating material used, specify the exact value per unit of the goods shown in column 1.

►$^{(1)}$(^{4}) To be completed only where relevant. The Union, country, group of countries or territory from which the materials originate. ◄

►$^{(2)}$(^{5}) To be completed only where relevant. Country, group of countries or territory concerned. When the preferential origin of a product from a country, group of countries or territory can be acquired in accordance with more than one rule of origin, the suppliers shall specify the legal framework used to determine the origin of the goods (namely the PEM Convention and/or the transitional rules of origin).

Where a country, group of countries or territory is a Contracting Party to the PEM Convention, and where a legal framework is not specified, by default, the supplier's declaration is considered as referring to the PEM Convention has been used to determine the origin of the goods. ◄

(^{6}) To be completed where necessary, only for goods having preferential originating status in the context of preferential trade relations with one of the countries with which pan-Euro-Mediterranean cumulation of origin is applicable.

(^{7}) Place and date.

(^{8}) Name and function, name and address of company.

(^{9}) Signature.

DECLARATION

I, the undersigned, declare that the goods described below:

.... (^{1})

.... (^{2})

which are regularly supplied to .... (^{3}), originate in .... (^{4}) and satisfy the rules of origin governing preferential trade with .... (^{5}).

I declare that (^{6}):

☐   Cumulation applied with .... (name of the country/countries)

☐   No cumulation applied

This declaration is valid for all shipments of these products dispatched from: .... to .... (^{7}).

I undertake to inform .... immediately if this declaration is no longer valid.

I undertake to make available to the customs authorities any further supporting documents they require.

.... (^{8})

.... (^{9})

.... (^{10})

———

(^{1}) Description.

(^{2}) Commercial designation as used on the invoices, e.g. model No.

(^{3}) Name of company to which goods are supplied.

(^{4}) The European Union, country, group of countries or territory, from which the goods originate.

▶$^{(3)}$ (^{5}) Country, group of countries or territory concerned. When the preferential origin of a product from a country, group of countries or territory can be acquired in accordance with more than one rule of origin, the suppliers shall specify the legal framework used to determine the origin of the goods (namely the PEM Convention and/or the transitional rules of origin).

Where a country, group of countries or territory is a Contracting Party to the PEM Convention, and where a legal framework is not specified, by default, the supplier's declaration shall be considered as stating that the PEM Convention has been used to determine the origin of the goods. ◀

(^{6}) To be completed, where necessary, only for goods having preferential origin status in the context of preferential traderelations with one of the countries with which pan-Euro-Mediterranean cumulation of origin is applicable.

▶$^{(1)}$ (^{7}) Give the start and end dates. The period shall not exceed 24 months. ◀

▶$^{(2)}$ (^{8}) Place and date of issue. ◀

(^{9}) Name and position, name and address of company.

(^{10}) Signature.

🔳 그림 8

Long-term supplier's declaration for products not having preferential origin status

The supplier's declaration, the text of which is given below, must be made out in accordance with the footnotes. However, the footnotes do not have to be reproduced.

DECLARATION

I, the undersigned, supplier of the goods covered by this document, which are regularly sent to .... (1), declare that:

1. The following materials which do not have a preferential originating status have been used in the European Union to produce these goods:

Description of goods supplied (2)	Description of non originating materials used	HS heading of non originating materials used (3)	Value of non originating materials used (4)
			Total:

2. All the other materials used in the European Union to produce these goods originate in .... (5) and satisfy the rules of origin governing preferential trade with .... (6), and

I declare that: (7)

☐ Cumulation applied with .... (name of the country/countries)

☐ No cumulation applied

This declaration is valid for all shipments of these products dispatched from .... to .... (8).

I undertake to inform .... immediately if this declaration is no longer valid.

I undertake to make available to the customs authorities any further supporting documents they require.

.... (9)

.... (10)

.... (11)

---

(1) Customer's name and address.

(2) When the invoice, delivery note or other commercial document to which the declaration is annexed relates to a variety of goods, or goods not incorporating the same proportion of non originating materials, the supplier must clearly differentiate between them.

Example:

The document covers different models of electric motor of heading 8501 to be used in the manufacture of washing machines of heading 8450. The nature and value of the non originating materials used in the manufacture of the motors vary from one model to another. The models must be listed separately in column 1 and the information in the other columns must be given for each, so that the manufacturer of the washing machines can correctly assess the originating status of each of his products depending on the type of motor it incorporates.

(3) To be completed only where relevant.

Example:

The rule for garments of ex Chapter 62 allows the use of non-originating yarn. Thus if a French garment manufacturer uses fabric woven in Portugal from non-originating yarn, the Portuguese supplier need only enter 'yarn' as non originating materials in column 2 of his declaration — the HS heading and value of the yarn are irrelevant.

A firm manufacturing wire of HS heading 7217 from non-originating iron bars must enter 'iron bars' in column 2. If the wire is to be incorporated in a machine for which the rule of origin sets a percentage limit on the value of non-originating materials used, the value of the bars must be entered in column 4.

(⁴) 'Value' means the customs value of the materials at the time of import or, if this is not known and cannot be ascertained, the first ascertainable price paid for the materials in the European Union.

For each type of non-originating material used, specify the exact value per unit of the shown in column 1.

►(3) (⁵) To be completed only where relevant. The Union, country, group of countries or territory from which the materials originate. ◄

►(4) (⁶) To be completed only where relevant. Country, group of countries or territory concerned. When the preferential origin of a product from a country, group of countries or territory can be acquired in accordance with more than one rule of origin, the suppliers shall specify the legal framework used to determine the origin of the goods (namely the PEM Convention and/or the transitional rules of origin).

Where a country, group of countries or territory is a Contracting Party to the PEM Convention, and where a legal framework is not specified, by default, the supplier's declaration shall be considered as stating that the PEM Convention has been used to determine the origin of the goods. ◄

(⁷) To be completed where necessary, only for goods having preferential originating status in the context of preferential trade relations with one of the countries with which pan-Euro-Mediterranean cumulation of origin is applicable.

►(1) (⁸) Give the start and end dates. The period shall not exceed 24 months. ◄

►(2) (⁹) Place and date of issue. ◄

(¹⁰) Name and function, name and address of company.

(¹¹) Signature.

그림 9

EUROPEAN UNION

1. **Supplier** (name, full address, country)	**INF 4** No 000.000 **APPLICATION FOR AN INFORMATION CERTIFICATE** To facilitate the establishment in the Union of the preferential origin of goods
2. **Consignee** (name, full address, country)	
3. **Invoice(s) No(s)** $(^1)$ $(^2)$	See notes overleaf before completing this form
	4. **Observations**

5. Item number — Marks and numbers — Number and kind of packages — Description of goods $(^3)$	6. Gross mass (kg) or other measure (l, m^3, etc.)
	8. DECLARATION BY THE SUPPLIER I, the undersigned, declare that the declaration(s) concerning the originating status of the goods described in box 5 and $(^4)$ ☐ on the invoice(s) shown in box 3 and attached to this certificate ☐ on my long-term declaration of .... (date) is (are) correct Place ...., date .... (Signature)

(¹) The term 'invoice' also includes delivery notes or other commercial documents relating to the shipment or shipments concerned on which the declaration(s) are entered.
(²) This box need not be completed in the case of long-term declarations.
(³) Describe the goods entered in box 5 in accordance with commercial practice and in sufficient detail to enable them to be identified.
(⁴) Place a cross in the appropriate box.

DECLARATION BY THE SUPPLIER

I, the undersigned, supplier of the goods described overleaf,

DECLARE that the goods meet the conditions required for the issue of the attached certificate;

SPECIFY as follows the circumstances which have enabled these goods to meet the above conditions:

SUBMIT the following supporting documents (¹):

UNDERTAKE to submit, at the request of the appropriate authorities, any supporting evidence which these authorities may require for the purpose of issuing the attached certificate, and undertake, if required, to agree to any inspection of my accounts and any check on the processes of manufacture of the above goods carried out by the said authorities;

REQUEST the issue of the attached certificate for these goods.

(Place and date)

(Signature)

(¹) For example import documents, movement certificates, invoices, manufacturers' declarations, etc. referring to the processed products or goods re-exported in the unaltered state.

🔷 그림 10

① Aanvraag van een vergunning voor de vereenvoudiging van de bepaling van bedragen die deel uitmaken van de douanewaarde van goederen

1 Aanvrager van de vergunning	Beschikkende douaneautoriteit
Naam/Maatschappelijke benaming: Juridische vorm: Commerciële benaming: Adres maatschappelijke zetel: Landcode, plaats en postcode: EORI-nummer:	Vak bestemd voor de douane

1a Nationaal identificatienummer van de aanvrager	1b Uw intern referentienummer
Nationaal registernummer: KBO-nummer:	

1c Contactpersoon verantwoordelijk voor de aanvraag	1d Vertegenwoordiger
Naam: Functie: Telefoon: GSM: E-mail:	Naam: Juridische vorm: Adres maatschappelijke zetel: Landcode, plaats en postcode: EORI-nummer:

1e Persoon die aan het hoofd staat van het bedrijf dat de aanvraag heeft ingediend of die zeggenschap uitoefent over het beheer ervan

Naam:
Adres:
Geboortedatum:
Nationaal identificatienummer:

2 Code soort aanvraag	3 Soort aanvraag
DOUANEWAARDE **CVA**	☐ 1: Eerste aanvraag ☐ 2: Aanvraag tot wijziging van de beschikking Referentienummer beschikking: Datum van de beschikking: Doel van de wijziging: ☐ 3: Aanvraag tot herziening van de vergunning Referentienummer vergunning: Datum van de vergunning: ☐ 4: Aanvraag tot intrekking van de beschikking Referentienummer beschikking: Datum van de beschikking:

4 Geautoriseerde marktdeelnemer (AEO)		
☐ Ja Nummer:		
☐ Neen		

5 Onderwerp van de vereenvoudiging

☐ Artikel 70 §2 DWU	☐ Artikel 71 § 1 (a) DWU ☐ Artikel 71 § 1 (b) DWU ☐ Artikel 71 § 1 (c) DWU ☐ Artikel 71 § 1 (d) DWU ☐ Artikel 71 § 1 (e) DWU	☐ Artikel 72 (a) DWU ☐ Artikel 72 (b) DWU ☐ Artikel 72 (c) DWU ☐ Artikel 72 (d) DWU ☐ Artikel 72 (e) DWU ☐ Artikel 72 (f) DWU ☐ Artikel 72 (g) DWU

6a Soort en plaats waar de hoofdadministratie voor douanedoeleinden wordt gevoerd of toegankelijk is

Soort en software:
Adres:
Landcode, plaats en postcode:
OF
UN/Locode:

6b Soort en plaats van administratievoering

Soort en software:
Adres:
Landcode, plaats en postcode:
OF
UN/Locode:

7 Geldigheidsduur van de beschikking

7a Gevraagde begindatum van de beschikking	7b Vervaldatum van de beschikking
	Niet van toepassing

8 Omschrijving van de goederen

Goederencode	Omschrijving van de goederen

9 Aanvullende inlichtingen

9a Geografische geldigheid – Unie
☐ 1: Aanvraag of vergunning geldig in alle lidstaten
☐ 2: Aanvraag of vergunning beperkt tot bepaalde lidstaten

    Landcodes:
☐ 3: Aanvraag of vergunning beperkt tot één lidstaat

    Landcode:

9b Koper(s)/Verkoper(s)	
Koper: Naam: Adres: Landcode, postcode en plaats:	Verkoper: Naam: Adres: Landcode, postcode en plaats:

9c Voorgestelde vereenvoudiging

Onderdeel van betaalde of te betalen prijs overeenkomstig artikel 70, lid 2 DWU	Bedrag (EUR) per eenheid	Voet (%) op welke basis
Element bij te tellen aan betaalde of te betalen prijs overeenkomstig artikel 71 DWU	Bedrag (EUR) per eenheid	Voet (%) op welke basis
Element af te trekken van betaalde of te betalen prijs overeenkomstig artikel 72 DWU	Bedrag (EUR) per eenheid	Voet (%) op welke basis

9d Het onderwerp van de aanpassing heeft betrekking op bedragen die niet meetbaar zijn op de datum waarop de douaneaangifte is aanvaard

☐ ja   ☐ neen

9e Zijn alle elementen van de douanewaarde (betaalde of te betalen prijs EN aanpassingen) vast te stellen op het moment van de waardebepaling?

☐ ja   ☐ neen

Indien neen, wat is de reden dat de bedragen niet bekend zijn op het moment van het aanvaarden van de invoeraangifte?

9f Brengt de aanvraag voor de in artikel 166 van het DWU bedoelde regeling, in de gegeven omstandigheden, onevenredige administratieve kosten met zich mee?

☐ ja   ☐ neen

Indien ja, geef een globale omschrijving van de soorten kosten die er zijn bij het gebruik van de vereenvoudigde aangifte zoals vermeld in artikel 166 van het DWU.

9g Toestemming voor bekendmaking in de lijst van vergunninghouders

☐ Ja   ☐ Nee

9h Bijgevoegde documenten

Totaal aantal documenten:

Soort document	Referentie document	Datum document

9i Bijzondere bepalingen

10 Handtekening/Authenticatie

Plaats en datum	Handtekening, naam en functie
,	X _____
	X _____
	Functie:

BIJLAGE I :
VOLMACHT MET BETREKKING TOT EEN AANVRAAG VAN EEN BESCHIKKING BIJ DE ALGEMENE ADMINISTRATIE VAN DE DOUANE EN ACCIJNZEN

I – Kader voorbehouden aan de volmachtgever

De ondergetekende, ...

....

(volledige contactgegevens zoals opgenomen in vak 1 van de vergunningsaanvraag/beschikking), vertegenwoordigd door .... *(naam en voornaam)*, wettelijk handelend in de hoedanigheid van ....
(voorzitter/algemeen directeur, zaakvoerder, beheerder,...) om mij in rechte bij de overheid te vertegenwoordigen, geef ik bij deze volmacht aan

....

....

....

(- Als de gevolmachtigde een werknemer is van de volmachtgever, vermeld dan zijn naam, voornaam en zijn functie;
−Als de gevolmachtigde geen werknemer is van de volmachtgever, vermeld dan:
−voor een natuurlijke persoon : zijn naam, voornamen en adres;
−voor een rechtspersoon : haar maatschappelijke benaming, juridische statuut en adres)

voor het indienen en ondertekenen in mijn naam van de aanvraag/beschikking
.............................*(verduidelijk het type van de aanvraag).*

Gedaan te ...., op ....

De volmachtgever,

X _____

II – Kader voorbehouden aan de gevolmachtigde

De ondergetekende ....

....

[indien de gevolmachtigde een natuurlijk persoon is, vermeld dan zijn naam, voornamen en zijn rijksregisternummer–als de gevolmachtigde een rechtspersoon is, vermeld dan haar maatschappelijke benaming en juridische vorm, evenals de contactgegevens van de natuurlijke persoon (naam, voornamen, functie en rijksregisternummer) die haar in rechte bij de overheid kan vertegenwoordigen] aanvaard deze volmacht.

Gedaan te ...., op ....

De gevolmachtigde,

X _____

TOELICHTING

Algemene opmerking:

Indien nodig kan de gevraagde informatie afzonderlijk meegedeeld worden als bij-lage van het aanvraagformulier. In dat geval dient men het nummer van het over-eenstemmend vak op het formulier te vermelden waar de informatie betrekking op heeft.

1 Aanvrager van de vergunning/beschikking

De aanvrager is diegene die bij de douaneautoriteiten een beschikking aanvraagt. Vermeld in dit vak de volledige en juiste naam, de maatschappelijke vorm, het adres en het EORI-nummer van de aanvrager. Dit moeten dezelfde gegevens zijn als welke in de statuten staan beschreven en zijn opgenomen in de kruispuntbank van onder-nemingen (KBO).

1a Nationaal identificatienummer van de aanvrager

Vermeld hier het KBO-nummer van uw onderneming (0NNN.NNN.NNN) of uw natio-naal identificatienummer.

1b Uw intern referentienummer

Vermeld hier uw intern referentienummer (facultatief).

1c Contactpersoon verantwoordelijk voor de aanvraag

De contactpersoon moet het contact onderhouden met de douanediensten in ver-band met deze aanvraag.
Vermeld de naam en de functie van de contactpersoon en de volgende info: tele-foonnummer, GSM-nummer, e-mailadres (bij voorkeur een functionele mailbox).

1d Vertegenwoordiger

Indien de aanvrager vertegenwoordigd wordt door een andere firma bij het vervullen van de formaliteiten voor de aanvraag, vermeld dan de naam, de juridische vorm en het EORI-nummer van de vertegenwoordiger.
Indien gevraagd door de beslissende douaneautoriteit, bezorg een kopie van een contract, volmacht of ander relevant document waaruit de vertegenwoordigingsbe-voegdheid van de status van de douanevertegenwoordiger blijkt. Gebruik hiervoor eventueel het model van de volmacht in bijlage I.

1e Persoon die aan het hoofd staat van het bedrijf dat de aanvraag heeft in-gediend, of die zeggenschap uitoefent over het beheer ervan

Vermeld voor de toepassing van artikel 39, onder a), van het DWU de naam(namen) en de volledige contactgegevens van de betrokkene(n) overeenkomstig de wette-lijke vestiging/vorm van het bedrijf dat de aanvraag heeft ingediend, met name: de directeur/leidinggevende van de onderneming, de bestuurders en de leden van de raad van bestuur, indien van toepassing. De gegevens moeten de volledige naam en adresgegevens, de geboortedatum en het nationale identificatienummer bevatten. Deze informatie wordt niet verstrekt als de aanvrager een geautoriseerde markt-deelnemer is.

2 Code soort aanvraag

Dit veld is vooraf al ingevuld. Met dit aanvraagformulier vraagt u een vergunning aan voor de vereenvoudiging van de bepaling van bedragen die deel uitmaken van de douanewaarde van goederen, code CVA.

3 Soort aanvraag

In dit vak moet het soort aanvraag worden vermeld. Indien een bestaande vergun-ning moet worden gewijzigd, verlengd of ingetrokken, vermeld eveneens het numm-er en de datum van de vorige vergunning. In het geval van een aanvraag voor een wijziging van een vergunning, moet ook de reden voor de wijziging worden meegedeeld.

4 Geautoriseerde marktdeelnemer (AEO)

Duid aan indien de aanvrager beschikt over een AEO-vergunning. Vermeld in het betreffende vak het AEO-vergunningsnummer indien van toepassing.

5 Onderwerp van de vereenvoudiging

Duid aan voor welk element van artikel 70 lid 2, 71 of artikel 72 van het DWU (Verordening nr. 952/2013) u de aanvraag doet.

Artikel 70-Op de transactiewaarde gebaseerde methode voor de vaststelling van de douanewaarde
2. De werkelijk betaalde of te betalen prijs is de totale betaling die door de koper aan de verkoper of door de koper aan een derde ten behoeve van de verkoper voor de ingevoerde goederen is of moet worden verricht, en omvat alle betalingen die als voorwaarde voor de verkoop van de ingevoerde goederen werkelijk zijn of moeten worden verricht.

Artikel 71-Elementen van de transactiewaarde
Voor het vaststellen van de douanewaarde krachtens artikel 70 wordt de voor de in-gevoerde goederen werkelijk betaalde of te betalen prijs verhoogd met:
a) de volgende elementen, voor zover deze ten laste komen van de koper en zij niet begrepen zijn in de werkelijk voor de goederen betaalde of te betalen prijs:
   i) commissies en courtage, met uitzondering van inkoopcommissies;
   ii) kosten van verpakkingsmiddelen die voor douanedoeleinden worden geacht met de goederen één geheel te vormen; en
   iii) kosten van het verpakken, waaronder zowel het arbeidsloon als het materiaal is begrepen;
b) de op passende wijze toegerekende waarde van de onderstaande goederen en diensten indien deze gratis of tegen verminderde prijs direct of indirect door de koper worden geleverd om te worden gebruikt bij de voortbrenging en de ver-koop voor uitvoer van de ingevoerde goederen, voor zover deze waarde niet in

de werkelijk betaalde of te betalen prijs is begrepen:

i) materialen, samenstellende delen, onderdelen en dergelijke die in de in-gevoerde goederen worden verwerkt;

ii) werktuigen, matrijzen, gietvormen en dergelijke voorwerpen die bij de voort-brenging van de ingevoerde goederen worden gebruikt;

iii) materialen die bij de voortbrenging van de ingevoerde goederen worden ver-bruikt; en

iv) engineering, ontwikkeling, werken van kunst, ontwerpen, en tekeningen en schetsen die buiten de Unie zijn verricht of vervaardigd en die noodzakelijk zijn voor de productie van de ingevoerde goederen;

c) royalty's en licentierechten met betrekking tot de goederen waarvan de waarde wordt bepaald, die de koper als voorwaarde voor de verkoop van deze goederen direct of indirect moet betalen, voor zover deze royalty's en licentierechten niet in de werkelijk betaalde of te betalen prijs zijn begrepen;

d) de waarde van elk deel van de opbrengst van elke latere wederverkoop, over-dracht of gebruik van de ingevoerde goederen dat de verkoper direct of indirect ten goede komt; en

e) de volgende kosten tot aan de plaats waar de goederen in het douanegebied van de Unie worden gebracht:

i) de kosten van vervoer en verzekering van de ingevoerde goederen, en

ii) de met het vervoer verband houdende kosten van het laden en behandelen van de ingevoerde goederen.

Artikel 72-Niet in de douanewaarde te begrijpen elementen
Bij het vaststellen van de douanewaarde volgens artikel 70, worden de volgende el-ementen niet inbegrepen:

a) kosten van vervoer van de ingevoerde goederen na binnenkomst ervan in het douanegebied van de Unie;

b) kosten van constructiewerkzaamheden, installatie, montage, onderhoud of tech-nische bijstand welke met betrekking tot ingevoerde goederen, zoals industriële installaties, machines of materieel, na de binnenkomst ervan in het douanegebied van de Unie zijn verricht;

c) te betalen rente uit hoofde van een door de koper in verband met de aankoop van ingevoerde goederen gesloten financieringsovereenkomst, ongeacht of de financiering door de verkoper of door een andere persoon wordt verstrekt, wan-neer die financieringsovereenkomst schriftelijk is, en de koper, desgevraagd, kan aantonen dat:

i) die goederen werkelijk tegen de prijs die als werkelijk betaalde of te betalen prijs is aangegeven, worden verkocht, en

ii) de gevraagde rentevoet niet hoger is dan in het land waar en op het tijdstip waarop de financiering heeft plaatsgevonden voor dergelijke transacties ge-bruikelijk is;

d) de kosten ter verkrijging van het recht tot verveelvoudiging van de in de Unie in-gevoerde goederen;

e) inkoopcommissies;

f) rechten bij invoer en andere belastingen die in de Unie vanwege de invoer of de verkoop van de goederen dienen te worden voldaan;

g) onverminderd artikel 71, lid 1, onder c), door de koper verrichte betalingen ter verkrijging van het recht tot distributie of wederverkoop van de ingevoerde goederen, indien deze betalingen geen voorwaarde zijn voor de verkoop van de goederen voor uitvoer naar de Unie.

6a Soort en plaats waar de hoofdadministratie voor douanedoeleinden wordt gevoerd of toegankelijk is

De hoofdadministratie voor douanedoeleinden is de boekhouding die door de douaneautoriteiten wordt beschouwd als de hoofdadministratie voor douanedoeleinden aan de hand waarvan de douaneautoriteiten het toezicht en de controle kunnen uitoefenen op alle activiteiten waarop de betrokken vergunning betrekking heeft. De bestaande commerciële, fiscale of andere boekhoudkundige gegevens van de aanvrager kunnen als hoofdadministratie voor douanedoeleinden worden aanvaard als ze de op een audit gebaseerde controles vergemakkelijken.

Specificeer het soort hoofdadministratie door gegevens te verstrekken over het systeem dat zal worden gebruikt, inclusief de software.

Vermeld het volledige adres van de locatie, inclusief de lidstaat waar het de bedoeling is de hoofdadministratie te voeren of toegankelijk te stellen. De UN/Locode kan het adres vervangen als die de betrokken locatie ondubbelzinnig weergeeft. Het volledige adres wordt niet verstrekt als de aanvrager een geautoriseerde marktdeelnemer is.

6b Soort et plaats van administratievoering

Vermeld het volledige adres van de plaats of plaatsen waar de gegevens van de aanvrager worden bewaard of geacht te worden bewaard. De UN/Locode kan het adres vervangen als die de betrokken locatie ondubbelzinnig weergeeft.

Specificeer de soort administratie door gegevens te verstrekken over het systeem dat zal gebruikt worden, inclusief de software.

7 Geldigheidsduur van de beschikking
7a Gevraagde begindatum van de beschikking

De aanvrager kan verlangen dat de vergunning vanaf een specifieke dag geldig wordt. Vermeld, waar nodig, de datum waarop de vergunning van kracht moet worden (jjjj/mm/dd) (optioneel).

In principe, wordt de beschikking van kracht op de datum waarop het door de aanvrager is ontvangen of geacht wordt te zijn ontvangen (artikel 22, paragraaf 2-4 van de Verordening (EU) nr 952/2013 van het Europees Parlement en de Raad).

7b Vervaldatum van de beschikking

Niet van toepassing.

8 Omschrijving van de goederen

Goederencode

Vermeld de eerste 4 cijfers van de code van de gecombineerde douanenomenclatuur voor de goederen waarop deze vereenvoudiging van toepassing is.

Omschrijving van de goederen
Geef de handelsbenaming en/of een technische beschrijving van de goederen.

9 Aanvullende inlichtingen
9a Geografische geldigheid – Unie
Vermeld de gevallen waarin de gevolgen van de beschikking zich beperken tot één of enkele lidstaten en vermeld uitdrukkelijk de betrokken lidsta(a)t(en).

9b Koper(s)/Verkoper(s)
Vermeld de naam en adresgegevens van verkopers en kopers. Deze gegevens moeten hetzelfde zijn als in de 'DV1' (aangifte van gegevens over de douanewaarde).

9c Voorgestelde vereenvoudiging
Vermeld de voorgestelde vereenvoudiging in het vak van de gevraagde categorie. Wanneer de vereenvoudiging betrekking heeft op artikel 71 § 1 (e) DWU of Artikel 72 (a) DWU, gelieve per voorgestelde vereenvoudiging de toepasselijke incoterm te vermelden.

9d Het onderwerp van de aanpassing heeft betrekking op bedragen die niet meetbaar zijn op datum waarop de douaneaangifte is aanvaard.

9e Zijn alle elementen van de douanewaarde (betaalde of te betalen prijs EN aanpassingen) vast te stellen op het moment van de waardebepaling?

9f Brengt de aanvraag voor de artikel 166 van het DWU bedoelde regeling, in de gegeven omstandigheden, onevenredige administratieve kosten met zich mee?

9g Toestemming voor bekendmaking in de lijst van vergunninghouders
Vermeld (ja/neen) of de aanvrager instemt met de bekendmaking in de openbare lijst van vergunninghouders van de volgende gegevens van de vergunning die hij/zij aanvraagt: Houder van de vergunning / Soort vergunning / Datum van in-werkingtreding of, indien van toepassing, geldigheidsduur / Lidstaat van de be-schikkende douaneautoriteit / Bevoegd douanekantoor/controlekantoor.

9h Bijgevoegde documenten
Vermeld het totale aantal bijgevoegde documenten.
Verstrek informatie over het soort en, indien van toepassing, het identificatienummer en/of de datum van afgifte van het(de) document(en) dat(die) bij de aanvraag of de beschikking is(zijn) gevoegd. Vermeld ook het totale aantal bijgevoegde documenten.

9i Bijzondere bepalingen (facultatief)
Andere aanvullende informatie die nuttig wordt geacht.

10 Handtekening/Authenticatie
Plaats en datum
Vermeld de plaats waar de aanvraag werd ondertekend of op andere wijze werd

geauthentiseerd.

Vermeld de datum waarop de aanvraag werd ondertekend of op andere wijze werd geauthentiseerd.

Handtekening, naam en functie

Plaats de handtekening, naam en hoedanigheid van de persoon die bevoegd is de aanvrager IN RECHTE te vertegenwoordigen tegenover de Algemene Administratie van de douane en accijnzen. Het voorgaande blijkt uit de geldende statuten.

Indien een andere persoon de aanvraag ondertekent, dient aan de aanvraag een volmacht te worden toegevoegd. Vermeld eveneens plaats en datum van handtekening.

Het aanvraagformulier kan ondertekend worden met een elektronische of handmatige handtekening.

Elektronische handtekening:

1. Het aanvraagformulier en eventuele bijlagen worden aangeleverd in WORD-formaat invulvelden.
2. Na het invullen van het aanvraagformulier en eventuele bijlagen, kan het elektronisch worden ondertekend.
   - Klik met de rechtermuisknop in vak 10 op de handtekeningregel.
   - Selecteer 'Ondertekenen' in het menu.
      ○ Als u een afgedrukte versie van uw handtekening wilt toevoegen, typt u uw naam in het vak naast X.
      ○ Als u een afbeelding van uw geschreven handtekening wilt selecteren, klikt u op Afbeelding selecteren.
   - Selecteer 'Ondertekenen' in het menu.
   - Plaats uw identiteitskaart in uw E-ID kaartlezer en tik uw pincode in.
3. Het aanvraagformulier en de eventuele bijlagen dienen te worden opgeslagen.
4. De naam van het Word-bestand(en) dient te worden gewijzigd in "Aanvraag vergunningstype-Firmanaam-EORI-nummer"

Handmatige handtekening:

1. Het aanvraagformulier en de eventuele bijlagen worden ingevuld in het Word-document.
2. Het aanvraagformulier en de eventuele bijlagen dienen te worden opslagen en uitgeprint.
3. Het aanvraagformulier en de eventuele bijlagen dienen handmatig te worden ondertekend.

⬡ 그림 11

GUARANTOR'S UNDERTAKING — INDIVIDUAL GUARANTEE

I.   Undertaking by the guarantor

1.   The undersigned (   ) ...

Resident (   ) at ...

hereby jointly and severally guarantees, at the office of guarantee of ...

up to a maximum amount of ...

in favour of the European Union (comprising the Kingdom of Belgium, the Republic of Bulgaria, the Czech Republic, the Kingdom of Denmark, the Federal Republic of Germany, the Republic of Estonia, the Hellenic Republic, the Republic of Croatia, the Kingdom of Spain, the French Republic, Ireland, the Italian Republic, the Republic of Cyprus, the Republic of Latvia, the Republic of Lithuania, the Grand Duchy of Luxembourg, Hungary, the Republic of Malta, the Kingdom of the Netherlands, the Republic of Austria, the Republic of Poland, the Portuguese Republic, Romania, the Republic of Slovenia, the Slovak Republic, the Republic of Finland, the Kingdom of Sweden ——————◀), and the Republic of Iceland,   the Republic of North Macedonia ◀ , the Kingdom of Norway, the Republic of Serbia, the Swiss Confederation, the Republic of Turkey (   ),   the United Kingdom of Great Britain and Northern Ireland (   ) ◀ , the Principality of Andorra and the Republic of San Marino (   ), any amount for which the person providing this guarantee (   ): ...

may be or become liable to the abovementioned countries for debt in the form of duty and other charges (   ) with respect to the goods described below covered by the following customs operation (   ): ...

Goods description: ...

2.   The undersigned undertakes to pay upon the first application in writing by the competent authorities of the countries referred to in point 1 and without being able to defer payment beyond a period of 30 days from the date of application the sums requested unless he or she or any other person concerned establishes before the expiry of that period, to the satisfaction of the customs authorities, that the special procedure other than the end-use procedure has been discharged, the customs supervision of end-use goods or the temporary storage has ended correctly or, in case of the operations other than special procedures and temporary storage, that the situation of goods has been regularised.

At the request of the undersigned and for any reasons recognized as valid, the competent authorities may defer beyond a period of 30 days from the date of application for payment the period within which he or she is obliged to pay the requested sums. The expenses incurred as a result of granting this additional period, in particular any interest, must be so calculated that the amount is equivalent to what would be charged under similar circumstances on the money market or financial market in the country concerned.

3.   This undertaking shall be valid from the day of its approval by the office of guarantee. The undersigned shall remain liable for payment of any debt incurred during the customs operation covered by this undertaking and commenced before any revocation or cancellation of the guarantee took effect, even if the demand for payment is made after that date.

4.   For the purpose of this undertaking, the undersigned gives his or her address for service in each of the other countries referred to in point 1 as (   )

Country	Surname and forenames, or name

	of firm, and full address

The undersigned acknowledges that all correspondence and notices and any formalities or procedures relating to this undertaking addressed to or effected in writing at one of his or her addresses for services shall be accepted as duly delivered to him or her.

The undersigned acknowledges the jurisdiction of the courts of the places where he or she has an address for service.

The undersigned undertakes not to change his or her address for service or, if he or she has to change one or more of those addresses, to inform the office of guarantee in advance.

Done at ...

on ...

...

(Signature) (   )

II.   Approval by the office of guarantee

Office of guarantee ...

Guarantor's undertaking approved on ...to cover the customs operation effected under customs declaration/temporary storage declaration No ...of ... (   )

...

(Stamp and Signature)

🔲 그림 12

GUARANTOR'S UNDERTAKING — COMPREHENSIVE GUARANTEE

I.   Undertaking by the guarantor

1.   The undersigned (   ) ...

Resident at (   ) ...

hereby jointly and severally guarantees, at the office of guarantee of ...

up to a maximum amount of ...

in favour of the European Union (comprising the Kingdom of Belgium, the Republic of Bulgaria, the Czech Republic, the Kingdom of Denmark, the Federal Republic of Germany, the Republic of Estonia, Ireland, the Hellenic Republic, the Kingdom of Spain, the French Republic, the Republic of Croatia, the Italian Republic, the Republic of Cyprus, the Republic of Latvia, the Republic of Lithuania, the Grand Duchy of Luxembourg, Hungary, the Republic of Malta, the Kingdom of the Netherlands, the Republic of Austria, the Republic of Poland, the Portuguese Republic, Romania, the Republic of Slovenia, the Slovak Republic, the Republic of Finland, the Kingdom of Sweden ──────── ◄), and the Republic of Iceland,   the Republic of North Macedonia ◄ , the Kingdom of Norway, the Republic of Serbia, the Swiss Confederation, the Republic of Turkey (   ),   the United Kingdom of Great Britain and Northern Ireland (   ) ◄ , the Principality of Andorra and the Republic of San Marino (   ),

any amount for which the person providing this guarantee (   ): ...may be or become liable to the abovementioned countries for debt in the form of duty and other charges (   ) which may be or have been incurred with respect to the goods covered by the customs operations indicated in point 1a and/or point 1b.

The maximum amount of the guarantee is composed of an amount of:

...

(a)

being 100/50/30 % (   ) of the part of the reference amount corresponding to an amount of customs debts and other charges which may be incurred, equivalent to the sum of the amounts listed in point 1a,

and

...

(b)

being 100/30 % (   ) of the part of the reference amount corresponding to an amount of customs debts and other charges which have been incurred, equivalent to the sum of the amounts listed in point 1b,

1a.   The amounts forming the part of the reference amount corresponding to an amount of customs debts and, where applicable, other charges which may be incurred are following for each of the purposes listed below (   ):

(a)

temporary storage — ...,

(b)

Union transit procedure/common transit procedure — ...,

(c)

customs warehousing procedure — ...,

(d)

temporary admission procedure with total relief from import duty — ...,

(e)

inward processing procedure — ...,

(f)

end-use procedure — ...

(g)

if another — indicate the other kind of operation — ....

1b.   The amounts forming the part of the reference amount corresponding to an amount of customs debts and, where applicable, other charges which have been incurred are following for each of the purposes listed below (   ):

(a)

release for free circulation under normal customs declaration without deferred payment — ...,

(b)

release for free circulation under normal customs declaration with deferred payment — ...,

(c)

release for free circulation under a customs declaration lodged in accordance with Article 166 of Regulation (EU) No 952/2013 of the European Parliament and of the Council of 9 October 2013 laying down the Union Customs Code — ...,

(d)

release for free circulation under a customs declaration lodged in accordance with Article 182 of Regulation (EU) No 952/2013 of the European Parliament and of the Council of 9 October 2013 laying down the Union Customs Code — ...,

(e)

temporary admission procedure with partial relief from import duty — ...,

(f)

end-use procedure — ... (   )

(g)

if another — indicate the other kind of operation — ....

2.   The undersigned undertakes to pay upon the first application in writing by the competent authorities of the countries referred to in point 1 and without being able to defer payment beyond a period of 30 days from the date of application the sums requested up to the limit of the abovementioned maximum amount, unless he or she or any other person concerned establishes before the expiry of that period, to the satisfaction of the customs authorities, that the special procedure other than the end-use procedure has been discharged, the customs supervision of end-use goods or the temporary storage has ended correctly or, in case of the operations other than special procedures, that the situation of goods has been regularised.

At the request of the undersigned and for any reasons recognized as valid, the competent authorities may defer beyond a period of 30 days from the date of application for payment the period within which he or she is obliged to pay the requested sums. The expenses incurred as a result of granting this additional period, in particular any interest, must be so calculated that the amount is equivalent to what would be charged under similar circumstances on the money market or financial market in the country concerned.

This amount may not be reduced by any sums already paid under the terms of this undertaking unless the undersigned is called upon to pay a debt incurred during a customs operation commenced before the preceding demand for payment was received or within 30 days thereafter.

3.   This undertaking shall be valid from the day of its approval by the office of guarantee. The undersigned shall remain liable for payment of any debt arising during the customs operation covered by this undertaking and commenced before any revocation or cancellation of the guarantee took effect, even if the demand for payment is made after that date.

4.   For the purpose of this undertaking, the undersigned gives his or her address for service (   ) in each of the other countries referred to in point 1 as

Country	Surname and forenames, or name of firm, and full address

The undersigned acknowledges that all correspondence and notices and any formalities or procedures relating to this undertaking addressed to or effected in writing at one of his or her addresses for services shall be accepted as duly delivered to him or her.

The undersigned acknowledges the jurisdiction of the courts of the places where he or she has an address for service.

The undersigned undertakes not to change his or her address for service or, if he or she has to change one or more of those addresses, to inform the office of guarantee in advance.

Done at ...

on ...

...

(Signature) (   )

II.   Approval by the office of guarantee

Office of guarantee ...

Guarantor's undertaking accepted on ...

...

(Stamp and Signature)

🗒 그림 13

INDIVIDUAL GUARANTEE VOUCHER

Union/common transit

▶ (1) Front ◀

TC32 — INDIVIDUAL GUARANTEE VOUCHER	A 000 000

Issued by ....

....

(name and address of individual or company)

(undertaking of the guarantor accepted on ....

by the customs office of guarantee of ....

This voucher, issued on .... is valid for an amount of up to EUR 10 000 for a Union/common transit operation beginning not later than ....

and in respect of which the holder of the procedure is ....

....

(name and address of individual or company)

....

(Signature of the holder of the procedure)*   (Signature and stamp of guarantor)

*signature optional

▶(1) M1

Back

To be completed by the customs office of departure

Transit operation effected under document T1, T2, T2F*

Registered on .... under No ....

by the customs office ....

....

(Official stamp)   (Signature)

*Delete as necessary

Technical requirements for voucher.

The voucher shall be printed on paper free of mechanical pulp, dressed for writing purposes and weighing at least 55 g/m2. It shall have a printed guilloche pattern background in red so as to reveal any falsification by mechanical or chemical means. The paper shall be white.

The format shall be 148 by 105 millimetres.

The voucher shall show the name and address of the printer, or a mark by which it may be identified, and an identification number.

🗃 그림 14

Request for supplementary information where goods are situated in another Member State

Common data requirements

(1)

Name and address of decision taking customs authority

(2)

Repayment/remission of duties — File reference of decision taking customs authority

(3)

Name and address of the customs office of the Member State where the goods are situated

(4)

Application of provisions on mutual assistance between the customs authorities

(5)

Location of goods (if applicable)

(6)

Name and full address of person from whom the information may be obtained or who can assist the customs office of the Member State where the goods are situated

(7)

List of documents attached

(8)

Purpose of the request

(9)

Decision taking customs authority – place and date – signature – stamp

(10)

Information obtained

(11)

Result of examination carried out

(12)

Place and date

(13)

Signature and official stamp

그림 15

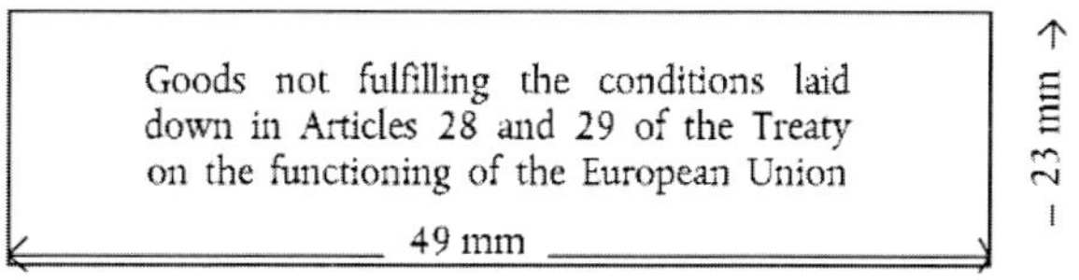

Goods not fulfilling the conditions laid down in Articles 28 and 29 of the Treaty on the functioning of the European Union

← 49 mm →

↑ 23 mm ↓

그림 16

YELLOW LABEL

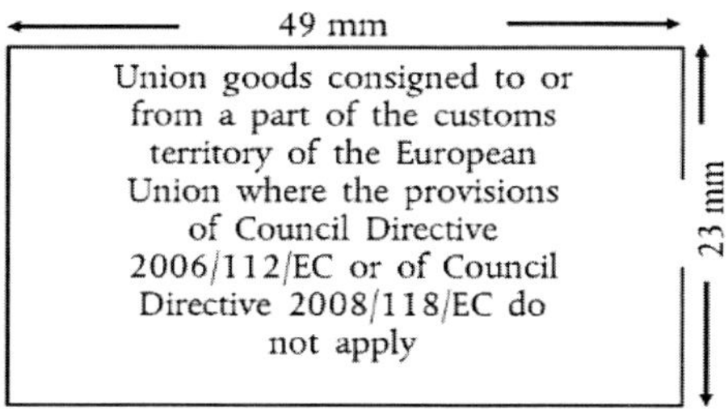

← 49 mm →

Union goods consigned to or from a part of the customs territory of the European Union where the provisions of Council Directive 2006/112/EC or of Council Directive 2008/118/EC do not apply

↕ 23 mm

Colour: black letters on a yellow background

그림 17

VAT	Import duty
Total turnover and VAT inlands	Total number of incoming shipments within period XXX
Total turnover and transferred VAT inlands	Total amount of related customs value
Total turnover related to export and Intracommunity transactions	Total customs' value of goods brought into free circulation in period XXX
Purchases related to import and intracommunity transactions	Total customs' value of non-union goods sold on in period XXX
Total paid VAT related to purchase	Total customs' value of goods remaining under SA regime in period XXX (including previous period)
Total VAT to be paid	Total import duty to be paid, split into customs' duty, anti-dumping duty, countervailing duty, and other trade regulating duty.

그림 18

The readable **bar code** must be printed on the right of "MRN" using the standard 'code 128', character set 'B', complemented by the alpha-numeric digits as indicated below. The font to be used for the alpha-numeric digits is bold Arial, size 7.

23CH9876AB889012J4

🎁 그림 19

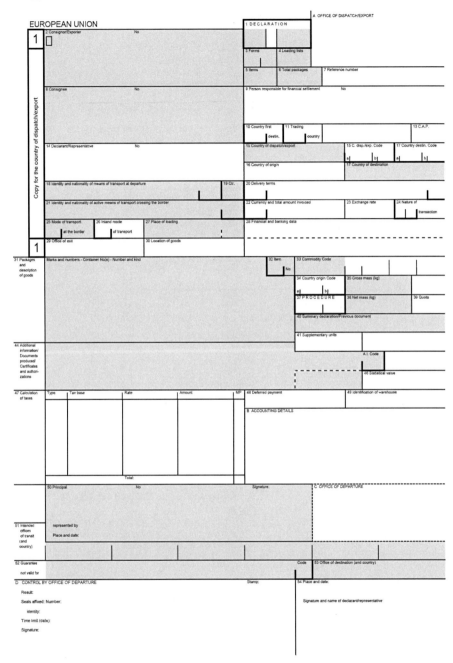

🔲 그림 20

(Name of International Organization)

CARNET TIR*

.....vouchers No

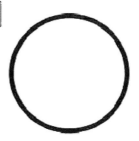

1. Valable pour prise en charge par le bureau de douane de départ jusqu'au _____ inclus
   Valid for the acceptance of goods by the Customs office of departure up to and including

2. Délivré par _____
   Issued by

   (nom de l'association émettrice / *name of issuing association*)

3. Titulaire _____
   Holder

   (numéro d'identification, nom, adresse, pays / *identification number, name, address, country*)

4. Signature du délégué de l'association   5   Signature du secrétaire de
   émettrice et cachet de cette association: l'organisation internationale:

   Signature of authorized official of the   *Signature of the secretary of the international*
   issuing association and stamp of that   *organization:*
   association:

   (◯)

   _____

(A remplir avant l'utilisation par le titulaire du carnet / To be completed before use by the holder of the carnet)

6. Pays de départ _____
   Country/Countries of departure ( )

7. Pays de destination
   Country/Countries of destination ( )
   _____

8. No(s) d'immatriculation du (des) véhicule(s) routiers(s) ( )
   Registration No(s). of road vehicle(s) ( )
   _____

9. Certificat(s) d'agrément du (des) véhicule(s) routier(s) (No et date) ( )
   Certificate(s) of approval of road vehicle(s) (No. and date) ( )
   _____

10. No(s) d'identification du (des) conteneur(s) ( )
    Identification No(s). of container(s) ( )

11. Observations diverses _____
    Remarks
    _____

                                           12. Signature du titulaire du carnet
                                               Signature of the carnet holder

( ) Biffer la mention inutile   _____
    Strike out whichever does not apply

Supporting document where goods are declared orally for temporary admission

European Union

Temporary Admission

Supporting document for an oral customs declaration

(Article 165 of the Union Customs Code Delegated Act)

1 Declarant/holder of the authorisation *(name and address)*

2 Goods to be placed under temporary admission

Trade/technical description	Quantity	Value (and currency)
a)		
b)		
c)		
d)		
e)		

3 Place of use and kind of use of the goods and means of identifying them

4 Period for discharge and customs office(s) of discharge

5 Additional information

6 Date   Name   Signature

Original — For the customs office of placement

FOR CUSTOMS USE ONLY

Remarks of the customs office of placement

Period for discharge	Date of release of goods	Relevant Article of UCC DA
Means of identification		
Customs office(s) of discharge		
Other remarks		
Date Name	Signature	Stamp/Address

Remarks of the customs office of discharge
The goods have been re-exported on:
Customs office of placement has been informed about the discharge on:
Other remarks:

Date   Name   Signature   Stamp/Address

부록 2 EU 관세법 한글 번역본

제1장 관세법의 범위, 목적 및 용어정리

제1조 주제 및 범위

1. 본법은 EU 관세영역으로 반입되거나 반출되는 물품에 적용되는 일반 규칙 (Rules) 및 절차를 규정하는 EU 관세법을 다룬다.
   국제법과 협약(Conventions), 및 다른 분야의 EU 법령을 침해하지 않는 조건으로 동 규정은 EU의 관세영역 전체에 걸쳐 일률적으로 적용된다.
2. 관세법의 특정 조항은 특정 분야를 규율하는 법률 체계 또는 국제협약의 틀 내에서 비EU 관세영역에서 적용될 수 있다.
3. 간소화내용을 포함하는 본법의 일부 조항은 EU 지침 2006/112/EC, 또는 EU 지침 2008/118/EC의 조항들이 적용되는 EU 관세영역의 일부와 동 지침의 조항들이 적용되지 않는 EU 관세영역의 일부 사이, 또는 해당 조항들이 적용되지 않는 관세영역 영토 일부 사이 무역 거래에도 적용된다.

제2조 권한의 위임

EU 집행위원회는 본법 제284조에 따라 재정정책수단의 적절한 적용을 위험에 빠뜨리지 않는다는 조건하에 본법 제1조 제3항에 규정된 EU 상품 무역에 적용되는 세관신고, 물품의 관세지위 증명, EU 내부통과운송절차의 이용과 관련한 세부 조항과 그 간소화를 규정하는 위임규칙을 제정할 수 있다. 위임규칙은 EU 회원국 중 한 개국만이 관련된 무역거래를 위한 별도의 특정한 상황을 다룰수 있다.

제3조 세관당국의 사명

세관당국은 EU 국제무역을 감독할 일차적인 책임을 지며, 이를 통해 공정하고 개방적인 무역, 내부시장의 외부 측면, 공동무역정책 및 관련 EU 정책 이행에 기여한다. 또한 전반적인 공급망 보안에도 기여한다. 세관당국은 특히 다음을 목표로 하는 조치를 취해야 한다.

(a) EU와 회원국의 재정적 이익을 보호한다.

(b) 합법적인 사업 활동을 지원하는 동시에 불공정하고 불법적인 거래로부터 EU 를 보호한다.

(c) EU 및 EU 시민의 보안과 안전과 보장하고, 적절한 경우 다른 당국과 긴밀히 협력하여 환경을 보호한다. 그리고

(d) 세관통제와 합법적인 무역원활화 사이의 적절한 균형을 유지한다.

제4조 관세영역

1. EU의 관세영역은 영해, 내수 및 영공을 포함하여 다음의 영역으로 구성된다.

—

벨기에 왕국의 영토,

—

불가리아 공화국의 영토,

—

체코공화국의 영토,

—

페로 제도와 그린란드를 제외한 덴마크 왕국의 영토,

—

헬골란트 섬과 뷔징겐 영토를 제외한 독일 연방 공화국의 영토(독일 연방 공화국 과 스위스 연방 간의 1964년 11월 23일 조약),

—

에스토니아 공화국의 영토,

—

아일랜드 영토,

—

그리스 공화국의 영토,

—

세우타와 멜리야를 제외한 스페인 왕국의 영토,

—

프랑스 해외 국가 및 TFEU 제4부의 조항이 적용되는 영토를 제외한 프랑스
공화국의 영토,

—

크로아티아 공화국의 영토,

—

리비뇨 시를 제외한 이탈리아 공화국의 영토,

—

2003년 가입법의 조항에 따라 키프로스 공화국의 영토,

—

라트비아 공화국의 영토,

—

리투아니아 공화국의 영토,

—

룩셈부르크 대공국의 영토,

—

헝가리 영토,

—

몰타의 영토,

—

유럽에 있는 네덜란드 왕국의 영토,

—

오스트리아 공화국의 영토,

—

폴란드 공화국의 영토,

—

포르투갈 공화국의 영토,

—

루마니아 영토,

—

슬로베니아 공화국의 영토,

—

슬로바키아 공화국의 영토,

—

핀란드 공화국의 영토,

—

스웨덴 왕국의 영토, 그리고

—

2. 회원국 영토 외부에 위치한 영해, 내수 및 영공을 포함한 다음 영토는 해당 지역에 적용되는 협약 및 조약을 고려하여 EU 관세영역의 일부로 간주된다.

    (a) 프랑스

        1963년 5월 18일 파리에서 서명된 관세조약에 정의된 모나코 영토(프랑스 공화국 공식 저널, 1963년 9월 27일, 8679 페이지)

    (b) 키프로스

        1960년 8월 16일 니코시아에서 서명된 키프로스 공화국 설립에 관한 조약[영국 조약 시리즈 No 4(1961) Cmnd. 1252]에 정의된 영국 주권 기지 지역인 아크로티리와 데켈리아의 영토.

제5조 정의

본법의 목적에 따라 다음 정의가 적용된다.

(1) '세관당국'이란 관세법 적용을 담당하는 회원국의 관세청과 국내법에 따라 특정 관세법을 적용할 수 있는 권한을 부여받은 기타 당국을 의미한다.

(2) '관세법'이란 아래 사항을 규정하는 법률을 의미한다.

    (a) EU 또는 국가 차원에서 채택된 법령 및 이를 보완하거나 이행하는 조항,

    (b) 공동관세

    (c) 관세면제 목적의 EU 시스템 구축을 위한 법령

(d) EU에 적용 가능하며 관세규정을 포함하는 국제협정,

(e) 유럽의회 및 이사회의 규칙 (EU) 2022/2399 및 이를 보완하거나 시행하는 조항

(3) '세관통제'란 EU 관세영역과 비EU 관세영역 간에 이동되는 물품의 반입, 반출, 통과, 이동, 보관 및 최종사용을 규율하는 관세법 및 기타 법률의 준수, 비EU 물품의 EU 관세영역에서의 이동과 보관, 그리고 최종사용될 비EU 물품을 규율하기 위해 세관당국이 수행하는 특정 행위를 의미한다.

(4) '인'이란 자연인, 법인 및 법인은 아니지만 EU 또는 회원국 국내법에 따라 법적 행위를 수행할 수 있는 능력이 있는 것으로 인정되는 사람의 단체를 의미한다.

(5) '경제운영자'란 사업 과정에서 관세법이 적용되는 활동에 참여하는 자를 의미한다.

(6) '세관대리인'이란 세관당국과의 업무에서 관세법에 따라 요구되는 행위 및 절차를 수행하도록 타인에 의해 임명된 자를 의미한다.

(7) '위험'이란 EU 관세영역과 비EU 관세영역 국가 또는 영토 사이에서 이동된 물품의 반입, 반출, 통과, 이동, 최종사용, 비EU 물품의 EU 관세영역 보관과 관련하여 발생하는 아래와 같은 사건의 발생 가능성과 영향을 의미한다.

(a) EU 또는 회원국 조치의 올바른 적용을 방해

(b) EU와 회원국의 재정적 이익을 손상시키는 행위 또는

(c) EU와 그 거주자의 보안과 안전, 인간, 동물 또는 식물의 건강, 환경 또는 소비자에게 위협을 가하는 행위

(8) '세관절차'란 관세법을 준수하기 위해 개인과 세관당국이 수행해야 하는 모든 조치를 의미한다.

(9) '반입요약신고'란 물품이 EU 관세영역으로 반입될 것임을 규정된 형식과 절차로 특정 기한 내에 세관당국에 통보하는 행위를 의미한다.

(10) '반출요약신고'는 물품이 EU의 관세영역에서 반출될 것임을 규정된 형식과 절차로 특정 기한 내에 세관당국에 통보하는 행위를 의미한다.

(11) '임시보관신고'란 물품이 임시보관 상태에 있음을 규정된 형식과 절차로 표시하는 행위를 의미한다.

(12) '세관신고'란 특정 통관절차에 따라 물품을 처리하겠다는 의사를 규정된 형식과 절차로 표시하는 행위를 의미하며, 적절한 경우 적용할 특정 조치도 표시한다.

(13) '재수출신고'란 자유지대 절차에 따르거나 임시보관중인 물품을 제외하고 비EU 물품을 EU 관세영역 밖으로 반출하고자 하는 의사를 규정된 형식과 절차로 표시하는 행위를 의미한다.

(14) '재수출통지'란 자유지역 절차에 따라 또는 EU 관세영역 밖으로 임시 보관 중인 비EU 물품을 반출하고자 하는 의사를 규정된 형식과 방식으로 표시하는 행위를 의미한다.

(15) '신고인'이란 세관신고, 임시보관신고, 반입요약신고, 반출요약신고, 재수출 신고 또는 재수출통지를 자신의 이름으로 제출하는 자 또는 그 명의의 자를 말한다.

(16) '통관절차'란 관세법에 따라 물품이 관리되고 통제되는 아래와 같은 일련의 절차를 의미한다.
  (a) 물품의 자유유통을 위한 반출
  (b) 특별절차
  (c) 수출

(17) '임시보관'은 세관당국에 제출된 후 세관절차를 밟거나 재수출되는 사이의 기간 동안 세관당국통제하에 일시적으로 보관된 비EU 물품의 상황을 의미한다.

(18) '관세채무'란 시행 중인 관세법에 따라 특정물품에 적용되는 수입 또는 수출 관세액을 납부해야 하는 개인의 의무를 의미한다.

(19) '채무자'란 관세채무에 대한 책임이 있는 자을 의미한다.

(20) '수입관세'란 물품 수입 시 납부해야 하는 관세를 의미한다.

(21) '수출세'란 수출 물품에 대해 납부해야 하는 관세를 의미한다.

(22) '관세지위'란 EU 물품 또는 비EU 물품으로써 가지는 지위를 말한다.

(23) 'EU 물품'이란 다음 범주 중 하나에 해당하는 물품을 의미한다.
  (a) EU 관세영역에서 완전히 획득된 물품으로서 비EU 관세영역 국가나 영토로부터 수입된 물품을 포함하지 않는 물품,
  (b) 비EU 관세영역 국가나 영토로부터 EU 관세영역으로 반입되어 자유유

통을 위해 반출된 물품

(c) (b)항에 언급된 물품으로부터만, 또는 (a)항과 (b)항에 언급된 물품으로부터 EU의 관세영역에서 획득되거나 생산된 물품

(24) '비EU 물품'이란 (23)에 언급된 물품 이외의 물품 또는 EU 물품으로서의 관세 지위를 상실한 물품

(25) '위험관리'란 무작위 점검을 포함하여 위험을 체계적으로 식별하고 위험에 대한 노출을 제한하는 데 필요한 모든 조치를 이행하는 것을 말한다.

(26) '물품반출'이란 세관당국이 물품을 해당 통관절차에 따라 지정된 목적으로 이용할 수 있도록 하는 행위를 의미한다.

(27) '세관감독'이란 관세법 및 관련 규정에 따라, 물품이 일정한 조치를 따르는 것이 적절한 경우, 그 조치가 제대로 준수되도록 보장하기 위해 세관당국이 일반적으로 취하는 조치를 의미한다.

(28) '환급'이란 이미 납부한 수입 또는 수출 관세액을 돌려주는 것을 말한다.

(29) '면제'는 납부되지 않은 수입 또는 수출 관세액을 납부할 의무를 유예하는 것을 의미한다.

(30) '가공품'이란 가공 작업을 거쳐 가공 절차를 거친 물품을 의미한다.

(31) 'EU 관세영역에 설립된 자'란 다음을 의미한다.

(a) 자연인의 경우에는 EU 관세영역에 상거소를 두고 있는 자

(b) 법인이나 단체의 경우에는 EU 관세영역 내에 등록사무소(Registered Office), 본부(Central Headquarters) 또는 고정사업장(Permanent Business Establishment: PBE)을 두고 있는 자

(32) '고정사업장'이란 필요한 인적, 기술적 자원이 영구적으로 존재하고 개인의 관세 관련 업무가 전부 또는 부분적으로 수행되는 고정된 사업 장소를 의미한다.

(33) '세관당국에 물품 제시'란 세관당국 또는 세관당국이 지정하거나 승인한 기타 장소에 물품이 도착하고 그 물품이 세관당국 통제하에 있다는 사실을 세관당국에 알리는 것을 의미한다.

(34) '물품소유자'란 물품의 소유자이거나 해당 물품에 대해 유사한 처분 권한을 갖고 있거나 물품을 물리적으로 통제하는 자를 의미한다.

(35) '절차보유자'란 다음을 의미한다.

   (a) 세관신고를 한 자 또는 그 대리인, 또는

   (b) 세관절차에 관한 권리와 의무가 이전된 자

(36) '상업정책조치'란 국제물품무역을 규율하는 EU 규정의 형태로 공동상업정 책의 일부로 확립된 비관세 조치를 의미한다.

(37) '처리 작업'은 다음 중 하나를 의미한다.

   (a) 물건을 세우거나 조립하거나 다른 물건에 장착하는 것을 포함한 물건의 작업

   (b) 물품 처리

   (c) 물품의 파괴

   (d) 물품의 복원 및 정리를 포함한 물품의 수리

   (e) 가공품에서는 발견되지 않지만, 생산공정에서 전부 또는 부분적으로 사용되어 물품의 생산을 원활하게 하거나 가능하게 만드는 물품(부속품)을 사용하는 것

(38) '수율'은 가공 절차에 따라 배치된 특정 수량의 물품을 가공하여 얻은 가공품의 수량 또는 백분율을 의미한다.

(39) '결정'은 특정사안에 대해 관세법을 근거로 관련 개인 또는 여러 관계인들에게 법적 영향을 미치는 판정을 포함한 세관당국의 모든 행위를 의미한다.

(40) '운송인'은 다음을 의미한다.

   (a) 입국 시, EU의 관세영역으로 물품을 가져오거나 물품 운송에 대한 책임을 지는 자. 하지만,

     (i) 복합운송의 경우, '운송인'이란 일단 EU의 관세영역으로 반입된 후 동력을 갖춘 운송수단으로 이동하는 운송수단을 운영하는 자를 의미한다.

     (ii) 선박공유 또는 계약에 따른 해상 또는 항공운송의 경우, '운송인'이란 EU 관세영역으로 물품을 실제로 운송하기 위해 계약을 체결하고 선하 증권 또는 항공운송장을 발행하는 자를 의미한다.

   (b) 반출 시, 비EU 관세영역으로 물품을 가져가거나 물품운송에 대한 책임을 지는 자. 하지만,

(ⅰ) 비EU 관세영역으로 떠나는 자체동력을 가진 운송수단이 EU 관세
영역을 벗어나 목적지에 도착한 이후, 자체동력으로 움직이는 다
른 운송수단을 이용하는 복합운송의 경우, '운송인'이란 EU 관세
영역을 떠나는 운송수단이 목적지에 도착한 뒤, 스스로 이동하는
그 다른 운송수단을 운영하는 자를 의미한다.

(ⅱ) 선박공유 또는 계약에 따른 해상 또는 항공운송의 경우, '운송인'
은 비EU 관세영역으로 물품을 실제로 운송하기 위해 계약을 체결
하고 선하 증권 또는 항공운송장을 발행하는 자를 의미한다.

(41) '구매 수수료'란 평가 대상 물품 구매 시, 수입자가 자신을 대리하는 대리인
에게 지불하는 수수료를 의미한다.

제2장 관세법과 관련한 의무과 권리

제1절 정보규정

제6조 정보 및 공통 데이터 요구 사항의 교환 및 저장수단

1. 세관당국간, 경제운영자와 세관당국간 신고, 신청 또는 결정과 같은 모든 정보
교환과 관세법에 따라 요구되는 정보의 저장은 전자데이터 처리 기술을 사용
하여 이루어져야 한다.

2. 공통 데이터 요구사항은 제1항에 언급된 정보의 교환 및 저장을 위해 작성되
어야 한다.

3. 제1항에 언급된 전자데이터 처리 기술 외에 정보교환 및 저장수단은 다음과
같이 사용될 수 있다.

(a) 정보의 종류에 따라 정당화되는 영구적인 근거가 있을 경우, 또는 전자 데
이터 처리 기술의 사용이 해당 통관절차에 적합하지 않은 경우

(b) 일시적으로, 세관당국이나 경제운영자의 컴퓨터 시스템에 일시적인 장애
가 발생한 경우

4. 제1항을 수정하여 집행위원회는 예외적인 경우, 하나 또는 여러 회원국이 전
자 데이터 처리 기술 이외의 정보교환 및 저장수단을 사용하도록 허용하는 결
정을 채택할 수 있다.

적용면제에 대한 이러한 결정은 이를 요청하는 회원국의 특정상황에 따라 정

당화되어야 하며, 적용면제는 특정기간 동안에만 허용되어야 한다. 적용면제는 정기적으로 검토되어야 하며 해당 적용대상 회원국의 요청에 의해 특정기간 동안 추가로 연장될 수 있다. 이러한 면제가 더 이상 정당화되지 못할 경우, 적용면제는 취소된다.

적용면제는 해당 회원국과 다른 회원국 간 정보교환이나 관세법 적용을 위한 다른 회원국에서의 정보 교환 및 저장에 영향을 미치지 않는다.

제7조 권한의 위임

집행위원회는 다음을 결정하기 위해 제284조에 따라 위임규칙을 채택할 권한을 갖는다.

(a) 관세법에 규정된 통관절차를 이행할 필요성과 제6조 제1항에 언급된 정보교환 및 저장의 성격과 목적을 고려한 제6조 제2항에 언급된 공통 데이터 요건의 내용

(b) 전자데이터 처리 기술 이외의 정보교환 및 저장 수단을 제6조 제3항 (a)에 따라 사용할 수 있는 구체적인 경우

(c) 제148조 제4항 및 제214조 제1항에 언급된 기록에 포함되어야 하는 정보 유형 및 세부사항.

제8조 이행권한 부여

1. 집행위원회는 이행규칙을 통해 다음을 명시해야 한다.
    (a) 필요한 경우, 제6조 제2항에 언급된 공통 데이터 요구사항의 형식 및 코드
    (b) 제6조 제3항에 언급된 전자데이터 처리 기술 이외의 수단으로 이루어질 수 있는 정보교환 및 저장에 관한 절차
    이러한 이행규칙은 제285조 제4항에 언급된 검토 절차에 따라 채택되어야 한다.
2. 집행위원회는 이행규칙을 통해 제6조 제4항에 언급된 적용면제에 대한 결정을 채택해야 한다.
    이러한 이행규칙은 제285조 제2항에 언급된 자문절차에 따라 채택되어야 한다.

제9조 등록

1. EU의 관세영역에 설립된 경제운영자는 설립지 관할 세관당국에 등록하여야 한다.

2. 특별한 경우, EU 관세영역에 설립되지 않은 경제운영자는 최초로 신고하거나 결정을 신청하는 장소를 담당하는 세관당국에 등록해야 한다.

3. 경제운영자가 아닌 자는 달리 규정하지 않는 한 세관당국에 등록할 필요가 없다. 제1호에 해당하는 자가 등록을 하여야 하는 경우에는 다음 각 호에 따른다.

    (a) EU 관세영역에 설립된 경우, 설립된 장소를 담당하는 세관당국에 등록한다.

    (b) EU 관세영역에 설립되지 않은 경우, 처음으로 신고서를 제출하거나 결정을 신청하는 장소를 담당하는 세관당국에 등록해야 한다.

4. 특정한 경우. 세관당국은 등록을 무효화할 수 있다.

제10조 권한의 위임

집행위원회는 다음을 결정하기 위해 제284조에 따라 위임규칙을 채택할 권한을 갖는다.

(a) EU 관세영역에 설립되지 않은 경제운영자가 세관당국에 등록해야 하는 제9조 제2항에 언급된 경우,

(b) 제9조 제3항 첫 번째 단락에 따른 경우로서 경제사업자 외의 자를 세관당국에 등록하여야 하는 경우

(c) 세관당국이 등록을 무효로 한 경우에는 제9조 제4항에 따른다

제11조 이행권한 부여

집행위원회는 이행규칙을 통해 제9조에 언급된 등록을 담당하는 세관당국을 명시해야 한다.

이러한 이행규칙은 제285조 제4항에 언급된 검토 절차에 따라 채택되어야 한다.

제12조 정보전달 및 데이터 보호

1. 세관당국이 업무수행 과정에서 취득한 모든 정보는 성격상 기밀이거나 기밀로 제공되는 정보로서 업무상 비밀유지의무가 적용된다. 제47조 제2항에 규정된 경우를 제외하고, 그러한 정보는 이를 제공한 자나 당국의 명시적인 허가없이 관할 당국에 의해 공개되어서는 안된다. 그러나 그러한 정보는 특히 데이터 보호와 관련하여 또는 법적 절차와 관련하여 세관당국이 현행 규정에 따라 그렇게 할 의무가 있거나 허가를 받은 경우, 허가 없이 공개될 수 있다.

2. 제1항에 언급된 기밀정보는 국제협정의 틀 내에서 해당 국가 또는 영토와의 관세협력을 목적으로 공동상업정책 분야에서 비EU 관세영역 국가 또는 영토의 세관당국 및 기타 권한 있는 당국에 전달될 수 있다.

3. 제1항과 제2항에 언급된 정보의 공개 또는 전달은 현행 데이터보호 조항을 완전히 준수하면서 적절한 수준의 데이터 보호를 보장해야 한다.

제13조 세관당국과 경제운영자간 추가 정보교환

1. 세관당국과 경제운영자는 특히 위험식별 및 대응에 있어 상호협력을 목적으로 관세법에서 특별히 요구하지 않는 정보를 교환할 수 있다. 그러한 교환은 서면계약에 따라 이루어질 수 있으며 세관당국이 경제운영자의 컴퓨터 시스템에 접근하는 것을 포함할 수 있다.

2. 제1항에 언급된 협력 과정에서 한 당사자가 다른 당사자에게 제공한 모든 정보는 양 당사자가 달리 합의하지 않는 한 비밀로 유지된다.

제14조 세관당국에 의한 정보 제공

1. 누구든지 세관당국에 관세법 적용에 관한 정보를 요청할 수 있다. 그러한 요청은 실제로 예상되는 국제물품무역과 관련된 활동과 관련되지 않은 경우, 거부될 수 있다.

2. 세관당국은 국제물품무역에 관여하는 경제운영자 및 기타 당국과 정기적인 대화를 유지해야 한다. 그들은 관세법, 일반행정규칙 및 신청서를 가능한 경우, 무료로 인터넷을 통해 자유롭게 이용할 수 있도록 함으로써 투명성을 증진해야 한다.

제15조 세관당국에 대한 정보제공

1. 통관절차 수행 또는 세관당국 통제에 직간접적으로 관여하는 모든 자는 이러한 절차나 통제를 완료하는 데 필요한 지원을 제공하여야 하며, 세관당국의 요청에 따라 지정된 기한 내에 모든 필수문서 및 정보를 적절한 형식으로 제공해야 한다.

2. 세관당국에 세관신고, 임시보관신고, 반입요약신고, 반출요약신고, 재수출신고 또는 재수출 통지를 신고하거나, 당국에 또다른 결정이나 허가를 신청하는 자는 아래와 같은 책임을 진다.

(a) 신고, 통지 또는 신청에 제공된 정보의 정확성과 완전성

(b) 신고, 통지 또는 신청을 뒷받침하는 문서의 진위성, 정확성 및 유효성;

(c) 해당되는 경우, 해당 세관당국 절차에 따라 문제의 물품을 관리하거나 승인된 작업을 수행하는 것과 관련된 모든 의무를 준수한다. 첫 번째 호는 세관당국이 요구하거나 세관당국에 제공하는 기타 형식의 정보제공에도 적용된다. 제18조에 따라 당사자의 세관대리인이 신고 또는 통지를 제출하거나 신청을 제출하거나 정보를 제공한 경우 세관대리인도 동 항 첫 번째 단락에 규정된 의무를 진다.

제16조 전자시스템

1. 회원국은 EU 관세법에 따라 세관당국과 집행위원회 사이의 정보교환과 그러한 정보의 저장을 위한 전자시스템을 개발, 유지 및 사용하기 위해 집행위원회와 협력해야 한다.

2. 제6조 제4항에 따라 적용면제가 허용된 회원국은 본 조 제1항에 언급된 전자시스템을 해당 적용범위 내에서 개발, 유지 및 사용할 필요가 없다.

제17조 이행권한 부여

집행위원회는 이행규칙을 통해 제16(1)조에 언급된 전자 시스템을 개발, 유지 및 사용하기 위한 기술적 약정을 명시해야 한다. 이러한 이행규칙은 제285조 제4항에 언급된 검토 절차에 따라 채택되어야 한다.

제18조 세관대리인

1. 누구든지 세관대리인을 지명할 수 있다. 그러한 대리가 직접대리일 경우, 대리인은 위임자의 이름으로, 위임자를 위해 법률행위를 한다. 만일 간접대리인 경우, 대리인 자신의 이름으로 위임인을 위하여 법률행위를 한다.

2. 세관대리인은 EU 관세영역 내에서 설립된다. 다만, 달리 규정된 경우를 제외하고, 세관대리인이 EU 관세영역 내에 정착할 필요가 없는 자를 대리할 경우, 동 조건이 면제된다.

3. 회원국은 EU법에 따라 세관대리인이 자신이 설립된 회원국에서 서비스를 제공할 수 있는 조건을 결정할 수 있다. 그러나 해당 회원국의 덜 엄격한 기준 적용을 침해하지 않고, 제39조의 (a)~(d)에 규정된 기준을 준수하는 세관대리인

은 자신이 설립한 이외의 회원국에서 그러한 서비스를 제공할 자격이 있다.

4. 회원국은 EU 관세영역 내에 설립되지 않은 세관대리인에게 제3항의 첫 번째 단락에 따라 서비스 제공 조건을 적용할 수 있다.

제19조 권한부여

1. 세관당국과 거래할 때 대리인는 자신이 위임자를 대신하여 법률행위를 하고 있음을 명시하는 한편, 직접대리인지 간접대리인지를 확실히 표시하여야 한다. 세관대리인 역할을 하고 있음을 명시하지 않거나 권한 없이 세관대리인 역할을 하고 있다고 진술하는 자는 자신의 이름으로 자신을 대신하여 행동하는 것으로 간주된다.

2. 세관당국은 자신이 세관대리인으로 활동하고 있다고 주장하는 자에게 위임자가 위임한 권한에 대한 증거를 제시하도록 요구할 수 있다. 특별한 경우, 세관당국은 그러한 증거 제공을 요구하지 않는다.

3. 세관당국은 정기적으로 행위 및 절차를 수행하는 세관대리인에게 권한 부여에 대한 증거를 제시하도록 요구해서는 안된다. 다만, 세관당국의 요청에 대해 이러한 증거를 제시할 수 없는 위치에 있는 자는 예외로 한다.

제20조 권한의 위임

집행위원회는 다음을 결정하기 위해 제284조에 따라 위임규칙을 채택할 권한을 갖는다.

(a) 제18조 제2항의 두 번째 단락에 따른 면제가 적용되지 않는 경우

(b) 세관당국이 제19조 제2항의 첫 번째 단락에 언급된 권한부여의 증거를 요구하지 않는 경우.

제21조 이행권한 부여

집행위원회는 이행규칙을 통해 제18(3)조에 언급된 자격 부여 및 증명에 관한 절차를 명시해야 한다.

이러한 이행규칙은 제285조 제4항에 언급된 검토 절차에 따라 채택되어야 한다.

제3절 관세법 적용과 관련된 결정

제22조 신청에 따른 결정

1. 관세법 적용과 관련된 결정을 신청하는 자는 관할 세관당국이 해당 결정을 내릴 수 있도록 관할 세관당국이 요구하는 모든 정보를 제공해야 한다. 관세법에 규정된 조건에 따라 이러한 결정은 복수의 신청자에게 적용될 수 있다.

   달리 규정된 경우를 제외하고, 신청자가 결정을 신청하는 관할 세관당국은 신청인의 관세목적을 위한 주요 계좌가 존재하거나 접근 가능한 장소, 그리고 적어도 결정에 포함되는 활동의 일부가 수행되는 장소를 관할하는 세관당국이어야 한다.

2. 세관당국은 결정 신청을 접수(receive)한 날부터 늦어도 30일 이내에 지체없이 해당 신청을 수리할(acceptance) 조건이 충족되었는지 여부를 확인해야 한다. 세관당국은 결정을 내리는 데 필요한 모든 정보가 포함되어 있음을 확인한 경우, 첫 번째 단락에 명시된 기간 내에 신청인에게 수리 여부를 통보해야 한다.

3. 관할 세관당국은 제1항에 언급된 결정을 내리고, 달리 규정되지 않는 한 지체없이 늦어도 신청 접수일로부터 120일 이내에 신청자에게 통보해야 한다. 세관당국이 결정기한을 준수할 수 없는 경우, 그 기한이 만료되기 전에 그 사실을 신청인에게 통지하고, 이유를 명시하고 필요하다고 생각하는 추가기간을 명시해야 한다. 별도로 규정하지 않는 한, 추가기간은 30일을 초과할 수 없다. 신청인이 결정의 조건과 기준의 충족을 보장하기 위한 조정이 필요한 경우, 관할 세관당국은 신청인의 요청에 의해 결정기간의 연장을 요청할 수 있다. 다만, 이 경우에 제3항 두 번째 단락의 규정을 위반하여서는 아니된다. 이러한 조정사항과 이를 수행하는 데 필요한 기간 연장은 연장 여부를 결정하는 세관당국에 전달되어야 한다.

4. 결정이나 관세법에 달리 규정된 경우를 제외하고, 결정은 신청인이 이를 수령하거나 수령한 것으로 간주되는 날로부터 효력을 발생한다. 제45조 제2항에 규정된 경우를 제외하고, 채택된 결정은 해당 날짜부터 세관당국에 의해 집행된다.

5. 관세법에 달리 규정된 경우를 제외하고 결정은 시간의 제한 없이 유효하다.

6. 신청인에게 불리한 영향을 미칠 수 있는 결정을 내리기 전에 세관당국은 결정의 근거가 되는 근거를 신청인에게 전달해야 하며, 신청자에게는 규정된 기간 내에 자신의 견해를 표현할 기회가 주어져야 한다. 해당 통지를 받은 날짜 또는 받은 것으로 간주되는 날짜부터 규정된 기간이 만료되면 신청인에게 적절한 형식으로 결정이 통보된다.

다음 각 호의 어느 하나에 해당하는 경우에는 첫 번째 단락의 규정을 적용하지 아니한다.

   (a) 제33조 제1항에 언급된 결정과 관련된 경우

   (b) 제56조 제4항 첫 번째 단락에 따라 지정된 관세할당량에 도달한 경우 관세할당 혜택을 거부하는 경우

   (c) EU과 그 거주자의 보안과 안전, 인간, 동물 또는 식물의 건강, 환경 또는 소비자에 대한 위협의 성격이나 수준이 요구하는 경우

   (d) 해당 결정이 해당 회원국의 법률을 침해하지 않고 첫 번째 하위 단락이 적용된 다른 결정의 이행을 보장하는 것을 목표로 하는 경우

   (e) 사기 방지 목적으로 시작된 조사에 피해를 줄 수 있는 경우

   (f) 다른 특정한 경우

7. 신청인에게 불리한 영향을 미치는 결정은 그 근거를 명시해야 하며 제44조에 규정된 항소권을 언급해야 한다.

제23조 신청시 결정된 사항 관리

1. 결정을 통보받은 자는 해당 결정으로 인해 발생하는 의무를 준수해야 한다.

2. 결정을 통보받은 자는 결정이 내려진 후 결정의 지속이나 내용에 영향을 미칠 수 있는 모든 요인을 지체없이 세관당국에 통보해야 한다.

3. 결정이 유효하지 않거나 무효화되는 경우를 명시하는 다른 분야의 규정을 침해하지 않고, 결정을 내린 세관당국은 결정이 관세법에 부합하지 않는 경우 언제든지 이를 취소, 수정 또는 철회할 수 있다.

4. 특별한 경우 세관당국은 다음을 수행한다.

   (a) 결정을 재평가 한다.

   (b) 취소, 취소 또는 수정될 수 없는 결정을 정지한다.

5. 세관당국은 결정을 통보받은 자가 지켜야 할 조건과 기준을 모니터링해야 한다. 또한, 해당 결정으로 인한 의무 준수 여부도 모니터링해야 한다. 결정을 통보받은 자가 설립한지 3년 미만인 경우, 세관당국은 결정이 내려진 후 첫 1년 동안 상황을 면밀히 모니터링해야 한다.

제24조 권한의 위임

집행위원회는 다음을 결정하기 위해 제284조에 따라 위임규칙을 채택할 권한을 갖는다.

(a) 제22조 제1항의 세 번째 단락에 대한 예외

(b) 제22조 제2항에 언급된 신청 수락 조건

(c) 제22조 제3항에 따라 해당 시한의 연장 가능성을 포함하여 구체적인 결정을 내리기 위한 시한

(d) 제22조 제4항에 따른 결정의 효력이 신청인이 받은 날과 다른 날부터 발생하거나 받은 것으로 보는 경우

(e) 제22조 제5항에 따른 결정이 시간의 제한 없이 유효하지 않은 경우

(f) 제22조 제6항의 첫 번째 하위 단락에 언급된 기간의 기간,

(g) 신청자에게 자신의 견해를 표현할 기회가 주어지지 않는, 제22조 제6항 두 번째 하위 단락 (f)에 언급된 특정 사례

(h) 제23조 제4항에 따른 결정의 재평가 및 유예에 관한 사례 및 규칙

제25조 이행권한 부여

집행위원회는 이행규칙을 통해 다음 사항에 대한 절차를 명시해야 한다.

(a) 제22조 제1항 및 제2항에 언급된 결정 신청의 제출 및 수락

(b) 적절한 경우 관련 회원국의 협의를 포함하여 제22조에 언급된 결정을 내릴 경우

(c) 제23조 제5항에 따른 결정 모니터링. 이러한 이행규칙은 제285조 제4항에 언급된 검토 절차에 따라 채택되어야 한다.

제26조 EU 전회원국에게 미치는 결정의 효력

결정의 효과가 하나 또는 여러 회원국에 제한되는 경우를 제외하고, 관세법 적용에 관한 결정은 EU 관세영역 전체에서 유효하다.

제27조 유리한 결정의 취소

1. 세관당국은 다음 조건이 모두 충족되는 경우 유리한 결정을 통보받은 자에게 그 결정을 취소해야 한다.

   (a) 부정확하거나 불완전한 정보를 바탕으로 결정이 내려진 경우

   (b) 결정을 통보받은 자는 해당 정보가 부정확하거나 불완전하다는 사실을 알았거나 합리적으로 알았어야 한다.

   (c) 정보가 정확하고 완전했다면 결정은 달라졌을 경우

2. 결정을 통지받은 자에게 그 취소가 통보된다.

3. 관세법에 따른 결정에 달리 명시되지 않는 한, 취소는 최초의 결정이 발효된 날로 소급되어 효력을 발생한다.

제28조 유리한 결정의 철회 및 수정

1. 제27조 외의 경우, 유리한 결정을 철회하거나 수정한다.

   (a) 해당 결정을 내리기 위한 조건 중 하나 이상이 충족되지 않았거나 더 이상 충족되지 않은 경우,

   (b) 결정을 통보받은 자의 신청에 따라.

2. 달리 규정하지 않는 한, 여러 사람에게 유리한 결정은 해당 결정에 따라 부과된 의무를 이행하지 않은 사람에 대해서만 철회될 수 있다.

3. 결정을 통보받은 자에게 결정의 철회 또는 수정이 통보되어야 한다.

4. 결정의 철회 또는 수정에는 제22조 제4항이 적용된다. 그러나 결정을 통보받은 자의 정당한 이익을 위해 필요한 예외적인 경우, 세관당국은 철회 또는 수정의 발효일을 최대 1년까지 연장할 수 있다. 해당 날짜는 철회 또는 수정 결정에 표시된다.

제29조 사전 신청 없이 결정된 사항

관세청이 사법당국의 역할을 하는 경우를 제외하고, 제22조 제4항, 제5항, 제6항, 제7항, 제23조 제3항, 제26조, 제27조, 제28조는 당사자의 사전 신청 없이 세관당국이 내리는 결정에도 적용된다.

제30조 세관절차 또는 임시보관 물품에 대한 결정에 적용되는 제한

당사자가 요청하는 경우를 제외하고, 유리한 결정의 취소, 수정 또는 정지는 취소, 수정 또는 정지가 발효되는 시점에 이미 취소, 수정 또는 보류된 결정으로 인해 통관절차가 진행되었거나 진행 중이거나 또는 임시보관 중인 물품에 영향을 미치지 않는다.

제31조 권한의 위임

집행위원회는 다음을 결정하기 위해 제284조에 따라 위임규칙을 채택할 권한을 갖는다.

(a) 제28조 제2항에 언급된 경우, 여러 사람에게 주어진 유리한 결정이 해당 결정에 따라 부과된 의무를 이행하지 않은 사람 이외의 사람에 대해서도 취소될 수 있는 경우

(b) 세관당국이 제28조 제4항의 두 번째 단락에 따라 철회 또는 개정의 발효일을 연장할 수 있는 예외적인 경우.

제32조 이행권한 부여

집행위원회는 이행규칙을 통해 유리한 결정을 취소, 철회 또는 수정하기 위한 절차를 명시해야 한다. 이러한 이행규칙은 제285조 제4항에 언급된 검토 절차에 따라 채택되어야 한다.

제33조 구속력 있는 정보와 관련된 결정

1. 세관당국은 신청 시 구속력 있는 관세정보에 관한 결정(BTI 결정) 또는 구속력 있는 원산지정보에 관한 결정(BOI 결정)을 내려야 한다. 다음과 같은 경우에는 그러한 신청이 접수되지 않는다.

    (a) 원산지를 결정하는 동일한 조건하에 BOI 결정을 위해 물품에 대해 결정을 통보받은 자나 또는 그를 대리하는 자가 동일 또는 다른 세관당국에 이미 신청하였거나 신청을 하는 경우

    (b) 신청이 BTI 또는 BOI 결정의 원래의 목적 또는 통관절차의 목적과 관련되지 않은 경우

2. BTI 또는 BOI 결정은 품목 분류 또는 원산지 결정과 관련해서만 구속력을 갖는다.

(a) 결정을 통지받은 자에 대한 세관당국의 BTI 또는 BOI 결정은 결정이 발효된 날 이후에 통관 절차가 완료된 물품에 대해서만 적용된다.

(b) 세관당국의 BTI 또는 BOI 결정은 결정의 통지를 받는 사람이 결정 통지를 받거나 받은 것으로 간주되는 날짜부터 비로소 효력을 갖는다.

3. BTI 또는 BOI 결정은 결정이 발효된 날로부터 3년 동안 유효하다.

4. 특정 세관절차와 관련하여 BTI 또는 BOI 결정을 적용하는 경우, 결정을 통지받는 자는 아래와 같은 사실을 증명해야 한다.

(a) BTI 결정의 경우, 통관을 위해 세관당국에 신고된 물품은 모든 측면에서 결정에 설명된 물품과 일치하여야 한다.

(b) BOI 결정의 경우, 문제의 물품과 원산지 취득을 결정하는 상황은 결정에 기술된 물품 및 상황과 모든 측면에서 일치하여야 한다.

제34조 구속력 있는 정보와 관련된 결정의 관리

1. BTI 결정은 다음 중 하나의 결과로 더 이상 근거법을 따를 수 없을 경우, 제33(3)조에 언급된 기간 만료전이더라도 효력이 정지된다.

(a) 제56조 제2항 (a) 및 (b)에 언급된 명명법에 대한 개정 채택

(b) 제57조 제4항에 언급된 조치의 채택;

그러한 수정안이나 조치가 적용된 날부터 효력이 발생한다.

2. BOI 결정은 다음과 같은 경우 제33조 제3항에 언급된 기간 만료 전이더라도 효력이 정지된다.

(a) EU에 의해 새로운 규정이 채택되거나 협약이 체결되고 그 효력이 발생하여 적용가능하게 된 경우, BOI 결정이 동 규정이나 협약에 부합되지 않을 경우,

(b) 세계무역기구(WTO)가 체결한 원산지 규정에 관한 협정이나 해당 협정의 해석을 위해 채택된 설명문 또는 원산지 의견이 유럽 EU 저널에 공식적으로 게재되어 그 게재된 날부터 효력이 발생하였고, 이로 인해 BOI 결정과 더 이상 양립할 수 없는 경우,

3. BTI 또는 BOI 결정은 소급하여 효력이 정지되지 않는다.

4. 제23조 제3항 및 제27조의 수정 적용을 통해 신청자의 부정확하거나 불완전한 정보를 기반으로 한 BTI 및 BOI 결정은 취소된다.

5. BTI 및 BOI 결정은 제23조 제3항 및 제28조에 따라 철회된다. 그러나 그러한 결정은 결정 보유자의 신청에 따라 철회되지 않는다(신청자의 신청에 의해 취소되지 않는다).

6. BTI 및 BOI 결정은 수정될 수 없다.

7. 세관당국은 아래의 경우 BTI 결정을 철회해야 한다.

    (a) 다음 중 하나로 인해 제56조 제2항 (a) 및 (b)에 언급된 명명법의 해석과 더 이상 양립할 수 없는 경우:

        (ⅰ) EU 공식저널에 게재된 날부터 효력이 발생하는 관세 및 통계 명명법과 공동 관세(2)에 관한 1987년 7월 23일 이사회 규칙(EEC) No 2658/87의 9조 제1항 (a)의 두 번째 들여쓰기에 언급된 설명

        (ⅱ) EU 공식저널에 판결의 주문 부분이 게재된 날부터 효력이 발생하는 유럽사법재판소의 판결

        (ⅲ) 1950년 12월 15일 브뤼셀에서 관세협력이사회 설립 협약에 따라 설립된 기구(WCO)가 채택한 것 중, EU 공식 저널 'C' 시리즈의 집행위원회 통신문이 출판된 날부터 효력이 발생하는 통일물품명칭 및 부호체계 명명법에 대한 설명 주석의 분류 결정, 분류 의견 또는 수정안

    (b) 다른 특정한 경우

8. BOI 결정은 다음과 같이 취소되어야 한다.

    (a) EU 공식저널에 판결의 주문 부분이 게재된 날부터 효력이 발생하는 유럽사법재판소의 판결과 양립할 수 없는 경우, 또는

    (b) 다른 특정한 경우

9. BTI 또는 BOI 결정이 제1항의 (b) 또는 제2항에 따라 효력이 정지되거나 제5항, 제7항, 또는 제8항에 따라 철회된 경우, BTI 또는 BOI 결정은 동 결정에 기반하여 동 결정이 철회되거나 효력이 정지되기 전 체결된 구속력 있는 계약에 계속 사용될 수 있다. 다만, 수출할 물품에 대해 BOI 결정이 내려진 경우에 이러한 계속적 사용은 인정되지 않는다.

첫 번째 하위 단락에 언급된 계속적 사용은 BTI 또는 BOI 결정이 더 이상 유효하지 않거나 철회된 날로부터 6개월을 초과할 수 없다. 그러나 제57조 제4항,

또는 제67조에 언급된 조치는 이러한 계속적 사용을 배제하거나 더 짧은 기간을 계속적 사용의 기간으로 정할 수 있다. 다만, 통관시 수출입증명서를 제출하는 품목의 경우 6개월의 기간은 수출입증명서의 유효기간으로 대체한다.

BTI 또는 BOI 결정의 계속적 사용으로부터 혜택을 받으려면 해당 결정을 통지받은 자는 해당 결정이 효력을 정지하거나 철회된 날로부터 30일 이내에 계속적 사용기간 요청에 필요한 물품의 수량과 계속적 사용 기간동안 물품이 통관되는 회원국에 대한 정보를 포함한 신청서를 결정을 내린 세관당국에 제출하여야한다. 해당 세관당국은 계속적 사용에 대한 결정을 내리고 지체 없이, 늦어도 해당 결정을 내리는 데 필요한 모든 정보를 받은 날로부터 30일 이내에 결정을 통지받은 자에게 통지해야 한다.

10. 집행위원회는 다음의 경우, 세관당국에 통보해야 한다.

(a) 정확하고 통일된 관세 분류 또는 원산지 결정이 보장되지 않는 물품에 대한 BTI 및 BOI 결정 보류 또는

(b) (a)에 언급된 철회의 정지

11. 집행위원회는 정확하고 통일된 관세 분류 또는 물품 원산지 결정을 보장하기 위해 회원국에게 BTI 또는 BOI 결정을 철회하도록 요청하는 결정을 채택할 수 있다.

제35조 다른 요소에 관해 구속력 있는 정보와 관련된 결정

특별한 경우, 세관당국은 신청이 있을 경우, 물품무역에 있어 제2편에 언급된, 수출입 관세 또는 기타 조치의 기준이 되는 기타 요소에 관해 구속력 있는 정보와 관련된 결정을 내려야 한다.

제36조 권한의 위임

집행위원회는 다음을 결정하기 위해 제284조에 따라 위임규칙을 채택할 권한을 갖는다.

(a) BTI 및 BOI 결정이 취소되는 경우, 제34조 제7항 (b) 및 제34조 제8항 (b)에 언급된 특정 사례

(b) 상품무역에 있어 제2편에 언급된, 수출입 관세 또는 기타 조치의 기준이 되는 기타 요소에 관해 구속력 있는 정보와 관련된 결정을 내려야 하는 경우로서 제35조에 규정된 경우.

제37조 이행권한 부여

1. 집행위원회는 이행규칙을 통해 다음 사항에 대한 절차를 채택한다.

   (a) 제34조 제9항에 따라 BTI 또는 BOI 결정의 효력이 정지되거나 철회된 후, 이를 사용하는 경우

   (b) 제34조 제10항 (a) 및 (b)에 따라 집행위원회가 세관당국에 통보하는 경우

   (c) 제35조에 언급되고 제36조 (b)에 따라 결정된 결정의 효력이 정지된 이후 이를 다시 사용하는 경우,

   (d) 제35조에 언급되고 제36조 (b)에 따라 결정된 결정을 정지하고, 정지나 정지의 철회를 세관당국에 통보하는 경우

   이러한 이행규칙은 제285조 제4항에 언급된 검토 절차에 따라 채택되어야 한다.

2. 집행위원회는 이행규칙을 통해 회원국에 다음 사항의 철회를 요청하는 결정을 채택해야 한다.

   (a) 제34조 제11항에 언급된 결정;

   (b) 제35조에 언급되고 제36조 (b)에 따라 결정된 결정.

   이러한 이행규칙은 제285조 제2항에 언급된 자문 절차에 따라 채택되어야 한다. 제285조 제1항에 따른 집행위원회의 의견을 서면절차에 따라 얻으려는 경우에는 제285조 제6항을 적용한다.

제4절 AEO

제38조 신청 및 승인

1. EU 관세영역에 설립되고 제39조에 규정된 기준을 충족하는 경제운영자는 AEO 자격을 신청할 수 있다. 세관당국은 필요한 경우 다른 권한 있는 당국과 협의한 후 모니터링 대상이 되는 지위를 부여해야 한다.

2. AEO 지위는 다음과 같은 유형의 허가로 구성된다

   (a) 관세법에 따라 AEO 자격을 갖고 있는 자가 특정한 간소화 혜택을 누릴 수 있도록 권한 부여

   (b) AEO 자격을 갖고 있는 자에게 보안 및 안전과 관련된 편의를 제공할 수

있는 권한을 부여

3. 제2항에 언급된 두 가지 유형이 동시에 승인될 수 있다.

4. AEO의 지위는 제39조, 제40조 및 제41조에 따라 모든 회원국의 세관당국에 의해 인정된다.

5. 세관당국은 관세법에 규정된 특정 유형의 간소화와 관련된 요건이 충족되는 경우, 간소화를 위한 AEO의 지위 인정 근거에 따라, AEO에게 간소화 혜택을 누릴 수 있는 권한을 부여해야 한다. 세관당국은 AEO 지위를 부여할 때 이미 검토한 기준을 재심사해서는 안된다.

6. 제2항에 언급된 AEO는 더 적은 물리적 및 문서 기반 통제를 포함하여 부여된 승인 유형에 따라 세관통제와 관련하여 다른 경제운영자보다 더 유리한 대우를 누려야 한다.

7. 세관당국은 EU 관세영역 밖의 국가나 영토에 설립되어 해당 국가나 영토의 관련 법령이 정한 조건을 충족하고 의무를 준수하는 자에게 AEO의 지위에 따른 혜택을 부여한다. 다만, 그러한 조건과 의무는 EU 관세영역에 설립된 AEO에게 부과되는 조건과 의무와 동등한 것으로 EU에 의해 인정되어야 한다. 이러한 혜택 부여는 EU이 달리 결정하지 않는 한 상호주의 원칙에 기초해야 하며, 공동상업정책 분야에 관한 국제협정이나 EU 법률의 지원을 받아야 한다.

제39조 지위 부여

AEO 지위 부여 기준은 다음과 같다.

(a) 신청자의 경제활동과 관련된 심각한 범죄기록이 없는 것을 포함하여 관세법 및 과세 규칙에 대한 심각한 침해 또는 반복적인 위반이 없음

(b) 적절한 세관통제를 허용하는 상업기록 및 적절한 경우, 운송기록 관리 시스템을 통해 자신의 운영 및 물품 흐름에 대한 높은 수준의 통제를 신청자가 입증할 수 있을 때

(c) 신청인이 관련 비즈니스 활동 유형의 특성을 고려하여 자신의 약속을 이행할 수 있는 양호한 재정 상태를 가지고 있는 것으로 입증된 재정적 지급 능력

(d) 제38조 제2항 (a)에 언급된 승인과 관련하여, 수행된 활동과 직접적으로 관련된 역량 또는 전문 자격의 실제 표준, 그리고

(e) 제38조 제2항 (b)에 언급된 승인과 관련하여, 신청자가 물리적 통합 및 접근 통제, 물류 프로세스, 특정 유형의 물품 취급, 직원 및 비즈니스 파트너 식별 분야를 포함한 국제 공급망의 보안 및 안전을 보장하기 위한 적절한 조치를 유지하고 있음을 입증하는 경우, 적절한 보안 및 안전 표준이 충족된 것으로 간주된다.

제40조 권한의 위임

집행위원회는 다음을 결정하기 위해 제284조에 따라 위임규칙을 채택할 권한을 갖는다.

(a) 제38조 제2항 (a)에 언급된 간소화

(b) 제38조 제2항 (b)에 언급된 편의 제공

(c) 제38조 제6항에 언급된 보다 유리한 대우

제41조 이행권한 부여

집행위원회는 이행규칙을 통해 제39조에 언급된 기준 적용 방식을 채택해야 한다. 이러한 이행규칙은 제285조 제4항에 언급된 검토 절차에 따라 채택되어야 한다.

제5절 처벌

제42조 처벌 적용

1. 각 회원국은 관세법을 준수하지 않은 경우 처벌을 규정해야 한다. 그러한 처벌은 효과적이고, 비례적이며, 재범을 막을 수 있어야 한다.

2. 행정처벌이 적용되는 경우, 특히 다음 중 하나 또는 두 가지 형태를 취할 수 있다.

   (a) 적절한 경우 형사처벌을 대신하여 적용되는 조정금액을 포함하여 세관당국이 부과하는 금전적 부과금,

   (b) 해당인이 보유한 승인의 철회, 정지, 수정

3. 회원국은 제288조 제2항에 따라 결정된 본 조의 적용일로부터 180일 이내에 본 조 제1항에 규정된 국내 시행 규정을 집행위원회에 통보해야 하며, 다음을 수행해야 한다. 해당 조항에 영향을 미치는 후속 수정 사항을 지체 없이 통지한다.

제6절 항소

제43조 사법당국이 내린 결정

제44조 및 제45조는 사법당국 또는 사법당국 역할을 하는 세관당국이 취한 관세법 적용과 관련된 결정의 취소, 철회 또는 수정을 위해 제기된 항소에는 적용되지 않는다.

제44조 항소권

1. 모든 자는 자신과 직접적으로 그리고 개별적으로 관련된 관세법의 적용과 관련하여 세관당국이 내린 결정에 대해 항소할 권리를 갖는다.

   세관당국에 결정을 신청했지만 제22조 제3항에 언급된 기한 내에 해당 신청에 대한 결정을 얻지 못한 자도 항소권을 행사할 자격이 있다.

2. 항소권은 최소한 두 단계로 행사될 수 있다.

   (a) 처음에는 세관, 사법당국 또는 회원국이 해당 목적으로 지정한 기타 기관에 제출한다.

   (b) 그 후, 회원국에서 시행 중인 규정에 따라 사법당국 또는 이에 상응하는 전문 기관이 될 수 있는 상위 독립 기관에 제출될 수 있다.

3. 항소는 결정이 내려졌거나 신청된 회원국에 제기되어야 한다.

4. 회원국은 항소 절차를 통해 세관당국이 내린 결정을 신속하게 확인하거나 수정할 수 있도록 보장해야 한다.

제45조 시행정지

1. 항소 제출로 인해 분쟁의 대상이 된 결정의 이행은 정지되지 않는다.

2. 그러나 세관당국은 분쟁의 대상이 된 결정이 관세법과 일치하지 않거나 당사자에게 회복 불가능한 피해가 우려된다고 믿을 만한 타당한 이유가 있는 경우, 그러한 결정의 이행을 전부 또는 부분적으로 정지해야 한다.

3. 제2항에 언급된 경우, 분쟁의 대상이 된 결정이 수입 또는 수출 관세를 납부하게 하는 효과가 있는 경우, 해당 결정의 이행 정지는 보증 제공을 조건으로 하되, 그러한 보증이 채무자에게 심각한 경제적 또는 사회적 어려움을 초래할 가능성이 있다는 문서화된 평가가 없어야 한다.

제7절 물품통제

제46조 위험관리 및 세관통제

1. 세관당국은 필요하다고 판단되는 모든 세관통제를 수행할 수 있다.

   세관통제는 특히 물품 검사, 샘플 채취, 신고 또는 통지에 제공된 정보의 정확성 및 완전성 확인, 문서의 존재, 진정성, 정확성 및 타당성 확인, 경제운영자 계정 및 기타 기록 조사, 운송수단 검사, 휴대품 및 수하물 검사, 공식 조사 및 기타 유사한 행위 수행

2. 무작위 검사 이외의 세관통제는 주로 전자 데이터 처리 기술을 사용한 위험 분석을 기반으로 하며, 개별회원국이나 EU 또는 가능한 경우, 국제수준에서 개발된 기준에 따라 위험을 식별 및 평가하고 필요한 대응 조치를 개발할 목적으로 이루어져야 한다.

3. 세관통제는 세관당국 간 위험 정보 및 위험 분석 결과 교환, 공통 위험 기준 및 표준, 통제 조치 및 우선순위 통제 영역 설정을 기반으로 공통 위험 관리 체계 내에서 수행되어야 한다. 그러한 정보와 기준에 기반한 통제는 제1항에 의한 세관통제나 또는 다른 조항에 따라 수행되는 통제를 침해하지 않아야 한다.

4. 세관당국은 세관통제 또는 감독대상 물품과 관련된 위험 수준을 구별하고 물품이 특정 세관통제 대상인지 여부와 적용 대상을 결정하기 위해 위험 관리를 수행해야 한다. 위험관리에는 데이터 및 정보 수집, 위험분석 및 평가, 조치 처방 및 실행, 국제, EU 및 국내 자료와 전략을 기반으로 해당 프로세스와 결과를 정기적으로 모니터링 및 검토하는 등의 활동이 포함된다.

5. 세관당국은 다음과 같은 경우 위험정보와 위험분석 결과를 교환해야 한다.

   (a) 위험이 심각하고 세관통제가 필요한 것으로 세관당국에 의해 평가되고, 통제결과에 따라 위험을 촉발하는 사건이 발생했음이 입증된 경우, 또는

   (b) 통제결과는 위험을 촉발하는 사건이 발생했음을 입증하지 못하지만, 관할 세관당국은 해당 위협이 EU의 다른 지역에서 높은 위험을 초래할 수 있다고 우려하는 경우,

6. 공통위험 기준 및 기준, 제3항에 언급된 관리 조치 및 우선 관리 영역을 설정하려면 다음 사항을 모두 고려해야 한다.

(a) 위험에 대한 비례성

(b) 필요한 통제적용의 긴급성

(c) 무역흐름, 개별 회원국 및 통제 자원에 미칠 수 있는 영향

7. 제3항에 언급된 공통위험기준 및 기준에는 다음 사항이 모두 포함되어야 한다.

(a) 위험에 대한 설명

(b) 세관통제를 위한 물품이나 경제운영자를 선택하는 데 사용되는 위험 요소 또는 지표

(c) 세관당국이 수행하는 세관통제의 성격

(d) (c)에 언급된 세관통제의 적용 기간

8. 우선통제지역은 일상적으로 이루어지는 통제를 방해하지 않는 조건하에 일정 기간동안 위험분석과 세관통제 레벨이 증가한 특정 통관절차, 물품 유형, 운송 방식, 운송 루트, 또는 경제운영자를 포함한다.

제47조 당국간 협력

1. 동일한 물품에 대해 세관당국이 아닌 다른 권한 있는 기관에서 별도의 통제가 이루어질 경우, 세관당국은 가능한 한 다른 당국과 긴밀히 협력하여 세관검사 와 타 기관의 검사가 동시에 동일한 장소에서 이루어질 수 있도록 세관당국이 이를 조정하여야 한다

2. 이 절에 언급된 통제체계 내에서 세관당국 및 기타 관할 당국은 위험을 최소 화하고 사기를 방지하기 위해 필요한 경우, 우편물 운송을 포함한 물품의 출 국, 경유, 이동, 보관 및 최종 사용, EU 관세영역과 비EU 관세영역 국가 또는 영토 사이에서의 물품의 이동, 물품의 EU 관세영역 내 존재 및 이동 비EU 물 품 및 최종 사용 절차에 따라 배치된 물품에 대한 모든 통제 결과에서 얻은 데이터를 서로 교환할 수 있다. 세관당국과 집행위원회도 관세법의 통일된 적 용을 보장할 목적으로 그러한 데이터를 서로 교환할 수 있다.

제48조 반출 후 통제

세관통제를 위해 세관당국은 세관신고, 임시보관신고, 수입요약신고, 반출요약신 고, 재수출신고 또는 재수출통지에 제공된 정보의 정확성과 완전성을 확인할 수 있으며 증빙문서의 진위성, 정확성 및 타당성도 확인할 수 있다. 또한 문제가 된

물품과 관련한 기업의 각종 행위 또는 해당 물품을 반출한 이후 이와 관련된 이전 또는 후속적인 상업적인 행위에 대한 각종 기록 및 신고인의 은행계좌에 대해서 조사를 진행할 수 있다. 세관당국은 필요시 해당 물품을 검사하고나 샘플을 채취할 수도 있다.

그러한 통제는 물품 소유자 또는 소유자의 대리인, 업무상 행위에 직접 또는 간접적으로 관여하는 기타 개인 또는 영업 목적을 위해 해당 문서 및 데이터를 보유하고 있는 개인의 구내에서 수행될 수 있다.

제49조 EU 관세영역 항공편 및 해상 횡단

1. EU 관세영역 항공편이나 EU 관세영역 해상운송을 이용하는 자의 기내 수하물과 위탁 수하물에 대한 세관통제와 절차는 관세법에 규정이 있을 때만 수행된다.

2. 제1항은 다음 중 하나를 침해하지 않고 적용된다.

   (a) 보안 및 안전 점검

   (b) 금지 또는 제한과 관련된 점검

제50조 이행권한 부여

1. 집행위원회는 이행규칙을 통해 위험정보 및 위험 분석 결과의 교환, 공통 위험 기준 및 표준, 통제 조치 및 언급된 우선 통제 영역을 포함하여 세관통제의 통일된 적용을 보장하는 조치를 채택해야 한다. 제46조 제3항에 따른다. 이러한 이행규칙은 제285조 제4항에 언급된 검토 절차에 따라 채택되어야 한다. 공통 위험관리 프레임워크를 신속하게 업데이트하고 위험 정보 및 분석, 공통 위험 기준 및 표준, 통제 조치 및 우선순위 통제 영역의 교환을 위험의 진화에 맞게 조정해야 할 필요성에 의해 정당화되는 이러한 조치와 관련된 시급성에 근거하여, 집행위는 제285조 제5항에 언급된 절차에 따라 즉시 적용 가능한 시행 법령을 채택해야 한다.

   제285조 제1항에 따른 집행위원회의 의견을 서면절차에 따라 얻으려는 경우에는 제285조 제6항을 적용한다.

2. 집행위는 법 제49조에 따라 이래 사항에 적용되는 세관통제 및 절차가 적용되는 항구 또는 공항을 이행규칙에서 정해야 한다.

(a) 승객의 기내 수하물 및 위탁 수하물

    (i) EU 공항이 아닌 곳에서 출발하여 EU 공항에 잠시 머물렀다가 다른 EU 공항으로 계속 이동하는 항공기를 이용하는 경우,

    (ii) EU 공항이 아닌 공항으로 계속 이동하기 전에 EU 공항에 잠시 머무르는 항공기를 이용하는 경우,

    (iii) 비EU 관세영역에서 출항과 기항, 그리고 운항 종료를 연속적으로 수행하는 동일한 선박에 의해 제공되는 해상 서비스를 이용할 경우,

    (iv) 유람선, 관광 또는 비즈니스 항공기 탑승 시

(b) 기내수하물 및 위탁수하물

    (i) 비EU 공항에서 출발하는 항공기를 타고 EU 공항에 도착하여 해당 EU 공항에서 EU 관세영역을 운항하는 다른 항공기로 환승하는 경우,

    (ii) 다른 EU 공항에서 비EU 공항으로 운항하는 항공기로 환적을 위해 EU 공항에서 EU 관세영역을 운항하는 항공기에 적재되는 경우, 이러한 이행규칙은 제285조 제4항에 언급된 검토 절차에 따라 채택되어야 한다.

제8절 문서 및 기타 정보 보관 및 각종 요금과 비용

제51조 문서 및 기타 정보 보관

1. 관련자는 세관통제를 위해 세관당국이 접근할 수 있고 허용할 수 있는 모든 수단을 통해 최소 3년 동안 제15조 제1항에 언급된 문서 및 정보를 보관해야 한다.

    세 번째 단락에 언급된 사유 외에 이유로 자유유통 반출된 물품 또는 수출신고된 물품의 경우, 서류보관 기간은 자유유통 또는 수출을 위한 세관신고가 접수된 연도 말부터 기산한다.

    최종사용용도로 인해 관세가 감면되어 자유유통을 위해 반출된 물품의 경우, 해당 기간은 세관감독이 정지되는 연도 말부터 기산한다.

    다른 세관절차를 밟은 물품이나 임시보관 중인 물품의 경우, 해당 기간은 해당 세관절차가 종료되거나 임시보관이 종료된 연도 말부터 기산한다.

2. 제103조 제4항을 침해하지 않고, 관세채무에 관한 세관통제에서 해당 계정의

기재 사항을 정정해야 한다고 명시하고 해당인에게 이를 통지한 경우, 관련 문서와 정보는 본 조 제1항에 규정된 기한을 넘어 다시 3년 동안 보관하여야 한다. 항소가 제기되거나 법원 절차가 시작된 경우, 관련 문서와 정보는 제1항에 규정된 기간 동안 또는 항소 절차나 법원 절차가 종료될 때까지(둘 중 더 늦은 날짜까지) 보관되어야 한다.

제52조 요금 및 비용

1. 세관당국 공식 업무 시간 동안 세관통제 수행이나 기타 관세법 적용에 대해 요금을 부과해서는 안 된다.
2. 세관당국은 특히 다음과 같은 특정 서비스가 제공되는 경우 요금을 부과하거나 비용을 회수할 수 있다.
   (a) 요청 시 세관직원이 공식 근무 시간 외 또는 세관당국 이외의 장소에 출석
   (b) 특히 제33조에 따라 내려진 결정 또는 제14조 제1항에 따른 정보 제공과 관련하여 신청자에게 물품을 반품하기 위한 분석 및 전문가 보고서 또는 우편 비용
   (c) 검증 목적을 위한 물품의 검사 또는 샘플링, 또는 물품의 폐기 등, 세관직원을 이용하는 비용외에 다른 비용이 생기는 경우,
   (d) 물품의 특성이나 잠재적 위험으로 인해 필요한 경우 예외적인 통제 조치

제3장 통화전환 및 기한

제53조 통화전환

1. 권한 있는 당국은 다음 이유 중 하나로 인해 통화전환이 필요한 경우 적용되는 환율을 인터넷에 공표 및/또는 제공해야 한다.
   (a) 물품의 과세가격을 결정하는 데 사용되는 요건이 과세가격을 결정하는 회원국에서 사용하는 통화로 표시되지 않는 경우,
   (b) EU 공동관세에서 정하는 가치기준을 포함하여 물품의 품목분류와 수입 또는 수출 관세액을 결정하기 위해 국가통화 기준 유로화 가치를 표시할 경우
2. 제1항에 언급된 사유 이외의 사유로 통화전환이 필요한 경우, 관세법의 틀 내에서 적용되는 국내 통화기준 유로화의 가치는 최소한 1년에 1회 고정되어야 한다.

제54조 이행권한 부여

집행위원회는 이행규칙을 통해 제53조 제1항 및 제2항에 언급된 목적을 위한 통화전환에 관한 규칙을 정해야 한다.

이러한 이행규칙은 제285조 제4항에 언급된 검토 절차에 따라 채택되어야 한다.

제55조 기간, 날짜 및 기한

1. 달리 규정하지 않는 한, 관세법에 기간, 날짜 또는 기한이 규정된 경우 해당 기간은 연장되거나 단축될 수 없으며 해당 날짜 또는 기한은 연장되거나 앞당겨질 수 없다.

2. 관세법에 달리 규정된 경우를 제외하고 기간, 날짜 및 기한에 대해서는 기간, 날짜 및 기한에 대한 1971년 6월 3일 이사회 규칙(EEC, Euratom) No 1182/71이 적용된다.

제2편	상품무역과 관련하여 수입 또는 수출관세 및 기타 조치가 적용되는 근거가 되는 요건

제1장 공동관세 및 품목분류

제56조 공동관세 및 감시

1. 납부해야 할 수출입 관세는 공동관세율에 따라 결정된다.

   상품무역과 관련된 특정분야를 규율하는 EU 규정에 의해 마련된 각종 조치들은 적절한 경우, 해당 물품의 품목분류에 따라 적용된다.

2. 공동관세는 다음 사항을 모두 포함한다.

   (a) 규칙(EEC) No 2658/87에 규정된 물품의 통합명명법

   (b) 통합명명법에 전적으로 또는 부분적으로 기초하거나 이에 대한 추가 세부분류를 제공하고, 물품 무역과 관련된 관세 조치를 적용할 목적으로 특정분야를 관할하는 EU 규정에 의해 확립된 기타 명명법

   (c) 통합명명법이 적용되는 물품에 적용되는 관습적 또는 일반적인 자율관세

   (d) EU가 비EU 관세영역 특정 국가나 영토 또는 그러한 국가나 영토의 집단

과 체결한 협정에 포함된 특혜관세 조치

(e) 비EU 관세영역 특정 국가나 영토 또는 그러한 국가나 영토의 집단에 대해 EU가 일방적으로 채택한 특혜관세 조치

(f) 특정 물품에 대한 관세의 감면 또는 면제를 제공하는 자율적 조치

(g) (c)부터 (f) 또는 (h)까지 언급된 조치의 틀 내에서 특정 물품의 성격이나 최종 용도로 인해 특정 물품에 대해 지정된 유리한 관세대우

(h) 농업, 상업 또는 기타 EU 법률에 의해 제공되는 기타 관세조치.

3. 관련 물품이 제2항의 (d)부터 (g)까지 규정된 조치에 포함된 조건을 충족하는 경우, (c)에 규정한 내용을 제외하고 신고인의 신청에 따라 해당 규정의 내용을 적용한다. 그러한 적용은 관련 법령이나 조치에 규정된 기한과 조건을 준수하는 경우 소급하여 이루어질 수 있다.

4. 제2항의 (d)~(g)에 언급된 조치의 적용, 또는 (h)에 언급된 조치의 면제가 특정 수량의 수입 또는 수출로 제한되는 경우, 그러한 적용 또는 관세 할당량의 경우 면제는 지정된 수입 또는 수출량이 도달하자마자 정지된다.
관세한도의 경우, 그러한 적용은 EU의 법적 행위에 따라 정지된다.

5. 제1항 및 제2항에 언급된 조치가 적용되는 물품의 자유유통을 위한 반출 또는 수출은 감시 대상이 될 수 있다.

제57조 품목분류

1. 공동관세율을 적용하는 경우, 물품의 품목분류는 해당 물품이 분류되는 통합명세의 소호 또는 추가 하위 항목 중 하나의 결정으로 구성된다.

2. 비관세 조치를 적용하는 경우, 물품의 품목분류는 통합명명법의 소호 또는 추가 세부항목 중 하나의 결정으로 구성되거나 EU 규정에 의해 만들어지고 통합명명법에 부분적으로 또는 전체적으로 기초하여 해당 물품이 분류되는 소호나 추가 하위 항목을 제공하는 다른 명명법의 결정에 따라 이루어진다.

3. 제1항 및 제2항에 따라 결정된 소호 및 추가 세부항목은 해당 소호에 연결된 조치를 적용할 목적으로 사용되어야 한다.

4. 집행위원회는 제1항과 제2항에 따라 물품의 품목분류를 결정하기 위한 조치를 채택할 수 있다.

제58조 이행권한 부여

1. 집행위원회는 이행규칙을 통해 제56조 제4항에 따른 관세 할당량 및 관세한도의 통일된 관리와 제56조 제5항에 언급된 물품의 자유유통 또는 수출을 위한 반출 감시 관리에 관한 조치를 채택해야 한다.

   이러한 이행규칙은 제285조 제4항에 언급된 검토 절차에 따라 채택되어야 한다.

2. 집행위원회는 이행규칙을 통해 제57조 제4항에 언급된 조치를 채택해야 한다.

   이러한 이행규칙은 제285조 제4항에 언급된 검토 절차에 따라 채택되어야 한다.

   통합명명법의 정확하고 통일된 적용을 신속하게 보장해야 하는 필요성 및 정당화되는 조치들과 관련한 급박성에 근거하여, 집행위원회는 제285조 제5항에 언급된 절차를 준수하여, 즉시 적용 가능한 이행규칙을 채택해야 한다.

   제285조 제1항에 따른 집행위원회의 의견을 서면절차에 따라 얻으려는 경우에는 제285조 제6항을 적용한다.

제2장 원산지

제1절 비특혜 원산지

제59조 범위

제60조와 제61조는 다음을 적용할 목적으로 물품의 비특혜 원산지 결정에 대한 규칙을 정해야 한다.

(a) 공동관세(제56(2)조의 (d) 및 (e)에 언급된 조치를 제외함)

(b) 상품무역과 관련된 특정 분야를 규율하는 EU 규정에 의해 확립된 관세 조치 이외의 조치, 그리고

(c) 원산지와 관련된 기타 EU 조치.

제60조 원산지 취득

1. 단일국가 또는 영토에서 완전히 획득된 물품은 해당 국가 또는 영토가 원산지인 것으로 간주된다.

2. 생산에 둘 이상의 국가 또는 영토가 관련된 물품의 원산지는 해당 목적을 위해 장비를 갖춘 기업에서 실질적이고 경제적으로 정당한 가공 또는 작업을 거쳐 결과적으로 새로운 물품을 제조하거나 제조의 중요단계를 수행하는 국가가 원산지가 된다.

제61조 원산지 증명

1. 관세법에 따라 세관신고에 원산지가 표시된 경우, 세관당국은 신고인에게 물품의 원산지를 증명하도록 요구할 수 있다.

2. 특정 분야에 적용되는 관세법 또는 기타 EU 법률에 따라 물품의 원산지 증명이 제공되는 경우, 세관당국은 합리적인 의심이 있는 경우, 관련 EU 법령에 의해 규정된 대로 원산지 표시를 준수하였는지 여부를 확인하기 위해 필요한 추가 증거를 요구할 수 있다.

3. 무역의 긴급상황으로 인해 필요한 경우, 물품의 수출지 국가나 지역에서 발효 중인 원산지 규정 또는 물품이 완전히 획득된 국가나 물품이 최종적인 실질적 변화를 거쳤다는 것을 식별하는 다른 방식에 의해 원산지를 증명하는 서류가 EU내에서 발급될 수 있다.

제62조 권한의 위임

집행위원회는 제59조에 언급된 EU의 조치를 적용키 위해 제284조에 따라 비특혜 원산지 결정이 필요한 물품으로써, 제60조에 의거하여 그 물품이 단일 국가나 지역에서 완전히 획득되었는지 여부 또는 단일 국가 또는 지역에서 해당 목적을 위해 장비를 갖춘 기업이 실질적이고 경제적으로 정당한 가공 또는 작업을 거쳐 결과적으로 새로운 물품을 제조하거나 제조의 중요단계를 수행하였는지 여부를 결정할 위임규칙을 채택할 권한이 있다.

제63조 이행권한 부여

집행위원회는 이행규칙을 통해 제61조에 언급된 원산지 증명의 제공 및 검증을 위한 절차를 채택해야 한다.

이러한 이행규칙은 제285조 제4항에 언급된 검토 절차에 따라 채택되어야 한다.

제2절 특혜 원산지

제64조 특혜 원산지

1. 제56조 제2항 (d) 또는 (e)에 언급된 조치 또는 비관세 특혜조지로부터 혜택을 받기 위해 물품은 동 조 제2항부터 제5항까지 언급된 특혜 원산지에 관한 규정을 준수해야 한다.

2. EU가 비EU 관세영역 특정 국가나 영토, 또는 그러한 국가나 영토의 집단과 체결한 협정에 포함된 특혜 조치의 혜택을 받는 물품의 경우, 특혜 원산지에 관한 규정은 다음 각 협정에 따른다.

3. 제5항에 언급된 국가를 제외하고, 비EU 관세영역 특정 국가나 영토 또는 그러한 국가나 영토의 집단에 대해 EU이 일방적으로 채택한 특혜 조치로부터 혜택을 받는 물품의 경우, 집행위원회는 특혜 원산지에 관한 규정을 정하는 조치를 채택한다. 이러한 조치는 물품이 완전히 획득되었다는 기준 또는 물품이 충분한 가공이나 공정을 통해 생성된다는 기준에 기초해야 한다.

4. 1985년 가입법 제2의정서(Protocol 2 to the 1985 Act of Accession)에 포함된 EU 관세영역과 세우타 및 멜리야 간 무역에서 적용되는 특혜 조치의 혜택을 받는 물품의 경우, 특혜 원산지에 관한 규칙은 동 의정서 제9조에 따라 채택된다.

5. EU와 해외국가 및 해외영토를 위한 특혜 협정에 포함된 특혜 조치의 혜택을 받는 물품의 경우, 특혜 원산지에 관한 규정은 TFEU 제203조에 따라 채택된다.

6. 집행위원회는 자체결정으로 또는 수혜 국가나 영토의 요청에 따라 특정 물품에 대해 제3항에 언급된 특혜 원산지 규정의 일시적 변경 권한을 해당 국가나 영토에 부여할 수 있다.

   일시적인 변경 조치 권한은 다음 이유 중 하나로 정당화된다.

   (a) 내부적 또는 외부적 요인으로 인해 수혜국이나 영토에서 특혜 원산지 규정을 준수할 능력이 일시적으로 박탈된 경우

   (b) 수혜 국가나 영토는 해당 규정을 준수하기 위해 준비하는 데 시간이 필요한 경우

      적용 제외 요청은 관련 수혜 국가나 영토가 집행위원회에 서면으로 제출해야 한다. 요청서에는 동조 두 번째 단락에 명시된 바와 같이 왜 변경이 필요한지 이유를 명시해야 하며 적절한 증빙 문서를 포함해야 한다.

      일시적인 변경은 이를 초래하는 내부 또는 외부 요인의 영향이 지속되는 기간 또는 수혜 국가나 영토가 규칙을 준수하는 데 필요한 기간으로 제한된다.

제65조 권한의 위임

집행위원회는 제64조 제3항에 언급된 특혜 원산지에 관한 규칙을 정하는 제284조에 따라 위임규칙을 채택할 권한을 부여받는다.

제66조 이행권한 부여

집행위원회는 이행규칙을 통해 다음을 채택해야 한다.

(a) EU 내에서 물품의 특혜 원산지 확립을 촉진하기 위한 제64조 제1항에 언급된 절차

(b) 수혜 국가 또는 영토에 제64조 제6항에 언급된 일시적인 면제를 부여하는 조치

이러한 이행규칙은 제285조 제4항에 언급된 검토 절차에 따라 채택되어야 한다. 면제가 허용된 경우, 관련 수혜 국가 또는 영토는 면제의 사용 및 면제가 허용된 수량의 관리와 관련하여 집행위원회에 제공할 정보에 대해 규정된 모든 요구사항을 준수해야 한다.

제3절 특정물품의 원산지 결정

제67조 집행위원회의 조치

집행위원회는 해당 물품에 적용되는 원산지규정에 따라 특정물품의 원산지를 결정하는 조치를 채택할 수 있다.

제68조 이행권한 부여

집행위원회는 이행규칙을 통해 제67조에 언급된 조치를 채택해야 한다. 해당 이행규칙은 제285조 제4항에 언급된 검토 절차에 따라 채택되어야 한다.

원산지 규정의 정확하고 통일된 적용을 신속하게 보장해야 하는 필요성에 의해 정당하게 정당화되는 그러한 조치와 관련된 긴급한 근거에 따라 집행위원회는 제285조 제5항에 언급된 절차에 따라 즉시 적용 가능한 이행규칙을 채택해야 한다.

제285조 제1항에 따른 집행위원회의 의견을 서면절차에 따라 얻으려는 경우에는 제285조 제6항을 적용한다.

제3장 과세가격

제69조 범위

상품무역과 관련된 특정분야를 규율하는 EU 규정에 의해 규정된 공동 관세 및 비관세 조치를 적용할 목적으로 물품의 과세가격은 제70조 및 제74조에 따라 결정된다.

제70조 거래가격에 따른 과세가격 결정

1. 물품 과세가격의 일차적인 기준은 거래가격, 즉 EU 관세영역으로의 수출을 위해 물품을 판매할 때 물품에 대해 실제로 지불했거나 지불해야 할 가격을 필요에 따라 조정한 가격으로 한다.

2. 실제로 지불했거나 지불해야 하는 가격은 수입품의 판매 조건으로 구매자가 판매자에게 지불했거나 지불할 총 금액, 또는 구매자가 판매자를 위해 제3자에게 지불했거나 지불해야 할 총금액을 포함한다.

3. 거래가격은 다음 조건을 모두 충족하는 경우에 적용된다.
   (a) 다음 사항을 제외하고 구매자의 물품 처분 또는 사용에 대한 제한은 없어야 한다.
       (i) 법률이나 EU 공공당국에 의해 부과되거나 요구되는 제한 사항
       (ii) 물품이 재판매될 수 있는 지리적 영역의 제한
       (iii) 물품의 관세 가격에 실질적으로 영향을 미치지 않는 제한 사항
   (b) 판매 또는 가격은 평가 대상 물품과 관련하여 가치를 결정할 수 없는 일부 조건이나 고려 사항의 제한을 받지 않는다.
   (c) 적절한 조정이 이루어지지 않는 한, 구매자의 물품 후속 재판매, 처분 또는 사용으로 인한 수익금의 어떤 부분도 판매자에게 직간접적으로 귀속되지 않아야 한다.
   (d) 구매자와 판매자는 관련이 없거나 관계가 가격에 영향을 미치지 않아야 한다.

제71조 거래가격의 요소

1. 제70조에 따라 과세가격을 결정할 때, 수입품에 대해 실제로 지불했거나 지불해야 할 가격에 다음을 추가해야 한다.

(a) 구매자가 부담했지만 물품에 대해 실제로 지불했거나 지불해야 할 가격에 는 포함되지 않은 범위 내에서 다음 사항이 적용된다.

    (ⅰ) 구매 수수료를 제외한 수수료 및 중개수수료

    (ⅱ) 관세 목적상 문제의 물품과 하나로 간주되는 컨테이너의 비용, 그리고

    (ⅲ) 포장 비용으로 인정되는 인건비 또는 재료비

(b) 실제로 지불했거나 지불해야 할 가격에 포함되지 않았지만, 수입품의 생 산 및 수출 판매와 관련하여 구매자가 무료로 또는 할인된 가격으로 직접 또는 간접적으로 공급하는 물품과 용역으로써 적절하게 배분된 것으로 아 래와 같은 것들

    (ⅰ) 수입품에 포함된 재료, 부품, 부품 및 유사 품목

    (ⅱ) 수입품 생산에 사용되는 도구, 금형, 주형 및 이와 유사한 품목

    (ⅲ) 수입품 생산에 소비되는 재료, 그리고

    (ⅳ) 비EU 관세영역에서 수행되고 수입품 생산에 필요한 엔지니어링, 개 발, 미술품, 디자인 작업, 계획 및 스케치

(c) 평가 대상 물품의 판매 조건으로 구매자가 직접 또는 간접적으로 지불해 야 하는 평가 대상 물품과 관련된 로열티 및 라이센스 수수료로 실제로 지불했거나 지불해야 할 가격에 포함되지 않은 것

(d) 수입품의 후속 재판매, 처분 또는 사용으로 인한 수익 중 판매자에게 직접 또는 간접적으로 발생하는 일부의 가치, 그리고

(e) 물품이 EU 관세영역으로 반입되는 곳까지의 다음 비용:

    (ⅰ) 수입품의 운송 및 보험 비용; 그리고

    (ⅱ) 수입품 운송과 관련된 선적 및 취급 비용

2. 제1항에 따라 실제로 지불했거나 지불해야 하는 가격에 대한 가산 요소의 결 정은 객관적이고 정량화 가능한 데이터에 기초해서만 이루어져야 한다.

3. 이 조에 규정된 경우를 제외하고는 과세가격 결정 시 실제로 지불했거나 지불 해야 할 가격에 추가할 수 없다.

제72조 과세가격에 포함되지 않는 요소

제70조에 따른 과세가격을 결정함에 있어서 다음 각 호의 사항은 포함되지 아니 한다.

(a) EU 관세영역 반입 후 수입품의 운송 비용

(b) 산업 플랜트, 기계 또는 장비와 같은 수입품이 EU 관세영역에 반입된 후 수행된 건설, 설치, 조립, 유지 또는 기술 지원에 대한 비용

(c) 구매자가 체결한 자금조달 약정에 따라 수입품 구매와 관련된 이자 비용으로써 자금조달 약정이 판매자이던 다른 사이던지 관계없이 서면으로 이루어지고, 필요한 경우 구매자는 다음 조건이 충족되었음을 입증할 수 있을 때,

　(i) 해당 물품이 실제로 지불했거나 지불해야 하는 가격으로 신고되어 그 가격으로 판매될 경우

　(ii) 청구된 이자율은 자금이 제공되었던 당시 국가에서 통용되는 거래 수준을 초과하지 않아야 한다.

(d) EU 내에서 수입품을 재생산할(복제) 권리에 대한 요금

(e) 구매 수수료

(f) 물품의 수입 또는 판매로 인해 EU에서 납부해야 하는 수입관세 또는 기타 요금

(g) 제71조 (1) (c)에도 불구하고, 수입품의 유통 또는 재판매 권리에 대해 구매자가 지급한 금액(해당 지급액이 EU에 대한 물품 수출 판매 조건이 아닌 경우)

제73조 간소화

세관당국은 요청 시 세관신고가 접수된 날짜에 정량화할 수 없는 경우 특정 기준에 따라 다음 금액을 결정하도록 허가할 수 있다.

(a) 제70조 제2항에 따라 과세가격에 포함되어야 하는 금액 그리고

(b) 제71조 및 제72조에 규정된 금액

제74조 과세가격 결정의 대체방식

1. 과세가격을 제70조에 따라 결정할 수 없는 경우, 과세가격을 결정할 수 있을 때까지 동조 제2항 (a)부터 (d)까지 순차적으로 진행하여 결정해야 한다. 신고인이 요청할 경우 제2항의 (c) 및 (d)의 적용 순서가 바꾸어야 한다.

2. 제1항에 따른 과세가격 결정 순서는 다음과 같다.

　(a) EU의 관세영역으로 수출하기 위해 판매되고 평가 대상 물품과 거의 동시에 수출되는 동일한 물품의 거래가격

(b) EU의 관세영역으로의 수출을 위해 판매되고 평가 대상 물품과 거의 동시에 수출되는 유사 물품의 거래가격

(c) 당해 수입품 또는 동일하거나 유사한 수입품이 EU의 관세영역 내에서 판매자와 관련이 없는 자에게 가장 많은 수량으로 판매되는 단위가격을 기준으로 한 가격

(d) 다음의 합계로 산정된 가격

(i) 수입품 생산에 사용되는 재료, 가공 또는 기타 가공의 비용 또는 가치,

(ii) EU로 수출하기 위해 수출국의 생산자가 제조한 당해 물품과 동종 또는 동류의 물품 판매시 일반적으로(usually) 반영되는 이윤 및 일반 경비에 해당하는 금액

(iii) 제71조 제1항 (e)에 언급된 요소의 비용 또는 가격

3. 관세가격이 제1항에 따라 결정될 수 없는 경우, 다음의 원칙과 일반 규정에 부합하는 합리적인 수단을 사용하여 EU 관세영역에서 이용 가능한 자료에 기초하여 결정된다.

(a) 관세 및 무역에 관한 일반협정 제7조 이행에 관한 협정

(b) 관세 및 무역에 관한 일반협정 제7조,

(c) 본 장

제75조 권한의 위임

집행위원회는 제73조에 언급된 승인 부여 조건을 결정하기 위해 제284조에 따라 위임규칙을 채택할 권한을 갖는다.

제76조 이행권한 부여

집행위원회는 이행규칙을 통해 다음 사항에 대한 절차를 명시해야 한다.

(a) 실제로 지불했거나 지불해야 할 가격 조정을 포함하여 제70조 제1항, 제2항, 제71조, 제72조에 따라 과세가격을 결정한다.

(b) 제70조 제3항에 언급된 조건의 적용

(c) 제74조에 언급된 과세가격을 결정한다.

이러한 이행규칙은 제285조 제4항에 언급된 검토 절차에 따라 채택되어야 한다.

제1장 관세채무 발생

제1절 수입관세채무

제77조 자유유통을 위한 반출 및 임시수입

1. 수입관세채무는 다음 통관절차 중 하나에 따라 수입관세가 부과되는 역외 물품을 반입함으로써 발생한다.

    (a) 최종사용을 포함하여 자유유통을 위한 반출

    (b) 수입관세가 부분적으로 면제되는 임시수입

2. 수입신고가 수리되는 시점에 관세채무가 발생한다.

3. 신고인은 채무자로 한다. 대리의 경우, 세관신고를 대신하여 하는 자도 채무자가 된다. 제1항에 언급된 절차 중 하나에 관한 세관신고가 수입관세의 전부 또는 일부가 징수되지 않은 정보에 기초하여 작성된 경우, 신고서 작성에 필요한 정보를 제공한 자 그리고 그러한 정보가 거짓임을 알았거나 합리적으로 알았어야 했던 자도 채무자가 된다.

제78조 비원산지 물품에 관한 특별 규정

1. EU과 특정 국가 또는 지역간 또는 비EU 관세영역 국가나 지역의 집단과의 특혜 협정에 따라 원산지 증명서가 발행되거나 작성된 물품의 제조에 사용되는 비원산지 물품에 대해 수입관세의 환급 금지 또는 면제 금지가 적용되는 경우, 해당물품과 관련된 재수출신고서 수리를 통해 비원산지 물품에 대해 수입관세채무가 발생한다.

2. 제1항에 따라 관세채무가 발생한 경우, 해당 채무에 상응하는 수입관세액은 역내가공 절차를 종료할 목적으로 해당 물품의 제조에 사용된 비원산지 물품의 자유유통을 위한 세관신고 수리일과 동일한 날짜에 발생한 관세채무와 동일한 조건으로 결정된다.

3. 제77조 제2항과 제3항이 적용된다. 다만, 제270조에 따른 역외 물품의 경우에는 재수출신고를 한 자가 채무자가 된다. 간접대리의 경우에는 대리하여 신고를 제출한 자도 채무자가 된다.

제79조 규정 불이행으로 인해 발생한 관세채무

1. 수입관세가 부과되는 물품의 경우, 다음 중 하나를 준수하지 않음으로 인해 수입관세가 부과된다.

   (a) 역외물품의 EU 관세영역 반입, 세관감독의 해제, 또는 해당 영토 내에서 해당 물품의 이동, 가공, 저장, 임시 저장, 임시 반입 또는 폐기와 관련하여 관세법에 규정된 의무 중 하나;

   (b) EU 관세영역에서 물품의 최종사용에 관한 관세법에 규정된 의무 중 하나,

   (c) 세관절차에 따라 역외물품을 배치하거나 물품의 최종사용으로 인해 관세감면을 부여하는 데 적용되는 조건

2. 관세채무가 발생하는 시기는 다음 중 하나이다:

   (a) 불이행으로 인해 관세채무가 발생하는 의무가 이행되지 않거나 이행이 중단되는 순간

   (b) 세관절차에 따라 물품을 배치하기 위한 세관신고가 수리되어, 이에 따라 물품의 최종사용을 위한 해당절차의 준수 또는 관세감면이 허용되는 조건이 실제로 충족되지 않을 경우,

3. 제1항 (a) 및 (b)에 해당하는 경우 채무자는 다음 중 하나에 해당한다.

   (a) 해당 의무를 이행해야 하는 자

   (b) 관세법에 따른 의무가 이행되지 않았다는 사실을 알고 있었거나 합리적으로 알았어야 했던 자, 그리고 의무를 이행할 의무가 있는 자를 대신하여 행동한 자, 또는 그 의무를 이행하지 못한 행위에 참여한 자

   (c) 문제의 물품을 획득 또는 보유하고 물품을 획득하거나 수령할 당시 관세법에 따른 의무가 이행되지 않았음을 알았거나 합리적으로 알았어야 했던 자.

4. 제1항 (c)에 언급된 경우, 채무자는 물품의 최종사용에 따른 관세 면제 또는 수입관세 인하절차 또는 승인조건, 또는 세관절차에 따라 물품을 배치하는 조건 또는 해당 세관당국에 제출한 신고에 적용되는 조건을 준수해야 하는 자이다. 제1항 (c)에 언급된 통관 절차 중 하나와 관련하여 세관신고를 작성하고 해당 통관절차에 따라 물품을 배치하는 조건과 관련하여 관세법에 따라 요구되는 정보가 제공되는 경우 그 정보를 세관당국에 신고하였지만, 그 정보로 인해 수입관세의 전부 또는 일부가 징수되지 않은 경우, 세관신고를 작성하는 데 필요

한 정보를 제공한 자, 해당 정보가 거짓임을 알았거나 합리적으로 알았어야 했던 자 역시 채무자가 된다.

제80조 이미 납부한 수입관세액 공제

1. 최종 사용으로 인해 인하된 수입관세로 자유유통을 위해 반출된 물품에 대하여 제79조 제1항에 따라 관세채무가 발생한 경우에는 그 물품이 자유유통을 위해 반출될 때 지불한 관세액은 관세채무에 해당하는 수입관세액에서 공제된다. 해당 물품의 폐기로 인해 발생하는 폐기품 및 폐기물과 관련하여 관세 채무가 발생한 경우 동항 첫째 단락이 적용된다.

2. 제79조 제1항에 따라 수입관세 부분 면제로 임시수입된 물품에 대하여 관세채무가 발생한 경우, 부분 면제로 납부한 수입관세액을 관세채무에 상응하는 해당 수입관세액에서 공제한다.

제81조 수출 및 역외가공

1. 수출관세채무는 해당 물품을 수출절차 또는 역외가공절차에 놓음으로써 부과된다.

2. 관세채무는 세관신고를 수리할 때 발생한다.

3. 신고인은 채무자로 한다. 간접대리의 경우, 세관신고를 대신하여 하는 자도 채무자가 된다. 잘못된 정보로 수출관세의 전부 또는 일부가 징수될 수 없는 세관신고가 작성된 경우, 수출신고에 필요한 정보를 제공한 자, 그러한 정보를 알았거나 합리적으로 알았어야 했던 자 또한 채무자가 된다.

제82조 규정 불이행으로 인해 발생한 관세채무

1. 수출관세가 부과되는 물품의 경우, 다음 중 하나를 준수하지 않음으로 인해 수출관세가 발생한다.
   (a) 물품반출에 관한 관세법에 규정된 의무 중 하나
   (b) 수출관세의 감면조건으로 비EU 관세영역으로 물품을 반출하는 것이 허용되는 조건

2. 관세채무가 발생하는 시기는 다음 중 하나다.
   (a) 세관신고 없이 물품이 실제로 EU 관세영역에서 반출되는 순간

(b) 수출관세의 전부 또는 일부 면제조건으로 비EU 관세영역으로 물품을 반출하는 것이 허용되어 지정된 최종 목적지로 향하여야 함에도 다른 목적지에 도착하는 순간

(c) 세관당국이 (b)에 언급된 시점을 결정할 수 없는 경우, 해당 물품에 대한 구제 자격 조건이 충족되었다는 증거 제시에 대해 설정된 기한의 만료

3. 제1항 (a)에 해당하는 경우 채무자는 다음 중 하나에 해당한다.

(a) 관련 의무를 이행하도록 요구받은 자

(b) 해당 의무가 이행되지 않았다는 사실을 알고 있었거나 합리적으로 알았어야 했던 자 및 의무를 이행할 의무가 있는 자를 대신하여 행동한 자

(c) 의무 불이행으로 이어진 행위에 가담한 자로서 세관신고를 제출하지 않았으나 제출했어야 했다는 사실을 알았거나 합리적으로 알았어야 했던 자

4. 제1항 (b)에 언급된 경우, 채무자는 물품의 전부 또는 일부를 수출관세감면 혜택을 받고 비EU 관세영역으로 반출할 경우, 수출관세감면 허용 요건을 준수해야 하는 자이다.

제3절 수출입 관세에 대한 일반규정

제83조 금지 및 제한

1. 수입 또는 수출에 대한 관세채무는 그것이 모든 종류의 수출입 금지 또는 제한 조치의 대상이 되는 물품과 관련된 경우에도 발생한다.

2. 다만, 다음 각 호의 어느 하나에 대해서는 관세채무가 발생하지 아니한다.

(a) 위조 화폐를 EU 관세영역으로 불법 반입하는 행위

(b) 의학적, 과학적 목적으로 사용하기 위해 권한 있는 당국이 엄격하게 감독하는 경우를 제외하고 마약 및 향정신성 물질을 EU 관세영역으로 반입하는 것

3. 그럼에도 불구하고, 관세범에 적용되는 처벌의 목적상, 회원국의 법률에 따라 수입 또는 수출관세 또는 관세채무의 존재가 처벌을 결정하는 기초를 제공하는 경우, 관세채무는 발생한 것으로 간주한다.

제84조 여러 채무자

여러 명이 하나의 관세채무에 해당하는 수입 또는 수출 관세액을 납부할 의무가 있는 경우, 그들은 연대하여 그 금액을 납부할 책임이 있다.

제85조 수입 또는 수출 관세액 계산에 대한 일반규칙

1. 수입 또는 수출 관세액은 해당 물품에 대한 관세채무가 발생한 당시 해당 물품에 적용되었던 관세 계산 규정에 기초하여 결정된다.
2. 관세채무가 발생한 시점을 정확히 결정할 수 없는 경우, 해당 시점은 세관당국이 해당 물품이 관세채무가 발생한 상황에 물품이 놓여있다고 결정하는 그 시점으로 한다.

   그러나 세관당국이 이용할 수 있는 정보를 통해 관세채무가 그러한 결론에 도달한 시점 이전에 발생했음을 입증할 수 있는 경우, 관세채무는 그러한 상황이 발생한 가장 빠른 시점에 발생한 것으로 간주된다.

제86조 수입관세액 계산에 관한 특별 규정

1. EU 관세영역에서 세관절차 또는 임시보관 중인 물품에 대한 보관 또는 일반적인 취급 비용이 발생한 경우, 그러한 비용의 증가는 신고인이 만족스러운 증거를 제시하는 경우, 수입관세 계산에 포함되지 않는다. 그러나 작업에 사용되는 역외물품의 과세가격, 수량, 성질 및 원산지는 수입관세액 계산 시 고려된다.
2. EU 관세영역에서 일반적인 서류작업으로 인해, 세관절차에 놓인 물품의 품목분류가 변경되는 경우에도, 신고인의 요청이 있으면 절차에 놓인 물품에 대한 원래의 품목분류가 적용된다.
3. 역내가공절차로 인해 가공된 물품에 대해 관세채무가 발생한 경우, 해당 채무에 해당하는 수입관세 금액은 신고인의 요청에 따라 해당 물품과 관련된 세관신고 접수 당시 역내가공절차에 놓인 물품의 품목 분류, 과세 가격, 수량, 물품의 성질 및 원산지를 기준으로 결정된다.
4. 특별한 경우, 수입관세액은 제56조 제2항 (h)에 언급된 과세회피를 막기 위해 신고인의 요청 없이 본 조의 제2항과 제3항에 따라 결정된다.
5. 제261조 제1항에 따른 역외가공절차로 인한 가공물품 또는 대체물품에 대해 관세채무가 발생한 경우, 수입관세액은 역외에서 수행된 가공작업의 비용을 기준으로 계산한다.

6. 동법 제56조 제(2)항의 (d)부터 (g), 제203조, 제204조, 205조 208조, 제259조부터 제262조, 또는 관세면제에 대한 이사회 규칙 (EC) No 1186/2009에 따라 물품에 대한 유리한 관세 대우나 수출입 관세의 면제 또는 전부 또는 일부 면제를 규정하는 경우, 그러한 유리한 관세 대우, 구제 또는 면제는 제79조 또는 제82조에 따라 관세채무가 발생하긴 하였지만, 관세채무 발생을 초래한 실패가 사기적 시도를 구성하지 않은 경우에도 적용된다.

제87조 관세채무 발생지

1. 관세채무는 제77조, 제78조 및 제81조에 따른 세관신고 또는 재수출신고가 접수된 장소에서 발생한다.

   기타 모든 경우, 관세채무가 발생한 장소는 해당 사건이 발생한 장소이다.

   그 장소를 결정할 수 없는 경우, 관세당국이 물품이 관세채무가 발생하는 상황에 있다고 결론을 내리는 장소에서 관세채무가 발생한다.

2. 물품이 아직 종료되지 않은 통관절차에 놓여있거나, 임시보관이 적절하게 종료되지 않았으며 특정한 기한 안에 관세채무가 발생한 장소를 제1항의 두 번째 또는 세 번째 단락에 따라 결정할 수 없는 경우 관세채무는 해당 절차에 따라 물품이 놓여지거나 해당 절차에 따라 EU의 관세영역으로 반입되거나 임시보관된 장소에서 발생한다.

3. 세관당국이 입수한 정보를 통해 관세채무가 여러 장소에서 발생했음을 입증할 수 있는 경우, 관세채무는 처음 발생한 장소에서 발생한 것으로 간주된다.

4. 제79조 또는 제82조에 따라 다른 회원국에서 관세채무가 발생했고 해당 채무에 해당하는 수입 또는 수출 관세액이 10,000유로 미만인 것으로 세관당국이 확인한 경우, 관세채무는 해당하는 관세채무가 발생했다고 확인된 회원국에서 발생한 것으로 간주한다.

제88조 권한의 위임

집행위원회는 다음을 결정하기 위해 제284조에 따라 위임규칙을 채택할 권한을 갖는다.

(a) 제85조 및 제86조에 규정된 규칙을 보완하는 특별 절차의 맥락에서 관세 채무가 발생한 물품에 적용되는 수입 또는 수출 관세액 계산 규칙

(b) 제86조 제4항에 따른 경우

(c) 제87조 제2항에 언급된 시한

제2장 잠재적 또는 현재 발생한 관세채무에 대한 보증

제89조 일반조항

1. 달리 명시하지 않는 한, 이 장은 이미 발생한 관세채무와 앞으로 발생할 수 있는 관세채무 모두에 대한 보증에 적용된다.

2. 세관당국이 잠재적 또는 기존 관세채무에 대한 보증을 요구하는 경우, 해당 보증은 다음과 같은 경우 수입 또는 수출 관세액과 물품 수출입과 관련하여 부과되는 기타 부과금을 포함한다.

   (a) 보증은 EU 운송절차에 따라 통과운송에 사용된다. 또는

   (b) 보증은 둘 이상의 회원국에서 사용될 수 있다.

   필요한 경우 일정한 회원국 이외에 사용할 수 없는 보증은 해당 회원국에서만 유효하며 최소한 수입 또는 수출 관세액을 포함해야 한다.

3. 세관당국이 보증 제공을 요구하는 경우, 채무자 또는 채무자가 될 수 있는 자에게 보증을 요구해야 한다. 또한 보증이 요구되지 않는 다른 자가 보증을 제공하도록 허용할 수 있다.

4. 제97조를 침해하지 않고, 세관당국은 특정한 물품 혹은 특정한 신고에 대해 하나의 보증만 요구한다. 특정 신고에 대해 제공된 보증은 해당 신고의 정확성 여부에 관계없이 해당 신고에 포함되거나 반출된 모든 물품에 대한 관세 채무 및 기타 부과금에 해당하는 수입 또는 수출 관세액에 적용된다.

   보증이 해제되지 않은 경우, 담보된 금액 한도 내에서 해당 물품의 통관 후 통제에 따라 지불해야 하는 수출입 관세 및 기타 비용을 회수하기 위해 사용할 수도 있다.

5. 본 조 3항에 언급된 사람의 신청에 따라 세관당국은 제95조 제1항, 제2항 및 제3항의 조건하에 둘 이상의 작업 신고 또는 세관절차와 관련하여 관세채무에 해당하는 수입 또는 수출 관세를 포함하는 포괄보증을 승인할 수 있다.

6. 세관당국은 보증을 모니터링해야 한다.

7. 국가, 지역 및 지방 정부 기관 또는 공법이 적용되는 기타 기관은 공공기관으

로서 수행하는 활동과 관련하여 어떠한 보증도 요구하지 않는다.

8. 다음과 같은 경우에는 보증이 필요하지 않는다.

    (a) 라인강, 라인강 수로, 다뉴브강 또는 다뉴브강을 따라 운송되는 물품,

    (b) 고정 운송 시설에 의해 운송되는 물품

    (c) 물품이 임시수입절차를 밟는 특별한 경우,

    (d) 제233조 제4항 (e)에 언급된 간소화를 통해 EU 통과운송절차에 따라 EU
        항구간 또는 EU 공항 간에 해상 또는 항공으로 통과운송되는 물품.

9. 담보의 목적이 되는 수입 또는 수출 관세액이 비회원국과의 대외 무역과 관련
   하여 공동체 통계에 관한 2009년 5월 6일 유럽의회 및 이사회 규칙 (EC) No
   471/2009의 제3조 제4항에 규정된 신고에 대한 통계적 가치 기준을 초과하지
   않는 경우 세관당국은 보증 제공 요구사항을 면제할 수 있다.

제90조 강제보증

1. 보증을 의무적으로 제공해야 하는 경우, 세관당국은 보증이 필요한 시점에 해
   당 보증금액을 관세채무에 해당하는 수입 또는 수출 관세액과 기타 부과금을
   포함한 액수와 동일한 수준으로 정확히 정해야 한다. 정확한 금액을 확정할 수
   없는 경우, 보증은 관세청이 추정한 관세채무에 상응하는 수출입 관세 및 이미
   발생했거나 발생할 수 있는 기타 비용의 최대 금액으로 정해진다.

2. 시간에 따라 금액이 달라지는 관세채무 및 기타 부과금에 해당하는 수입 또는
   수출 관세액에 대해 포괄적인 보증이 제공되는 경우 제95조를 침해하지 않는
   범위에서 이러한 포괄보증은 관세채무에 해당하는 수입 또는 수출관세 및 기
   타 비용을 항상 담보할 수 있는 수준으로 설정되어야 한다.

제91조 선택적 보증

보증 제공이 선택적인 경우, 세관당국이 채무자가 관세채무에 해당하는 수입 또
는 수출 관세액 및 기타 부과금을 지정된 기간 내에 납부할 것이 확실하지 않다
고 판단하는 경우 제90조에 언급된 금액 수준을 초과하지 않는 범위에서 반드시
보증을 요구하여야 한다.

제92조 보증 제공

1. 보증은 다음 중 하나의 형태로 제공될 수 있다.

    (a) 현금 예금 또는 세관당국이 현금 예금과 동등하다고 인정한 기타 지불 수단을 통해 유로화 또는 보증이 요구되는 회원국의 통화로 이루어진다.

    (b) 보증인의 확약

    (c) 관세채무에 해당하는 수입 또는 수출 관세액 및 기타 비용이 지불될 것이라는 동등한 확약을 제공하는 기타 다른 형태의 보증

2. 현금 보증 또는 기타 동등한 지불 수단 형태의 보증은 회원국에서 시행 중인 규정에 따라 제공되어야 한다. 현금예치나 이에 준하는 지급수단으로 보증을 한 경우 관세당국은 이에 대한 이자를 지급하지 아니한다.

제93조 보증의 선택

보증을 제공해야 하는 사람은 제92조 제1항에 규정된 보증 형태 중에서 선택할 수 있다. 그러나 세관당국은 해당 통관 절차의 적절한 기능과 양립할 수 없는 경우, 보증을 제공해야하는 자가 선택한 보증 형식의 수락을 거부할 수 있다. 세관당국은 선택한 보증 형식을 특정 기간 동안 유지하도록 요구할 수 있다.

제94조 보증인

1. 제92조 제1항 (b)에 언급된 보증인은 EU 관세영역에 설립된 제3자이어야 한다. 보증인은 유효한 EU 조항에 따라 EU에서 인가를 받은 신용 기관, 금융 기관 또는 보험 회사가 아닌 한 보증을 요구하는 세관당국의 승인을 받아야 한다.

2. 보증인은 관세채무에 상응하는 수입 또는 수출 관세액과 기타 비용을 지불할 것을 서면으로 약속한다.

3. 세관당국은 관세채무에 해당하는 수입 또는 수출 관세액 및 기타 부과금을 규정된 기간 내에 납부할 것이 확실하지 않은 경우, 보증인 또는 제안된 보증 유형의 승인을 거부할 수 있다.

제95조 포괄적인 보증

1. 제89조 제5항에 따른 허가는 다음 각 호의 조건을 모두 충족하는 자에게만 부

여된다.

(a) EU 관세영역에 설치

(b) 제39조 (a)에 규정된 기준을 충족해야 한다.

(c) 이들은 관련 통관 절차의 정규 사용자이거나 임시보관시설의 운영자, 또는 제39조 (d)에 규정된 기준을 충족해야 한다.

2. 관세 채무 및 발생할 수 있는 기타 비용에 대해 포괄적인 보증이 제공되는 경우, 경제운영자는 제39조 (b) 및 (c)에 규정된 기준을 충족하는 경우, 감액된 금액으로 포괄적인 보증을 사용하거나 보증을 면제할 수 있다.

3. 발생한 관세채무 및 기타 비용에 대해 포괄적인 보증이 제공되는 경우, 간이신고 대상인 AEO는 신청 시 감액된 금액으로 포괄적인 보증을 사용할 수 있다.

4. 제3항에 따른 감액된 포괄보증은 보증의 제공과 동일하다.

제96조 포괄보증 이용에 관한 한시적 금지

1. 특별절차 또는 임시보관과 관련하여 집행위원회는 아래 사항을 일시적으로 금지할 수 있다.

(a) 제95조 제2항에 따른 감액포괄보증 또는 보증면제

(b) 대규모 사기의 대상이 된 것으로 확인된 물품에 대한 제95조에 따른 포괄보증

2. 본 조 제1항의 (a) 또는 (b)가 적용되는 경우, 해당자가 아래의 조건을 충족할 경우, 반환 요청이 인정될 수 있다.

(a) 해당 개인은 제1항에 언급된 결정 이전 2년 동안 여러 세관절차에서 문제의 물품과 관련하여 관세채무가 발생하지 않았음을 입증할 수 있다

(b) 제1항에 언급된 결정 이전 2년 동안 관세채무가 발생한 경우, 관련자는 채무자 또는 보증인이 규정된 기한 내에 해당 채무를 전액 지불했음을 입증할 수 있다.

일시적으로 금지된 포괄적 보증을 사용하기 위한 허가를 얻으려면 해당인은 제39조 (b) 및 (c)에 규정된 기준을 충족해야 한다.

제97조 추가 또는 교체 보증

제공된 보증이 관세채무 및 기타 부과금에 해당하는 수입 또는 수출 관세액을 규

정된 기간 내에 지불하는 것을 보장하지 않거나 더 이상 확실하지 않거나 충분하지 않다고 세관당국이 확인한 경우, 세관당국은 제89조 제3항에 규정된 자에게 자신의 선택에 의해 추가 보증을 제공하거나 원래 보증을 새로운 보증으로의 대체를 요구할 수 있다.

제98조 보증 해제

1. 세관당국은 관세채무 또는 기타 부과금에 대한 책임이 소멸되거나 더 이상 발생하지 않는 경우 즉시 보증을 해제해야 한다.

2. 관세채무 또는 기타 비용에 대한 책임이 일부 소멸되었거나 담보된 금액의 일부에 대해 발생할 수 있는 경우, 관련 금액이 관련자의 요청행위를 정당화하는 한, 관련자의 요청에 따라 해당 보증 부분은 해제된다.

제99조 권한의 위임

집행위원회는 다음을 결정하기 위해 제284조에 따라 위임규칙을 채택할 권한을 갖는다.

(a) 제89조 제8항 (c)에 언급된 특정 사례와 같이 임시수입절차에 놓인 물품에 대해 보증이 필요하지 않은 경우

(b) 제92조 제1항 (c)에 언급된 보증 형식 및 제94조에 언급된 보증인에 관한 규칙

(c) 제95조 제2항에 따른 감액된 포괄보증 사용 또는 보증 포기 승인의 조건

(d) 보증 해제 시한

제100조 이행권한 부여

1. 집행위원회는 이행규칙을 통해 절차를 명시해야 한다.

   (a) 제95조 제2항 및 제3항에 언급된 감소 금액을 포함한 보증금액 결정

   (b) 제89조에 따른 보증의 제공 및 모니터링, 제94조에 따른 보증인의 약속 철회 및 취소, 제98조에 따른 보증 해제에 관한 사항

   (c) 제96조에 따른 일시적인 금지

      이러한 이행규칙은 제285조 제4항에 언급된 검토 절차에 따라 채택되어야 한다.

2. 집행위원회는 이행규칙을 통해 제96조에 언급된 조치를 채택해야 한다.

이러한 이행규칙은 제285조 제4항에 언급된 검토 절차에 따라 채택되어야 한다. EU과 회원국의 재정적 이익 보호를 신속하게 강화할 필요가 있다는 이유로 정당하게 정당화되는 조치와 관련된 긴급한 상황에 따라 집행위원회는 법 제285조 제5항에 언급된 절차에 따라 즉시 적용 가능한 이행규칙을 채택해야 한다. 제285조 제1항에 따른 집행위원회의 의견을 서면절차에 따라 얻으려는 경우에는 제285조 제6항을 적용한다.

제3장 수입 또는 수출 관세액의 회수, 지불, 환급 및 면제

제1절 수입 또는 수출 관세액 결정, 관세채무 통지 및 계정 입력

제101조 수입 또는 수출 관세액 결정

1. 납부해야 할 수입 또는 수출 관세액은 관세채무가 발생한 장소 또는 제87조에 따라 발생한 것으로 간주되는 장소를 관할하는 세관당국이 필요한 정보를 입수한 후 즉시 결정한다.

2. 제48조를 침해하지 않고, 세관당국은 신고인이 결정한 납부해야 할 수입 또는 수출 관세액을 받아들일 수 있다.

3. 납부해야 할 수입 또는 수출 관세액이 정수가 아닌 경우 해당 금액은 반올림 될 수 있다. 첫 번째 단락에 언급된 금액이 유로로 표시되는 경우 반올림은 가장 가까운 정수로 반올림하거나 내림하는 것 이상일 수 없다.

통화가 유로가 아닌 회원국은 두 번째 단락의 조항을 준용(mutatis mutandis)하거나 두 번째 단락에 명시된 규칙보다 더 큰 재정적 영향을 미치지 않는 조건으로, 그 단락을 무시할 수 있다

제102조 관세채무 통지

1. 관세채무는 관세채무가 발생한 장소 또는 제87조에 따라 발생한 것으로 간주되는 장소에서 정한 양식으로 채무자에게 통지되어야 한다.

다음 각 호의 어느 하나에 해당하는 경우에는 제1호의 통지를 하지 아니한다.

(a) 수입 또는 수출 관세액이 최종 결정될 때까지 관세 형태를 갖춘 상업적 조치가 부과된 경우

(b) 납부하여야 할 수입 또는 수출 관세액이 제33조에 따라 결정된 금액을 초과하는 경우

(c) 관세채무를 통지하지 않거나 통지했다하더라도 납부해야 할 수입 또는 수출 관세액보다 적은 금액을 통지한 원래의 결정이 나중에 법원에 의해 무효화된 경우

(d) 세관당국이 관세법에 따라 관세채무 통지를 면제받는 경우

2. 납부해야 할 수입 또는 수출 관세액이 세관신고에 기재된 금액과 동일한 경우, 세관당국의 물품 반출결정은 채무자에게 관세채무를 통지하는 것과 동일한다.

3. 제2항이 적용되지 않는 경우, 관세채무는 세관당국이 납부해야 할 수입 또는 수출 관세액을 결정할 수 있는 상황에서 이에 대한 결정을 내릴 수 있을 때 세관당국에 의해 채무자에게 통보된다.

그러나 관세채무 통지가 범죄 수사에 지장을 줄 수 있는 경우, 세관당국은 더 이상 범죄 수사에 지장을 주지 않을 때까지 해당 통지를 연장할 수 있다.

4. 관세채무 납부가 보장된 경우, 세관당국이 정한 기간 동안 동일인에게 반출된 모든 물품과 관련된 수입 또는 수출 관세총액에 해당하는 관세채무를 해당 기간 말에 통지할 수 있다. 그 기간은 31일을 초과할 수 없다.

제103조 관세채무 한도

1. 관세채무가 발생한 날로부터 3년이 경과한 후에는 관세채무를 채무자에게 통지할 수 없다.

2. 관세채무가 범죄 당시 형사소송을 야기할 수 있었던 행위의 결과로 발생한 경우, 국내법에 따라 제1항에 규정된 3년의 기간은 최소 5년, 최대 10년으로 늘어난다.

3. 제1항과 제2항에 규정된 기간은 다음의 경우에 정지된다.

(a) 제44조에 따라 항소가 제기된 경우 그러한 정지는 항소가 접수된 날부터 적용되며 항소 절차가 진행되는 동안 지속된다. 또는,

(b) 세관당국은 제22조 제6항에 따라 관세채무를 통지하려는 근거를 채무자에게 전달한다. 그러한 정지는 통지일로부터 채무자에게 자신의 의견을 표현할 기회가 주어진 기간이 끝날 때까지 적용된다.

4. 관세채무가 제116조 제7항에 따라 회복되는 경우, 제1항과 제2항에 규정된 기간은 제121조에 따라 환급 또는 감면 신청이 제출된 날부터 환급 또는 감면에 대한 결정이 내려진 날까지 정지된 것으로 간주한다.

제104조 계정입력

1. 제101조에 언급된 세관당국은 국내법에 따라 동조에 의해 결정된 납부 수입 또는 수출 관세액을 자신의 계정에 입력해야 한다.

   제102조 제1항 두 번째 단락의 경우, 첫 번째 단락을 적용하지 아니한다.

2. 세관당국은 제103조에 따라 채무자에게 더이상 통지할 수 없는 관세채무에 해당하는 수입 또는 수출 관세액을 회계계정에 입력할 필요가 없다.

3. 회원국은 수입 또는 수출 관세액을 계정에 입력하기 위한 실제 절차를 결정해야 한다. 이러한 절차는 관세채무가 발생한 상황을 고려하여 세관당국이 해당 금액을 지불할 것이라고 만족하는지 여부에 따라 달라질 수 있다.

제105조 계정입력 기간

1. 수입관세의 일부를 면제받는 임시 수입허가 이외의 통관절차를 위한 물품 세관신고의 수리 또는 그와 동일한 법적 효력을 갖는 기타 행위의 결과로 관세채무가 발생한 경우 세관당국은 물품 반출일로부터 14일 이내에 납부해야 할 수입 또는 수출 관세액을 회계 계정에 입력해야 한다.

   그러나 납부가 보장된 경우 31일을 초과하지 않는 범위에서 세관당국이 정한 기간 동안 동일한 자에게 반출된 모든 물품과 관련된 수입 또는 수출 관세액은 해당 기간의 마지막에 한번에 처리되어야 하며 이러한 계정입력은 해당 기간 만료 전 14일 이내에 이루어져야 한다.

2. 납부할 수입 또는 수출 관세액 결정 또는 징수를 규율하는 특정 조건에 따라 물품이 반출될 수 있는 경우, 계좌에 납부해야 할 수입 또는 수출 관세액이 결정되었거나 해당 관세를 납부할 의무가 확정된 날로부터 14일 이내에 입력해야 한다.

   그러나 관세채무가 관세 형태의 임시 상업정책조치와 관련된 경우, 납부해야 할 수입 또는 수출 관세액은 유럽 EU 공식 저널에 확정적인 상업 정책 조치를 채택, 게재된 날로부터 2개월 이내에 계정에 입력되어야 한다.

3. 제1항에 규정되지 않은 상황으로 관세채무가 발생한 경우, 납부해야 할 수출
   입 관세액은 세관당국이 관세액을 결정할 수 있게 되어 결정을 내린 날로부터
   14일 이내에 계정에 입력되어야 한다.

4. 제1항, 제2항 및 제3항에 따라 납부해야 할 수입 또는 수출 관세액이 계정에
   입력되지 않아 수입 또는 수출 관세액를 보전해야 할 필요가 있는 경우, 또는
   실제 납부해야 할 액수보다 낮은 수준으로 관세액이 결정되어 입력된 경우, 보
   전해야 할 관세액에 대해서는 제3항이 적용된다.

5. 제1항, 제2항 및 제3항에 규정된 계정입력 시한은 예측할 수 없는 상황이나
   불가항력의 경우에는 적용되지 않는다.

6. 제102조 제3항의 두 번째 문단에 언급된 경우, 관세채무 통지가 더 이상 범죄
   수사에 지장을 주지 않을 때까지 계정입력이 연장될 수 있다.

제106조 권한의 위임

집행위원회는 제102조 제1항 (d)에 언급된 세관당국이 관세채무 통지를 면제할
수 있는 사례를 결정하기 위해 제284조에 따라 위임규칙을 채택할 권한이 있다.

제107조 이행권한 부여

집행위원회는 관세채무가 발생할 경우 세관당국 간의 상호 지원을 보장하기 위한
조치를 이행규칙을 통해 채택해야 한다.

이러한 이행규칙은 제285조 제4항에 언급된 검토 절차에 따라 채택되어야 한다.

제2절 수출입 관세 납부

제108조 일반적인 납부기한 및 납부기한의 정지

1. 제102조에 따라 통보된 관세채무에 해당하는 수입 또는 수출 관세액은 세관당
   국이 정한 기간 내에 채무자가 납부하여야 한다.

   제45조 제2항을 침해하지 않고, 그 기간은 관세 채무자에게 통지한 후 10일을
   초과할 수 없다. 제105조 제1항 조건에 따라 계좌에 기재한 사항을 합산하는
   경우에는 제110조에 따라 납부연장 승인을 받은 경우, 채무자가 그 납부연장
   기간보다 더 긴 기간(합산을 위한 기간)을 확보할 수 없도록 정하여야 한다.

   세관당국은 제48조에 언급된 반출 후 관리 과정에서 납부할 수입 또는 수출

관세액이 결정된 경우, 채무자의 신청에 따라 해당 기간을 연장할 수 있다. 제112조 제1항을 침해하지 않고, 그러한 연장은 채무자가 자신의 의무를 이행하기 위해 적절한 조치를 취하는 데 필요한 시간을 초과할 수 없다.

2. 채무자가 제110조부터 제112조까지 규정된 지급 편의를 받을 자격이 있는 경우 지급은 명시된 기간 내에 이루어져야 한다.

3. 관세채무에 해당하는 수입 또는 수출 관세액의 납부기한은 다음의 경우 정지된다.

    (a) 제121조에 따라 환급 또는 감면을 신청하는 경우

    (b) 물품을 몰수, 파기하거나 국가에 소유권을 넘기는 경우

    (c) 제79조에 따라 관세채무가 발생한 경우로서 채무자가 2인 이상인 경우

제109조 납부

1. 납부는 현금 또는 국내법에 따라 잔고 조정을 포함하여 유사한 지불 효과를 갖는 기타 수단으로 이루어져야 한다.

2. 채무자를 대신하여 제3자가 지급을 할 수 있다.

3. 채무자는 어떤 경우에도 납부 기간이 만료되기 전이더라도 수입 또는 수출 관세액의 전부 또는 일부를 납부할 수 있다.

제110조 납부 연기

세관당국은 관련자의 신청과 보증 제공에 따라 다음 방법 중 하나로 납부 관세 납부 연기를 승인해야 한다.

(a) 제105조 제1항의 첫 번째 단락 또는 제105조 제4항에 따라 계정에 입력된 각 수출입 관세액 각각에 대해 별도로 납부 연기

(b) 31일을 초과하지 않는 범위에서 세관당국이 정한 기간 동안 제105조 제1항 첫 번째 단락에 따라 계정에 입력된 모든 수입 또는 수출 관세액 전체에 대해

(c) 제105조 제1항 두 번째 단락에 따라 단일한 계정입력을 구성하는 모든 수출입 관세액 전부에 대해

제111조 납부 연기 기간

1. 제110조에 따른 납부연기 기간은 30일로 한다.

2. 제110조 (a)에 따라 납부가 연기되는 경우, 기간은 관세채무가 채무자에게 통보된 날의 다음 날부터 시작된다.

3. 제110조 (b)에 따라 납부가 연기되는 경우, 기간은 합산 기간이 종료되는 날의 다음 날부터 시작된다. 연기 기간은 합산기간에 포함되는 일수의 절반에 해당하는 일수만큼 단축된다.

4. 제110조 (c)에 따라 납부가 연기되는 경우, 기간은 해당 물품의 반출을 위해 정해진 기간이 끝난 다음 날부터 시작된다. 연기 기간은 정해진 기간에 일수의 절반에 해당하는 일수만큼 단축된다.

5. 제3항과 제4항에 따른 공제 기간의 일수가 홀수인 경우, 30일 기간에서 공제되는 일수는 다음으로 낮은 짝수의 절반과 동일하다.

6. 제3항과 제4항에 따른 기간이 주인 경우, 회원국은 납부가 연기된 수입 또는 수출 관세액을 늦어도 4번째 주 금요일에 납부하도록 규정할 수 있다.

   해당 기간이 개월인 경우 회원국은 납부가 연기된 수입 또는 수출 관세액을 다음 달 16일까지 납부하도록 규정할 수 있다.

제112조 기타 결제 방식

1. 세관당국은 보증 제공을 조건으로 채무자에게 납부연기 이외의 편의를 제공할 수 있다.

2. 제1항에 따라 편의가 제공되는 경우, 수입 또는 수출 관세액에 신용 이자가 부과된다.

   통화가 유로인 회원국의 경우 신용 이자율은 만기일이 포함된 달의 첫 번째 날, 유럽 중앙 은행이 주요 재융자 작업에 적용한 유럽 EU 공식 저널 C 시리즈에 게시된 이자율에서 1퍼센트 증가한 이자율과 동일해야 한다.

   통화가 유로가 아닌 회원국의 경우 신용 이자율은 중앙은행이 주요 재융자 작업을 위해 해당 달의 1일에 적용한 이자율에 1% 포인트 증가된 이자율이며, 만일 국립중앙은행 금리를 이용할 수 없는 회원국의 경우 해당 회원국의 화폐 시장에서 해당 월의 1일에 적용되는 가장 동등한 금리에서 1% 포인트 인상된 이자율이다.

3. 세관당국은 채무자의 상황에 대한 문서화된 평가에 근거하여 이것이 심각한

경제적 또는 사회적 어려움을 야기할 것으로 판단되는 경우 보증을 요구하거나 신용 이자를 부과하지 않을 수 있다.

4. 세관당국은 손실 보전 조치에 필요한 액수가 10유로 미만인 경우 신용 이자를 부과하지 않는다.

제113조 징수

납부해야 할 수입 또는 수출 관세액이 지정된 기간 내에 납부되지 않은 경우, 세관당국은 관련 회원국의 법률에 따라 가능한 모든 수단을 통해 해당 금액의 납부를 보장해야 한다.

제114조 연체이자

1. 지정된 기간이 만료된 날부터 납부일까지 수입 또는 수출 관세액에 대해 연체 이자가 부과된다.

통화가 유로인 회원국의 경우 신용 이자율은 만기일이 포함된 달의 첫 번째 날, 유럽 중앙 은행이 주요 재융자 작업에 적용한 유럽 EU 공식 저널 C 시리즈에 게시된 이자율에서 2퍼센트 증가한 이자율과 동일해야 한다.

통화가 유로가 아닌 회원국의 경우 신용 이자율은 중앙은행이 주요 재융자 작업을 위해 해당 달의 1일에 적용한 이자율에 2% 포인트 증가된 이자율이며, 만일 국립중앙은행 금리를 이용할 수 없는 회원국의 경우 해당 회원국의 화폐 시장에서 해당 월의 1일에 적용되는 가장 동등한 금리에서 2% 포인트 인상된 이자율이다. 관세채무가 제79조 또는 제82조에 근거하여 발생하거나 관세채무 통지가 반출 후 통제로 인해 발생한 경우, 연체금에 대한 이자는 관세채무가 발생한 날부터 통지일까지 수입 또는 수출 관세액을 초과하여 부과된다. 세관당국은 채무자의 상황에 대한 문서화된 평가에 근거하여 연체금에 대한 이자를 부과하는 것이 심각한 경제적 또는 사회적 어려움을 야기할 것으로 판단되는 경우에는 연체금에 대한 이자를 부과하지 않을 수 있다. 세관당국은 각 회수 조치에 필요한 액수가 10유로 미만인 경우 연체금에 대한 이자를 부과하지 않는다.

제115조 권한의 위임

집행위원회는 제108조에 언급된 관세채무에 해당하는 수입 또는 수출 관세액의 납부 기한 정지 및 기간 정지에 관한 규칙을 결정하기 위해 제284조에 따라 위임 규칙을 채택할 권한을 갖는다.

제3절 환급 및 면제

제116조 일반조항

1. 이 절에 규정된 조건에 따라 수입 또는 수출 관세액은 다음 근거 중 하나에 따라 환급되거나 면제된다.

   (a) 과도한 수입 또는 수출 관세

   (b) 결함이 있는 물품이나 계약 조건을 준수하지 않는 물품

   (c) 관할 당국의 오류

   (d) 형평성

   수입 또는 수출 관세액을 납부하고 제174조에 따라 해당 세관신고가 무효로 된 경우에는 그 금액을 환급한다.

2. 당사자가 더 낮은 금액의 환급 또는 면제를 요청하는 경우를 제외하고, 세관당국은 1항에 언급된 수입 또는 수출 관세액이 10유로 이상인 경우 해당 금액을 환급하거나 면제해야 한다.

3. 세관당국이 제119조 또는 제120조에 근거하여 환급 또는 감면을 허용해야 한다고 간주하는 경우, 관련 회원국은 다음 경우에 결정을 내리기 위해 집행위원회에 파일을 전송해야 한다.

   (a) 세관당국이 특별한 상황이 집행위원회의 의무 불이행의 결과라고 간주하는 경우

   (b) 세관당국이 집행위원회가 제119조의 의미 내에서 오류를 범했다고 간주하는 경우

   (c) 사건의 상황이 1997년 3월 13일 관세 및 농업 문제 관련 법률의 적합한 적용을 보장키 위한 회원국 행정 당국 간의 상호지원 및 회원국 행정 당국과 집행위원회 간의 협력에 관한 이사회 규칙(EC) Regulation No 515/97에 따라 수행된 EU 조사 결과와 관련된 경우, 또는 이러한 EU 조사권을

부여하는 규정을 담은 EU와 제3국 또는 국가단체와의 협정이나 법률에 의해 이루어진 조사 결과와 관련된 경우

(d) 오류나 특별한 상황으로 인해 하나 이상의 수출입 작업과 관련하여 해당 개인이 책임져야 할 금액이 500,000유로 이상인 경우

첫 번째 호에도 불구하고 다음 상황 중 어느 하나에 해당하는 경우에는 파일을 전송해서는 안된다.

(e) 집행위원회가 사실과 법률의 유사한 문제와 관련된 사건에 대해 이미 결정을 채택한 경우

(f) 집행위원회가 사실과 법률의 유사한 문제와 관련된 사건을 이미 고려하고 있는 경우

4. 결정 권한의 규칙에 따라, 세관당국이 제121조 제1항에 언급된 기간 내에 제117조, 제119조 또는 제120조에 따라 수입 또는 수출 관세액을 환급하거나 면제할 수 있음을 스스로 확인한 경우, 스스로 환급하거나 면제해야 한다.

5. 관세채무 통지의 원인이 된 상황이 채무자의 기망으로 인한 경우에는 어떠한 환급이나 감면도 허용되지 않는다.

6. 세관당국은 환급시 이자지급을 해서는 아니된다.

그러나 기한을 지키지 못한 것이 세관당국의 통제범위를 벗어나는 경우를 제외하고, 환급 결정이 내려진 날로부터 3개월 이내에 환급결정이 이행되지 않은 경우에는 이자가 지급된다.

이 경우 이자는 3개월이 경과한 날부터 환급일까지 지급한다. 이자율은 제112조에 따라 정한다.

7. 세관당국이 실수로 환급 또는 면제를 승인한 경우, 제103조에 따라 시효가 만료되지 않는 한 원래의 관세채무는 회복되어야 한다.

그러한 경우, 제6항의 두 번째 호에 따라 지급된 이자는 돌려받아야 한다.

제117조 과다 부과된 수입 또는 수출 관세

1. 처음에 통보된 관세채무에 해당하는 금액이 지불해야 할 금액을 초과하거나 관세채무가 제102조 제1항 두 번째 단락 (c) 또는 (d)에 반하여 채무자에게 통보된 경우, 수입 또는 수출 관세액은 환급 또는 면제되어야 한다.

2. 자유유통을 위한 반출신고가 수리된 당시 관세할당, 관세한도 또는 기타 특혜

관세조치로 인해 영세율 또는 수입관세의 감면 사유의 존재를 바탕으로 환급 또는 감면을 신청하는 경우 환급 또는 감면은 필요한 서류와 함께 신청서를 제출할 때 다음 조건 중 하나가 충족되면 이를 인정한다.

(a) 관세할당량의 경우 그 양이 소진되지 않은 경우

(b) 다른 경우에는 일반적으로 납부해야 할 세율이 재설정되지 않았을 경우

제118조 결함이 있는 물품 또는 계약 조건을 준수하지 않는 물품

1. 관세채무 통지가 수입자가 (자유유통을 위해) 반출하려는 당시, 수입의 조건이 되는 계약에 위배하여 결함이 있거나 계약 조건을 준수하지 않아, 거부된 물품과 관련된 경우 수입관세 금액을 환급하거나 면제해야 한다.

   결함 물품은 (자유유통을 위해) 반출전에 손상된 물품이 포함되는 것으로 간주한다.

2. 제3항에도 불구하고 물품에 결함이 있거나 계약 조건을 준수하지 않았음을 입증하는 데 필요한 초기 사용을 제외하고 물품을 사용하지 채로 EU 관세영역에서 반출될 경우, 환급 또는 면제가 허용된다.

3. 다음과 같은 경우에는 환급 또는 감면이 허용되지 않는다.

   (a) 상품이 결함이 있다는 사실과 계약 조건에 따르지 않았다는 사실을 여러 테스트 과정에서 확인하지 못했음에도 자유유통을 위해 반출되기 전 물품을 테스트를 위한 특별한 절차에 놓이게 할 경우

   (b) 물품이 관세채무 발생과 관련된 통관 절차에 들어가기 전에 계약 조건, 특히 가격을 작성할 때 물품의 결함 성격이 고려되었던 경우

   (c) 물품에 결함이 있거나 계약 조건을 준수하지 않는다는 것이 확인된 후 신청인이 물품을 판매한 경우

4. 비EU 관세영역으로 물품을 반출하는 대신, 관련자의 신청에 따라 세관당국은 물품이 폐기 또는 외부통과운송, 세관창고 또는 자유무역지대 배치 등을 포함한 역내가공 절차에 놓이도록 승인해야 한다.

제119조 관할 당국의 오류

1. 제116조 제1항 두 번째 단락과 제117조, 제118조 및 제120조 외의 경우에 권한 있는 당국의 오류로 처음에 통보된 관세채무에 해당하는 금액이 납부해야

할 금액보다 작을 경우, 아래 조건을 충족하는 한도 내에서 수출입 관세를 면제하거나 환급한다.

(a) 채무자는 그 오류를 합리적으로 발견할 수 없었고,

(b) 채무자는 선의로 행동한 경우,

2. 제117조 제2항에 규정된 조건이 충족되지 않은 경우, 자유유통을 위한 세관신고에 모든 세부 사항이 들어가 있으며 인하 세율 또는 영세율 적용에 필요한 모든 서류가 첨부되었음에도 세관당국의 실수로 인해 감세율 또는 영세율을 적용하지 못한 경우 상환 또는 감면이 허용된다.

3. 비EU 관세영역에 있는 국가나 영토의 당국이 참여하는 행정적 협력 체계에 기초하여 물품의 특혜 대우가 부여되는 경우, 해당 당국이 발행한 문서가 부정확한 것으로 밝혀지면, 동조 제1항 (a)가 의미하는 바처럼 합리적으로 발견할 수 없는 오류를 구성한다.

그러나 부정확한 증명서의 발행은 발행 당국이 해당 물품이 특혜 대우를 받을 수 있는 조건을 갖추지 못했다는 사실을 확인했거나 확인했어야만 했다는 명백한 증거가 없는 한, 그 부정확한 증명서가 수출자가 제공한 사실에 근거한 설명에 근거한 것을 경우, 당국의 오류를 구성하지 않는다.

채무자가 해당 거래 활동 기간 동안 특혜를 위한 모든 조건이 충족되었는지 확인하기 위해 적절한 주의를 기울였음을 입증할 수 있는 경우 채무자는 선의로 간주된다.

집행위원회가 수혜 국가 또는 영토의 특혜 조치의 적절한 적용에 대해 의심스러운 근거가 있음을 명시하는 통지를 EU 관보에 게재한 경우 채무자는 선의의 항변에 의존할 수 없다.

제120조 형평성

1. 제116조 제1항 두 번째 단락, 제117조, 제118조 및 제119조에 규정된 경우를 제외하고, 기만이나 명백한 과실이 채무자에게 귀속될 수 없는 특별한 상황에서 관세채무가 발생한 경우 형평성의 이익이라는 측면에서 수입 또는 수출 관세액을 상환하거나 면제한다.

2. 제1항의 특별한 사정은 채무자가 같은 사업을 영위하는 다른 사업자와 비교하

여 예외적인 상황에 있다는 것이 그 사건의 상황으로 보아 명백하며 그러한 상황이 없었다면 채무자가 수입 또는 수출 관세액의 징수로 인해 불이익을 받지 않았을 것이라는 것이 확실할 경우를 의미한다.

제121조 환급 및 감면 절차

1. 제116조에 따른 환급 또는 감면 신청은 다음 기간 내에 세관당국에 제출되어야 한다.

    (a) 과다 부과된 경우, 관할 당국 또는 형평성 오류로 인한 수입 또는 수출 관세액은 관세채무 통지일로부터 3년 이내

    (b) 결함이 있는 물품이나 계약 조건을 준수하지 않는 물품의 경우, 관세채무 통지일로부터 1년 이내

    (c) 세관신고가 무효화되는 경우, 무효화에 적용되는 법령에 명시된 기간 내에

    제1항 (a) 및 (b)에 명시된 기간은 신청자가 예측할 수 없는 상황이나 불가항력으로 인해 지정된 기간 내에 신청서를 제출할 수 없었다는 증거를 제공하는 경우 연장된다.

2. 세관당국이 제시된 사유에 근거하여 수입 또는 수출 관세액의 환급 또는 감면을 허가할 수 없는 경우, 세관당국은 제116조에 따른 기타 상환 또는 감면 사유를 고려하여. 환급 또는 감면 신청의 타당성을 심사해야 한다.

3. 관세채무 통지에 대해 제44조에 따라 항소가 제기된 경우, 항소가 제기된 날부터 항소 기간 동안 제1항 첫 번째 단락에 명시된 관련 기간은 정지된다.

4. 세관당국이 제119조 및 제120조에 따라 상환 또는 감면을 허용하는 경우 관련 회원국은 이를 집행위원회에 통보해야 한다.

제122조 권한의 위임

집행위원회는 제284조에 따라 제116조 제3항에 언급된 결정을 내릴 때 준수해야 하는 규칙, 특히, 다음 사항에 관한 것을 규정하는 위임규칙을 채택할 수 있는 권한을 가진다.

(a) 파일 수락 조건

(b) 결정을 내리는 데 필요한 시한 및 해당 시한의 정지

(c) 관련자에게 불리한 영향을 미칠 수 있는 결정을 내리기 전에 집행위원회가

결정의 근거로 삼으려는 근거를 전달

(d) 결정 통지

(e) 결정을 내리지 않거나 그러한 결정을 알리지 못한 결과

제123조 이행권한 부여

1. 집행위원회는 이행규칙을 통해 다음 사항에 대한 절차를 명시해야 한다.

   (a) 제116조에 따른 환급 및 감면

   (b) 제121조 제4항에 따라 집행위원회에 정보를 제공

   이러한 이행규칙은 제285조 제4항에 언급된 검토 절차에 따라 채택되어야
   한다.

2. 집행위원회는 이행규칙을 통해 제116조 제3항에 언급된 결정을 채택해야 한다.
   이러한 이행규칙은 제285조 제2항에 언급된 자문절차에 따라 채택되어야 한다.
   제285조 제1항에 따른 집행위원회의 의견을 서면절차에 따라 얻으려는 경우
   에는 제285조 제6항을 적용한다.

제4장 관세채무의 소멸

제124조 관세채무의 소멸

1. 재판에 의해 채무자의 지급불능이 발생한 경우와 같이, 관세채무에 해당하는
   수출입 관세를 보전 못하는 상황과 관련된 현행 규정을 침해하지 않고, 수출입
   관세채무는 다음 아래 하나의 방식으로 소멸된다.

   (a) 제103조에 따라 채무자가 더 이상 관세채무 통지를 받지 못하는 경우

   (b) 수입 또는 수출 관세 납부

   (c) 제5항에 따라 수출입 관세를 면제한다.

   (d) 수출입 관세 납부의무가 있는 통관절차에 따라 신고한 물품에 대하여 세
   관신고가 무효화되는 경우

   (e) 수출입 관세를 부과할 물품을 몰수 또는 압수하고 동시에 또는 후속적으
   로 몰수하는 경우

   (f) 수출입 관세를 부과할 물품이 세관당국의 감독하에 폐기되거나 국가에 그
   소유권을 포기한 경우

(g) 관세법에 따른 물품의 소멸 또는 의무 불이행이 물품의 본질상의 특징에 의한 물품의 전손, 회복할 수 없는 손해, 또는 불가항력으로 인해, 또한 세관당국의 지시에 따라 발생한 경우, 이러한 점을 고려하여, 해당 물품은 누군가가 사용할 수 없게 된 상황이 발생한 시점부터 회복 불가능하게 손실된 것으로 간주한다.

(h) 제79조 또는 제82조에 따라 관세채무가 발생한 경우로서 다음 각 호의 조건을 충족하는 경우

(i) 관세채무 발생으로 이어진 위반행위가 관련 임시보관 또는 통관절차의 올바른 운영에 중대한 영향을 미치지 않았으며 기만의 시도를 구성하지 않을 경우

(ii) 물품의 상황을 정상화하는 데 필요한 모든 조치가 이후에 연속적으로 이루어졌을 때

(i) 면세 또는 최종사용으로 인해 수입관세가 인하된 상태에서 자유유통을 위해로 반출된 물품이 세관당국의 허가를 받아 수출된 경우

(j) 제78조에 따라 발생한 경우 및 제78조에 규정된 특혜관세 대우를 부여하기 위해 수행한 절차가 취소된 경우

(k) 제6항에 따라 관세채무가 제79조에 따라 발생하고 해당 물품이 사용 또는 소비되지 않았으며 EU 관세영역에서 반출되었다는 만족할 만한 증거가 세관당국에 제공된 경우

2. 제1항 (e)에 언급된 경우에도 불구하고, 관세범죄에 적용되는 처벌의 목적상, 회원국의 법률에 따라 수입 또는 수출관세 또는 관세채무의 존재가 처벌을 결정하는 기초를 제공할 경우, 관세채무는 소멸되지 않은 것으로 간주한다.

3. 제1항 (g)에 따라 최종사용으로 인해 감면된 수입관세로 자유유통을 위해 반출된 물품에 대한 관세채무가 소멸된 경우, 폐기된 물품 또는 물품 폐기로 인해 발생하는 폐기물은 비EU 물품으로 간주된다.

4. 물품의 본질적 특성상 회복 불가능한 손실을 규정하는 기준율에 관한 규정은 실제 손해액이 해당 물품에 대한 기준율을 적용하여 계산한 금액을 초과한다는 사실을 당사자가 입증하지 못하는 경우에 적용한다.

5. 여러 명이 관세채무에 해당하는 수입 또는 수출 관세액을 납부할 의무가 있고

면제가 허용된 경우, 관세채무는 면제를 받은 개인에 대해서만 소멸된다.

6. 제1항 (k)의 경우, 사기를 시도한 개인에 대한 관세채무는 소멸되지 않는다.

7. 관세채무가 제79조에 따라 발생한 경우, 기망의 시도와 관련되지 않은 행위를 한 자와 사기와의 싸움에 기여한 자에 대하여 관세채무는 소멸된다.

제125조 처벌 적용

관세채무가 제124조 제1항 (h)에 근거하여 소멸되는 경우, 회원국은 관세법을 준수하지 않은 것에 대한 처벌 적용에서 제외되지 않는다.

제126조 권한의 위임

집행위원회는 임시 보관 또는 관련 통관 절차의 올바른 운영에 심각한 영향을 주지 않는 실패 목록을 결정하고 제124조 제1항 (i), (h)를 보완하기 위해 제284조에 따라 위임규칙을 채택할 권한을 갖는다.

제4편 관세영역으로 반입된 물품

제1장 반입요약신고

제127조 반입요약신고 제출

1. EU 관세영역으로 반입된 물품은 반입요약신고에 포함되어야 한다.

2. 반입요약신고는 아래의 경우에 면제된다.

    (a) EU의 관세영역 내에서 머물지 않고 영해 또는 영공만을 통과하는 운송수단 및 물품의 경우, 그리고

    (b) 그 밖의 경우에는 물품이나 운송의 유형에 따라 정당화되거나 국제 협약에서 요구되는 경우

3. 물품이 EU 관세영역으로 수입되기 전, 특정 기한 내에 최초 수입 세관당국에 반입요약신고를 제출해야 한다.

    세관당국은 다른 세관당국이 통관에 필요한 세부 사항을 첫 번째 입국 세관당국에 즉시 전달하거나 전자적으로 제공할 필요가 있는 경우, 반입요약신고를

그 다른 세관당국에 제출하도록 허용할 수 있다.

4. 반입요약신고는 운송인이 제출해야 한다.

    운송인의 의무에도 불구하고 다음 자 중 한명이 반입요약신고를 대신 제출할 수 있다.

    (a) 수입업자, 수취인 또는 운송인이 자신의 이름으로 또는 그를 대신하여 행동하는 자

    (b) 해당 물품을 제시하거나 세관당국에 제시할 수 있는 자

5. 반입요약신고에는 보안 및 안전 목적을 위한 위험 분석에 필요한 세부 사항이 포함되어야 한다.

6. 특정의 경우, 제5항에 언급된 모든 세부 사항을 제4항에 언급된 자로부터 얻을 수 없으면, 해당 세부 사항을 보유하고 있는 자와 이를 제공할 적절한 권한을 가진 자가 해당 세부 사항을 제공할 수 있다.

7. 세관당국은 상업, 항만 또는 운송 정보 시스템이 반입요약신고에 필요한 세부사항을 포함하고 또 그 세부사항이 물품이 EU 관세영역으로 들어오기전 특정된 기한 동안 확인이 가능한 경우, 반입요약신고 시 이를 이용하는 것을 허용할 수 있다.

8. 세관당국은 반입요약신고를 제출하는 대신 통지서를 제출하고 경제운영자의 컴퓨터 시스템에 있는 반입요약신고 세부사항에 접근하는 것을 허용할 수 있다.

제128조 위험도 분석

제127조 제3항에 언급된 세관당국은 특정 기한 내에 제127조 제1항 또는 제127조 제8항에 따른 사항을 기재하고, 그 위험성 분석 결과에 따라 필요한 조치를 취하여야 한다.

제129조 반입요약신고 수정 및 무효

1. 신고인은 신청 시 반입요약신고서가 제출된 후 하나 이상의 항목을 수정하도록 허용될 수 있다.

    다음 중 하나가 발생한 후에는 수정이 불가능하다.

    (a) 세관당국이 반입요약신고를 제출한 자에게 물품을 검사할 의사가 있음을 알린 경우

    (b) 세관당국이 반입요약신고 세부사항이 부정확하다는 사실을 확인한 경우

(c) 물품이 이미 세관당국에 제출된 경우,

2. 반입요약신고가 접수된 물품이 EU 관세영역으로 반입되지 않은 경우, 세관당국은 다음의 경우 지체 없이 해당 신고를 무효화한다.

(a) 신고인의 신청 시; 또는

(b) 신고가 접수된 날로부터 200일이 경과한 날

제130조 반입요약신고 대체 신고

1. 제127조 제3항에 언급된 세관당국은 신고서 제출기한이 만료되기 전에 신고서를 제출한 물품에 대해 반입요약신고를 제출하지 않을 수 있다. 이 경우 세관신고에는 최소한 반입요약신고에 필요한 사항이 포함되어야 한다. 제172조에 따라 세관신고가 수리되기 전까지는 반입요약신고로서의 역할을 수행한다.

2. 제127조 제3항에 언급된 세관당국은 신고서 제출기한이 만료되기 전에 임시보관 신고가 접수된 물품에 대해 반입요약신고서를 제출하지 않을 수 있다. 신고에는 최소한 항목 요약 선언에 필요한 세부사항이 포함되어야 한다. 신고된 물품이 제139조에 따라 세관당국에 제출될 때까지 임시보관신고는 반입요약신고 상태를 유지한다.

제131조 권한의 위임

집행위원회는 다음을 결정하기 위해 제284조에 따라 위임규칙을 채택할 권한을 갖는다.

(a) 제127조 제2항 (b)에 따라 반입요약신고서 제출 의무가 면제되는 경우

(b) 물품 또는 운송의 유형을 고려하여 물품이 EU 관세영역으로 반입되기 전에 통관 요약 신고가 제출되어야 하는 제127조 제3항 및 제7항에 언급된 특정 기한

(c) 제127조 제6항에 언급된 경우 및 그러한 경우에 반입요약신고 세부사항을 제공하도록 요구될 수 있는 자

제132조 이행권한 부여

집행위원회는 이행규칙을 통해 다음을 명시해야 한다.

(a) 제127조에 따른 반입요약신고서 제출 절차

(b) 제127조 제6항에 언급된 다른 자의 절차 및 반입요약신고 세부사항 제공

(c) 제128조에 따라 위험분석을 수행해야 하는 기한과 필요한 조치

(d) 제129조 제1항에 따라 반입요약신고를 수정하기 위한 절차

(e) 물품 통관의 적절한 관리를 고려하여 제129조 제2항에 따른 반입요약신고를 무효화하는 절차

이러한 이행규칙은 제285조 제4항에 언급된 검토 절차에 따라 채택되어야 한다.

제2장 물품의 도착

제1절 EU 관세영역으로 물품 반입

제133조 항해 선박 또는 항공기의 도착통보

1. EU 관세영역에 입항하는 항해 선박 또는 항공기의 운영자는 운송수단이 도착하는 즉시 최초 입국 세관당국에 도착 사실을 통보해야 한다.

   항해 선박 또는 항공기 도착에 관한 정보가 세관당국에 제공되는 경우 세관당국은 첫 번째 단락에 언급된 통지를 면제할 수 있다.

2. 세관당국은 운송수단의 도착을 통지하기 위해 항구나 공항시스템 또는 기타 이용 가능한 정보방법을 사용하는 것을 허용할 수 있다.

제134조 세관감독

1. EU의 관세영역으로 반입된 물품은 입국 시점부터 해당되는 경우, 특히 공중 도덕, 공공 정책 또는 공공의 안전, 인간, 동물 또는 식물의 건강과 생명 보호, 환경 보호, 예술적 역사적 또는 고고학적 가치를 포함하는 국가 귀중품에 대한 보호, 약물 전구체, 특정 지적 재산권 및 현금을 침해하는 물품에 대한 통제, 어업 보존 및 관리 조치, 상업 정책 조치의 이행을 포함하는 산업적 또는 상업적 재산보호라는 근거에 의해 세관감독을 받아야 하거나 받을 수 있다.

   이러한 물품들은 세관당국의 허가 없이 물품에 대한 최종 지위를 결정하는 데 필요한 기간 동안, 그 감독을 받는 지위에서 벗어날 수 없다.

   제254조를 침해하지 않고, 물품의 지위(상태)가 확립된 후에는 EU 물품은 세관감독의 대상이 되지 않는다.

   비EU 물품은 관세지위가 변경되거나 EU 관세영역에서 반출되거나 폐기될 때까지 세관감독을 받아야 한다.

2. 세관감독하에 있는 물품의 보유자는 특히 품목분류, 과세가격, 물품의 관세지
   위를 결정하기 위해 세관당국의 허가를 받아 언제든지 물품을 검사하거나 샘
   플을 채취할 수 있다.

제135조 적절한 장소로 운반

1. EU의 관세영역으로 물품을 반입하는 자는 지체 없이 세관당국이 지정한 경로
   와 지침에 따라 세관당국이 지정한 관할 세관당국, 또는 해당 당국이 지정하거
   나 승인한 기타 장소 또는 자유지역지대로 물품을 운송해야 한다.

2. 자유지역으로 반입할 물품은 해상 또는 항공으로, 또는 육로의 경우제3국과
   EU 회원국 국경에 인접한 지역에 있다 하더라도 EU 관세영역의 다른 부분을
   통과하지 않고 직접 자유지역으로 반입되어야 한다.

3. 물품이 EU 관세영역으로 반입된 후 물품 운송에 대한 책임을 맡은 자는 제1항
   과 제2항에 규정된 의무를 준수할 책임을 진다.

4. 아직 비EU 관세영역에 있지만, 비EU 관세영역 국가 또는 영토와 체결한 협정
   의 결과로 EU 회원국 세관당국의 감독을 받을 수 있는 물품은 EU의 관세영역
   으로 반입된 물품과 동일한 방식으로 취급된다.

5. 제1항과 제2항은 세관감독 및 세관통제 가능성이 위태로워지지 않는 한 국경
   지대 내에서 또는 파이프라인과 전선으로 운송되는 물품뿐만 아니라 편지, 엽
   서, 인쇄물, 미디어에 부착된 전자기기과 같은 경제적 중요성이 미미한 물품
   또는 여행자 휴대품에 대해 특별 규정을 적용하는 것을 배제하지 않는다.

6. 제1항은 EU 관세영역에서 머물지 않고 EU 영해 또는 영공만을 통과하는 운송
   수단 및 물품에 적용되지 않는다.

제136조 해상 또는 항공으로 EU 관세영역을 일시적으로 떠난 물품

1. 비EU 물품이 해상 또는 항공으로 EU 관세영역을 일시적으로 떠난 뒤, 비EU
   관세영역에 머물지 않고 직항로로 다시 EU 관세영역으로 반입되는 경우에는
   제127조부터 제130조까지 및 제133조가 적용되지 않는다.

2. 제153조 제2항에 따라 EU 물품으로서의 상태가 입증되어야 하는 EU 물품이
   일시적으로 EU 관세영역을 떠난 후, 해상 또는 항공으로 비EU 관세영역에서
   머물지 않고 직항로로 다시 EU 관세영역으로 반입되는 경우에는 제127조부터

제130조까지 및 제133조가 적용되지 않는다.

3. 제127조부터 제130조까지, 제133조, 제139조 및 제140조는 제155조 제2항에 따라 물품의 관세지위를 변경하지 않고 이동하는 EU 물품이 일시적으로 EU 영역을 떠난 후 해상 또는 항공으로 비EU 관세영역에서 머물지 않고 직항로로 EU 관세영역으로 반입되는 경우에는 적용되지 않는다.

제137조 특별한 상황에서의 운송

1. 예측할 수 없는 상황이나 불가항력으로 인해 제135조 제1항에 규정된 의무를 준수할 수 없는 경우, 해당 의무의 구속을 받는 자 또는 그 자를 대신하여 행동하는 기타 자는 세관당국에 지체없이 예측할 수 없는 상황이나 불가항력으로 인한 전손, 상황이 발생한 정확한 위치를 세관당국에 통보하여야 한다.

2. 예측할 수 없는 상황이나 불가항력으로 인해 제135조 제6항에 해당하는 선박이나 항공기가 EU의 관세영역에 일시적으로 입항하거나 착륙해야 하는 경우, 제135조 제1항을 이를 준수할 수 없는 때에는 선박이나 항공기를 EU 관세영역으로 반입한 자 또는 그 자를 대신하여 행동하는 기타 자가 지체 없이 세관당국에 상황을 통보해야 한다.

3. 세관당국은 제1항에 언급된 물품, 제2항에 명시된 상황에서 선박이나 항공기 및 탑재된 모든 물품에 대한 적절한 세관감독을 허가하기 위한 조치를 결정해야 하며, 적절한 경우, 해당 물품은 이후 세관당국이나 기타 관할당국이 지정하거나 승인한 기타 장소로 이송한다.

제138조 이행권한 부여

집행위원회는 이행규칙을 통해 다음에 관한 절차를 명시해야 한다.

(a) 제133조에 따른 도착통보

(b) 제135조 제5항에 언급된 물품의 운송

이러한 이행규칙은 제285조 제4항에 언급된 검토 절차에 따라 채택되어야 한다.

제2절 물품 제시, 하역 및 검사

제139조 세관당국에 물품 제시

1. EU 관세영역으로 반입된 물품이 지정된 세관당국이나 세관당국이 지정하거나

승인한 기타 장소 또는 자유무역지역에 도착하는 즉시 다음 아래의 자 중 한 명이 세관당국에 제시하여야 한다.

(a) EU 관세영역으로 물품을 반입한 자

(b) 해당 영토로 물품을 반입한 자를 자신의 이름으로 또는 그를 대신하여 행위하는 자

(c) 물품이 EU 관세영역으로 반입된 후 물품 운송에 대한 책임을 맡은 자

2. 해상 또는 항공으로 운송되는 물품이 동일한 운송수단에 실려 EU의 관세영역으로 반입될 경우, 동 물품은 반드시 하역이나 환적이 이루어지는 항구나 공항 세관당국에 제시되어야 한다. 그러나 항해 중에 다른 물품의 하역 또는 선적을 위해 같이 하역되고 다시 재선적 될 경우, 그 운송수단이 동일하다 하더라도 이러한 상태로 EU 관세영역으로 반입된 물품은 하역 또는 환적 항구나 공항의 세관당국에 제시될 수 없다.

3. 제1항에 기술된 자의 의무에도 불구하고, 물품 제시는 다음 자 중 한 명에 의해 대신 이루어질 수 있다.

(a) 물품을 즉시 세관절차에 배치한 자

(b) 보관시설 운영 허가 보유자, 또는 자유무역지대에서 활동을 수행하는 자

4. 물품을 제시하는 자는 반입요약신고서 제출이 면제된 경우를 제외하고는, 반입요약신고서, 제130조에 규정된 경우에는 물품과 관련하여 제출된 세관신고 또는 임시보관신고서를 언급해야 한다.

5. 세관당국에 제출된 비EU 물품이 반입요약신고에 제대로 기재되지 않는 경우, 그러한 신고서를 제출할 의무가 면제되는 경우를 제외하고, 제127조 제4항에 언급된 자 중 한 자 중 한 명은 반드시 제127조 제6항을 침해하지 않는 범위에서 즉시 반입요약신고를 제출하거나, 세관당국이 허용하는 경우 대신 세관신고 또는 임시보관신고를 제출해야 한다. 이 경우, 세관신고 또는 임시보관신고는 반입요약신고에 필요한 최소한의 세부사항을 포함해야 한다.

6. 제1항은 세관감독 및 세관통제 가능성이 위태로워지지 않는 한 국경지대 내에서 또는 파이프라인과 전선으로 운송되는 물품뿐만 아니라 편지, 엽서, 인쇄물, 미디어에 부착된 전자기기과 같은 경제적 중요성이 미미한 물품 또는 여행자 휴대품에 대해 특별 규정을 적용하는 것을 배제하지 않는다.

7. 세관당국에 제시된 물품은 세관당국의 허가 없이 반출되어서는 안 된다.

제140조 물품 하역 및 검사

1. 물품은 해당 당국이 지정하거나 승인한 장소에서 세관당국의 승인을 받아 운송 수단으로부터 하역 또는 환적되어야 한다.

   그러나 물품의 전부 또는 일부를 즉시 하역해야 하는 급박한 위험이 있는 경우에는 그러한 승인이 필요하지 않는다. 이 경우 세관당국에 즉시 통보되어야 한다.
2. 세관당국은 검사, 샘플 채취 또는 해당 물품을 운반하는 운송 수단 검사를 위해 언제든지 물품의 하역 및 포장 개봉을 요구할 수 있다.

제141조 통과물품

1. 제135조 제2항에서 제6항, 제139조, 제140조, 제144조에서 제149조는 이미 통과 절차를 밟고 있는 물품이 EU 관세영역으로 반입되는 경우에는 적용되지 않는다.
2. 제140조 및 제144조부터 제149조까지의 조항은 통과 절차에 따라 이동되는 비EU 물품에 적용되며, 해당 물품은 통과 절차에 관한 규칙에 따라 EU 관세영역 목적지 세관당국에 제출된다.

제142조 권한의 위임

집행위원회는 제139조 제1항에 언급된 장소 승인을 위한 조건을 결정하기 위해 제284조에 따라 위임규칙을 채택할 권한을 갖는다.

제143조 이행권한 부여

집행위원회는 이행규칙을 통해 제139조에 언급된 세관당국에 물품반출에 관한 절차를 명시해야 한다.

이러한 이행규칙은 제285조 제4항에 언급된 검토 절차에 따라 채택되어야 한다.

제3절 물품의 임시보관

제144조 임시보관 물품

비EU 물품은 세관당국에 제시된 순간부터 임시보관되어야 한다.

제145조 임시보관신고

1. 세관당국에 제출된 비EU 물품은 임시보관에 관한 규정을 적용하는 데 필요한 모든 세부사항을 포함하는 임시보관신고에 포함되어야 한다.

2. EU 법률이 요구하거나 세관통제를 위해 필요한 경우 임시보관 물품과 관련된 문서를 세관당국에 제공해야 한다.

3. 임시보관신고는 늦어도 물품이 세관당국에 제출되는 시점에 제139조 제1항 또는 제3항에 언급된 자 중 한 명이 제출해야 한다.

4. 임시보관신고에는 반입요약신고 제출 의무가 면제되지 않는 한, 세관당국에 제출된 물품에 대해 제출된 반입요약신고에 대한 내용이 포함되어야 한다. 단, 해당 물품이 이미 임시보관되어 있거나 세관절차를 밟고 있으며 EU의 관세영역을 벗어나지 않은 경우에는 그러하지 아니하다.

5. 세관당국은 임시보관신고가 다음 형식 중 하나를 취하는 것을 인정할 수 있다.

   (a) 임시보관신고 세부사항으로 보완된 반입요약신고

   (b) 적하목록 또는 기타 운송 서류. 단, 해당 물품에 대한 반입요약신고에 대한 내용을 포함하여 임시보관신고의 세부사항을 포함해야 한다.

6. 세관당국은 해당 신고에 필요한 세부사항이 포함되어 있고 이러한 세부사항이 제3항에 따라 이용 가능한 경우 상업, 항만 또는 운송 정보 시스템을 사용하여 임시보관신고를 제출하는 것을 허용할 수 있다.

7. 임시보관신고에 관하여는 제188조 내지 제193조를 적용한다.

8. 임시보관신고는 다음 목적으로도 사용될 수 있다.

   (a) 제133조에 따른 도착통보 또는

   (b) 제139조에 명시된 세관당국에 물품을 제시하는 것. 단, 해당 조항에 명시된 조건을 충족해야 한다.

9. 늦어도 물품을 세관당국에 제출할 당시 제153조부터 제156조까지의 규정에 따라 EU 물품으로서의 관세지위가 결정된 경우에는 임시보관신고를 할 필요가 없다.

10. 임시보관신고서는 관련 물품이 제149조에 따라 추후 통관 절차를 밟거나 재수출되는지 확인할 목적으로 세관당국에 의해 보관되거나 접근 가능해야 한다.

11. 제1항부터 제10항까지의 목적에 따라, 통과운송절차에 따라 이동된 비EU 물

품이 EU 관세영역 내의 최종 목적지 세관당국에 제시되는 경우, 관련 통과 작업에 대한 세부사항은 해당목적에 따른 조건을 충족할 경우, 임시보관신고에 따라 처리된다. 다만, 물품 소지자는 운송절차가 끝난 후 임시보관신고를 제출할 수 있다.

제146조 임시보관신고 수정 및 무효

1. 신고인은 임시보관신고가 제출된 후 하나 이상의 세부사항을 수정할 수 있도록 허용된다. 수정신고는 원래 적용되었던 물품 이외의 물품에 대해 적용되지 않는다.
   다음 중 하나가 발생한 후에는 수정이 불가능하다.
   (a) 세관당국이 신고를 제출한 자에게 물품을 검사할 의사가 있음을 알린 경우
   (b) 세관당국은 신고 내용이 부정확하다는 사실을 확인한 경우
2. 임시보관신고를 한 물품이 세관당국에 제시되지 아니한 경우, 세관당국은 다음 각 호의 어느 하나에 해당하는 경우 지체 없이 해당 신고를 무효로 한다.
   (a) 신고인의 신청 시, 또는
   (b) 신고가 접수된 날부터 30일이 경과한 날

제147조 임시보관의 요건과 책임

1. 임시보관 물품은 제148조에 따른 임시보관시설에만 보관되어야 하며, 정당한 경우 세관당국이 지정하거나 허가한 기타 장소에만 보관되어야 한다.
2. 제134조 제2항을 침해하지 않고, 임시보관 중인 물품은 외관이나 기술적 특성을 변경하지 않고 변경되지 않은 상태로 보존되도록 고안된 취급형태에만 적용된다.
3. 제148조에 따른 허가를 받은 자 또는 세관당국이 지정하거나 승인한 다른 장소에 물품을 장치하는 경우에는 물품을 보관하는 자는 다음 각 호의 사항을 모두 책임진다.
   (a) 임시보관된 물품이 세관감독 대상에서 제외되지 않도록 보장한다.
   (b) 임시보관시설에 물품을 보관함으로써 발생하는 의무를 이행한다.
4. 어떤 이유로든 물품을 임시보관 할 수 없는 경우, 세관당국은 지체 없이 제197조, 제198조 및 제199조에 따라 물품 상황을 정상화하는 데 필요한 모든 조치를

취해야 한다.

제148조 임시보관시설 운영 허가

1. 임시보관시설의 운영을 위해서는 세관당국의 허가가 필요하다. 임시보관시설의 운영자가 세관당국인 경우에는 그러하지 아니하다.

임시보관시설의 운영이 허용되는 조건은 허가서에 명시되어야 한다.

2. 제1항에 따른 허가는 다음 각 호의 조건을 모두 충족하는 자에게만 부여된다.

   (a) EU의 관세영역 내에 설치되어 있다.

   (b) 이는 적절한 운영 수행에 필요한 보증을 제공한다. 통관간소화를 위한 승인된 AEO 운영자는 제38(2)조의 (a)에 언급된 승인에서 임시보관 시설의 운영을 고려하는 한 해당 조건을 충족하는 것으로 간주한다.

   (c) 제89조에 따라 보증을 제공한다.

   포괄적인 보증이 제공되는 경우 해당 보증에 첨부된 의무의 준수 여부는 적절한 감사를 통해 모니터링되어야 한다.

3. 제1항에 언급된 허가는 세관당국이 관련된 경제적 필요에 불균형한 행정조치를 도입할 필요 없이 세관감독을 행사할 수 있는 경우에만 부여된다.

4. 허가 보유자는 세관당국이 허가한 형식으로 적절한 기록을 보관해야 한다. 기록에는 특히 보관된 물품의 식별, 관세 상태 및 이동과 관련하여 세관당국이 임시보관시설의 운영을 감독할 수 있는 정보와 세부사항이 포함되어야 한다. 통관간소화를 위한 허가받은 경제운영자는 그의 기록이 임시보관 운영 목적에 적합한 4조 첫째 단락과 둘째 단락의 의무를 준수한 것으로 간주된다.

5. 세관당국은 다음과 같이 이동이 사기 위험을 증가시키지 않는다는 조건하에 여러 임시보관시설 간에 임시보관 중인 물품을 이동할 수 있는 권한을 허가권자에게 부여할 수 있다.

   (a) 그러한 이동은 하나의 세관당국의 책임하에 이루어진다.

   (b) 이러한 이동은 통관간소화를 위한 AEO에게 발행된 단 하나의 허가에 의해서만 인정된다.

   (c) 기타의 경우

6. 세관당국은 경제적 필요가 있고 세관감독이 부정적인 영향을 받지 않는 경우, EU 물품을 임시보관 시설에 보관하는 것을 승인할 수 있다. 해당 물품은 임시

보관 물품으로 간주되지 않는다.

제149조 임시보관 종료

임시보관 중인 비EU 물품은 통관절차를 거치거나 90일 이내에 재수출되어야 한다.

제150조 세관절차 선택

달리 규정된 경우를 제외하고, 신고인은 물품의 성격이나 수량, 원산지, 위탁 또는 목적지에 관계없이 해당 절차의 조건에 따라 세관절차를 자유롭게 선택할 수 있다.

제151조 권한의 위임

집행위원회는 다음을 결정하기 위해 제284조에 따라 위임규칙을 채택할 권한을 갖는다.

(a) 제147조 제1항에 언급된 장소 승인 조건

(b) 제148조에 따른 임시보관시설의 운영허가 조건

(c) 제148조 제5항 (c)에 언급된 이동 사례

제152조 이행권한 부여

집행위원회는 이행규칙을 통해 다음 사항에 대한 절차를 명시해야 한다.

(a) 제145조에 따른 임시보관신고 제출

(b) 제146조 제1항에 따라 임시보관신고 수정

(c) 제146조 제2항에 따라 임시보관신고 무효

(d) 제148조 제5항에 언급된 임시보관 물품 이동.

이러한 이행규칙은 제285조 제4항에 언급된 검토 절차에 따라 채택되어야 한다.

제5편	물품의 관세지위, 세관절차에 따른 물품 배치, 검증, 물품반출 및 폐기에 관한 일반 규칙

제1장 물품의 관세지위

제153조 EU 물품으로써의 관세지위 추정

1. EU 관세영역의 모든 물품은 EU 물품이 아닌 것으로 입증되지 않는 한 EU 물

품으로써의 관세지위를 갖는 것으로 추정된다.

2. 제1항에 규정된 추정이 적용되지 않는 특별한 경우에는 EU 물품의 관세지위가 입증되어야 한다.

3. 특별한 경우, EU 관세영역에서 완전히 취득한 물품이 임시보관된 물품으로부터 획득되었거나 외부통과운송절차, 세관창고절차, 임시수입절차, 역내가공절차에 따라 배치된 경우 EU 물품으로써의 관세지위를 갖지 않는다.

제154조 EU 물품으로써의 관세지위 상실

다음과 같은 경우 EU 물품은 비EU 물품이 된다.

(a) EU 내부통과운송에 관한 규정이 적용되지 않는 한, 비EU 관세영역으로 반출되는 경우

(b) 관세법이 허용하는 한, 물품이 외부통과운송절차, 세관창고절차 또는 역내가공절차에 따라 처리된 경우,

(c) 최종사용절차에 따라 사용된 후, 소유권이 국가에 포기되거나 폐기되고 폐기물이 남아 있는 경우

(d) 자유유통을 위한 반출신고가 물품 반출 후 무효화되는 경우.

제155조 일시적으로 EU 관세영역을 떠나는 EU 물품

1. 제227조 제2항 (b)부터 (f)까지 언급된 경우, 물품은 관세법에 규정된 특정 조건 및 수단에 따라 관세지위가 확립된 경우에만 EU 물품으로써의 관세지위를 유지한다.

2. 특별한 경우, EU 물품은 세관절차를 따르지 않고 EU 관세영역의 한 지점에서 다른 지점으로 관세지위의 변경 없이 일시적으로 그 영토 밖으로 이동할 수 있다.

제156조 권한의 위임

집행위원회는 다음을 결정하기 위해 제284조에 따라 위임규칙을 채택할 권한을 갖는다.

(a) 제153조 제1항에 규정된 추정이 적용되지 않는 경우

(b) EU 물품의 관세지위 증명 작성을 촉진하기 위한 조건

(c) 제153조 제3항에 언급된 물품이 EU 물품으로써의 관세지위를 갖지 않는 경우

(d) 제155조 제2항에 따른 물품의 관세지위가 변경되지 아니한 경우

제157조 이행권한 부여

집행위원회는 이행규칙을 통해 EU 물품의 관세지위증명 제공 및 검증을 위한 절차를 명시해야 한다.

이러한 이행규칙은 제285조 제4항에 언급된 검토 절차에 따라 채택되어야 한다.

제2장 세관절차에 따른 물품 배치

제1절 일반 조항

제158조 세관신고 및 세관감독

1. 자유무역지대절차를 제외하고 세관절차를 거치게 될 모든 물품은 특정 절차에 적합한 세관신고를 작성해야 한다.

2. 제6조 제3항에 언급된 경우를 제외한 특별한 경우에는 전자데이터 처리 기술 이외의 수단을 사용하여 세관신고를 제출할 수 있다.

3. 수출, EU 내부통과운송 또는 역외가공을 위해 신고된 EU 물품은 제1항에 언급된 신고가 접수된 때부터 EU 관세영역에서 반출되거나 국가에 소유권을 포기하거나, 세관신고가 무효화되는 시점까지 세관감독을 받아야 한다.

제159조 관할 세관

1. EU 법률이 달리 규정하는 경우를 제외하고, 회원국은 자국 영토에 위치한 다양한 세관의 위치와 권한을 결정해야 한다.

2. 회원국은 운송 및 물품의 성격과 해당 물품이 배치될 통관 절차를 고려하여 합리적이고 적절한 사무소의 공식 개관 시간을 정하여 국제 교통을 방해받지도 왜곡되지도 않도록 업무 흐름을 원활하게 이루어지도록 보장해야 한다.

3. 달리 규정하지 않는 한, 세관절차에 따라 물품 배치를 관할하는 세관당국은 물품이 세관당국에 제시되는 장소를 담당하는 세관당국이다.

제160조 권한의 위임

집행위원회는 제158조 제2항에 따라 전자데이터 처리 기술 이외의 수단을 사용하여 세관신고를 제출할 수 있는 경우를 결정하기 위해 제284조에 따라 위임규칙을 채택할 권한을 갖는다.

제161조 이행권한 부여

집행위원회는 이행규칙을 통해 다음 사항에 대한 절차를 명시해야 한다.

(a) 입국 세관 및 출국 세관을 포함하여 제159조 제3항에 언급된 세관당국 이외의 관할 세관을 결정한다.

(b) 제158조 제2항에 언급된 경우 세관신고를 제출한다.

이러한 이행규칙은 제285조 제4항에 언급된 검토 절차에 따라 채택되어야 한다.

제2절 표준세관신고

제162조 표준세관신고 내용

표준세관신고에는 물품이 신고된 세관절차에 관한 규정을 적용하는 데 필요한 모든 세부사항이 포함되어야 한다.

제163조 증빙서류

1. 세관절차 규정을 적용하는 데 필요한 증빙서류는 세관신고가 접수되는 시점에 신고인이 소유하고 세관당국이 처분할 수 있다.

2. EU 법률이 요구하거나 세관통제를 위해 필요한 경우 증빙서류를 세관당국에 제공해야 한다.

3. 특별한 경우, 경제운영자는 세관당국의 승인을 받아 증빙서류를 작성할 수 있다.

제164조 권한의 위임

집행위원회는 제284조에 따라 제163조 제3항에 언급된 승인 부여 규칙을 규정하는 위임규칙을 채택할 권한을 갖는다.

제165조 이행권한 부여

집행위원회는 이행규칙을 통해 절차를 명시해야 한다.

(a) 제162조에 따른 표준세관신고 제출

(b) 제163조 제1항에 언급된 증빙서류의 제공

이러한 이행규칙은 제285조 제4항에 언급된 검토 절차에 따라 채택되어야 한다.

제3절 간이세관신고

제166조 간이신고

1. 세관당국은 제162조에 언급된 특정 사항 또는 제163조에 언급된 증빙서류를 생략할 수 있는 간이신고를 토대로 개인이 세관절차에 따라 물품을 배치한 것을 수락할 수 있다.
2. 제1항에 언급된 간이신고의 정규적 사용은 세관당국의 허가를 받아야 한다.

제167조 보완신고

1. 제166조에 따른 간이신고 또는 제182조에 따른 자가기록신고의 경우 신고인은 해당 세관절차에 필요한 사항을 기재한 보완신고서를 특정 기한 내에 관할 세관당국에 제출하여야 한다.

   제166조에 따른 간이신고의 경우, 필요한 증빙서류는 신고인이 보유하고 특정 기한 내에 세관당국의 처분하에 두어야 한다.

   보완신고는 일반적, 주기적 또는 요약적 성격을 가질 수 있다.
2. 다음의 경우에는 보완신고 제출의무가 면제된다.
   (a) 물품이 세관창고절차에 따라 보관되는 경우
   (b) 기타의 경우
3. 세관당국은 다음 조건이 적용되는 경우 보완신고 제출 요건을 면제할 수 있다.
   (a) 간이신고의 대상인 물품의 가치와 양이 통계기준치 미만인 경우
   (b) 간이신고에 관련, 세관절차에 필요한 모든 정보가 이미 포함되어 있으며,
   (c) 간이신고가 자가기록신고에 의한 것이 아닌 경우
4. 제166조에 따른 간이신고 또는 제182조에 따른 자가기록신고와 이에 따른 보완신고는 각각 간이신고가 이루어진 날 및 제172조에 따라 자가기록신고가 이루어진 날에 하나의 불가분의 문서로 구성되어 효력을 발생하는 것으로 간주된다.
5. 제87조의 목적에 따라, 보완신고서를 제출할 장소는 세관신고를 제출한 장소로 간주된다.

제168조 권한의 위임

집행위원회는 다음을 결정하기 위해 제284조에 따라 위임규칙을 채택할 권한을 갖는다.

(a) 제166조 제2항에 언급된 허가 부여 조건

(b) 보완신고가 제출되어야 하는 제167조 제1항의 첫 번째 단락에 언급된 특정 기한

(c) 신고인이 증빙서류를 보유해야 하는 제167조 제1항의 두 번째 단락에 언급된 특정 기한

(d) 보완신고 제출의무가 제167조 제2항 (b)에 따라 면제되는 구체적인 경우

제169조 이행권한 부여

집행위원회는 이행규칙을 통해 신고 절차를 명시해야 한다.

(a) 제166조에 따른 간소화신고

(b) 제167조에 따른 보완신고

이러한 이행규칙은 제285조 제4항에 언급된 검토 절차에 따라 채택되어야 한다.

제4절 모든 세관신고에 적용되는 조항

제170조 세관신고 제출

1. 제167조 제1항을 침해하지 않고, 신고의 대상이 되는 물품에 관해 세관절차에 적용되는 규정을 적용하는 데 필요한 모든 정보를 제공할 수 있는 자는 그 누구나 세관신고를 제출할 수 있다. 또한 물품을 제시할 수 있고, 세관당국에 물품을 제시할 수 있다.

   그러나 세관신고 수리로 인해 특정인에게 특별한 의무가 부과되는 경우 해당 신고서는 해당인 또는 그 대리인이 제출해야 한다.

2. 신고인은 EU 관세영역에 설립되어있어야 한다.

3. 다음의 내용을 신고하는 신고인의 경우, 제2항이 적용되지 않으며, EU 관세영역에 신고인을 설립할 필요가 없다.

   (a) 통과운송 또는 임시수입을 위해 세관신고를 제출하는 자

   (b) 세관당국이 정당하다고 간주하는 경우 최종사용 또는 역내가공을 포함하여 때때로 세관신고를 제출하는 자

   (c) EU 관세영역에 인접한 국가에 설립되어 세관신고에 언급된 물품을 그 국가에 인접한 EU 국경 세관당국에 제출하는 자. 다만, 신고인이 설립된 국가에서 인접 EU의 관세영역에 설립된 자에게 상호 혜택을 부여하여야 한다.

4. 세관신고는 검증을 받아야 한다.

제171조 물품 제시 전 세관신고 제출

세관신고는 물품이 세관당국에 제출되기 전에 제출될 수 있다. 세관신고가 접수된 날로부터 30일 이내에 물품이 제출되지 않은 경우, 세관신고는 제출되지 않은 것으로 간주된다.

제172조 세관신고 수리

1. 이 장에 규정된 조건을 준수하는 세관신고는 해당 물품이 세관당국에 제출된 경우 세관당국에 의해 즉시 수리되어야 한다.

2. 세관당국이 세관신고를 수리한 일자는 달리 규정하지 않는 한, 물품을 세관당국에 신고하기 위해 또는 각종 수출입 절차 등 거쳐야 할 세관절차를 규정하는 법령을 적용한 날이다.

제173조 세관신고 수정

1. 신고인은 세관신고가 세관당국에서 수리된 후 신청 시 세관신고의 세부사항 중 하나 이상을 수정할 수 있다. 수정신고는 원래 적용되었던 물품 이외의 물품에 적용되지 않는다.

2. 다음 각 호의 어느 하나에 해당하는 경우에는 수정을 신청할 수 없다.

    (a) 세관당국이 신고인에게 물품을 검사할 계획임을 알린 경우,

    (b) 세관당국이 세관신고의 내용이 부정확하다고 확인한 경우

    (c) 세관당국에 의해 물품 반출허가가 결정된 경우,

3. 신고인의 신청에 따라 세관신고가 접수된 날로부터 3년 이내에 신고인이 물품이 해당 세관절차에 배치하는 것과 관련하여 관련된 의무를 준수할 수 있도록 물품 반출 후 세관신고 수정이 허용될 수 있다.

제174조 세관신고 무효

1. 세관당국은 다음 각 호의 어느 하나에 해당하는 경우 신고인의 신청에 따라 이미 수리된 세관신고를 무효로 한다.

    (a) 물품이 즉시 다른 통관절차를 거쳐야 한다고 세관당국이 인정하는 경우,

    (b) 특별한 상황의 결과로 신고된 통관절차에 따라 물품을 장치하는 것이 더

이상 정당하지 않다고 인정하는 경우.

다만, 세관당국이 물품검사 의사를 신고인에게 통보한 경우에는 검사가 이루어지기 전에는 세관신고 무효 신청이 수리되지 않는다.

2. 달리 규정하지 않는 한, 물품이 반출된 후에도 세관신고는 무효화되지 않는다.

제175조 권한의 위임

집행위원회는 제174조 제2항에 언급된 대로 물품반출 후 세관신고가 무효화되는 경우를 결정하기 위해 제284조에 따라 위임규칙을 채택할 권한을 갖는다.

제176조 이행권한 부여

집행위원회는 이행규칙을 통해 다음 사항에 대한 절차를 명시해야 한다.

(a) 제171조에 따라 세관신고를 제출한다.

(b) 제179조에 언급된 경우에 해당 규칙을 적용하는 것을 포함하여 제172조에 언급된 세관신고를 수리한다.

(c) 제173조 제3항에 따라 물품 반출 후 세관신고 수정

이러한 이행규칙은 제285조 제4항에 언급된 검토 절차에 따라 채택되어야 한다.

제5절 기타 간이신고

제177조 다양한 품목분류 소호로 이루어진 물품에 대한 간이세관신고 작성

1. 화물이 서로 다른 품목분류 소호에 해당하는 물품으로 구성되어 있고 세관신고 작성을 목적으로 품목분류 소호에 따라 모든 물품을 분류함으로써 지불해야 할 수입 또는 수출 관세와 균형이 맞지 않는 작업 및 비용 부담을 수반하게 될 경우, 세관당국은 신고인의 신청에 따라 최고 수입 또는 수출 세율이 적용되는 물품의 품목분류 소호를 기준으로 전체 화물에 수입 또는 수출 관세를 부과하는 데 동의할 수 있다.

2. 세관당국은 금지, 제한, 또는 소비세 대상 물품에 대해 조치를 적용하기 위해 정확한 분류가 필요한 경우, 제1항에 언급된 간이신고를 거절한다.

제178조 이행권한 부여

집행위원회는 이행규칙을 통해 제177조 제1항의 적용을 위한 관세 소호 결정을 위한 조치를 채택해야 한다.

이러한 이행규칙은 제285조 제4항에 언급된 검토 절차에 따라 채택되어야 한다.

제179조 중앙집중신고제도

1. 세관당국은 신청에 따라 개인이 다른 세관당국에 제출된 물품에 대한 세관신고를 해당 개인이 설립된 장소의 관할 세관당국에 제출하도록 허가할 수 있다. 하나의 세관당국의 책임하에 세관신고가 접수되고 물품이 세관당국에 제출된 경우 동항 첫번째 단락에 언급된 승인요건은 면제될 수 있다.

2. 제1항에 언급된 승인신청자는 통관간소화를 위한 승인된 경제운영자이어야 한다.

3. 세관신고가 접수된 세관당국은

   (a) 해당 통관절차에 따른 물품의 배치를 감독한다.

   (b) 제188조의 (a) 및 (b)에 언급된 세관신고 확인을 위한 세관감독을 수행한다.

   (c) 정당한 경우, 물품이 제시된 세관당국에 제188조 (c) 및 (d)에 언급된 세관신고 확인을 위한 세관감독을 수행하도록 요청한다. 그리고

   (d) 관세 채무에 해당하는 수입 또는 수출 관세액을 보전하기 위한 통관 절차를 수행한다.

4. 세관신고 접수 세관과 물품이 제시된 세관당국은 세관신고 확인 및 물품 반출에 필요한 정보를 교환한다.

5. 물품이 제시된 세관당국은 EU의 관세영역으로 반입되거나 반출된 물품에 관한 자체 통제를 침해하지 않고 제3항 (c)에 언급된 세관당국 통제를 수행하고 그 결과를 세관신고가 제출된 세관당국에 제공해야 한다.

6. 세관신고가 접수된 세관당국은 다음 사항을 고려하여 제194조 및 제195조에 따라 물품을 반출해야 한다.

   (a) 세관신고 검증을 위한 자체 통제 결과

   (b) 세관신고 확인을 위해 물품이 제시된 세관당국이 실시한 통제결과와 EU 관세영역으로 반입되거나 반출된 물품에 관한 통제 결과

제180조 권한의 위임

집행위원회는 제179조 제1항의 첫 번째 단락에 언급된 승인 부여 조건을 결정하기 위해 제284조에 따라 위임규칙을 채택할 권한을 갖는다.

제181조 이행권한 부여

집행위원회는 이행규칙을 통해 다음 사항에 관한 절차를 명시해야 한다.

(a) 제179조에 언급된 관련 통관 절차 및 통제를 포함한 중앙집중통관제도

(b) 중앙집중통관에서 제182조 3항에 언급된 물품 제시 의무의 면제

이러한 이행규칙은 제285조 제4항에 언급된 검토 절차에 따라 채택되어야 한다.

제182조 자기기록신고

1. 세관당국은 신청 시 개인에게 간이신고를 포함한 세관신고를 자체전산시스템에 기재하는 것으로 세관신고를 갈음할 수 있도록 허가한다. 자체전산시스템에 기재로 세관신고를 갈음할 때, 자체전산시스템의 기재내용은 세관당국에 결정에 따른다.

2. 세관신고는 물품이 기록에 기재된 시점에 수리된 것으로 간주된다.

3. 세관당국은 신청 시 물품제시의무를 면제시킬수 있으며, 이 경우 물품은 신고인의 기록에 기재되는 시점에 반출된 것으로 간주된다.

   다음 조건이 모두 충족되는 경우 해당 면제가 허용될 수 있다.

   (a) 신고인은 간이신고 대상 AEO 기업이어야 한다.

   (b) 해당 물품의 성질과 그 흐름이 세관당국에 의해 인정되고 알려져야 한다.

   (c) 감독 세관당국은 필요한 경우 물품 검사 권리를 행사하는 데 필요하다고 간주되는 모든 정보에 접근할 수 있다.

   (d) 기록에 입력된 시점에서 물품은 자기기록신고 승인서에 달리 규정된 경우를 제외하고 더 이상 금지나 제한의 대상이 되지 않는다. 그러나 감독 세관당국은 특정 상황에서 물품 제시를 요청할 수 있다.

4. 물품 반출이 허용되는 조건은 자기기록신고 승인서에 명시되어야 한다.

제183조 권한의 위임

집행위원회는 제182조 제1항에 언급된 승인 부여 조건을 결정하기 위해 제284조에 따라 위임규칙을 채택할 권한을 갖는다.

제184조 이행권한 부여

집행위원회는 이행규칙을 통해 관련 통관 절차 및 통제를 포함하여 제182조에 언급된 신고인 기록의 기재에 관한 절차를 명시해야 한다.

이러한 이행규칙은 제285조 제4항에 언급된 검토 절차에 따라 채택되어야 한다.

제185조 자체 평가

1. 세관당국은 신청 시 경제운영자에게 세관당국이 수행해야 하는 특정 통관절차를 수행하고, 납부해야 할 수입 또는 수출 관세액을 결정하며, 세관감독하에 특정 통제를 수행하도록 권한을 부여할 수 있다.

2. 제1항에 언급된 승인 신청자는 세관절차간소화 대상 AEO기업이어야 한다.

제186조 권한의 위임

집행위원회는 다음을 결정하기 위해 제284조에 따라 위임규칙을 채택할 권한을 갖는다.

(a) 제185조 제1항에 언급된 승인부여 조건

(b) 제185조 제1항에 언급된 승인보유자가 수행해야 하는 통관 절차 및 감독

제187조 이행권한 부여

집행위원회는 이행규칙을 통해 제185조 제1항에 따라 승인 보유자가 수행할 통관 및 세관통제에 관한 절차를 명시해야 한다.

이러한 이행규칙은 제285조 제4항에 언급된 검토 절차에 따라 채택되어야 한다.

제3장 물품 검증 및 반출

제1절 검증

제188조 세관신고 검증

세관당국은 접수된 세관신고에 포함된 세부사항의 정확성을 검증하기 위해 다음을 수행할 수 있다.

(a) 신고서와 증빙서류를 검토한다.

(b) 신고인에게 다른 서류를 제공하도록 요구한다.

(c) 물품 검사

(d) 분석이나 물품의 상세한 검사를 위해 샘플을 채취한다.

제189조 물품 검사 및 샘플링

1. 검사 장소, 샘플 채취 장소까지의 물품 운송, 그리고 그러한 검사 또는 샘플 채취에 필요한 모든 취급은 신고인에 의해 또는 신고인의 책임하에 수행된다. 이에 따른 비용은 신고인이 부담한다.

2. 신고인은 물품 검사 및 견본 채취 시 출석하거나 대리인을 참여시킬 권리를 갖는다. 세관당국은 합당한 근거가 있는 경우, 물품을 검사하거나 샘플을 채취할 때 신고인 또는 대리인의 출석을 요구할 수 있으며, 그러한 검사 또는 샘플 채취를 용이하게 하는 데 필요한 지원을 제공하도록 요구할 수 있다.

3. 현행 규정에 따라 샘플을 채취한 경우, 세관당국은 그에 따른 보상금 지급에 대한 책임을 지지 않으나, 분석 또는 조사 비용은 부담한다.

제190조 물품의 부분검사 및 샘플링

1. 세관신고에 포함된 물품의 일부만을 검사하거나 샘플을 채취한 경우, 부분 검사 결과, 샘플 분석 또는 검사 결과는 세관신고에 포함된 모든 물품에 적용된다. 그러나 신고인은 부분 검사 결과, 채취된 샘플 분석 또는 검사 결과가 신고된 물품의 나머지 부분에 대해 유효하지 않다고 판단하는 경우, 물품에 대한 추가 검사 또는 샘플링을 요청할 수 있다. 다만, 그 요청은 물품이 반출되지 않았거나, 반출된 경우 신고인이 물품이 어떤 방식으로든 변경되지 않았음을 입증하는 경우에만 인정될 수 있다.

2. 제1항의 목적상, 세관신고가 둘 이상의 품목에 해당하는 물품에 적용되는 경우, 각 품목에 해당하는 물품에 관한 세부사항은 별도의 신고서를 구성하는 것으로 간주된다.

제191조 검증 결과

1. 세관신고 검증결과는 물품이 배치되는 세관절차에 관한 규정을 적용하는 데 사용된다.

2. 세관신고가 검증되지 않은 경우, 해당 신고서에 포함된 세부사항을 토대로 제1항이 적용된다.

3. 세관당국의 검증 결과는 EU 관세영역 전체에 걸쳐 동일한 결정적 효력을 갖는다.

제192조 식별 조치

1. 세관당국 또는 해당되는 경우 세관당국으로부터 권한을 부여받은 경제운영자는 해당 물품의 통관 절차를 규율하는 규정의 준수를 보장하기 위해 식별이 필요한 물품을 식별하는 데 필요한 조치를 취해야 한다.

그러한 식별 조치는 EU 관세영역 전체에 걸쳐 동일한 법적 효력을 갖는다.

2. 물품, 포장 또는 운송 수단에 부착된 식별 수단은 세관당국에 의해서만 제거되거나 파기되어야 하며, 세관당국의 허가를 받은 경제운영자에 의해서만 제거되거나 파기되어야 한다. 단, 예측할 수 없는 사유가 발생하는 경우, 즉, 불가항력 상황이나 예기치 못한 상황으로 인해 물품이나 운송 수단을 보호하기 위해서는 이러한 허가 없이 식별 수단을 제거하거나 파괴할 수 있다.

제193조 이행권한 부여

집행위원회는 이행규칙을 통해 세관신고 검증, 물품 검사 및 샘플링, 검증 결과에 관한 조치를 명시해야 한다.

이러한 이행규칙은 제285조 제4항에 언급된 검토 절차에 따라 채택되어야 한다.

제2절 반출

제194조 물품 반출

1. 관련 절차에 따라 물품을 배치하기 위한 조건이 충족되고 제한 사항이 적용되었으며 물품이 금지 대상이 아닌 경우, 세관당국은 세관신고를 검증없이 수리하였거나 세관신고의 세부사항을 검증 완료한 즉시 물품을 반출해야 한다.

   첫 번째 단락은 제188조에 따른 확인이 합리적인 기간 내에 완료될 수 없고 확인 목적으로 물품이 더 이상 세관당국에 제시될 필요가 없을 때에도 적용된다.

2. 동일한 신고서에 포함된 모든 물품은 동시에 반출되어야 한다.

   첫 번째 단락의 취지에 따라 세관신고가 둘 이상의 품목에 해당하는 물품에 적용되는 경우 각 품목에 해당하는 물품과 관련된 세부사항은 별도의 세관신고를 구성하는 것으로 간주된다.

제195조 관세채무에 해당하는 수출입 관세 납부 또는 보증 제공에 따른 반출

1. 통관절차에 따른 물품의 배치로 관세채무가 발생한 경우, 물품의 반출은 관세채무에 상응하는 수입 또는 수출 관세액을 납부하거나 이에 대한 보증을 제공하는 것을 조건으로 한다.

   그러나 세 번째 단락을 침해하지 않고 첫 번째 단락은 수입관세가 부분적으로 면제되는 임시수입에는 적용되지 않는다.

   물품이 신고된 통관 절차에 관한 규정에 따라 세관당국이 보증 제공을 요구하는 경우, 해당 물품은 해당 보증이 제공될 때까지 반출되지 않는다.

2. 특정한 경우, 관세 할당량에 대한 추천 요청 대상물품에 대한 반출은 보증을 조건으로 하지 않는다.

3. 제166조, 제182조 및 제185조에 언급된 간이신고가 사용되고 포괄적인 보증이 제공되는 경우, 세관당국의 보증 모니터링을 반출의 조건으로 할 수 없다.

제196조 권한의 위임

집행위원회는 제195조 제2항에 언급된 사례를 결정하기 위해 제284조에 따라 위임규칙을 채택할 권한을 갖는다.

제4장 물품 폐기

제197조 물품의 폐기

세관당국은 합당한 근거가 있는 경우 세관당국에 제출된 물품을 폐기하도록 요구할 수 있으며 그에 따라 물품 소지자에게 이를 통보해야 한다. 파기 비용은 물품 소유자가 부담한다.

제198조 세관당국이 취해야 할 조치

1. 세관당국은 다음 각 호의 경우에는 물품의 처분을 위하여 몰수, 매각, 폐기 등 필요한 조치를 취하여야 한다.

    (a) 비EU 물품의 EU 관세영역으로의 반입을 규율하는 관세법에서 규정하는 의무 중 하나를 이행하지 않았거나 물품이 EU 관세영역으로 반입하는 것에 관한 관세법에 규정된 의무 중 하나가 이행되지 않았거나 물품이 세관 감독에 의해 보류된 경우

    (b) 다음 중 어느 하나의 사유로 물품을 반출할 수 없는 경우

    (i) 신고인의 귀책사유로 인해 세관당국이 정한 기간 내에 물품 검사를 수행하거나 계속하는 것이 불가능했던 경우,

    (ii) 요청된 통관절차를 위해 물품을 접수하거나 반출하기 전에 제출해야 하는 서류가 제공되지 않은 경우,

    (iii) 경우에 따라 수출입 관세와 관련하여 지급 또는 제공되어야 하는 지급 또는 보증이 규정된 기간 내에 지급 또는 제공되지 않은 경우,

(iv) 해당 물품이 금지 또는 제한 대상인 경우

(c) 물품이 반출된 후 합리적인 기간 내에 제거되지 않은 경우,

(d) 물품이 반출된 후 해당 반출 조건을 충족하지 않은 것으로 밝혀진 경우, 또는

(e) 제199조에 따라 국가에 소유권을 포기한 경우

2. 국가에 소유권을 포기하거나 압수 또는 몰수된 비EU 물품은 세관창고절차에 들어간 것으로 간주된다. 세관창고 운영인은 이러한 내용을 기록해야 하며, 만일 이 물품을 세관당국이 보관하는 경우에는 세관당국이 기록한다.

폐기, 국가에 소유권 포기, 압수 또는 몰수되어야 할 물품이 이미 세관신고 대상인 경우, 기록에는 세관신고에 대한 내용이 포함되어야 하며, 세관당국은 해당 세관신고를 무효화한다.

3. 제1항에 언급된 조치의 비용은 다음과 같이 부담한다.

(a) 제1항 (a)에 언급된 경우, 해당 의무를 이행해야 하거나 세관감독으로부터 물품을 보류당한 자

(b) 제1항 (b)와 (c)에 언급된 경우에는 신고인이 결정한다.

(c) 제1항 (d)에 언급된 경우, 물품반출에 적용되는 조건을 준수해야 하는 자

(d) 제1항 (e)에 언급된 경우, 국가에 물품을 포기한 자

제199조 포기

비EU 물품과 최종사용절차가 진행 중인 물품은 세관당국의 사전허가를 받아 해당 절차 보유자 또는 해당되는 경우 물품 보유자가 국가에 그 소유권을 포기할 수 있다.

제200조 이행권한 부여

집행위원회는 이행규칙을 통해 다음에 관한 절차를 명시해야 한다.

(a) 제197조에 따른 물품의 폐기

(b) 제198조 제1항에 따른 물품 판매

(c) 제199조에 따른 국가에 대한 물품 포기

이러한 이행규칙은 제285조 제4항에 언급된 검토 절차에 따라 채택되어야 한다.

제1장 자유유통을 위한 반출

제201조 범위 및 효과

1. EU 시장에 출시되거나 EU 관세영역에서 개인적 사용 또는 소비를 목적으로 하는 비EU 물품은 자유유통을 위해 반출된다.

2. 자유유통을 위한 반출에는 다음이 수반된다.

    (a) 납부해야 할 수입관세 징수

    (b) 해당 요금 징수와 관련하여 시행 중인 관련 규정에 따라 적절한 경우 기타 요금 징수

    (c) 초기 단계에 적용될 필요가 없는 한도 내에서 한해 상업 정책 조치와 금지 및 제한의 적용

    (d) 물품 수입과 관련하여 규정된 기타 절차의 완료

3. 자유유통을 위한 반출은 비EU 물품에 EU 물품으로써의 관세지위를 부여한다.

제202조 상업정책조치

1. 역내가공을 통해 얻은 가공물품이 자유유통을 위해 반출되고 제86조 제3항에 따라 수입관세액이 계산되는 경우, 적용되는 상업정책조치는 역내가공을 위해 투입된 물품의 자유유통을 위한 반출에 적용되는 상업정책조치이다.

2. 폐기물 및 스크랩에는 제1항을 적용하지 아니한다.

3. 역내가공을 통해 얻은 가공품이 자유유통을 위해 반출되고 제85조 제1항에 따라 수입관세액이 계산되는 경우, 해당 물품에 적용되는 상업정책조치는 역내가공에 투입되는 물품에 대해서만 적용된다.

4. EU 법률이 자유유통을 위한 반출 관련 상업정책조치를 수립하는 경우, 그 조치는 역외가공 이후, 자유유통을 위해 출시되는 아래와 같은 물품에는 적용되지 않는다.

    (a) 가공된 물품이 제60조의 의미 내에서 EU 원산지를 유지한다.

    (b) 역외가공에는 제261조에 언급된 표준교환 시스템을 포함한 수리가 포함된다. 또는

    (c) 역외가공은 제258조에 따른 추가 가공작업을 따른다.

제2장 수입관세 면제

제1절 반출된 물품

제203조 범위 및 효과

1. 원래 EU 관세영역에서 EU 물품으로 수출된 비EU 물품이 3년 이내에 EU 관세영역으로 반송되고 자유유통을 위한 반출을 신고한 경우, 해당인의 신청에 따라 수입관세를 면제받는다.

   첫 번째 단락은 반송된 물품이 EU 관세영역에서 이전에 수출된 물품의 일부인 경우에도 적용된다.

2. 특별한 상황을 고려하여 제1항에 언급된 3년의 기간을 초과할 수 있다.

3. EU 관세영역에서 반출되기 전에, 반송된 물품이 특정 최종용도로 인해 관세감면조건으로 자유유통을 위해 반출되었던 이력을 가지고 있는 경우, 제1항에 따른 관세면제는 동일한 최종사용 목적으로 자유유통을 위해 반출될 때만 가능하다.

   문제의 물품이 자유유통을 위해 반출되는 최종용도가 더 이상 동일하지 않은 경우, 해당 물품이 처음 자유유통을 위해 반출되었을 때 해당 물품에 대해 징수된 금액만큼 공제하고 나머지 수입관세를 부과한다. 후자의 금액이 반품된 물품의 자유 유통을 위한 반출시에 납부해야할 금액을 초과하는 경우 환급이 허용되지 않는다.

4. EU 물품이 제154조에 따라 EU 물품으로써의 관세지위를 상실하고 이후 자유유통을 위해 반출되는 경우, 제1항, 제2항 및 제3항이 적용된다.

5. 수입관세 면제는 물품이 수출된 상태로 반송된 경우에만 허용된다.

6. 수입관세 면제는 면제조건이 충족되었음을 입증하는 정보에 의해 뒷받침되어야 한다.

제204조 공동농업정책에 따라 정해진 조치의 혜택을 받은 물품

제203조에 규정된 수입관세 면제는 특별한 경우를 제외하고는 비EU 관세영역으로의 수출과 관련하여 공동농업정책에 따라 규정된 조치로부터 혜택을 받은 물품에 부여되지 않는다.

제205조 이전에 역내가공절차를 밟았던 물품

1. 제203조는 역내가공절차 이후 EU의 관세영역에서 원래 재수출된 가공품에 적용된다.
2. 신고인의 신청에 따라 신고인이 필요한 정보를 제출한 경우, 제1항이 적용되는 물품에 대한 수입관세액은 제86조 제3항에 따라 결정된다. 재수출신고 수리일을 자유유통을 위한 반출일로 간주된다.
3. 제223조 제2항 (c)에 따라 수출된 가공품에 대해서는 어떠한 물품도 역내가공절차를 거치지 않았다는 것을 증명하지 못하는 한, 제203조에 규정된 수입관세 면제가 부여되지 않는다.

제206조 권한의 위임

집행위원회는 다음을 결정하기 위해 제284조에 따라 위임규칙을 채택할 권한을 갖는다.

(a) 물품이 수출된 상태로 반송된 것으로 간주되는 경우
(b) 제204조에 규정된 구체적인 사건

제207조 이행권한 부여

집행위원회는 이행규칙을 통해 제203조 제6항에 언급된 정보 제공에 대한 절차를 명시해야 한다.

이러한 이행규칙은 제285조 제4항에 언급된 검토 절차에 따라 채택되어야 한다.

제2절 어획품과 바다에서 채취한 물품

제208조 어획품과 바다에서 채취한 기타 물품

1. 제60조 제1항를 침해하지 않고, 다음 품목은 자유유통을 위해 반출될 때 수입관세가 면제된다.
   (a) 회원국에 단독으로 등록 또는 기록되고 해당 국가의 국기를 게양한 선박에 의해 EU 관세영역 밖의 국가 또는 영토의 영해에서 채취된 어획품 및 기타 물품,
   (b) (a)에 언급된 조건을 만족시키는 공장시설을 갖춘 선박에서 만들어진 물품

2. 제1항에 언급된 수입관세 면제를 받기 위해서는 해당항의 조건을 만족시킨다는 증거가 뒷받침되어야 한다.

제209조 이행권한 부여

집행위원회는 이행규칙을 통해 제208조 제2항에 언급된 증거 제공을 위한 절차를 명시해야 한다.

이러한 이행규칙은 제285조 제4항에 언급된 검토 절차에 따라 채택되어야 한다.

제7편   특별절차

제1장 일반 조항

제210조 범위

물품은 다음 범주의 특별절차에 따라 처리될 수 있다.

(a) 통과운송은 내부통과운송, 외부통과운송으로 구성된다.

(b) 세관창고와 자유무역지대로 구성되는 보관시설

(c) 임시수입 및 최종사용으로 구성된 특정사용

(d) 가공은 역내가공, 역외가공으로 구분된다.

제211조 권한부여

1. 다음 사항에 대해서는 세관당국의 허가가 필요하다:

    (a) 역내 또는 역외가공절차, 임시수입 또는 최종사용절차

    (b) 보관시설 운영자가 세관당국인 경우를 제외하고 세관창고시설 운영

        첫 번째 단락에 언급된 절차 중 하나 이상을 사용하거나 보관시설의 운영을 허용하는 조건은 허가서에 명시되어야 한다.

2. 세관당국은 다음 조건이 모두 충족되는 경우 소급효로 허가를 부여한다.

    (a) 입증된 경제적 필요성이 있다.

    (b) 신청이 사기 시도와 관련이 없을 때

    (c) 신청자는 다음과 같은 계정이나 기록을 바탕으로 입증한 경우

(ⅰ) 절차의 모든 요구 사항이 충족된 경우

(ⅱ) 적절한 경우 해당기간 동안 물품을 식별할 수 있다.

(ⅲ) 그러한 계정이나 기록을 통해 절차를 통제할 수 있다.

(d) 필요한 경우 해당 세관신고의 무효화를 포함하여 물품 상황을 정규화하는 데 필요한 모든 절차가 수행될 수 있다.

(e) 신청서가 접수된 날로부터 3년 이내에 신청자에게 소급 효력이 있는 허가가 부여되지 않은 경우

(f) 신청이 동일한 종류의 운영 및 물품에 대한 허가 갱신과 관련된 경우를 제외하고 경제 상황에 대한 조사가 필요하지 않는 경우

(g) 신청이 세관창고의 운영과 관련되지 않은 경우

(h) 동일한 종류의 운영 및 물품에 대한 허가 갱신에 관한 신청서의 경우, 신청서는 원래 허가가 만료된 후 3년 이내에 제출된다.

세관당국은 통관절차에 놓인 물품이 허가요청이 수락된 시점에 더 이상 존재하지 않는 경우에도 소급 효력이 있는 승인을 부여할 수 있다.

3. 제1항에 따른 허가는 달리 정한 경우를 제외하고는 다음 각 호의 조건을 모두 충족하는 자에게만 부여된다.

(a) EU 관세영역 내에 설립되어있다.

(b) 적절한 운영 수행에 필요한 보증을 제공한다. 통관간소화 대상 AEO 기업은 관련 특별절차와 관련된 활동이 제38조 제2항 (a)에 언급된 승인에서 고려되는 한 이 조건을 충족하는 것으로 간주된다.

(c) 특별절차에 따라 처리된 물품에 대해 관세 또는 기타 비용이 발생할 수 있는 경우 제89조에 따라 보증을 제공한다.

(d) 임시수입 또는 역내가공절차의 경우, 그들은 각각 물품을 사용하거나 사용을 주선하거나 물품에 대한 가공 작업을 수행하거나 수행되도록 주선한다.

4. 달리 규정된 경우를 제외하고 제3항 외에도 제1항에 언급된 허가는 다음 조건이 모두 충족되는 경우에만 부여된다.

(a) 세관당국은 관련된 경제적 필요로 인해, 과도한 행정조치를 도입하지 않고도 세관감독을 행사할 수 있다.

(b) EU 생산자의 본질적 이익은 세관절차 허가로 인해 부정적인 영향을 받지

않는다.

5. 반대되는 증거가 존재하거나 경제적 조건이 충족된 것으로 간주되는 경우를 제외하고, EU 생산자의 본질적 이익은 제4항 (b)에 언급된 바와 같이 부정적인 영향을 받지 않는 것으로 간주된다.

6. EU 생산자의 본질적 이익이 부정적인 영향을 받을 가능성이 있다는 증거가 있는 경우, 경제 상황에 대한 조사가 EU 차원에서 실시되어야 한다.

제212조 권한의 위임

집행위원회는 다음을 결정하기 위해 제284조에 따라 위임규칙을 채택할 권한을 갖는다.

(a) 제211조 제1항에 언급된 절차에 대한 허가 부여 조건

(b) 제211조 제3항 및 제4항에 언급된 조건에 대한 예외

(c) 제211조 제5항에 따른 경제적 여건이 갖추어져 있다고 인정되는 경우

제213조 이행권한 부여

집행위원회는 이행규칙을 통해 제211조 제6항에 언급된 경제 상황을 검토하기 위한 절차를 명시해야 한다.

이러한 이행규칙은 제285조 제4항에 언급된 검토 절차에 따라 채택되어야 한다.

제214조 기록

1. 통과절차 또는 달리 규정된 경우를 제외하고, 허가 보유자, 절차 보유자 및 물품보관, 작업 또는 처리, 물품판매 또는 자유무역지대에서 구매와 관련된 활동을 수행하는 모든 사람은 세관당국이 승인한 형식으로 적절한 기록을 보관해야 한다. 기록에는 특히 해당 절차에 따라 배치된 물품의 식별, 해당 물품의 관세지위 및 및 이동과 관련하여 세관당국이 해당 절차를 감독할 수 있도록 관련 정보와 세부사항이 포함되어야 한다.

2. 통관간소화 대상 AEO기업은 자신의 기록이 관련 특별 절차의 목적에 적합한 한 제1항에 규정된 의무를 준수하는 것으로 간주한다.

제215조 특별절차의 종료

1. 통과 절차 이외의 경우 및 제254조를 침해하지 않는 한도에서 절차에 따라 배

치된 물품 또는 이미 처리된 물품이 후속 통관 절차에 따라 EU 관세영역에서 반출되거나, 폐기물이 전혀 남지 않고 파괴되었거나 제199조에 따라 국가에 그 소유권을 포기한 경우, 특별절차는 종료된다.

2. 통과절차는 출발 세관에서 이용 가능한 데이터와 도착 세관에서 이용 가능한 데이터를 비교하여 세관당국이 통과운송절차가 올바르게 끝났다는 것을 확인할 수 있을 때 종료된다.

3. 세관당국은 규정된 조건에 따라 절차가 이행되지 않은 물품의 상황을 정규화하는데 필요한 모든 조치를 취해야 한다.

4. 절차의 종료는 달리 규정되지 않는 한 특정 기한 내에 이루어져야 한다.

제216조 권한의 위임

집행위원회는 제215조 제4항에 언급된 기한을 결정하기 위해 제284조에 따라 위임규칙을 채택할 권한을 갖는다.

제217조 이행권한 부여

집행위원회는 이행규칙을 통해 제215조에 언급된 특별절차의 수행을 위한 절차를 명시해야 한다.

이러한 이행규칙은 제285조 제4항에 언급된 검토 절차에 따라 채택되어야 한다.

제218조 권리와 의무의 이전

통과운송 이외의 특별한 절차에 따라 처리된 물품에 관한 절차 보유자의 권리와 의무는 해당 절차에 대해 규정된 조건을 충족하는 다른 사람에게 전부 또는 부분적으로 이전될 수 있다.

제219조 물품의 이동

특별한 경우, 통과운송 또는 자유무역지대 이외의 특별 절차에 배치된 물품은 EU 관세영역 내 여러 장소 간에 이동할 수 있다.

세220조 일반적인 취급 형태

보세창고나 가공절차 또는 자유무역지대에 배치된 물품은 물품 보존, 외관 또는 시장성 개선, 유통 또는 재판매 준비를 위한 일반적인 형태의 취급을 거칠 수 있다.

제221조 권한의 위임

집행위원회는 제284조에 따라 위임규칙을 채택할 권한을 갖는다.

(a) 제219조에 따라 통과 또는 자유무역지역 이외의 특별절차에 따라 배치된 물품의 이동에 대한 사례 및 조건을 정하는 것,

(b) 제220조에 언급된 대로 세관창고, 가공절차 또는 자유무역지대에 배치된 물품에 대한 일반적인 취급 형태 결정

제222조 이행권한 부여

집행위원회는 이행규칙을 통해 다음 사항에 대한 절차를 명시해야 한다.

(a) 제218조에 따라 통과운송 이외의 특별절차에 따라 처리된 물품에 관한 절차 보유자의 권리와 의무를 이전하는 행위

(b) 제219조에 따라 통과 또는 자유무역지대 이외의 특별절차에 따라 배치된 물품의 이동

이러한 이행규칙은 제285조 제4항에 언급된 검토 절차에 따라 채택되어야 한다.

제223조 동등물품

1. 동등물품은 특별절차에 따라 배치된 물품 대신 저장, 사용 또는 처리되는 EU 물품으로 구성된다.

   역외가공 절차에서 동등물품은 역외가공절차에 투입된 배치된 EU 물품 대신 가공된 비EU 물품으로 구성된다.

   별도로 규정하지 않는 한, 동등물품은 대체되는 물품과 동일한 8자리CN code, 동일한 상업 품질 및 동일한 기술적 특성을 가져야 한다.

2. 세관당국은 신청 시 특히 세관감독과 관련된 절차의 적절한 수행이 보장되는 경우 다음 사항을 승인해야 한다.

   (a) 세관창고, 자유무역지역, 최종사용 및 가공절차에 따른 동등물품의 사용,

   (b) 특정한 경우, 임시수입절차에 따른 동등물품의 사용,

   (c) 역내가공절차의 경우, 대체물품을 수입하기 전에 동등물품을 사용하여 제작한 물품의 수출

   (d) 역외가공절차의 경우, 대체물품을 수출하기 전에 동등물품에서 얻은 가공

품의 수입

통관간소화 대상 AEO 기업은 해당 절차에 대한 동등한 물품의 사용과 관련된 활동이 제38조 제2항 (a)에 언급된 허가에서 고려되는 한, 절차의 적절한 수행 보장 조건을 충족하는 것으로 간주한다.

3. 다음 각 호의 어느 하나에 해당하는 경우에는 동등물품의 사용을 허가하지 아니한다.

   (a) 역내가공 절차에 따라 제220조에 정의된 일반적인 형태의 처리만 수행되는 경우

   (b) 수입관세 환급 금지 또는 면제가 EU와 특정국가 또는 EU 관세영역 밖의 영토, 또는 그러한 국가나 영토의 집단 간의 체결된 특혜협정의 테두리안에서 원산지 증명서가 발급되거나, 작성된 역내가공 절차에 따라 가공된 물품의 제조에 사용되는 비원산지 물품에 적용되는 경우

   (c) 부당한 수입관세 혜택으로 이어질 수 있는 경우, 또는 EU 법률에 규정된 경우

4. 제2항 (c)에 언급된 사례와 관련하여 만일 가공 물품이 역내가공 절차에 따라 수출되지 않아 수출관세가 부과될 가능성이 있을 때에는, 허가 보유자는 비EU 물품이 제257조 제3항에 언급된 기간 내에 수입되지 않을 경우, 수출관세 납부를 보장하는 담보를 제공해야 한다.

제224조 권한의 위임

집행위원회는 다음을 결정하기 위해 제284조에 따라 위임규칙을 채택할 권한을 갖는다.

(a) 제223조 제1항의 세 번째 단락의 예외

(b) 제223조 제2항에 따라 동등물품이 사용되는 조건

(c) 제223조 제2항 (b)에 따라 임시수입 절차에 따라 동등물품이 사용되는 구체적인 경우

(d) 제223조 제3항 (c)에 따라 동등물품의 사용이 승인되지 않은 경우

제225조 이행권한 부여

집행위원회는 이행규칙을 통해 제223조 제2항에 따라 승인된 동등물품의 사용에 대한 절차를 명시해야 한다.

이러한 이행규칙은 제285조 제4항에 언급된 검토 절차에 따라 채택되어야 한다.

제2장 통과운송

제1절 외부통과운송 및 내부통과운송

제226조 외부통과운송

1. 비EU 물품은 외부통과운송절차에 따라 다음 사항의 적용을 받지 않고 EU 관세영역 내 한 지점에서 다른 지점으로 이동할 수 있다.

   (a) 수입 관세

   (b) 현행 관련 규정에 따라 규정된 기타 세금

   (c) EU 관세영역으로 물품이 반입 또는 반출되는 것을 금지하지 않는 상업 정책조치

2. 특별한 경우, EU 물품은 외부운송절차에 따라 처리된다.

3. 제1항에 언급된 이동은 다음 방법 중 하나로 이루어져야 한다.

   (a) EU 외부통과운송절차에 따라,

   (b) TIR 협약에 따라, 그러한 이동은 다음과 같다.

   (ⅰ) 비EU 관세영역에서 시작되었거나 끝날 예정인 경우,

   (ⅱ) EU 관세영역 안의 두 지점 사이에서 비EU 관세영역 국가나 영토를 거쳐서 발효된다.

   (c) ATA 협약/이스탄불 협약에 따라 통과가 이루어지는 경우

   (d) 라인강 선언(라인강 항해에 관한 개정 협약 제9조)에 포함됨

   (e) 1951년 6월 19일 런던에서 서명된 군대의 지위에 관한 북대서양 조약 당사국 간의 협정에 규정된 양식 302에 따라

   (f) 만국우편연합 우편제도에 따라 물품이 해당 법령에 따른 권리와 의무의 보유자에 의해 또는 그를 위해 운송되는 경우

제227조 내부통과운송

1. 내부통과운송절차와 제2항에 규정된 조건에 따라, 관세지위 변경없이 EU 물품은 EU 관세영역 내의 한 지점에서 다른 지점으로 이동될 수 있으며 관세영역 밖의 국가나 영토를 통과할 수 있다.

2. 제1항에 언급된 이동은 다음 방법 중 하나로 이루어져야 한다.

   (a) 국제협정에서 그러한 가능성이 제공되는 경우 EU 내부통과절차에 따라

   (b) TIR 협약에 따라

   (c) ATA 협약/이스탄불 협약에 따라 통과운송이 이루어지는 경우

   (d) 라인강 선언(라인강 항해에 관한 개정 협약 제9조)에 포함됨

   (e) 1951년 6월 19일 런던에서 서명된 군대의 지위에 관한 북대서양 조약 당사국 간의 협정에 규정된 양식 302에 따라

   (f) 만국우편연합 우편제도에 따라 물품이 해당 법령에 따른 권리와 의무의 보유자에 의해 또는 그를 위해 운송되는 경우

제228조 통과목적의 단일 영토

TIR 협약, ATA 협약/이스탄불 협약, 양식 302 또는 우편제도에 따라 물품이 EU 관세영역의 한 지점에서 다른 지점으로 이동하는 경우, EU 관세영역은 그러한 운송의 목적 달성을 위해 단일 영역을 구성하는 것으로 간주된다.

제229조 TIR 운영에서 제외되는 자

1. 회원국 세관이 TIR 협약 제38조에 따라 특정 개인을 TIR 업무에서 제외하기로 결정한 경우, 해당 결정은 EU 관세영역 전체에 적용되며 해당 개인이 제출한 TIR 까르네는 어느 세관당국에서도 수리되지 않는다.

2. 회원국은 제1항에 언급된 결정과 그 적용 날짜를 다른 회원국 및 집행위원회에 전달해야 한다.

제230조 TIR 목적으로 허가된 물품 수취인

세관당국은 신청 시 TIR 협약에 따라 '허가된 수취인'이라고 언급되는 자에게 이동된 물품을 허가된 장소에서 수령할 수 있도록 허가할 수 있으며, 이러한 절차는 TIR 협약 제1조 (d)에 따라 종료된다.

제231조 권한의 위임

집행위원회는 다음을 결정하기 위해 제284조에 따라 위임규칙을 채택할 권한을 갖는다.

(a) 제226조 제2항에 따라 EU 물품이 외부통과운송절차에 따라 배치되는 구체적인 경우

(b) 제230조에 언급된 허가 부여 조건

제232조 이행권한 부여

집행위원회는 EU의 필요를 고려하여, 이행규칙을 통해 EU 관세영역에서 제226조 제3항 (b)~(f) 및 제227조 제2항 (b)~(f)를 적용하는 절차를 명시해야 한다. 이러한 이행규칙은 제285조 제4항에 언급된 검토 절차에 따라 채택되어야 한다.

제2절 EU 내부통과운송

제233조 통과운송절차 보유자, 통과운송절차에 따라 이동하는 물품 운송인 및 수령인의 의무

1. EU 통과운송절차 보유자는 다음 사항에 대한 책임을 진다.

    (a) 세관당국의 물품확인을 위해 세관당국이 취한 조치에 따라 규정된 기한 내에 도착지 세관당국에 물품을 온전하게 제시하고 필요한 정보를 제시해야 한다.

    (b) 절차와 관련된 세관규정의 준수

    (c) 관세법에 달리 규정되지 않는 한, 다른 유효한 규정에 규정된 것과 같이, 해당 물품과 관련한 관세채무 또는 기타 부과금에 해당하는 수입 또는 수출 관세액의 납부를 보장하는 보증의 제공

2. 절차에 따라 배치된 물품과 필요한 정보가 관세법에 따라 도착지 세관당국에서 이용가능하게 되면 절차 소지자의 의무가 충족되고 통과 절차가 종료된다.

3. EU 통과운송절차에 따라 물품이 이동하고 있다는 사실을 알고 물품을 수령한 운송인 또는 수령인도 지정된 기한 내에 세관당국의 물품확인을 위해 취해진 조치에 따라 목적지 세관당국에 물품을 온전하게 제시할 책임이 있다.

4. 신청 시 세관당국은 EU 통과운송절차 또는 해당 절차 종료에 따른 물품 반입과 관련하여 다음과 같은 간소화 절차를 허가할 수 있다.

(a) 통과운송절차 허가 보유자로 하여금 물품을 세관당국에 제출하지 않고 EU 통과운송절차에 따라 물품을 놓을 수 있도록 허용하는 허가된 위탁자의 지위,

(b) 통과운송절차 허가 보유자로 하여금 EU 통과운송절차에 따라 이동된 물품을 허가된 장소에서 수령하고 제233조 제2항에 따라 절차를 종료할 수 있도록 허용하는 허가된 수취인의 지위

(c) EU 통과운송절차에 따라 배치된 물품의 식별을 보장하기 위해 봉인이 필요한 경우 특수 유형의 봉인 사용

(d) EU 통과운송절차에 따라 물품을 배치하기 위해 데이터 요건이 축소된 세관신고의 사용

(e) EU 통과운송절차에 따라 물품을 배치하기 위해 세관신고로 전자 운송 문서를 사용하는 경우. 단, 해당 문서에는 해당 신고의 세부사항이 포함되어 있고 해당 세부사항은 물품에 대한 세관감독 및 절차의 종료를 위해 출발지와 도착지의 세관당국에 제공되어야 한다.

제234조 EU 외부통과운송절차에 따라 비EU 관세영역 국가 또는 영토를 통과하는 물품

1. 다음 조건 중 하나가 충족되는 경우, 비EU 관세영역 국가 또는 영토를 통과하는 물품에 대해 외부통과운송절차가 적용된다:

   (a) 국제협정에 따라 그러한 취지로 규정이 이루어진 경우,

   (b) 해당 국가나 영토를 통과하는 운송은 EU 관세영역에서 작성된 단일 운송 서류에 따라 이루어진다.

2. 제1항 (b)호에 언급된 경우, 물품이 비EU 관세영역에 있는 동안 EU 외부통과운송절차는 정지된다.

제235조 권한의 위임

집행위원회는 제233(4)조에 언급된 승인 부여 조건을 결정하기 위해 제284조에 따라 위임규칙을 채택할 권한을 갖는다.

제236조 이행권한 부여

집행위원회는 이행규칙을 통해 다음에 관한 절차를 명시해야 한다.

(a) EU 통과운송절차에 따른 물품배치 및 해당 절차의 종료,

(b) 제233조 제4항에 언급된 간소화 운영

(c) 제234조에 언급된 EU 외부통과운송절차에 따라 비EU 관세영역 국가 또는 영토를 통과하는 물품에 대한 세관감독

이러한 이행규칙은 제285조 제4항에 언급된 검토 절차에 따라 채택되어야 한다.

제3장 보관

제1절 공통 조항

제237조 범위

1. 비EU 물품은 보관 절차에 따라 다음 사항의 적용을 받지 않고 EU 관세영역에 보관될 수 있다.

   (a) 수입 관세

   (b) 현행 기타 관련 규정에 따라 규정된 기타 제세

   (c) EU 관세영역으로 물품이 반입 또는 반출되는 것을 금지하지 않는 상업 정책 조치

2. 특정 분야에 적용되는 EU 법률에 따라 또는 수입관세의 환급 또는 면제를 인정하는 결정으로부터 이익을 얻기 위해 EU 물품은 세관창고 또는 자유무역지대 절차에 따라 배치될 수 있다.

3. 세관당국은 경제적 필요가 있고 세관감독이 부정적인 영향을 받지 않는 경우 세관창고에 EU 물품을 보관하는 것을 허가할 수 있다. 해당 물품은 세관창고 절차를 밟고 있는 것으로 간주되지 않는다.

제238조 보관절차 기간

1. 물품이 보관절차에 따라 남아 있을 수 있는 기간에는 제한이 없다.

2. 예외적인 상황에서, 세관당국은 특히 물품의 종류와 특성이 장기 보관의 경우 인간, 동물, 식물의 건강이나 환경에 위협이 될 수 있다고 판단되는 경우, 보관 절차를 종료 기한을 설정할 수 있다.

제239조 이행권한 부여

집행위원회는 이행규칙을 통해 제237조 제2항에 언급된 세관창고 또는 자유무역지역 절차에 따라 EU 물품을 배치하기 위한 절차를 명시해야 한다.

이러한 이행규칙은 제285조 제4항에 언급된 검토 절차에 따라 채택되어야 한다.

제2절 세관창고

제240조 세관창고 보관

1. 세관창고절차에 따라 비EU 물품은 세관당국이 허가하고 감독이 이루어지는 구내 또는 기타 장소에 보관할 수 있다.

2. 세관창고는 물품 세관창고로 또는 세관창고 허가권자가 자기 물품을 보관을 위해 사용할 수 있다.

3. 세관창고에 보관된 물품은 일시적으로 세관창고에서 반출될 수 있다. 이러한 반출은 불가항력인 경우를 제외하고 세관당국의 사전 허가를 받아야 한다.

제241조 가공

1. 세관당국은 경제적 필요가 있고 세관감독이 불리한 영향을 받지 않는 경우, 역내가공 또는 최종사용 절차에 따라 물품가공절차가 세관창고에서 이루어지도록 허가할 수 있다.

2. 제1항에 언급된 물품은 세관창고절차를 밟고 있는 것으로 간주되지 않는다.

제242조 허가 또는 절차 보유자의 책임

1. 허가 보유자와 절차 보유자는 다음 사항에 대한 책임을 진다.

   (a) 세관창고절차에 따라 물품이 세관감독 대상에서 제외되지 않도록 보장한다. 그리고

   (b) 세관창고절차가 적용되는 물품 보관으로 인해 발생하는 의무를 이행한다.

2. 허가가 공공보세창고와 관련된 경우 제1항을 적용하지 않고 제1항의 (a) 또는 (b)에 언급된 책임을 전적으로 절차 보유자에게 지울 수 있다.

3. 절차 보유자는 세관창고절차에 따라 물품을 장치함으로써 발생하는 의무를 이행할 책임을 진다.

제3절 자유무역지대

제243조 자유무역지대 지정

1. 회원국은 EU 관세영역의 일부를 자유무역지대로 지정할 수 있다.

   각 자유무역지대에 대해 회원국은 해당 지역을 결정하고 진입점과 진출점을 정의해야 한다.

2. 회원국은 운영 중인 자유무역지대에 대한 정보를 집행위원회에 전달해야 합니다.

3. 자유무역지대는 외부와 격리되어야 한다.

   자유무역지대의 경계와 출입 지점은 세관의 감독을 받는다.

4. 자유무역지대으로 출입하는 사람, 물품, 운송수단은 세관통제를 받을 수 있다.

제244조 자유무역지대의 건물 및 활동

1. 자유무역지대에 건물을 건설하려면 세관당국의 사전 허가가 필요하다.

2. 관세법에 따라 자유무역지대에서는 모든 산업, 상업 또는 서비스 활동이 허용된다. 그러한 활동의 수행은 사전에 세관당국에 통보되어야 한다.

3. 세관당국은 해당 물품의 성격, 세관감독 요건, 보안 및 안전 요건을 고려하여 제2항에 언급된 활동을 금지하거나 제한할 수 있다.

4. 세관당국은 관세 규정 준수에 대한 필요한 보장을 제공하지 않는 사람이 자유무역지대에서 활동을 수행하는 것을 금지할 수 있다.

제245조 물품 제시 및 절차에 따른 배치

1. 자유무역지대으로 반입된 물품은 다음의 경우 세관당국에 제시되어 규정된 통관절차를 거쳐야 한다:

   (a) 비EU 관세영역에서 직접 자유무역지대로 반입되는 경우

   (b) 진행 중이던 세관절차가 중단 또는 종료되고 물품이 자유무역지대절차에 따라 배치되는 경우(자유무역지대로 이동하는 경우),

   (c) 수입관세의 환급 또는 면제를 승인하는 결정으로부터 혜택을 받기 위해 자유무역지대절차에 따라 배치되는 경우

   (d) 관세법 이외의 법률이 그러한 절차를 규정하는 경우

2. 제1항에 해당하지 않는 상황으로 자유무역지대로 반입된 물품은 세관당국에 제시되지 않는다.

3. 제246조를 침해하지 않고 자유무역지대로 반입된 물품은 자유무역지대절차에 따라 배치된 것으로 간주된다.

(a) 이미 다른 세관절차를 거치지 않고 자유무역지대에 반입되는 순간

(b) 후속 세관절차가 즉시 진행되지 않고 세관절차가 종료되는 순간

제246조 자유무역지대의 EU 물품

1. EU 물품은 자유무역지대에 반입, 보관, 이동, 사용, 가공 또는 소비될 수 있다. 그러한 경우 해당 물품은 자유무역지대 절차에 따른 것으로 간주되지 않는다.

2. 당사자의 신청에 따라 세관당국은 다음 물품에 대해 EU 물품으로 관세지위를 확정해야 한다.

(a) 자유무역지대에 진입하는 EU 물품

(b) 자유무역지대에서 가공작업을 거친 EU 물품

(c) 자유무역지대에서 자유유통을 위해 반출된 물품

제247조 자유무역지대의 비EU 물품

1. 비EU 물품은 자유무역지대에 있는 동안 자유유통을 위해 반출되거나 해당 절차에 대해 규정된 조건에 따라 역내가공, 임시수입 또는 최종사용절차를 밟을 수 있다.

그러한 경우 해당 물품은 자유무역지대절차에 따른 것으로 간주되지 않는다.

2. 공급 또는 식량 보관에 적용되는 규정을 침해하지 않고, 관련 절차가 그렇게 규정하는 경우, 제1항은 일반적인 농업 또는 상업 정책에 의해 규정된 조치나 수입관세 적용을 받지 않는 임시수입 물품과 자유유통 반출 물품의 사용 또는 소비를 배제해서는 안된다.

이러한 사용 또는 소비의 경우 자유 유통을 위한 반출 또는 임시수입절차에 대한 세관신고가 필요없다.

그러나 해당 물품에 관세 할당량 또는 한도가 적용되는 경우에는 그러한 신고가 필요하다.

제248조 자유무역지대로부터의 물품 반출

1. 관세 이외의 분야의 법을 침해하지 않고 자유무역지대의 물품은 EU 관세영역에서 수출 또는 재수출되거나 EU 관세영역의 다른 지역으로 반입될 수 있다.

2. 자유무역지대에서 EU 관세영역의 다른 지역으로 반출된 물품에 대하여 제134조 내지 제149조가 적용된다.

제249조 관세지위

물품이 자유무역지대에서 EU 관세영역의 다른 지역으로 반출되거나 통관절차를 거치는 경우, EU 물품으로서의 관세지위가 입증되지 않는 한, 그 물품은 비EU 물품으로 간주된다.

그러나 일반 농업 또는 상업정책에 따라 규정된 수출관세, 수출 허가 또는 수출 통제 조치를 적용할 목적상. 그러한 물품은 EU 물품의 관세지위를 갖고 있지 않다는 것이 입증되지 않는 한 EU 물품으로 간주된다.

제4장 특정 용도

제1절 임시수입

제250조 범위

1. 임시수입절차에 따라 재수출을 목적으로 하는 비EU 물품은 수입관세가 감면되고 다음 사항의 적용을 받지 않고 EU 관세영역에서 특정 용도로 사용될 수 있다.
   (a) 현행 기타 관련 규정에 따라 규정된 기타 제세
   (b) EU 관세영역으로 물품이 반입 또는 반출되는 것을 금지하지 않는 상업 정책조치

2. 임시수입절차는 다음 조건을 충족하는 경우에만 사용할 수 있다.
   (a) 물품의 사용으로 인한 일반적인 감가상각을 제외하고는 물품이 변화의 과정을 거쳐서는 않는다.
   (b) 절차에 따라 배치된 물품을 식별할 수 있다는 것을 보장하는 것이 가능해야한다. 단, 물품의 성격이나 의도된 사용의 관점에서 식별 수단의 부재가 절차의 남용을 초래할 가능성이 없는 경우, 또는 제223조의 경우에, 동등한 물품에 관해 정한 조건을 충족하였음이 확인할 수 있는 경우는 제외된다.
   (c) 달리 규정된 경우를 제외하고, 절차 보유자가 비EU 관세영역에 설립된 경우
   (d) 관세법에 규정된 감면 요건이 충족될 때

제251조 물품이 임시수입절차에 따라 남아 있을 수 있는 기간

1. 세관당국은 임시수입 절차를 밟은 물품이 재수출되거나 후속 통관 절차를 거쳐야 하는 기간을 결정한다. 그 기간은 허가된 사용 목적이 달성될 만큼 충분히 길어야 한다.

2. 달리 규정하지 않는 한, 동일한 목적 및 동일한 허가 보유자의 책임하에 물품이 임시 반입 절차에 남아 있을 수 있는 기간은 물품을 특별절차에 배치하여 임시수입기간이 종료되고 다시 임시수입절차를 시작한다 하더라도 최대 24개월이다.

3. 예외적인 상황에서 제1항과 제2항에 언급된 기간 내에 허가된 사용이 달성될 수 없는 경우, 세관당국은 허가 보유자의 정당한 신청에 따라 해당 기간의 합리적인 연장을 허가할 수 있다.

4. 물품이 임시수입상태에 남아 있을 수 있는 전체 기간은 예측할 수 없는 사건의 경우를 제외하고는 10년을 초과할 수 없다.

제252조 수입관세가 부분적으로 면제된 임시수입의 경우 수입관세액

1. 수입관세 부분 면제와 함께 임시수입절차를 밟은 물품에 대한 수입관세액은 해당 물품이 임시수입절차에 놓이게 되었던 날, 만일 해당 물품이 자유유통을 위해 반출되었다면 납부해야 할 수입관세액의 3%로 설정된다.

   해당 금액은 물품이 수입관세의 일부 면제와 함께 임시 반입 절차에 들어간 기간 동안 매달 또는 매달의 일부 규정에 따라 지불되어야 한다.

2. 수입관세액은 해당 물품이 임시수입절차를 밟은 날짜에 자유유통을 위해 반출된 경우 지불했어야 했던 금액을 초과할 수 없다.

제253조 권한의 위임

집행위원회는 다음을 결정하기 위해 제284조에 따라 위임규칙을 채택할 권한을 갖는다.

(a) 제250조 제1항에 언급된 특정 용도
(b) 제250조 제2항 (d)에 언급된 요건

제2절 최종사용

제254조 최종사용절차

1. 최종사용절차에 따라 물품은 특정 용도에 따라 관세면제 또는 인하된 관세율로 자유유통을 위해 반출될 수 있다.

2. 물품이 경제적으로 규정된 최종사용만을 허용하는 생산 단계에 있는 경우, 세관은 물품이 관세면제 또는 인하로 사용될 수 있는 조건을 허가서에 적시해야 한다.

3. 물품이 반복 사용에 적합하여 세관당국이 물품 사용의 남용을 피하기 위해 적절하다고 판단하는 경우, 관세감면 목적을 위해 사용된 첫날부터 2년을 초과하지 않는 기간 동안 세관감독을 유지해야 한다.

4. 최종사용절차에 따른 세관감독은 다음의 경우에 종료된다.

   (a) 관세 면제 또는 인하율을 적용하기 위해 정해진 목적으로 물품이 사용된 경우

   (b) 물품이 비EU 관세영역으로 반출되거나 폐기되거나 국가에 소유권을 포기한 경우

   (c) 관세 면제 또는 인하율 적용을 위해 규정된 목적 이외의 목적으로 물품이 사용되었으며 이에 해당 수입관세가 납부된 경우

5. 수율이 요구되는 경우, 최종사용절차에 제255조가 적용된다.

6. 규정된 최종용도에 따른 물품의 작업 또는 가공으로 인해 발생하는 폐기물 및 스크랩과 자연적 폐기물로 인한 손실은 규정된 최종 용도에 포함된 것으로 간주한다.

7. 최종사용절차에 따라 보관된 물품의 폐기로 인해 발생한 폐기물 및 스크랩은 세관창고 절차에 따라 보관된 것으로 간주한다.

제5장 가공

제1절 일반조항

제255조 수율

특정 분야를 관장하는 EU 법률에 수율이 명시되어 있는 경우를 제외하고, 세관당국은 가공작업의 산출율 또는 평균 산출율을 설정하거나 적절한 경우, 그러한 비

율을 결정하는 방법을 설정해야 한다.

수율 또는 평균 수율은 가공작업이 수행되거나 수행될 실제 상황을 토대로 결정된다. 해당 요율은 적절한 경우 제28조에 따라 조정될 수 있다.

제2절 역내가공

제256조 범위

1. 제223조를 침해하지 않고, 역내가공절차에 따라 비EU 물품은 다음 중 하나의 적용을 받지 않고 EU 관세영역에서 하나 이상의 가공작업에 사용될 수 있다.

    (a) 수입관세

    (b) 현행 기타 관련 규정에 따라 규정된 기타 제세

    (c) EU의 관세영역으로 물품이 반입 또는 반출되는 것을 금지하지 않는 상업정책조치

2. 역내가공절차는 생산 부속품의 사용을 침해하지 않고 해당 절차에 따라 배치된 물품이 가공된 물품에서 식별될 수 있는 경우에만 수리 및 파기 이외의 경우에 사용될 수 있다.

    제223조의 경우에는 동등물품에 대하여 정한 조건을 만족하였음을 확인할 수 있는 경우에 절차를 밟을 수 있다.

3. 제1항과 제2항 외에도 다음 물품에 대해서도 역내가공절차가 사용될 수 있다.

    (a) 자유유통을 위한 반출에 필요한 기술 요구사항 만족 여부를 확인하기 위한 작업을 수행하도록 의도된 물품

    (b) 제220조에 따라 일반적인 취급형태를 거쳐야 하는 물품

제257조 종료기간

1. 세관당국은 제215조에 따라 역내가공절차가 종료되는 기간을 명시해야 한다. 해당 기간은 비EU 물품이 절차에 따라 배치된 날짜부터 시작되며 처리 작업을 수행하고 절차를 완료하는 데 필요한 시간을 고려한다.

2. 세관당국은 허가 보유자의 정당한 신청에 따라 제1항에 따라 명시된 기간의 합리적인 기간 연장을 허가할 수 있다.

    허가에는 한 달, 분기 또는 반기 중에 시작되는 기간이 각각 다음 달, 분기 또는 반기의 마지막 날에 끝나도록 명시할 수 있다.

3. 제223조 제2항 (c)에 따른 사전 수출의 경우, 허가에는 EU 관세영역으로의 물건의 조달과 운송을 위해 필요한 시간을 고려하여 역내가공절차를 위해 비EU 물품을 신고해야 하는 기간이 명시하여야 한다.

   첫째 단락의 기간은 월 단위로 하되, 6개월을 초과할 수 없다. 이는 해당 동등물품에서 얻은 가공품에 관한 수출신고가 수리된 날부터 기산된다.

4. 허가 보유자의 요청에 따라 제3항에 언급된 6개월의 기간은 만료 후에도 연장될 수 있다. 단, 총 기간은 12개월을 초과할 수 없다.

제258조 추가가공을 위한 임시 재수출

신청 시, 세관당국은 다음 규정에 따라 역내가공 절차에 놓인 물품 또는 가공된 물품의 일부 또는 전부를 역외가공 절차에 대해 규정된 조건에 따라 비EU 관세영역으로 추가 가공을 위해 일시적으로 재수출하도록 허가할 수 있다.

제3절 역외가공

제259조 범위

1. 역외가공절차에 따라 EU 물품은 가공작업을 위해 EU 관세영역에서 일시적으로 수출될 수 있다. 해당 물품으로부터 생성된 가공 물품은 허가 보유자 또는 EU 관세영역에 설립된 다른 자의 신청에 따라 허가 조건이 충족되었다는 것을 조건으로. 수입관세가 감면된 뒤 자유유통을 위해 반출될 수 있다.

2. 다음 EU 물품에 대해서는 역외가공이 허용되지 않는다.

   (a) 수출로 인해 수입관세의 환급 또는 면제가 발생하는 물품

   (b) 수출 전에 최종용도에 따라 관세 면제 또는 인하된 관세율로 자유유통을 위해 반출된 물품. 단, 수리작업을 거치지 않는다면 최종사용 목적이 달성되지 않은 경우에는 적용되지 않는다.

   (c) 수출로 인해 수출환급을 받는 물품

   (d) (c)에 언급된 환급 이외의 금전적 이익이 해당 물품의 수출을 통해 공동 농업 정책에 따라 부여되는 물품

3. 세관당국은 일시적으로 수출된 물품이 가공품의 형태로 EU 관세영역으로 재수입되어 감면이란 이익을 받으면서 자유유통을 위해 반출되어야 하는 기간을 명시해야 한다. 허가 보유자의 정당한 신청에 따라 합리적인 기간의 연장을 허용할 수 있다.

제260조 무료로 수리된 물품

1. 보증으로 인해 발생하는 계약상 또는 법적 의무로 인해, 또는 제조상 또는 물질적 결함으로 인해, 물품이 무료로 수리된 것으로 세관당국이 만족할 만큼 입증된 경우, 해당 물품에 대한 수입관세 면제가 이루어진다.

2. 문제의 물품이 자유유통을 위해 처음으로 출시된 당시 제조상 또는 재료상의 결함이 고려된 경우에는 제1항이 적용되지 않는다.

제260a조 국제협정에 따라 수리 또는 변경된 물품

1. 다음과 같이 세관당국이 만족할 수 있는 수준으로 역외가공절차에 배치된 물품으로 생산된 가공물품에 대해서는 수입관세를 면제한다.

   (a) 해당 물품이 EU와 그러한 면제를 규정하는 국제협정을 체결한 비EU 관세영역 국가나 영토에서 수리되거나 변경된 경우, 그리고

   (b) (a)항에 언급된 협정에 명시된 수입관세 면제 조건이 충족된 경우

2. 제223조에 따른 동등물품을 가공한 물품과 제261조 및 제262조에 따른 대체물품에는 제1항을 적용하지 아니한다.

제261조 표준교환시스템

1. 표준교환시스템에 따라 수입된 물품(대체품)은 제2항부터 제5항에 따라 가공물품을 대체할 수 있다.

2. 세관당국은 신청 시 공동농업정책에 따라 규정된 조치나 농산물 가공 생산품 관련 특정협정에 규율되는 물품 외에 결함이 있는 EU 물품의 수리를 포함하는 가공공정의 경우, 표준교환시스템을 사용할 수 있는 권한을 부여해야 한다.

3. 대체물품은 결함이 있는 수리된 물품과 동일한 8자리 CN code, 동일한 상업 품질 및 동일한 기술 특성을 가져야 한다.

4. 수출 전 불량품을 사용한 경우, 대체품도 사용하였어야 한다.

   그러나 보증으로 인해 발생하는 계약상 또는 법적 의무나 재료 또는 제조상의 결함으로 인해 교체 물품이 무료로 공급된 경우 세관당국은 첫 번째 단락에 명시된 사항을 요구하지 않을 수 있다.

5. 가공된 물품에 적용되는 조항은 교체물품에도 적용된다.

제262조 대체품 사전 수입

1. 세관당국은 당사자의 신청에 따라 규정한 조건에 따라 결함 물품이 수출되기 전에 대체품 수입을 허가한다.

   대체품을 사전 수입하는 경우, 결함이 있는 물품이 제2항에 따라 수출되지 않을 경우, 지불하게 될 수입관세액을 포함하는 보증이 제공되어야 한다.

2. 결함이 있는 물품은 세관당국이 대체물품의 자유유통을 위한 반출 선언을 수락한 날로부터 2개월 이내에 수출되어야 한다.

3. 예외적인 상황에서 결함이 있는 물품이 제2항에 언급된 기간 내에 수출될 수 없는 경우, 세관당국은 허가 보유자의 정당한 신청에 따라 합리적인 기간의 연장을 허가할 수 있다.

제8편 EU 관세영역에서 반출된 물품

제1장 물품 반출 전 절차

제263조 반출 전 신고 접수

1. EU 관세영역에서 반출되는 물품은 EU 관세영역에서 물품을 반출하기 전 특정 기한 내에 관할 세관당국에 반출 전 신고를 제출해야 한다.

2. 제1항에 언급된 의무는 아래의 경우 면제된다.

   (a) EU 관세영역에서 머무르지 않고 영해 또는 영공만을 통과하는 운송수단 및 물품의 경우, 또는

   (b) 기타 특정한 경우, 물품이나 운송의 유형에 따라 정당화되거나 국제 협약에서 요구되는 경우

3. 반출 전 신고는 다음 중 하나의 형식을 취한다.

   (a) EU 관세영역에서 반출될 물품이 그러한 신고가 요구되는 세관절차에 놓이는 경우의 세관신고

   (b) 제270조에 따른 재수출신고

   (c) 제271조에 따른 반출요약신고

4. 반출 전 신고에는 보안 및 안전 목적을 위한 위험 분석에 필요한 세부사항이 포함되어야 한다.

제264조 위험도 분석

제263조에 언급된 반출전 신고를 제출받은 세관당국은 해당 신고를 토대로 특정 기한 내에 주로 보안 및 안전 목적으로 위험 분석을 수행하도록 하며 위험분석결과에 따라 필요한 조치를 취하여야 한다.

제265조 권한의 위임

집행위원회는 다음을 결정하기 위해 제284조에 따라 위임규칙을 채택할 권한을 갖는다.

(a) 제263조 제1항에 언급된, 운송 유형을 고려하여 물품이 EU 관세영역에서 반출되기 전에 반출전 신고가 제출되어야 하는 특정 기한

(b) 제263조 제2항 (b)에 따라 반출전 신고 제출 의무가 면제되는 구체적인 경우

제266조 이행권한 부여

집행위원회는 이행규칙을 통해 제263조 제1항에 언급된 기한을 고려하여 제264조에 언급된 위험분석이 수행되어야 하는 기한을 명시해야 한다.

이러한 이행규칙은 제285조 제4항에 언급된 검토 절차에 따라 채택되어야 한다.

제2장 물품반출 절차

제267조 세관감독 및 반출절차

1. 비EU 관세영역으로 반출되는 물품은 세관감독을 받아야 하거나 받을 수 있다. 적절한 경우, 세관당국은 물품이 EU 관세영역에서 반출될 때 사용할 경로와 준수할 시한을 결정할 수 있다.

2. EU 관세영역에서 반출되는 물품은 다음 중 한 명이 반출시 세관당국에 제출해야 한다.

   (a) EU 관세영역 밖으로 물품을 반출하는 자

   (b) EU 관세영역에서 물품을 반출하는 사람의 이름으로 또는 그를 대신하여 행위하는 자

   (c) EU 관세영역을 떠나기 전에 물품 운송에 대한 책임을 맡은 자

3. EU 관세영역 밖으로 반출되는 물품에는 적절한 경우 다음 사항이 적용된다.

   (a) 수입관세의 환급 또는 감면

   (b) 수출환급금 지급

   (c) 수출관세 징수

   (d) 기타 부과되는 제세와 관련하여 현행 규정에 따라 요구되는 절차

   (e) 특히 공중도덕, 공공정책 또는 공공안전, 인간, 동물 또는 식물의 건강과 생명 보호, 환경 보호, 예술적 가치가 있는 보물, 역사적 또는 고고학적 가치, 약물 전구체, 특정 지적 재산권 및 현금을 침해하는 물품에 대한 통제, 어업 보존 및 관리 조치 및 상업 정책 조치의 구현을 포함한 산업 또는 상업 재산의 보호 등을 근거로 하는 정당한 금지와 제한

4. 반출은 문제의 물품이 다음과 같은 조건으로 비EU 관세영역으로 반출된다는 조건으로 세관당국에 의해 결정된다.

   (a) 관세 또는 재수출신고가 수리되었을 경우, 또는

   (b) 반출요약신고 제출

제268조 이행권한 부여

집행위원회는 이행규칙을 통해 제267조에 언급된 반출절차를 명시해야 한다. 이러한 이행규칙은 제285조 제4항에 언급된 검토 절차에 따라 채택되어야 한다.

제3장 수출 및 재수출

제269조 EU 물품 수출

1. 비EU 관세영역으로 반출되는 EU 물품은 수출절차에 따라 처리된다.

2. 제1항은 다음 중 어느 EU 물품에도 적용되지 않는다.

   (a) 역외가공절차에 따라 배치된 물품

   (b) 최종사용절차를 거친 후 EU 관세영역에서 반출된 물품

   (c) 항공기 또는 선박의 목적지에 상관없이 VAT 또는 소비세가 면제된 상태에서 항공기 또는 선박 공급품으로 인도된 물품으로 해당 공급에 대한 증거가 요구되는 경우

   (d) 내부통과운송절차에 따라 배치된 물품

   (e) 제155조에 따라 비EU 관세영역으로 일시적으로 이동된 물품

3. 관세법에 규정된 수출신고에 관한 절차는 제2항 (a), (b) 및 (c)에 언급된 경우에 적용된다.

제270조 비EU 물품의 재수출

1. EU 관세영역에서 반출되는 비EU 물품은 관할 세관당국에 재수출신고를 제출해야 한다.

2. 재수출신고에 관하여는 제158조부터 제195조까지의 규정을 준용한다.

3. 다음 각 호의 어느 하나에 해당하는 상품에는 제1항을 적용하지 아니한다.

    (a) EU 관세영역만을 통과하는 외부운송절차에 따라 배치된 물품

    (b) 자유무역지대에서 환적되거나 직접 재수출되는 물품

    (c) 임시보관시설에서 직접 재수출되는 임시보관물품

제4장 반출요약신고

제271조 반출요약신고 제출

1. 물품이 비EU 관세영역으로 반출될 때 세관신고 또는 재수출신고가 출발전 신고로 제출되지 않은 경우, 반출요약신고는 반출 세관당국에 제출되어야 한다. 세관당국은 다른 세관당국이 반출 세관당국에 필요한 세부사항을 자신에게 즉시 전달하거나 전자적으로 제공할 필요가 있는 경우, 반출요약신고를 다른 세관당국에 제출하도록 허용할 수 있다.

2. 반출요약신고는 운송인이 제출해야 한다.

    운송인의 의무에도 불구하고, 다음 자 중 한 명이 반출요약신고를 대신 제출할 수 있다.

    (a) 수출자, 송하인 또는 자신의 이름으로 또는 운송인이 대신하여 활동하는 자

    (b) 문제의 물품을 제시하거나 반출 세관당국에 제시하게 할 수 있는 자

3. 세관당국은 반출요약신고를 제출하기 위해 상업, 항만 또는 운송 정보 시스템을 이용할 수 있도록 허용할 수 있다. 단, 이러한 시스템에는 신고에 필요한 세부사항이 포함되어 있고 이러한 세부사항은 물품이 EU 관세영역에서 반출되기 전 특정한 기한 안에 확인될 수 있어야 한다.

4. 세관당국은 반출요약신고 제출 대신 통지서 접수와 경제운영자의 컴퓨터 시스템에 있는 반출요약신고 세부사항에 대해 접근할 수 있다.

제272조 반출요약신고 수정 및 무효

1. 신고인은 신청 시 반출요약신고를 제출한 후 하나 이상의 세부사항을 수정할 수 있다.

   다음 중 하나가 발생한 후에는 수정이 불가능한다.

   (a) 세관당국이 반출요약신고를 제출한 자에게 물품을 검사할 의사가 있음을 알린 경우

   (b) 세관당국이 반출요약신고의 하나 이상의 세부사항이 부정확하거나 불완전하다는 사실을 확인한 경우

   (c) 세관당국이 이미 물품 반출을 허가한 경우

2. 반출요약신고가 접수된 물품이 비EU 관세영역으로 반출되지 않은 경우, 세관당국은 다음의 경우 지체 없이 해당 신고를 무효화한다.

   (a) 신고인의 신청 시; 또는

   (b) 신고가 접수된 날로부터 150일이 경과한 날

제273조 이행권한 부여

집행위원회는 이행규칙을 통해 다음 사항에 대한 절차를 명시해야 한다.

(a) 제271조에 따른 반출요약신고를 제출한다.

(b) 제272(1)조의 첫 번째 하위 단락에 따라 반출요약신고를 수정한다.

(c) 제272조 제2항에 따라 반출요약신고를 무효로 한다.

   이러한 이행규칙은 제285조 제4항에 언급된 검토 절차에 따라 채택되어야 한다.

제5장 재수출통지

제274조 재수출통지 제출

1. 제270조 제3항 (b) 및 (c)에 언급된 비EU 물품이 비EU 관세영역으로 반출되고 해당 물품에 대한 반출요약신고 제출 의무가 면제되는 경우, 재수출통지를 제출해야 한다.

2. 재수출통지는 제267조 제2항에 따라 반출시 물품 제시 책임자가 물품 반출 세관에 제출해야 한다.

3. 재수출통지에는 자유무역지대절차 해제 또는 임시보관 종료에 필요한 세부사

항이 포함되어야 한다.

세관당국은 재수출통지를 위해 상업, 항만 또는 운송 정보 시스템을 사용할 수 있다는 점을 인정할 수 있다. 단, 이러한 시스템에는 해당 신고에 필요한 세부사항이 포함되어 있고 세부사항이 해당 국가영역에서 반출되기 전에 확인 가능해야 한다.

4. 세관당국은 재수출통지를 제출하는 대신 사업자의 컴퓨터 시스템에서 재수출신고 세부사항에 접근할 수 있다.

제275조 재수출통지 수정 및 무효

1. 신고인은 재수출통지가 접수된 후 신청에 따라 하나 이상의 재수출통지 세부사항을 수정하도록 허용될 수 있다.

다음 중 하나가 발생한 후에는 수정이 불가능하다.

   (a) 세관당국이 재수출통지를 제출한 자에게 물품을 검사할 의사가 있음을 알린 경우

   (b) 세관당국이 재수출통지의 하나 이상의 세부사항이 부정확하거나 불완전하다는 사실을 확인한 경우

   (c) 세관당국은 이미 출국을 위한 물품 반출을 허가한 경우

2. 재수출통지가 접수된 물품이 EU 관세영역 밖으로 반출되지 않은 경우, 세관당국은 다음의 경우 지체 없이 해당 신고를 무효화한다.

   (a) 신고인의 신청 시; 또는

   (b) 통지를 받은 날로부터 150일이 경과한 날

제276조 이행권한 부여

집행위원회는 이행규칙을 통해 다음 사항에 대한 절차를 명시해야 한다.

(a) 제274조에 따른 재수출통지의 제출

(b) 제275조 제1항 첫 번째 단락에 따라 재수출통지 수정

(c) 제275조 제2항에 따라 재수출통지 무효

   이러한 이행규칙은 제285조 제4항에 언급된 검토 절차에 따라 채택되어야 한다.

제6장 수출관세 면제

제277조 일시적으로 수출되는 EU 물품에 대한 수출관세 면제

제259조를 침해하지 않고, EU 관세영역에서 일시적으로 수출되는 EU 물품은 재수입을 조건으로 수출관세 감면 혜택을 받는다.

제9편　전자시스템, 단순화, 권한 위임, 집행위원회 절차 및 최종 조항

제1장 전자시스템 개발

제278조 경과조치

1. 늦어도 2020년 12월 31일까지 제6조 제1항에 언급된 전자데이터 처리 기술 이외의 정보교환 및 저장수단은, 동조의 제2항과 제3항에 언급된 규정 외에 EU 관세법 조항의 적용에 필요한 전자시스템이 아직 작동하지 않는다는 전제하에 일시적으로 사용될 수 있다.

2. 늦어도 2022년 12월 31일까지 제6조 제1항에 언급된 전자데이터 처리 기술 이외의 수단은 EU 관세법에서 규정하는 아래 조항의 적용에 필요한 전자시스템이 아직 작동하지 않는다는 전제하에 일시적으로 사용될 수 있다.

   (a) 제133조, 제139조, 제145조 및 제146조에 규정된 도착통지, 제출 및 임시보관신고에 관한 규정; 그리고

   (b) 제158조, 제162조, 제163조, 제166조, 제167조, 제170조부터 제174조, 제201조, 제240조, 제250조, 제254조 및 제256조에 규정되어 있는 EU 관세영역으로 반입된 물품에 대한 세관신고 관련 규정

3. 늦어도 2025년 12월 31일까지 제6조 제1항에 언급된 전자데이터 처리 기술 이외의 수단은 다음 조항을 적용하는 데 필요한 전자시스템이 아직 작동하지 않는다는 전제하에 일시적으로 사용될 수 있다.

   (a) 제89조 제2항 및 제89조 제6항 (b)에 규정된 잠재적 또는 기존 관세채무에 대한 보증 규정,

   (b) 제46조, 제47조, 제127조, 제128조 및 제129조에 규정된 반입요약신고 및

위험분석에 관한 규정

(c) 제153조 제2항에 규정된 물품의 관세지위에 관한 규정,

(d) 제179조에 규정된 중앙집중신고에 관한 규정;

(e) 제210조, 제215조 제2항 및 제226조, 227조, 233조 및 234조 (a)에 규정된 통과운송에 관한 규정, 그리고

(f) 제258조, 제259조, 제263조, 제267조, 제269조, 제270조, 제271조, 제272조, 제274조 및 제275조에 규정된 역외가공, 반출전 신고, 반출절차, EU 물품 수출, 비EU 물품 재수출 및 비EU 관세영역으로 물품 반출을 위한 반출요약신고에 관한 규정

제278조 보고 의무

1. 2019년 12월 31일까지 그리고 그 이후 매년 제278조에 언급된 전자시스템이 완전히 작동하는 날짜까지 집행위원회는 해당 전자시스템 개발 진행 상황에 대한 연례 보고서를 유럽의회와 이사회에 제출해야 한다.

2. 연례 보고서는 특히 다음 이정표를 고려하여 각 전자시스템 개발에 있어 집행위원회와 회원국의 진행 상황을 평가해야 한다.

   (a) 전자시스템의 외부 통신을 위한 기술 사양의 발행일

   (b) 경제운영자와의 적합성 테스트 기간; 그리고

   (c) 전자시스템의 예상 및 실제 배포 날짜

3. 평가 결과 진행 상황이 만족스럽지 않은 것으로 나타나면 보고서에는 해당 경과기간이 끝나기 전에 전자시스템 배포를 보장하기 위해 취해야 할 충격완화 조치도 설명되어야 한다.

4. 회원국은 전자시스템 개발 및 배포에 대한 자체 진행상황에 대한 업데이트된 표를 연 2회 집행위원회에 제공해야 한다. 집행위원회는 그러한 업데이트된 정보를 웹사이트에 게시해야 한다.

제279조 권한의 위임

집행위원회는 제278조에 언급된 상황에서 데이터 교환 및 저장에 관한 규칙을 명시하는 제284조에 따라 위임규칙을 채택할 권한을 갖는다.

제280조 이행 계획 프로그램

1. 제278조에 언급된 전자시스템의 개발을 지원하고 과도기 설정을 관리하기 위해 집행위원회는 2014년 5월 1일까지 제16조 제1항에 언급되어 있는 전자시스템의 개발 및 배포와 관련된 이행 계획 프로그램을 작성해야 한다.
2. 제1항에 언급된 이행 계획 프로그램은 다음의 우선순위를 갖는다.
   (a) 국제적으로 인정된 데이터 모델 및 메시지 형식을 기반으로 한 조화로운 정보 교환
   (b) 효율성, 효과성 및 통일적 적용을 강화하고 규정 준수 비용을 줄이기 위한 관세 및 관세 관련 프로세스의 재설계 그리고
   (c) 경제운영자에게 광범위한 전자통관서비스를 제공하여 모든 회원국의 세관과 동일한 방식으로 상호 작용할 수 있도록 한다.
3. 제1항에 언급된 이행 계획 프로그램은 정기적으로 업데이트되어야 한다.

제281조 이행권한 부여

집행위원회는 이행규칙을 통해 제280조에 언급된 작업 프로그램을 채택해야 한다. 이러한 이행규칙은 제285제 제4항에 언급된 검토 절차에 따라 채택되어야 한다. 자문위원회가 의견을 제시하지 않는 경우 집행위원회는 본 조의 첫 번째 단락에 언급된 이행규칙을 채택할 수 없으며 규칙(EU) No 182/2011의 제5조 제4항 세 번째 단락이 적용된다.

제2장 관세법 적용 간소화

제282조 테스트

집행위원회는 신청 시 특히 IT와 관련된 경우 관세법 적용 간소화를 제한된 기간 동안 테스트하도록, 하나 이상의 회원국에 권한을 부여할 수 있다. 테스트는 해당 테스트에 참여하지 않는 회원국의 관세법 적용에 영향을 미치지 않으며 정기적으로 평가되어야 한다.

제283조 이행권한 부여

집행위원회는 이행규칙을 통해 제282조에 언급된 결정을 채택해야 한다.
이러한 이행규칙은 제285조 제4항에 언급된 검토 절차에 따라 채택되어야 한다.

제3장 권한 위임 및 관세법집행위원회 절차

제284조 위임권한의 행사

1. 위임규칙을 채택할 권한은 본 조에 규정된 조건에 따라 집행위원회에 부여된다.

2. 집행위원회는 제2조, 제7조, 제10조, 제20조, 제24조, 제31조, 제36조, 제40조, 제62조, 제65조, 제75조, 제88조, 제99조, 제106조, 제115조, 제122조, 제126조, 제131조, 제142조, 제151조, 제156조, 제160조, 제164조, 제168조, 제175조, 제180조, 제183조, 제186조, 제196조, 제206조, 제212조, 제221조, 제224조, 제231조, 제235조, 제253조, 제265조 및 제279조에 규정된 내용에 대한 위임규칙을 2013년 10월 30일부터 5년간 채택할 권한을 부여받는다. 집행위원회는 5년 기간이 끝나기 9개월 이내에 위임에 관한 보고서를 작성해야 한다. 유럽의회 또는 이사회가 각 기간이 종료되기 3개월 이내에 연장에 반대하지 않는한, 권한 위임은 동일한 기간 동안 묵시적으로 연장된다.

3. 제2조, 제7조, 제10조, 제20조, 제24조, 제31조, 제36조, 제40조, 제62조, 제65조, 제75조, 제88조, 제99조, 제106조, 제115조, 제122조, 제126조, 제131조, 제142조, 제151조, 제156조, 제160조, 제164조, 제168조, 제175조, 제180조, 제183조, 제186조, 제196조, 제206조, 제212조, 제221조, 제224조, 제231조, 제235조, 제253조, 제265조 및 제279조에 의해 위임된 권한은 유럽 의회 또는 이사회에 의해 언제든지 취소될 수 있다. 취소 결정은 해당 결정에 명시된 권한의 위임을 종료한다. 이는 EU 공식 저널에 결정이 게재된 다음 날 또는 그 이후에 명시된 날짜에 발효된다. 다만, 이러한 결정은 이미 시행 중인 위임행위의 유효성에 영향을 미치지 않는다.

4. 집행위원회는 위임된 법안을 채택하자마자 이를 유럽의회와 이사회에 동시에 통보해야 한다.

5. 제2조, 제7조, 제10조, 제20조, 제24조, 제31조, 제36조, 제40조, 제62조, 제65조, 제75조, 제88조, 제99조, 제106조, 제115조, 제122조, 제126조, 제131조, 제142조, 제151조, 제156조, 제160조, 제164조, 제168조, 제175조, 제180조, 제183조, 제186조, 제196조, 제206조, 제212조, 제221조, 제224조, 제231조, 제235조, 제253조, 제265조 및 제279조에 따라 채택된 위임규칙은 해당 법안이 유럽의회 및 이사회에 통보된 후 2개월 이내에 이사회나 의회의 반대의 표시

를 하지 않거나 2개월의 기한이 끝나기전에 반대하지 않겠다고 이사회와 의회가 함께 의사를 표시해야만 효력을 발생한다. 해당 기간은 유럽의회 또는 이사회의 주도로 2개월 연장된다.

제285조 집행위원회 절차

1. 집행위원회는 관세법집행위원회의 지원을 받는다. 관세법집행위원회는 규칙(EU) No 182/2011의 범위에 포함되는 자문위원회를 말한다.

2. 본 항에 필요한 경우, 유럽의회 및 이사회규칙(EU) No 182/2011의 제4조가 적용된다.

3. 본 항에 필요한 경우, 유럽의회 및 이사회규칙(EU) No 182/2011의 제8조와 제4조가 함께 적용된다.

4. 본 항에 필요한 경우, 유럽의회 및 이사회규칙(EU) No 182/2011의 제5조가 적용된다.

5. 본 항에 필요한 경우, 유럽의회 및 이사회규칙(EU) No 182/2011의 제8조와 제5조가 함께 적용된다.

6. 관세법집행위원회의 의견이 서면 절차에 의해 확보될 것으로 예정되어 있고, 본 항과 관련이 있을 경우, 해당 절차는 의견 전달 기한 내에 집행위원회 위원장의 결정에 따라 결과 없이 종료된다.

제4장 최종 규정

제286조 현행법의 폐지 및 개정

1. 유럽의회 및 이사회규칙(EC) No 450/2008은 폐지된다.

2. 이사회규칙(EEC) No 3925/91, 이사회규칙(EEC) No 2913/92 및 이사회규칙(EC) No 1207/2001은 제288조 제2항에 언급된 날짜로부터 폐지된다.

3. 폐지된 규칙에 대한 언급은 본 규정에 대한 언급으로 해석되며 부록에 명시된 비교표에 따라 해석되어야 한다.

4. 이사회규칙(EEC) No 2913/92 제3조 제1항의 여섯 번째 들여쓰기에서 '및 마요트'라는 문구가 2014년 1월 1일부터 삭제된다.

5. 이사회규칙(EEC) No 2658/87의 제9조 제1항 (a)의 첫 번째 들여쓰기는 288(2)조에 언급된 날짜로부터 삭제된다.

제287조 발효

본 규정은 EU 공식저널에 게재된 후 20일째 되는 날에 발효된다.

제288조 적용

1. 제2조, 제7조, 제8조, 제10조, 제11조, 제17조, 제20조, 제21조, 제24조, 제25조, 제31조, 제32조, 제36조, 제37조, 제40조, 제41조, 제50조, 제52조, 제54조, 제58조, 제62조, 제63조, 제65조, 제66조, 제68조, 제75조, 제76조, 제88조, 제99조, 제100조, 제106조, 제107조, 제115조, 제122조, 제123조, 제126조, 제131조, 제132조, 제138조, 제142조, 제143조, 제151조, 제152조, 제156조, 제157조, 제160조, 제161조, 제164조, 제165조, 제168조, 제169조, 제175조, 제176조, 제178조, 제180조, 제181조, 제183조, 제184조, 제186조, 제187조, 제193조, 제196조, 제200조, 제206조, 제207조, 제209조, 제212조, 제213조, 제216조, 제217조, 제221조, 제222조, 제224조, 제225조, 제231조, 제232조, 제235조, 제236조, 제239조, 제253조, 제265조, 제266조, 제268조, 제273조, 제276조, 제279조, 제280조, 제281조, 제283조, 제284조, 제285조 및 제286조는 2013년 10월 30일부터 적용된다.

2. 제1항에 언급된 조항 이외의 조항은 2016년 5월 1일부터 적용된다.

   본 규정은 모든 조항이 구속력을 가지며 전 회원국에 직접 적용된다.

참고문헌

국내문헌

- FTA 관세특례 해설, 성윤갑, 한국관세무역개발원
- EU법 강의(제2판), 박덕영 외 16인 공저, 박영사
- 관세법(2014 개정판), 정재완, 무역경영사
- 관세법원론, 김용태, 이명구, 무역경영사
- 관세평가법(2021), 박영기, 삼일인포마인
- 관세평가실무, 이해통, 한국관세무역개발원
- WCO 관세평가 교육훈련모듈(2017), 관세평가분류원

해외문헌

- Special Report by European Court of Auditors: Authorised Ecomomic Operators, Solid Customs Programme with untapped potential and uneven implementation. 2023
- Guarantees for potential or existing customs debts − Title Ⅲ UCC, Guidance for Member States and Trade, 24 May 2024
- Guidance on Binding Origin Information, 1 February 2023, EU Commission
- AEO Guideline, 11 March 2016, EU Commission
- Instruction Manual on Inward Processing, Irish Tax and Customs
- Guidance on Customs Debt1 (TIitle III of UCC) September 2022, Revision 1, EU Taxud
- Information Document by Customs Expert Group, 19 June 2017, EU Commission
- Maris Juruss, Elza Seile, Application of Loss Rates for Petroleum Products Due to Natural Wastage in Customs Procedures, 16th Conference on Reliablitiy and Statistics in Transportation and Communication, RelStat 2016, 19 − 22 October, 2016, Riga, Latvia
- Temporary Storage Facilities Manual, Irish Revenue
- E.G.Bakker LL.M, Prof. dr. W.de Wit, Erasmus School of Law, M.C.A.M. Koolen MSC, L. Vocks MSc, Fontys University of Applied Science, Self − Assessment and customs supervision, January 2020
- Jens Roemer, Abandoned Cargo: Challenges for freight forwarders, TT Club

webinar, 30 Sep 2021

- Transit Manual, European Commission 14 April 2020
- Customs & Tax EU Learning Portal(NCTS)
- Guidelines for the Printout of the Transit Accompanying Document and Transit List of Items, European Commission, 15 Dec 2023
- TIR Handbook, TIR Convention 1975, UN
- Le Carnet ATA, Le passeport pour vos marchandises, Federation des Chambres de Commerce belges
- Money Laundering and Tax evasion risks in free port, october 2018, European Parliament
- Practical Guidance on Free Zones, December 2020, WCO
- Intstruction Manual on End-Use Procedure, Irish Tax and Customs
- Inward processing guidelines for traders, Ireland Tax and Customs
- Instruction Manual on Outward Processing, Irish Tax and Customs
- Export and Exit out of The EU, "Guidance document for MSs and Trade", EU Commission
- Commission Staff Working Document: Country Sheets Accompanying the document Report form the Commission on the assessment of customs infringements and penalties in Member States Union Customs Code, 26 October 2023
- Free zones which are in operation in the customs territory of the Union, as communicated by the Member States to the Commission, 17 August 2022

관세법

* FTA 특례법

국제협정

* WTO Agreement on Rules of Origin
* Rules of Origin Protocol to EU－Central America Association Agreement
* Agreement on International Goods Transport by Rail

EU 회원국 개별법령

* Free Zones Act(Malta)
* Customs Act(Estonia)
* Free Port Act(Ireland)

EU법령

* Treaty on the Functioning of the EU
* Regulation (EU) 2015/2446
* Regulation (EU) 2015/2447
* Regulation (EU) 2016/341
* Regulation (EU) 2021/414
* Regulation (EU) 2016/341
* Regulation (EU) 182/2011
* Regulation (EU) 952/2013
* Regulation(EU) 2017/1939
* Regulation (EU) 2022/2399
* Regulation(EEC, Euratom) 182/71
* Regulation (EEC) 2658/87
* Regulation (EU) 1344/2011
* Regulation (EC) 1186/2009
* Regulation (EC) 471/2009
* Regulation (EC) 515/97
* Regulation (EU) 2021/2283

- Regulation (EU) 1344/2011
- Regulation (EC) 3050/95
- Regulation (EC) 150/2003
- Regulation (EU) 1308/2013
- Regulation (EU) 1379/2013
- Regulation (EU) 510/2014
- Regulation (EU) 2021/821
- Commission Implementing Decision (EU) 2023/2879
- Commission Implementing Regulation (EU) 2021/414
- Directive 94/25/EC
- Directive (EU) 2019/771
- Directive 2013/36/EU
- Directive 2009/138/EC
- Decision (EU) 2023/2879

판례
- Case C−679/15, Court of Justice of the European Union

인터넷 홈페이지
- taxation−customs.ec.europa.eu/customs−4/union−customs−code/ucc−legislation_en
- taxation−customs.ec.europa.eu/customs−4/union−customs−code/ucc−work−progra mme_en
- https://app.croneri.co.uk/node/632062
- https://www.europarl.europa.eu/legislative−train/theme−deeper−and−fairer− internal−market−with−a−strengthened−industrial−base−services−including −transport/file−union−legal−framework−for−customs−infringements−and −sanctions
- https://www.dailylog.co.kr/news/articleView.html?idxno=20348
- taxation−customs.ec.europa.eu/customs−4/aeo−authorised−economic−operator/ what−aeo_en
- taxation−customs.ec.europa.eu/online−services/online−services−and−databases −customs/rex−registered−exporter−system_en
- chamber−international.com/exporting−chamber−international/documentation−

for − export − and − import/eur − 1 − certificates
* taxation − customs.ec.europa.eu/online − services/online − services − and − databas es − customs/rex − registered − exporter − system_en
* European Banking Authority, euclid.eba.europa.eu/register/cir/disclaimer
* taxation − customs.ec.europa.eu/online − service/online − services − and − database s − customs/gum − guarantee − management − system_en
* taxation − customs − ec.europa.eu/customs − 4/customs − security/import − control − sysem − 2 − ics2 − 0_en
* https://www.gov.uk/guidance/temporary − storage#conditions − for − your − prem ises
* finance.belgium.be/en/customs_excises/enterprises/applications − ce/plda/reports − plda#q1
* revenue.ie/en/customs/businesses/prohibitions − restrictions/prohibitions − restricti ons/index.aspx
* customs − taxation.learning.europa.eu/course/view.php?id = 562&section = 1
* iccwbo.org/business − solution/ata − carnet/eata − carnet/#block − accordion − 2
* worldfzo.org/#
* tetraconsultant.com/jurisdictions/register − company − in − germany/germany − free − trade − zones/
* https://www.healyconsultants.com/poland − company − registration/special − econ omic − zones/
* https://www.atozserwisplus.de/blog/Free − Trade − Zones − in − Germany
* taxation − customs − ec.europa.eu/customs − 4/customs − procedures − import − and − export − 0/what − importation/inward − processing_en
* legalguide.ie/export − procedures/#customs − export − procedure, Irish Legal Guide

저자약력

임현철

서울시립대 법학과 졸업
서울시립대 법학박사(국제법)
제47회 행정고시
외교통상부 2등서기관, 주불가리아대사관 영사(경제, 통상, 영사)
관세청 국제협력과장, 주인도네시아 관세관, 국경감시과장, 김포공항세관장, 주벨기에 EU대사관
　관세관(현)

[논문 및 저서]
EU PNR 제도 연구(박사학위 논문), EU 국경제도(쉥겐 협정)의 두기둥: 통합국경관리(Integrated
Border Management)와 프론텍스(FRONTEX), EU 국경관리 제도 운용을 위한 EU의 입법적 역할
연구 — 쉥겐체제(Schengen Acquis)와 통합 국경관리(Integrated Border Management)를 중심으로

관세를 알면 EU 시장이 보인다! EU 관세법 알아보기

초판발행   2024년 9월 4일

지은이   임현철
펴낸이   안종만 · 안상준

편 집   윤혜경
기획/마케팅   박세기
표지디자인   BEN STORY
제 작   고철민 · 김원표

펴낸곳   (주) **박영사**
              서울특별시 금천구 가산디지털2로 53, 210호(가산동, 한라시그마밸리)
              등록 1959. 3. 11. 제300-1959-1호(倫)
전 화   02)733-6771
f a x   02)736-4818
e-mail   pys@pybook.co.kr
homepage   www.pybook.co.kr
ISBN   979-11-303-3776-0 93360

정 가   28,000원